개정4판

컴퓨터 그래픽스 배움터

최윤철·임순범·이환용 지음

INTERACTIVE COMPUTER GRAPHICS

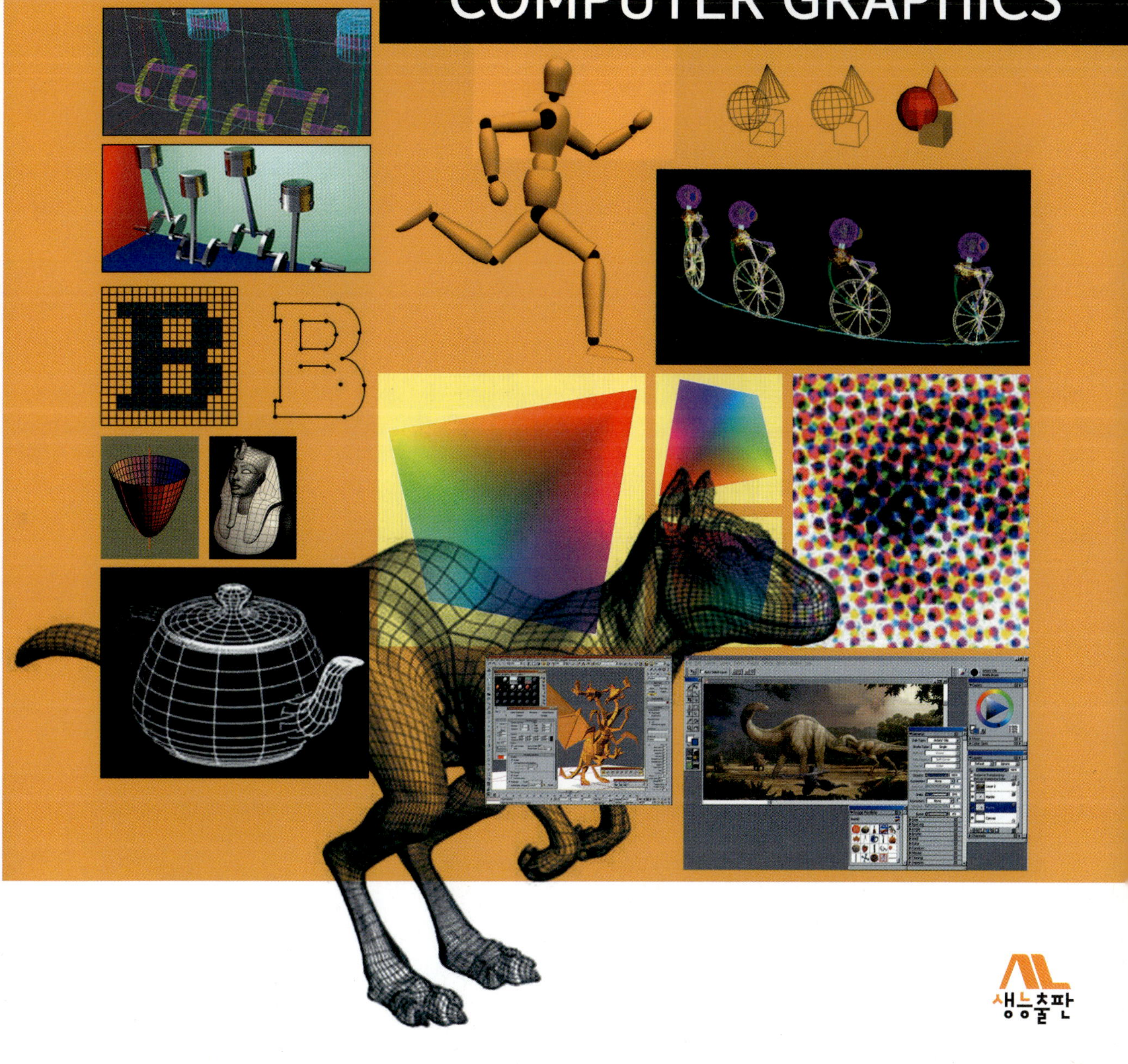

생능출판

컴퓨터 그래픽스 배움터

초 판 발 행 2003년 8월 10일
제 4 판 1 쇄 2022년 3월 10일

지은이 최윤철 · 임순범 · 이환용
펴낸이 김승기
펴낸곳 (주)생능출판사 / **주소** 경기도 파주시 광인사길 143
출판사 등록일 2005년 1월 21일 / **신고번호** 제406-2005-000002호
대표전화 (031)955-0761 / **팩스** (031)955-0768
홈페이지 www.booksr.co.kr

책임편집 김민보 / **편집** 신성민, 유제훈 / **디자인** 유준범
마케팅 최복락, 김민수, 심수경, 차종필, 백수정, 송성환, 최태웅, 명하나, 김민정
인쇄 · 제본 천일문화사

ISBN 978-89-7050-538-1 93000
정가 29,000원

머리말 - 개정4판을 출간하며

최근 우리 사회가 4차산업혁명 시대로 발전하면서 인공지능, 빅데이터, IoT와 함께 가상/증강현실 기술이 널리 각광받고 있습니다. 특히 가상/증강현실 기술과 함께 메타버스 플랫폼은 많은 관심을 받고 있으며 이들 모두 실감있는 환경을 보여주는 데에는 컴퓨터 그래픽스 기술이 기본 바탕으로 적용되고 있습니다. 또한 메타버스 플랫폼은 인터넷으로 연결되어 많은 사람들이 참여할 수 있으며 다양한 작업을 수행하고 있습니다.

저희가 2003년 "컴퓨터 그래픽스 배움터" 초판을 출간한지 20년이 되었습니다. 그동안 우리 사회와 컴퓨터 기술이 앞서 말씀드린 바와같이 많이 바뀌었습니다. 특히 인터넷 관련 기술은 발전의 속도가 매우 빨라 구현 환경에 많은 변화가 있었습니다. 이러한 상황에 맞추어 이번 개정 4판은 실습 환경과 시연에 관련된 내용을 대폭 수정하였습니다.

우선 3장에서 OpenGL 프로그래밍 실습을 C++ 환경이 아니라 웹브라우저에서 편리하게 실습할 수 있도록 WebGL 프로그래밍 환경으로 변경하고 손쉬운 프로그래밍을 위하여 Three.js 라이브러리를 사용하도록 소개하였습니다. 부록에서는 기존의 2D 및 3D 그래픽스 소프트웨어 실습은 제외하고, Three.js 라이브러리를 이용한 WebGL 프로그래밍 실습을 집중적으로 학습할 수 있도록 전체 내용을 새롭게 구성하였습니다. 부록의 실습에서는 본문 각 장의 이론과 대응하여 예제 위주로 WebGL 프로그래밍을 단기간에 배울 수 있도록 설명하였습니다. 또한, 본문 각장의 연습문제에서 프로그래밍 관련 문제는 제외하고 부록에서 실습과 병행하여 풀어볼수 있도록 실습에 프로그래밍 연습문제를 배치하였습니다.

다음으로는 웹브라우저 환경이 변경됨에 따라 기존에 사용하던 자바 실행 엔진이 바뀌고 플래시가 더이상 지원되지 않는 등 사이버클래스의 사용에 애로가 있었습니다. 이에 사이버클래스에서 사용하던 시연을 본문 내용의 그림으로 대체하여 설명에 도움이 되도록 수정하였습니다. 그 밖에도 일부 내용을 이해하기 쉽도록 다시 서술하고 최신 기술에 맞는 새로운 그림으로 교체하였습니다.

2022년 3월

저자 일동

머리말 - 개정3판을 출간하며

최근 컴퓨터 그래픽스 기술이 급속도로 발전하면서 정보화사회에서 그래픽스 기술은 매우 광범위한 분야에 적용되고 있습니다. 오늘날 CAD, 게임, 영화, 광고, 애니메이션 등 많은 분야가 컴퓨터 그래픽스 기술 없이 더 이상 존재할 수 없게끔 되었습니다. 그래픽스 기술의 발전과 활용은 지속적으로 확장되어 앞으로는 더욱 중요한 IT 기술로 산업, 교육, 의료, 엔터테인먼트, 모바일 기기 등의 영역에서 핵심적인 기술로 자리매김할 것입니다.

지금 대부분의 IT 교육 현장에서 그래픽스 기술을 가르치고 있지만 많은 강의자가 아쉬움을 느껴왔다고 생각합니다. 저희들도 오랜 세월동안 대학 강단에서 컴퓨터 그래픽스 과목을 강의해 왔지만 항상 더 좋은 방식으로 강의할 수 있다는 아쉬움이 남았습니다. 그 이유를 나름대로 다음과 같이 몇 가지로 정리해 보았습니다. 첫째, 좋은 그래픽스 서적이 많이 존재함에도 불구하고 책의 양이 너무 방대하여 그 내용을 한 학기에 만족스러운 수준으로 가르치기에는 무리가 따랐습니다. 둘째, 대부분의 교과서가 너무 이론적이고 알고리즘 위주로 쓰여져서 내용을 이해하기 어려운 경우가 자주 발생하고 실용성이 부족했으며 실습환경을 제대로 제시하지 못했습니다. 마지막으로, 가장 중요한 것은 교과서가 이론 위주로 쓰이다보니 배우는 학생들에게 흥미를 불러일으키기 어려워 학습효과가 떨어지는 문제점이 있었습니다.

이러한 이유에서 저희들은 이 책을 구상하면서 다음의 관점과 배경에서 저술 작업을 진행하게 되었습니다. 첫째, 저희들은 이 교과서가 이론보다는 실용적인 책이 되어야 한다는 취지에서, 그래픽스 이론과 알고리즘 중 가장 중요하고 필수적인 것들만 선정하여 이러한 이론을 쉽게 이해가 가도록 쓰려고 노력하였습니다. 또한, 그래픽스 이론들이 현실 세계에서 어떻게 적용되는 지 실제 예를 들어 설명하려고 하였습니다.

둘째, 이 교과서는 한국학술진흥재단에서 지원하는 멀티미디어컨텐츠 개발연구과제로 시작되었습니다. 저희는 이 과제를 통하여 컴퓨터 그래픽스의 원리와 알고리즘을 잘 이해하도록 도움을 줄 수 있는 상호대화식 시연을 100여 가지 개발하였습니다. 바라기는 학습자가 사이버클래스에 담긴 이 시연들을 상호대화식으로 직접 사용해 봄으로써 그래픽스의 개념, 원리 및 알고리즘을 보다 쉽고 흥미롭게 배울 수 있게 되기를 기대합니다.

셋째, 현실적으로 자주 이용되는 그래픽스 소프트웨어인 Illustrator, Painter, 3ds Max를 간결하게 소개하고, 상호대화식 실습을 통해 이러한 소프트웨어의 기능과 특성을 어느 정도 수준에서 이해할 수 있도록 하였습니다. 학습자가 이러한 소프트웨어들을 사용해 봄으로써 그래픽스 개념과 원리를 더 잘 이해할 수 있도록 도움을 주자는 취지입니다. 그리고 가장 대표적인 그래픽스 라이브러리인 OpenGL을 교과서와 부록에서 실습을 통하여 가르침으로써 학생들이 그래픽스 프로그램의 기초를 체험하도록 했습니다. 만일, 강의자가 OpenGL 부분의 내용이 어렵거나 적절치 않다고 생각되는 경우에는 이 부분을 제외하고 강의를 진행해도 아무런 문제가 없음을 밝힙니다.

이러한 배경과 생각에서 저희들이 10여 년전 "컴퓨터그래픽스 배움터" 초판을 출간한 이래, 전국 많은 대학에서 교재로 사용해 주었고 매우 좋은 반응을 얻었습니다. 2006년 발간한 개정판의 전체적 구성은 초판과 동일하나, 일부 내용을 이해하기 쉽도록 다시 쓰고 새로운 그림으로 교체하였으며 내용상 오류도 수정하였습니다. 또한, 최신 내용을 약간 추가하였습니다. 이제 새롭게 발간하는 개정3판은 컴퓨터 그래픽스의 그 동안의 발전을 추가하였으며 부록의 그래픽스 실습을 완전히 새롭게 작성하였습니다. 특히 OpenGL 실습을 C++와 GLUT을 이용하여 다시 서술하였습니다.

이 책은 전체적으로 본문에서 4부, 12장과 부록 5개로 구성되어 있으며, 각 장의 내용을 간단히 소개하면 다음과 같습니다. 1장에서 컴퓨터 그래픽스의 역사와 발전, 그래픽스 개념과 관련 분야를 소개하고 활용 분야를 가급적 자세히 소개하였습니다. 2장에서는 그래픽스 시스템의 구성, 그래픽스 프로세서 및 입출력장치에 대해 설명하고, 그래픽스 소프트웨어의 기능과 표준에 대하여 설명하였습니다. 3장은 OpenGL 의 개념을 간단히 설명하고 그래픽스 소프트웨어의 기능과 대표적인 그래픽스 소프트웨어들의 예를 소개하였습니다. 3장의 내용과 관련하여 부록에 Illustrator 실습, Painter 실습 및 3ds Max 실습을 포함시켰습니다. 또한, 학습자는 부록의 OpenGL 실습과 프로젝트를 통하여 OpenGL 프로그램의 실제를 단시간 내에 쉽게 배울 수 있을 것으로 생각합니다. 4장에서는 2차원 그래픽스의 기본적인 요소와 원리 및 개념을 소개하고, 5장에서는 이동, 신축, 회전과 같은 2차원 그래픽스 기하변환과 윈도우- 뷰포트 개념을 설명하였습니다. 6장에서는 그래픽 데이터의 입력 기법과 3차원 사용자 인터페이스에 대하여 설명하였습니다. 이러한 개념과 기법은 그래픽스 응용 소프트웨어의 설계나 사이버스페이스의 제작 시 매우 중요하게 적용되고 있습니다. 7장에서는 3차원 그래픽스의 기하변환과 3차원 투영의 개념을 설명하였습니다. 8장은 3차원 그래픽스의 가장 핵심 내용으로, 3차원 객체의 형상을 모델링하는 여러가지 표현 기법을 설명하고 그 적용 분야를 소개하였습니다. 9장에는 3차원 공간에서 가려져서 보이지 않는 은면을 제거하는 기법을 소개하였습니다. 10장에서는 3차원 물체가 실감 있게 보이도록 입체감을 부여하는 조명 모델과 렌더링 기법, 그리고 텍스쳐 매핑 기법에 대하여 설명하였습니다. 11장에서는 자연물이나 자연 현상을 표현하기에 적합한 프랙탈 기하학과 입자시스템에 대하여 다양한 예들을 통하여 설명하였습니다. 마지막으로, 12장에서는 컴퓨터 애니메이션의 원리와 제작 기법, 그리고 최근에 더욱 중요하게 부각되고 있는 3차원 애니메이션에 관하여 설명하였습니다.

이 책은 대학의 강의 교재로서 뿐만 아니라 그래픽스 프로그래머, 그래픽 디자이너, 멀티미디어 전문가의 교육 과정에도 쓰일 수 있습니다. 그 동안 이 책과 시연 프로그램들이 완성되기 까지 많은 수고를 해준 연세대학교 멀티미디어/그래픽스 연구실의 김택수, 박민서, 박하영, 이현찬, 임윤호, 권오근, 전은숙 연구원들에게 고마움을 표합니다. 또한, 저자를 6개월 동안 일본 게이오대학 교환교수로 초청하여 주고 이 책을 저술할 수 있도록 많은 편의와 격려를 해 주신 이 대학의 사이토 교수와 하기노 교수께 동료로서 깊은 감사를 전합니다. 무엇보다도 한국학술진흥재단의 재정적 지원이 없었더라면 애당초 이 책이 가능하지 않았을 것입니다. 끝으로, 이 책의 출판을 위하여 적극적으로 후원하여 주신 생능출판사 김승기 사장님과 직원 여러분께 감사드립니다.

2015년 8월
저자 일동

이 책의 구성

제1부. 그래픽스 시스템의 개요

제1장 컴퓨터 그래픽스의 개요
제2장 컴퓨터 그래픽스 시스템
제3장 WebGL과 그래픽스 응용 소프트웨어

제2부. 2차원 컴퓨터 그래픽스

제4장 2차원 그래픽스의 기본 요소
제5장 2차원 그래픽스의 변환
제6장 GUI와 대화식 입력기법

제3부. 3차원 컴퓨터 그래픽스

제7장 3차원 그래픽스의 기하변환과 뷰잉
제8장 3차원 객체의 모델링
제9장 은면의 제거
제10장 조명모델과 곡면의 렌더링

제4부. 그래픽스 특수기법과 애니메이션

제11장 절차적 그래픽스 기법
제12장 컴퓨터 애니메이션

부록. 그래픽스 실습

Three.js를 이용한
WebGL 프로그래밍

차례

PART 01 그래픽스 시스템의 개요

CHAPTER 03 WebGL과 그래픽스 응용 소프트웨어

PART 02 2차원 컴퓨터 그래픽스

CHAPTER 04 2차원 그래픽스의 기본 요소

CHAPTER 08 3차원 객체의 모델링

CHAPTER 12 컴퓨터 애니메이션

부 록 Three.js를 이용한 WebGL 프로그래밍

● 차례 중 ★로 표기한 부분은 다소 고급 내용으로, 강의중 제외시켜도 전체적 흐름에는 문제가 없음을 밝힙니다.

PART

01

그래픽스 시스템의 개요

Overview of
Computer Graphics

Computer Graphics
System

WebGL and Graphics
Application Software

01 CHAPTER 컴퓨터 그래픽스의 개요

Overview of Computer Graphics

컴퓨터와 인터넷의 급속한 발전은 정보화사회의 실현에 핵심적인 역할을 담당하였다. 그 중, 컴퓨터 그래픽스 기술은 실로 놀라운 속도로 변화하여 지난 20여 년간 엄청난 발전을 이루어 왔다. 컴퓨터 그래픽스의 활용 분야는 매우 다양하고 인터넷을 기반으로 한 현대 정보화 사회에 획기적인 영향을 주고 있다. 오늘날, 컴퓨터 그래픽스 기술은 정보산업에서 가장 중요한 핵심기술로 자리매김하고 있으며 매우 방대한 산업 분야로 발전하고 있다.

이 장에서는 컴퓨터의 발전과 더불어 진행되어 온 컴퓨터 그래픽스의 발전에 대하여 1950년대부터 최근까지 소개하고, 2차원 그래픽스와 3차원 그래픽스의 차이점을 이해한다. 또한, 서로 연관성이 있는 기술 분야라 할 수 있는 그래픽스, 이미지 처리, 애니메이션 및 가상현실의 개념과 특성을 비교하여 설명한다. 마지막으로, 컴퓨터 그래픽스 기술의 대표적인 활용 분야들을 소개한다.

1.1 컴퓨터 그래픽스의 발전

오늘날 컴퓨터 그래픽스 기술은 정보산업 분야는 물론, 다른 산업분야에서도 널리 사용되고 있다. 세계 최초의 전자계산기가 1945년 개발된 이후 그래픽 데이터를 처리하고 표현하려는 시도가 있어 왔으나, 하드웨어 및 소프트웨어 환경의 제한으로 1960년대 이전에는 매우 제한된 영역에서 그래픽스 기술이 활용되었다. 그러나 1970년대에 컴퓨터 그래픽스 기술이 CAD(Computer Aided Design)분야에서 활발히 이용되기 시작하였고, 1980년대 PC가 대중화되면서 그래픽스 기술이 많은 발전을 이루게 되었다. 1990년대에는 PC환경에서 그래픽 데이터를 실시간에 처리할 수 있을 정도로 마이크로프로세서의 처리속도가 급속히 빨라졌고,

메모리 용량도 크게 증가하여 방대한 그래픽 데이터를 저장할 수 있게 되었다. 2000년 경부터는 GPU 칩이 발전하면서 실시간 3D 그래픽스의 고품질화에 크게 기여하였다. 지난 20여 년간 컴퓨터 그래픽스 관련기술은 실로 급성장하여, 이제는 누구나 일상생활에서 컴퓨터 그래픽스 기술을 매일 접하면서 살고 있다. 예를 들어, 그래픽스 없는 인터넷 환경을 생각할 수 없고, 컴퓨터 게임은 그래픽스 기술의 직접적 산물이며, 거의 모든 소프트웨어에는 그래픽스 기술이 직간접적으로 적용되고 있다.

오늘날 그래픽스는 일반적으로 상호대화식 컴퓨터 그래픽스(Interactive Computer Graphics)를 의미한다. 상호대화식 그래픽스에서는 그래픽 객체(Graphic Object)를 입력장치를 이용하여 실시간에 생성하거나 조작하며, 그 결과가 즉시 모니터와 같은 출력화면에 디스플레이 된다. 또한 과거에는 2차원 컴퓨터 그래픽스 기술이 주류를 이루어 왔으나, 이제는 3차원 컴퓨터 그래픽스 기술이 발전하여 그 활용범위가 급속히 확산되고 있다. 이 절에서 지난 수십 년간 컴퓨터 그래픽스 기술의 발전과 활용에 대하여 시대별로 알아보자.

(1) 1950년대와 1960년대

이 시기에는 수동적 컴퓨터 그래픽스(Passive Computer Graphics)가 주류를 이루었다. 1950년대 초에는 문자를 이용하여 원하는 그림을 구성한 후, 라인프린터 같은 출력장치를 이용하여 단순히 출력하는 수준에 지나지 않았다. 그 후 MIT대학의 Whirlwind 컴퓨터에서 처음으로 CRT 모니터 장치를 사용하게 되었고, 특히 1963년 MIT대학의 서덜랜드(Ivan Sutherland)가 개발한 스케치패드 시스템(Sketchpad Drawing System)은 상호작용을 지원하는 세계 최초의 그래픽스 시스템으로 컴퓨터 그래픽스의 발전사에 매우 획기적인 사건이었다. 그림 1-1에서 보듯이 스케치패드 시스템은 CRT 모니터 상에서 직선, 다각형, 원과 같은 그래픽 객체를 상호대화 방식으로 그릴 수 있고, 또한 이 객체들을 라이트펜(Light Pen)을 이용하여 실시간에 선택한 후 명령어 버튼을 이용하여 원하는 작업을 수행할 수 있는 시스템이었다. 따라서 스케치패드 시스템을 현대 상호대화식 컴퓨터 그래픽스의 시초라고 부른다. 이 당시 사용된 CRT 모니터는 벡터방식의 모니터(Vector Display Monitor 또는 Random-Scan Monitor)로 오늘날의 래스터 모니터(Raster-Scan Monitor)와는 화면에 그림 그리는 방식이 달랐다.

그 후, 1960년대 후반에는 기계부품 설계를 위한 CAD 시스템이 처음으로 개발되어 일부

[그림 1-1] 최초의 상호대화식 그래픽스 시스템 스케치패드(1963년)
(https://www.computerhistory.org/timeline/1963/)

기업에서 활용하기 시작하였다. 그러나, 벡터방식의 CRT 모니터를 이용해서 복잡한 설계도면을 그리는 데 어려움이 따랐으므로, 1960년대 말에는 그릴 그림이 화면에 잠시 저장되는 DVST(Direct View Storage Tube)를 이용한 CAD 시스템이 개발되었다. 당시 Tektronix 사는 그림 1-2와 같은 DVST 방식의 그래픽스 시스템을 비교적 저렴한 가격에 개발하여 판매하였다. Tektronix사는 가장 유명한 그래픽스 시스템 제조회사로 부상하였으며 이후 1970년대에 DVST를 이용한 CAD 시스템의 확산에 큰 역할을 하게 되었다. 또한, 이 시기에 사람의 얼굴과 같은 물체를 상호대화식으로 그리는 것도 컴퓨터 그래픽스의 한 활용분야로 출현하였다.

[그림 1-2] Tektronix 4010 모니터
(https://upload.wikimedia.org/wikipedia/commons/6/62/Tektronix_4014.jpg)

(2) 1970년대

이 시기에는 1960년대 선보인 CAD 시스템이 널리 사용되기 시작하였다. 특히, 비행기 제조회사들은 방대한 양의 설계도면을 빠른 시간 내에 그리고, 수정하고, 관리해야 했기 때문에 CAD 시스템은 새로운 비행기의 개발에 매우 중요한 역할을 담당하였다(그림 1-3 참조). 오늘날에도 CAD 시스템은 컴퓨터 그래픽스 기술의 가장 중요한 활용분야이다.

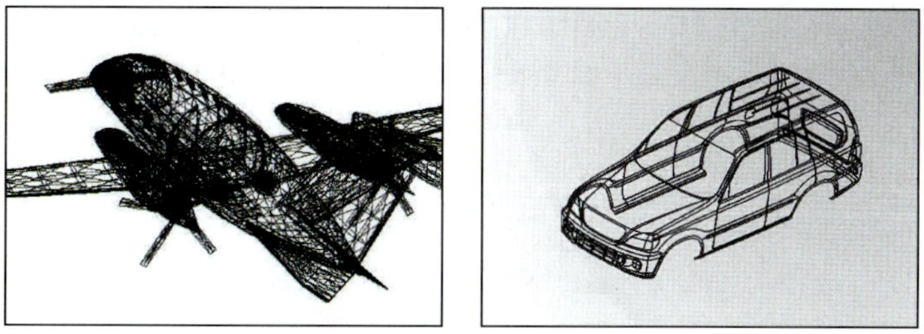

[그림 1-3] CAD 설계의 예 : 3차원 비행기와 자동차의 모델링
(http://www.nextcraft.com/rcindex.html, www.sewonrnd.co.kr)

CAD 시스템의 사용이 확산되면서 벡터 모니터나 DVST 방식의 모니터와는 다른 새로운 방식의 래스터 모니터가 처음 개발되었다. 래스터 모니터는 나중에 컬러 그래픽스와 3차원 그래픽스 분야에서 매우 중요한 공헌을 하였다.

(3) 1980년대

1980년대 초부터 PC와 워크스테이션의 보급에 따라 본격적인 컴퓨터 그래픽스 기술의 활용이 활성화되었다. 컬러 그래픽스 기술이 발전하게 되었고, Xerox사의 PARC 연구소에서 개발한 Smalltalk80 환경을 지원하는 워크스테이션에서 윈도우, 메뉴, 아이콘, 마우스 개념이 처음으로 개발되면서 HCI(Human-Computer Interaction) 기술이 크게 발전하였다. Smalltalk80과 같은 HCI 기술이 매킨토시나 IBM PC와 같은 개인용 컴퓨터에 적용되어 PC의 활성화와 대중화에 큰 역할을 하였다(그림 1-4 참조). 그리고, PC에서 래스터 그래픽스 기술과 GUI(Graphical User Interface)기술이 일반화되었다. PC가 컬러 래스터 모니터를 기본으로 장착하면서 컬러 그래픽스 기술이 관심을 끌게 되었다. 또한, 광선추적법(Ray Tracing)과 같은 렌더링 기법이 개발되면서 매우 우수한 품질의 컬러 그래픽스가 가능하게 되었다(그림 1-5 참조).

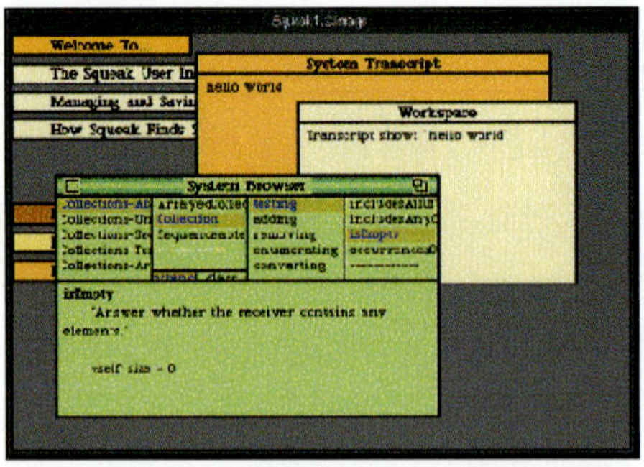

[그림 1-4] Smalltalk80 시스템의 사용자 인터페이스
(https://www.cl.cam.ac.uk/teaching/2001/CompProgLangs/smalltalk.html)

[그림 1-5] 광선추적법을 적용한 렌더링의 예
(http://www.ifp.uiuc.edu/~chenyq/research/graphics/graphics.html)

다른 한편으로는, 그래픽 디자인 및 예술분야가 새롭게 출현하였다. 컴퓨터 그래픽스 기술을 디자인이나 상업광고 영역에 적용하면서 현실에서는 불가능한 정교한 그림을 컴퓨터를 이용하여 생성할 수 있게 되었다. 그래픽스 기술은 상업용 그래픽뿐만 아니라 순수예술 영역에서도 활용될 수 있게 되었다. 또한 출판 분야에 그래픽스 기술이 적용되면서 잡지, 서적, 뉴스레터와 같은 출판물의 편집과 제작에 획기적인 공헌을 하게 되었다.

특히, 출판물의 편집시 모니터 화면상에 보이는 내용과 실제 인쇄된 후의 결과물이 동일하게 보이도록 WYSIWYG(What You See Is What You Get)기술을 지원하는 탁상용 전자출판(DTP: Desk-Top Publishing) 시스템이 개발되었다.

(4) 1990년대

1990년대에 들어오면서 그래픽스 기술이 정보산업에서 매우 중요하게 자리매김하게 되었고, 그래픽스 산업 자체가 매우 큰 산업으로 부상하게 되었다. 미국에서 해마다 개최되는 ACM 학회의 SIGGRAPH 컨퍼런스에 4~5만 명 가량의 사람들이 참석하고 있으며, 수많은 세계 굴지의 컴퓨터 그래픽스 관련 기업들이 자사의 기술과 제품을 전시하고 있다.

특히, 3차원 그래픽스 기술이 크게 발전하여 현실화되면서 3차원 CAD와 3차원 애니메이션은 물론, 영화, 광고, 게임, 시뮬레이션 등의 분야에서도 활발히 사용되기 시작하였다(그림 1-6 참조). 이것은 무엇보다도 렌더링(Rendering)과 텍스처 매핑(Texture Mapping) 등을 전문적으로 처리해 주는 3차원 그래픽 가속기(Graphics Accelerator)나 그래픽스 연산을 빠르게 수행하는 병렬처리기와 파이프라인 구조를 지원하는 마이크로 프로세서가 개발되어 PC에 장착된데 기인한다. 또한, 인터넷의 이용이 활성화되면서 컴퓨터 그래픽스 기술이 인터넷 환경에서 자주 활용되게 되었고, VRML(Virtual Reality Modeling Language), X3D와 같은 가상현실의 구현 기술이 개발되었다.

(a) 게임 "스타크래프트"

(b) 영화 "쥬라기 공원" 중의 한 장면

[그림 1-6] 3D 게임과 영화에서 그래픽스 기술의 적용
(https://starcraft.com/ko-kr/#media,
http://www.lost-world.com/Lost_World02/Jurassic_Park.Site/Jurassic_Park.html)

(5) 2000년대 이후

과거에 컴퓨터 그래픽스, 특히 3차원 그래픽스 기술을 적용하기 위해서는 고가의 그래픽스 워크스테이션과 그래픽스 소프트웨어가 요구되었지만, 이제는 PC환경에서도 실시간 3차원 그래픽스와 애니메이션이 가능하게 되었다. 편리하게 사용할 수 있는 고품질의 다양한 3차원

그래픽스 소프트웨어가 존재하고, 고성능의 그래픽스 하드웨어(GPU: Graphics Processing Unit)도 비교적 저렴한 가격에 구입할 수 있게 되었다. 앞으로 그래픽스 하드웨어의 지속적인 발전이 기대되며, 컴퓨터 그래픽스 기술은 물체의 사실감과 자연스러움을 증가시키는 방향으로 연구, 개발이 진행되고 있다(그림 1-7 참조). 한편, 고속의 범용 GPU가 개발되어 고성능 고품질의 그래픽스가 가능해지고, 이와 함께 저전력 소형화 기술이 함께 개발되어 PC 환경뿐만 아니라 게임, 모바일 환경에서도 실시간 그래픽스를 지원하게 되었다. GPGPU(General Purpose computing on Graphic Processing Units)와 같은 기술이 개발됨에 따라 GPU를 이용한 그래픽스, 이미지 처리 분야 외에도 병렬처리가 요구되는 다양한 영역에서도 이용되게 되었다. 대표적으로 수치계산, 과학계산, 인공지능이 있다. 또한 모바일 환경에서 OpenGL ES, M3G와 같은 표준 그래픽 API(응용프로그래밍 인터페이스, Application Programming Interface)가 제정되었고 웹 환경에서도 WebGL, HTML5 Canvas와 같은 표준이 제정되었다.

이제는 그래픽스 하드웨어와 소프트웨어를 어떻게 적절히 활용하여 최고의 효과를 달성하느냐가 관건이다. 아무리 좋은 하드웨어와 소프트웨어 환경이 갖추어져 있다 해도 이들을 잘 활용하여 우수한 그래픽스 응용프로그램을 개발하고 좋은 그래픽 컨텐츠를 개발하는 것은 쉬운 일이 아니다. 앞으로, 컴퓨터 그래픽스 환경이 좋아질수록 사람들의 욕구는 더욱 높아져 더 정교하고 우수한 품질의 그래픽 콘텐츠를 요구하게 될 것이다.

(a) 사실감 있는 매머드의 털

(b) 어항 속의 물고기

[그림 1-7] 3차원 그래픽스 소프트웨어 SoftImage를 이용하여 제작한 그래픽의 예 (http://www.softimage.com/Community/Xsi/Galleries)

1.2 그래픽스 표현의 분류

컴퓨터 그래픽스는 그래픽 객체들이 2차원 정보로 표현되는 2차원 그래픽스와 3차원 정보로 표현되는 3차원 그래픽스로 구분할 수 있다. 기본적으로 2차원 그래픽스는 입력된 좌표 정보가 X, Y의 2차원 정보로 주어지고 평면 공간에서 변환으로 조작된다. 그에 비해 3차원 그래픽스는 X, Y, Z의 3차원 좌표로 주어지고 3차원 입체 공간에서 변환으로 조작되는 것뿐이다. 2차원 그래픽스는 전자회로 설계용 CAD, 만화제작, 전자출판 등의 분야에 자주 사용되며, 그래픽의 생성, 처리 및 출력과정이 비교적 단순하여 프로세서가 쉽게 그래픽 처리를 수행할 수 있다. 이에 비하여, 3차원 그래픽스는 모든 그래픽 객체들을 3차원으로 모델링하고 현실감과 입체감을 실현하기 위해 감추어진 면을 제거하고 렌더링 과정을 거쳐야하기 때문에 처리속도가 매우 빠르고 복잡한 기능을 갖춘 그래픽스 프로세서가 요구된다.

대부분의 그래픽 작업은 2차원 그래픽스 또는 3차원 그래픽스 기술을 선택적으로 적용할 수 있다. 현실세계에 보다 가까운 출력물을 얻기 위하여 제작 시간과 비용은 높지만 3차원 그래픽스 기술을 이용하는 것이 일반적이 추세이다. 예를 들어, 2차원 게임보다는 3차원 게임, 2차원 그래픽스 기술로 제작한 광고보다는 3차원 그래픽 광고가 사용자의 요구를 더욱 충족시켜 줄 수 있다. 3차원 그래픽스 기술로 그려진 결과물은 대부분 2차원 출력장치인 모니터나 프린터에 표시된다. 결국, 3차원 그래픽스 영상은 2차원 영상으로 제작되어 출력하게 된다. 이 절에서는 벡터 그래픽스와 래스터 그래픽스의 차이를 설명하고, 그래픽스의 개념과 특성 및 처리과정의 개요를 소개한다.

1.2.1 벡터 그래픽스와 래스터 그래픽스

2차원 그래픽스는 점, 선, 다각형, 원, 곡선 등과 같은 기본 도형을 이용하여 2차원 평면상에 그림을 그리는 것을 말한다. 3차원 그래픽스는 3차원 공간상의 점, 선, 다각형, 다면체, 곡면을 2차원 평면상에 그림을 그리는 것을 말한다. 최종적으로 결과물이 출력장치에 픽셀(Pixel)들의 형태로 표현되며, 각 픽셀들을 일반적으로 적색(Red), 녹색(Green), 청색(Blue)의 밝기 값을 배합하여 색을 나타낸다. 2차원 그래픽스는 그래픽의 표현방법과 처리방식에 따라 벡터 그래픽스와 래스터 그래픽스의 두 가지가 있다. 2차원 그래픽스에서 이 두 가지 기법은 그래픽스의 활용 용도와 목적에 따라 결정된다. 아래에 벡터 그래픽스와 래스터 그래픽스의 차이점을 설명한다.

■ 벡터 그래픽스(Vector Graphics)

벡터 그래픽스에서는 그래픽 객체들을 수학적 함수로 표현하여 그래픽 명령어 형태로 컴퓨터의 기억 공간에 저장한다. 예를 들어, 직선은 직선 그리기 함수와 두 끝 점의 좌표값으로, 원은 원 그리기 함수와 원의 중심 및 반지름 값으로 표현하며, 이러한 그래픽 함수들의 모임이 컴퓨터 메모리에 저장되어 필요할 때 수행된다. 이때, 함수들을 그래픽 명령어 형태로 메모리에 직접 저장하므로 일반적으로 그래픽 파일의 크기가 작다. 그리고, 벡터 그래픽스에서는 점, 선, 다각형, 원, 곡선 등의 기하적 객체를 수식의 형태로 표현하므로 그래픽 화면을 확대해도 화질의 변화가 없다. 그래픽스 소프트웨어 중 일반적으로 그리기(Drawing)기능을 지원하는 Illustrator, Corel Draw와 같은 소프트웨어들은 내부적으로 벡터 그래픽스 방식을 따르고 있다. 그림 1-8은 웹에서 사용하는 2차원 그래픽스 표준언어인 SVG(Scalable Vector Graphics)를 이용하여 그린 간단한 벡터 그래픽스 방식의 그래픽스 프로그램 예와 그 수행결과를 보여주고 있다.

```
〈?xml version="1.0"?〉
〈svg width="200" height="200"〉
    〈ellipse cx= "110" cy="50" rx="70" ry="40"〉
            style="fill:blue; stroke:blue; stroke-width:2"/
    〈polygon style="fill:green; stroke:green;"
            stroke-width:2" points="130,40 150,190 50,190"
    /〉
〈/svg〉
```

(a) SVG 그래픽 명령문: 삼각형과 타원 그리기

(b) 수행결과 그림

[그림 1-8] SVG로 작성된 그래픽스 명령문과 그 수행 결과

■ 래스터 그래픽스(Raster Graphics)

래스터 그래픽스는 다른 말로 비트맵 그래픽스(bitmap graphics)라고도 하며, 그리고 싶은 그래픽 객체들을 픽셀(Pixel, Picture Element)들의 값들이 격자 배열로 규칙적으로 구성하여 저장되는 방식이다. 벡터 그래픽스에서 그림들이 수학적 함수들을 의미하는 그래픽 명령어들로 메모리에 저장되는데 비해, 래스터 그래픽스에서는 칠한 그림에 해당하는 픽셀값들이 메모리에 저장된다. 따라서, 그림의 크기를 확대하면 그림을 구성하고 있는 픽셀들의 크

기만 커질 뿐이므로 화질이 떨어지는 특성이 있다. Painter나 Photoshop과 같은 소프트웨어는 페인팅(Painting)기능을 주요기능으로 지원하므로 개념적으로 래스터 그래픽스에 기반하고 있다. 벡터 그래픽스에서는 화면의 복잡도에 비례하여 그림파일의 크기가 증가하지만, 래스터 그래픽스에서는 화면상의 그림의 복잡도와 상관없이 그림파일의 크기가 항상 일정하다. 그림 1-9는 Painter와 같은 페인팅 소프트웨어로 직접 그린 그림의 픽셀값들이 메모리에 저장된 상태(그림 (a))와 화면에 나타난 결과(그림 (b))를 보여주고 있다. 메모리 내의 픽셀값 '5' 는 Green 색을, 픽셀값 '1' 은 Blue 색을 각각 의미한다.

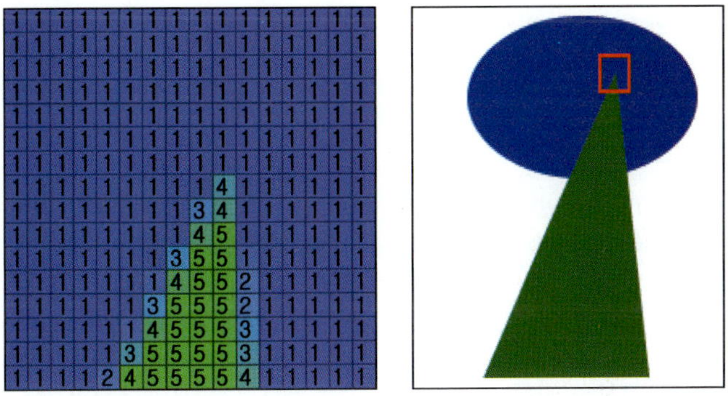

(a) 메모리에 저장된 픽셀 값
(그림 b의 붉은 사각형 내)

(b) 화면에 그려진 결과물

[그림 1-9] 페인팅 소프트웨어로 그린 그림의 픽셀 값과 화면에 그려진 결과

벡터 방식 래스터 방식

[그림 1-10] 래스터 그래픽과 벡터 그래픽의 비교

■ 래스터 그래픽스와 벡터 그래픽스 표현간의 변환

필요에 따라서, 래스터 그래픽스 표현이 벡터 그래픽스로 경우에 따라서는 반대 방향으로 표현을 변경할 수 있다.

- **래스터화(Rasterization)** – 벡터 그래픽스로 표현된 데이터를 래스터로 변경하는 과정, 일반적으로 렌더링 과정이 이 래스터화에 해당한다.
- **벡터화(Vectorisation)** – 래스터 그래픽스로 표현된 데이터를 벡터로 변경하는 과정, 의료 3차원 래스터로 입력된 CT 영상을 3차원 벡터 데이터로 변경하는 마칭 큐브 방법(Marching Cube Method) 등이 그 대표적인 예이다.

아래 표는 벡터 그래픽스와 래스터 그래픽스를 2차원 및 3차원으로 구분하여 정리한 것이다.

[표 1-1] 벡터 그래픽스와 래스터 그래픽스 비교

구분	벡터 그래픽스	래스터 그래픽스
2차원	응용 분야 : 디자인, 인쇄 표현 방식 : 2차원 벡터 데이터 및 관련 수식 대표 도구 : Adobe Illustrator, Corel Draw	응용 분야 ; 사진 · 영상 처리 표현 방식 : 픽셀(Pixel) 단위 정보의 2차원 배열 대표 도구 : Adobe Photoshop
3차원	응용 분야 : CAD, 영화, 광고, 가상현실 등 표현 방식 : 3차원 벡터 데이터 및 관련 수식 대표 도구 : MAYA, SoftImage, 3D MAX 등	응용 분야 ; 영상처리, 의료, 과학 표현 방식 : 복셀(Voxel) 단위 정보의 3차원 배열 대표 도구 : 3차원 초음파, 3차원 CT

1.2.2 3차원 그래픽스의 처리과정

그래픽스는 실세계에 존재하거나 또는 가상의 물체를 입체적으로 실감있게 표현할 수 있다. 아래에 3차원 그래픽스의 일반적인 생성과정과 처리과정을 세 단계로 나누어 설명한다.

1. 물체의 기하적인 형상을 모델링(Modeling)
2. 3차원 물체를 2차원 평면에 투영(Projection)
3. 생성된 3차원 물체에 색상과 명암을 부여(Rendering)

(1) 모델링(Modeling) 과정

3차원 좌표계에서 실세계나 가상의 물체의 모양을 표현하는 과정으로 여러 가지 모델링 기법이 존재한다. 와이어프레임(Wire-frame) 모델에서는 물체의 형태를 와이어프레임이라 불리는 선분들을 이용하여 표현하고, 다각형 표면(Polygon Surface) 모델은 삼각형이나 사각형 같은 간단한 면을 기본 평면단위로 이용하여 3차원 물체의 외형을 표현한다. 솔리드 모델링(Solid Modeling) 기법은 사면체, 육면체, 구, 원통, 원뿔 등과 같은 기본적인 3차원 객체들의 집합으로 원하는 형태를 표현하므로 기계부품과 같이 정형화된 형태를 표현하기에 적절하다. 또한 경우에 따라서는 사람의 얼굴이나 실제 물체를 3차원 디지타이저나 3차원 레이저 스캐너와 같은 장치를 이용하여 스캐닝한 데이터를 얻어 물체의 형태를 모델링하기도 한다. 그림 1-11은 3차원 물체를 와이어프레임 모델과 다각형 표면 모델을 이용하여 형태를 모델링한 예들을 보여주고 있다.

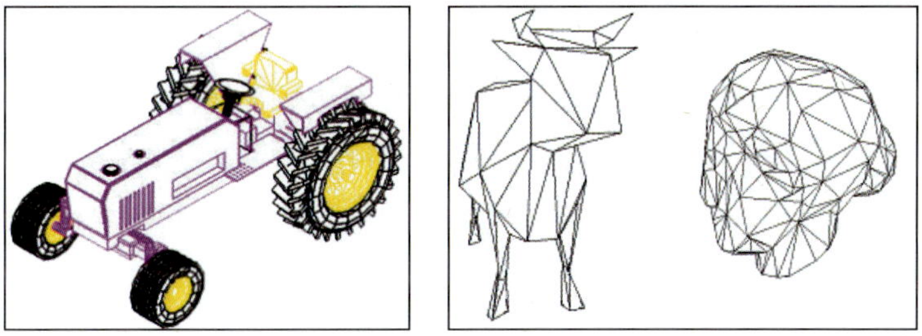

(a) 트랙터의 와이어프레임 모델　　(b) 다각형 표면 모델

[그림 1-11] 물체 모델링의 기법의 예
(http://www.tusc.edu/engech/programs/index.html)

(2) 투영(Projection) 과정

모델링과정을 거쳐 3차원 객체의 형태가 구성된 후, 3차원 객체가 실제로는 2차원 화면에 투영되어야 한다. 왜냐하면, 3차원 물체가 실제로 보여지는 디스플레이 장치나 프린터는 2차원 출력장치이기 때문이다. 즉, 3차원 물체가 2차원 평면상에서 어떻게 보여지는지를 처리하는 과정을 투영이라 한다. 투영에는 평행 투영법과 원근 투영법의 두 가지가 있다. 그림 1-12에서 보듯이 평행투영에서는 물체의 거리에 관계없이 투영면 상에 물체의 실제 크기나 길이가 나타나므로 건축이나 기계설계에서와 같이 실제 길이를 정확히 표현하고자 할 때 적절한 투영법이다. 이에 비하여, 원근투영에서는 가까이 있는 물체는 크게, 멀리 위치한 물체는 작게 표현됨으로써 실제 물체가 보다 현실감 있게 투영된다.

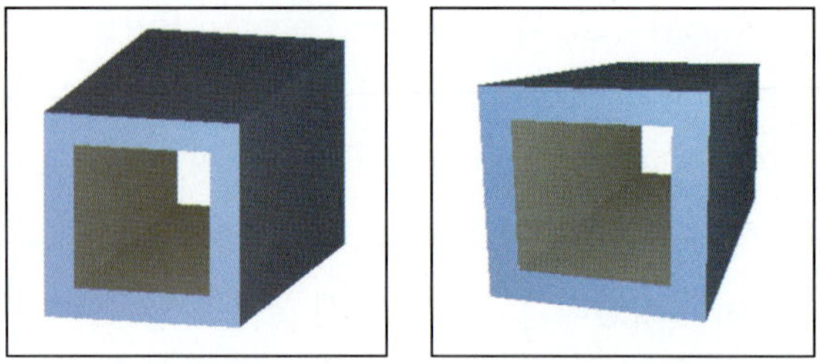

(a) 평행투영 (b) 원근투영

[그림 1-12] 평행투영과 원근투영의 비교

(3) 렌더링(Rendering) 과정

3차원 그래픽스에서 렌더링은 색상, 명암, 재질 및 그림자와 같은 3차원적인 요소를 더하여 현실감을 추구하는 과정으로, 프로세서가 처리하는 데 가장 많은 시간이 소요되는 부분이다. 따라서 그래픽 가속기와 같은 전용 그래픽스 프로세서가 이러한 복잡한 과정을 처리하게 된다. 렌더링 과정에서 처리해야 하는 작업은 관찰자(Viewer)가 3차원 객체를 볼 때 가려져서 보이지 않는 면(은면이라 부른다)을 제거(Hidden Surface Removal)하는 것이다. 그리고 렌더링은 광원(Light Source)의 위치와 밝기에 따라 객체가 반사하는 빛의 양을 계산하여 색상과 명암을 나타내는 셰이딩(Shading) 과정, 그림이나 이미지로 기하모델의 표면을 덮어씌우는 텍스처 매핑(Texture Mapping) 과정, 광원의 위치에 따른 객체의 그림자 표현 등을 포함한다. 그림 1-13은 직육면체, 구 및 원뿔을 와이어프레임 방법으로 모델링하여(그림 1-13(a)), 감추어진 면들을 제거한 후(그림 1-13(b)), 마지막으로 객체의 각 면들을 셰이딩한 결과를 보여주고 있다. 그림 1-14는 체스대를 셰이딩 기법으로 처리하여 입체감을 부여한 결과(그림 1-14(a))와 텍스처 매핑한 결과(그림 1-14(b))를 보여주고 있다.

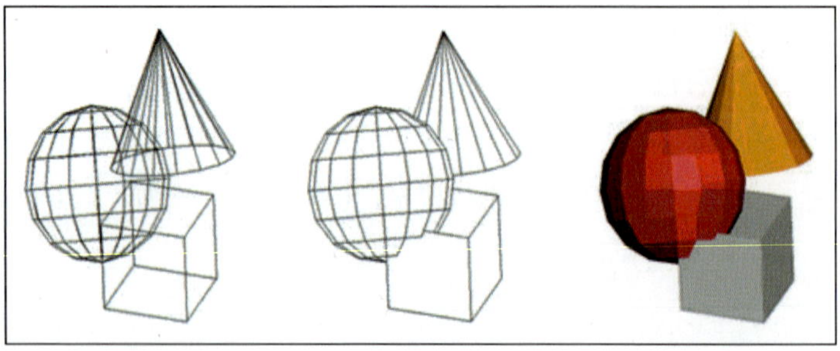

(a) 3차원 물체의 모델링 (b) 은면의 제거 (c) 셰이딩 결과

[그림 1-13] 3차원 물체의 은면 제거 및 셰이딩 과정

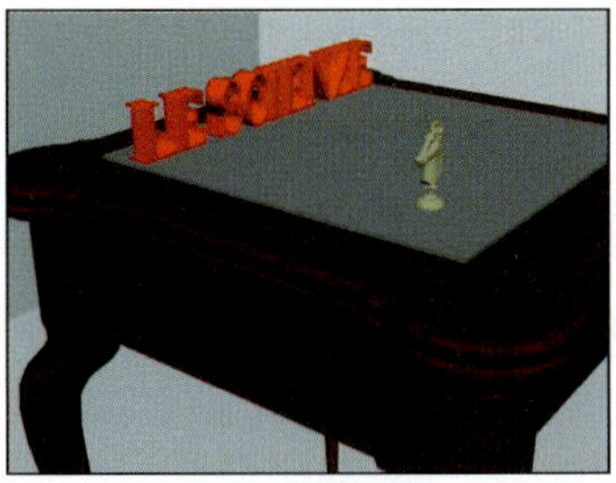

(a) 셰이딩 결과

(b) 텍스처 매핑 적용결과

[그림 1-14] 3차원 물체에 셰이딩 및 텍스처 매핑 적용 결과의 예

렌더링 기법 중 현실에 매우 가까운 결과물을 얻기 위하여 관찰자의 눈에 들어오는 빛의 모든 경로를 역추적하여 명암 및 색상을 결정하는 방법을 광선추적법(Ray Tracing)이라 한다. 광선추적법은 그림자, 굴절, 반사 등의 과학적인 처리를 포함하여 사진과 같은 정도의 현실감을 표현할 수 있으므로 매우 정교한 결과물을 원할 때 자주 이용하는 방법이지만 렌더링 처리 시간이 매우 많이 소요된다. 그림 1-15는 렌더링한 물체에 광선추적법을 적용하여 렌더링한 결과를 보여주고 있다.

[그림 1-15] 광선추적법을 적용하여 렌더링한 결과
(https://www.bergen.org/site/default.aspx?PageType=19)

1.3 그래픽스, 이미지처리, 애니메이션 및 가상현실

그래픽과 이미지는 가장 자주 이용되는 시각적 미디어이다. 인간에게 주어지는 무수한 정보 중에서 그래픽과 이미지와 같은 시각적 정보는 인간이 친근하게 느낄 뿐만 아니라 제작하

기에도 비교적 용이한 형태의 정보이다. 현실적으로 그래픽과 이미지의 의미가 혼용되는 경우가 많으나 이들 간에는 분명한 차이가 존재한다.

애니메이션(Animation)과 가상현실(Virtual Reality)도 컴퓨터 그래픽스와 연관된 응용 개념으로 이들은 기술적으로 컴퓨터 그래픽스에 기반하고 있다. 원칙적으로 그래픽은 정지된 그림을 의미하나 애니메이션과 가상현실은 실감나게 움직이는 그림이나 동적으로 변화하는 그림을 뜻한다. 이 책에서는 컴퓨터 그래픽스의 기술에 국한하여 설명하며, 12장에서 애니메이션 기술에 대하여 설명한다.

1.3.1 그래픽스와 이미지처리

이미지는 스캐너와 디지털 카메라와 같은 장치를 이용하여 자연에 존재하는 물체를 디지털 방식으로 입력하여 필요에 따라 처리한 결과물인데 비하여, 그래픽은 Illustrator나 Painter와 같은 소프트웨어를 이용하여 인간이 직접 제작한 그림이다. 따라서 이미지는 입력의 소스가 자연물인데 반하여 컴퓨터 그래픽은 인공적으로 만들어진 결과물이다. 그림 1-16에서 보듯이 그릴 물체를 프로그램이나 자료구조 형식으로 표현하여 결과물을 그림형태로 표현하는 영역을 컴퓨터 그래픽스라 부르고, 그림이나 이미지를 입력데이터로 받아들여 처리한 후 결과를 다시 그림이나 이미지 형태로 표현하는 영역을 이미지처리라 부른다. 예를 들어, Photoshop은 사진과 같은 이미지 정보를 처리하여 결과물을 다시 이미지로 출력해 주는 프로그램이므로 이미지처리 소프트웨어라 할 수 있다.

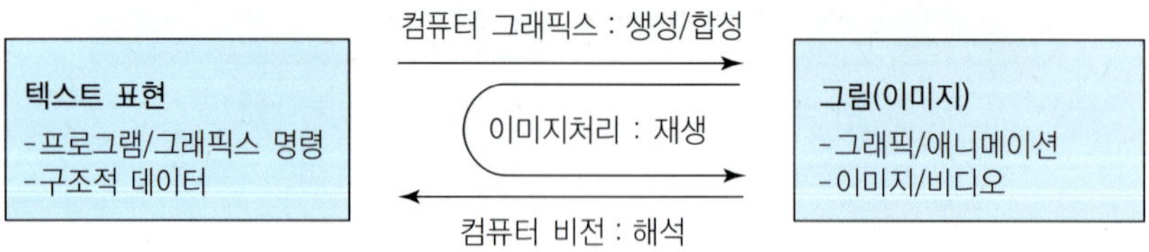

[그림 1-16] 그래픽스, 이미지처리 및 컴퓨터 비전의 관계

또한 로젠펠드(Rosenfeld)는 그래픽스와 이미지의 차이점을 입출력형태 측면에서 표 1-2에서와 같이 구분하였다. 이미지는 입력과 출력 모두가 그림인데 비하여, 그래픽은 사람이 프로그램이나 구조적 데이터로 그래픽 객체를 표현하고 그 결과물이 그림 형태로 합성되어 출력되는 경우를 의미한다. 또한 입력된 그림을 분석, 처리하여 그림의 형태나 내용을 이해하는

분야는 컴퓨터 비전에 속한다. 그래픽스, 이미지처리와 컴퓨터 비전에서 사용하는 알고리즘들은 서로 유사한 경우가 많으나 이들은 분명히 구별되는 영역이다.

[표 1-2] 그래픽스, 이미지 및 컴퓨터 비전의 입출력형태 비교

		출력	
		그림	텍스트
입력	그림(이미지)	이미지처리	컴퓨터 비전 (이미지 해석)
	텍스트 표현 (프로그램이나 구조적 데이터)	컴퓨터 그래픽스	기타

■ 컴퓨터 그래픽스

컴퓨터 그래픽스는 인공적인 그림을 생성하는 기술로 일반적으로 그래픽스 소프트웨어를 이용하여 제작한다. 그림 1-17은 게임 "스타크래프트"의 장면들을 보여주고 있다. 그래픽스는 1.4절에서 소개하듯이 매우 광범위한 활용분야가 존재한다. 최신 그래픽스 기술을 이용하면 실세계나 사진과 거의 구별할 수 없을 정도의 품질을 가진 그래픽을 생성할 수 있다. 특히, 영화에서는 우수한 그림의 질이 중요하므로 제작하는데 상당히 많은 시간이 소요되기도 한다.

[그림 1-17] 게임 "스타크래프트"의 한 장면
(https://starcraft2.com/ko-kr/media)

■ 이미지처리(Image Processing)

이미지는 실물을 디지털 카메라를 이용하여 컴퓨터에 입력하거나 사진을 스캐너를 이용하여 디지털화 한다. 일단 컴퓨터에 디지털화 되어 입력된 그림은 이미지처리 소프트웨어를 이

용하여 편집하게 된다. 편집과정에서 사진의 품질을 향상시키거나 특별한 효과를 추가하기도 하고 다른 사진이나 그래픽과 합성하기도 한다. 그림 1-18은 이미지처리 소프트웨어인 Photoshop을 이용하여 사진을 처리한 결과물을 보여주고 있다.

[그림 1-18] Photoshop을 이용한 사진의 이미지처리
(http://www.personal.usyd.edu.au/~ychoy/home.html)

1.3.2 애니메이션과 가상현실

애니메이션과 가상현실은 모두 동적으로 움직이는 그림을 화면에 디스플레이 한다. 일반적으로 애니메이션은 컴퓨터 그래픽스 기술을 이용하여 이미 만들어 놓은 그림들을 연속적으로 보여줌으로써 움직임을 표현한다. 애니메이션은 2차원 또는 3차원 애니메이션으로 구분할 수 있다. 애니메이션이 미리 구성해 놓은 그림들을 연속적으로 보여주는데 비하여, 가상현실은 프로그램이나 데이터 구조를 이용하여 3차원 세계를 표현한 후 관찰자의 시점이나 관찰자의 움직임의 변화와 같은 입력데이터에 따라 실시간에 3차원 세계를 재구성하여 보여준다. 즉, 관찰자는 가상공간(Cyberspace)인 3차원 세계에서 원하는 장소로 이동할 수 있고 시선을 옮길 수 있다. 그러므로 가상현실에서는 실시간에 3차원 세계와 3차원 객체들을 재구성하기 위하여 그래픽스 가속기와 같은 매우 빠른 프로세서가 필요하다. 따라서 가상현실에서 가장 핵심 되는 이슈는 어떻게 하면 빠른 시간 내에 가상세계를 구성할 수 있는가 하는 문제와 현실세계와 유사한 사용자 인터페이스를 통하여 사용자가 가상세계 내에서 자유롭게 이동하고 물체를 조작하여 몰입감을 줄 수 있는가 하는 것이다.

■ 애니메이션(Animation)

애니메이션은 일련의 정지된 그림이나 이미지를 연속적으로 초당 15프레임 이상 디스플레이 하여 사람이 연속된 동작으로 느끼게 하는 기술이다. 사람의 눈은 어떤 사물이 망막에 나타났다가 즉시 사라질 때 매우 짧은 시간이지만 어느 시간 동안 잔상이 망막에 남아 있는 잔상효과가 있다. 따라서, 그림을 초당 15 프레임 이상 망막에 보내주면 사람은 끊임이 없는 자연스러운 움직임으로 인식하게 된다. 좋은 품질의 애니메이션을 제작하기 위해서는 그래픽과 마찬가지로 긴 제작 시간이 소요되기도 하지만, 제작된 애니메이션을 순서대로 저장하였다가 필요할 때 초당 15프레임으로 디스플레이 해 주면 된다. 일반적으로 그래픽을 제작하는 소프트웨어는 대부분 애니메이션을 동시에 지원하는 경우가 많다.

[그림 1-19] 가상 캐릭터 애니메이션의 예
(http://www.madagascar-themovie.com/main.php)

가상현실(Virtual Reality)

가상현실에서는 컴퓨터 그래픽스 기술을 이용하여 가상공간이나 가상의 물체를 구축하여 관찰자가 가상공간을 돌아다니며 체험할 수 있게 된다. 사용자가 가상공간 내의 어디로 움직이고 어떤 물체를 바라볼지 미리 지정하는 것이 아니므로 3차원 가상공간이나 물체들이 실시간에 생성되어 초당 15 프레임 이상 디스플레이되어야 한다. 따라서 가상현실 기술의 핵심은 어떻게 하면 빠른 시간 내에 3차원 물체들을 모델링하고 렌더링하여 디스플레이 하느냐에 달려 있다. 또한 사용자가 가상공간을 용이하게 탐색, 항해할 수 있고 가상의 물체들을 편리하게 조작할 수 있는가가 중요한 연구과제이다.

가상, 초월이라는 의미의 "메타(meta)"와 세계라는 의미의 "유니버스(univers)"를 합성한 메타버스는 가상의 3차원 공간에서 현실 세계를 반영해 그래픽으로 표현해 주고 게임, 마케팅 등 다양한 분야에서 활용된다.

[그림 1-20] 메타버스 예
(http://www.hyundai.com/content/hyndail)

1.4 컴퓨터 그래픽스의 활용

오늘날 컴퓨터 그래픽스 기술을 산업, 과학, 의료, 교육, 출판, 영화, 게임 등 여러 분야에서 광범위하고 다양하게 이용되고 있다. 컴퓨터 그래픽스의 활용분야를 모두 언급하는 것은 어려운 일이다. 여기서는 가장 대표적인 몇 가지 활용 예들을 살펴본다. 컴퓨터 그래픽스는 현실세계에 존재하는 물체를 그리는 것은 물론이고, 가상의 그래픽 물체들을 만들어 낼 수 있다. 예를 들어, 영화 "쥬라기 공원"에서 현 세상에서는 이미 사라진 가지각색의 공룡들과 식물들을 컴퓨터 그래픽스 기술을 이용하여 재현하였다.

(1) CAD(Computer Aided Design)

컴퓨터 그래픽스 기술이 가장 많이 이용되는 분야가 컴퓨터를 이용한 설계 분야이다. CAD 소프트웨어를 사용하여 건축설계로부터 기계 부품, 자동차, 비행기, 선박, 전자회로 설계에 이르기까지 매우 광범위한 분야의 설계 및 도면작성을 할 수 있다(그림 1-21 참조). 사용자는 CAD의 구체적 활용영역에 따라 특화된 CAD 소프트웨어를 이용하게 된다. CAD는 그래픽스 활용의 가장 오래된 분야일 뿐만 아니라 경제성 또는 기술적 측면에서도 가장 성공한 그래픽스의 활용분야이다. 예를 들어, 자동차를 설계할 때 자동차 설계용 CAD 소프트웨어를 사용하여 과거에 비해 설계시간이 단축될 뿐만 아니라 더욱 우수한 품질의 자동차를 개발하는 것이 가능하게 되었다. 특히, 오늘날 제조분야에서는 CAD 소프트웨어를 이용하여 설계된 부품들이 CAM(Computer Aided Manufacturing) 시스템의 컴퓨터제어 장치들에 의하여 자동으로 제작되는 것이 일반적인 생산과정이다.

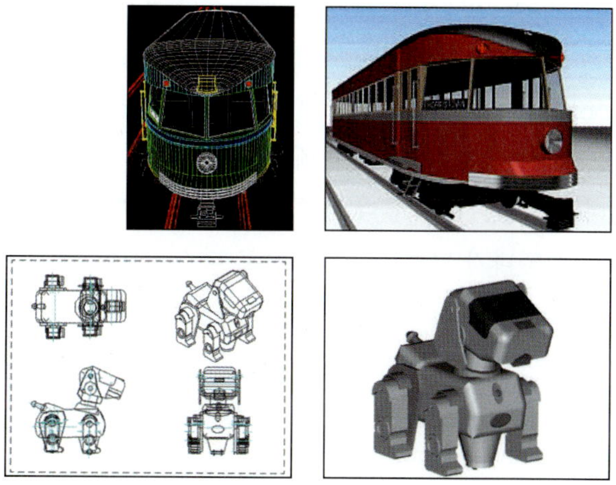

[그림 1-21] 컴퓨터를 활용한 전차와 장난감의 CAD 설계 예
(http://www.phillytrolley.org/3dbullet.html)

그림 1-22는 CAD를 이용하여 다양한 부엌의 구조와 가구 배치를 미리 비교함으로써 가장 이상적인 부엌의 구조를 설계할 수 있음을 보여주고 있다. 렌더링 작업이 완료된 그림을 통해 실제 부엌의 배치를 실감 있게 예측할 수 있다.

(a) 와이어프레임 (b) 렌더링 결과 (c) 가구 배치 후의 결과

[그림 1-22] CAD를 이용하여 부엌을 모델링하고 렌더링 한 장면
(http://www.users.voicenet.com/~tsack/cadcam.html)

(2) 컴퓨터 애니메이션과 시뮬레이션(Simulation)

컴퓨터 애니메이션은 그래픽 프레임들의 연속적인 디스플레이를 통해 물체의 자연스러운 움직임을 보여주는 기법이다. 이에 비하여, 시뮬레이션은 교육, 훈련 분야에서 주로 쓰이는 모의실험으로 사용자의 입력 데이터에 따라 디스플레이 되는 결과가 변하게 된다. 예를 들어, 비행 시뮬레이터(Flight Simulator)를 이용하여 여러 가지 다양한 상황에서 모의 비행을 해 봄으로써 실제 비행을 대신하여 강도 높은 비행훈련을 쌓을 수 있다. 이외에도, 자동차 시뮬레이터, 중장비 시뮬레이터 등이 존재한다. 컴퓨터 애니메이션이 그래픽스 기술을 이용하여 생성된 프레임들을 저장하였다가 단순히 연속적으로 디스플레이 하는데 비하여, 시뮬레이션은 입력 데이터나 사용자의 입력 파라미터에 따라 디스플레이 되는 장면이 변하게 된다. 그림 1-23(a)는 애니메이션 영화 "미녀와 야수"의 장면들을 보여주고 있고, 그림 1-23(b)는 비행 시뮬레이터의 외형과 시뮬레이터에 앉아서 모의 비행하는 장면을 보여주고 있다.

(a) 애니메이션 영화 "미녀와 야수"

(b) 비행 시뮬레이터 장치와 디스플레이

[그림 1-23] 컴퓨터 애니메이션 영화와 시뮬레이터의 예
(http://www.link.com/index.html)

(3) 컴퓨터 디자인 및 아트

컴퓨터 그래픽스의 가장 활발한 활용분야의 하나가 광고 분야이다. TV나 인터넷상의 대부분의 광고나 홍보는 그래픽스 기술을 이용하여 제작된 것 들이다. 이와 같이 그래픽스 기술이 상업디자인(Commercial Design)에 주로 많이 활용되지만 때로는 창작 미술(Creative Art)에도 활용되고 있다. 그림 1-24(b)는 그래픽스 소프트웨어를 이용하여 재현한 고흐의 작품으로, 매우 정교하고 우수한 그래픽스 기술을 느낄 수 있다.

(a) 상업용 디자인

(b) 그래픽스로 재현한 고흐의 그림

[그림 1-24] 그래픽스 소프트웨어를 이용하여 그린 그림의 예
(http://www.adobe.com/web/gallery/icilalune/image7.html)

(4) 게임 및 엔터테인먼트

오늘날 컴퓨터 그래픽스는 게임, 영화, 뮤직 비디오, TV 프로그램을 제작할 때 자주 사용되고 있다. 컴퓨터 그래픽스 기술이 상업적으로 가장 성공한 분야 중의 하나가 컴퓨터 게임이라는 데는 아무런 이의가 없을 것이다. 처음에는 2차원 게임으로 출발했으나 요즈음은 3차원 게임이 주종을 이루고 있다. 최근의 게임은 정교하고 우수한 품질의 그래픽을 생성하여 매우 현실감 있는 게임 환경을 제공하고 있다. 그림 1-25(a)는 3차원 게임의 한 장면을 보여주고 있다.

영화나 TV 프로그램에서는 그래픽 화면 자체만 디스플레이 되기도 하지만, 경우에 따라서는 그래픽 화면과 실제 장면이 한 화면에 합성되어 디스플레이 되기도 한다. 그림 1-25(b)는 영화 "타이타닉"에서 배가 침몰하는 생생한 장면을 보여주고 있다. 이러한 영화는 컴퓨터 그래픽스를 사용하지 않고서는 제작하는 것이 거의 불가능할 정도로 오늘날 영화에서는 그래픽스 기술을 매우 광범위하게 사용하고 있다.

(a) 3차원 게임 "Overwatch"　　　(b) 영화 "타이타닉"의 한 장면

[그림 1-25] 엔터테인먼트 분야에서 그래픽스 기술의 활용
(https://playoverwatch.com/ko-kr/news/22938941,
http://eddyvor.com/thesis.html)

(5) 프리젠테이션 및 데이터 시각화(Data Visualization)

컴퓨터가 생성한 각종 데이터를 그래픽을 통하여 제시해 주는 분야를 흔히 프리젠테이션 그래픽스(Presentation Graphics)라고 하며 데이터를 다양한 그래프 및 차트의 형태로 표현한다. 상업적 응용으로는 비즈니스 관련 데이터를 그래프로 표현하거나 그래픽을 프로젝트의 관리에도 이용할 수 있다. 특히, 교육 분야에서 어떤 개념이나 사실을 그래픽을 이용하여 표현하거나 통계 데이터를 그래픽 형태로 표현해 줌으로써 이해에 도움을 주는 프리젠테이션 소프트웨어가 자주 이용되고 있다.

과학 분야에서 컴퓨터가 생성한 엄청난 양의 데이터로부터 어떤 현상을 이해하는 것은 쉬운 일이 아니다. 이러한 데이터를 컴퓨터 생성모델을 통하여 시각화(Visualization)함으로써 자연현상이나 물리적 현상을 이해하거나 예측하는데 큰 도움을 줄 수 있다. 시각화 기술은 경제현상의 해석이나 이해에도 적용될 수 있다. 그림 1-26(b)는 위성에서 받은 기상 데이터를 시각화하여 그래픽으로 보여줌으로써 일기예보에 활용하는 예를 보여주고 있다.

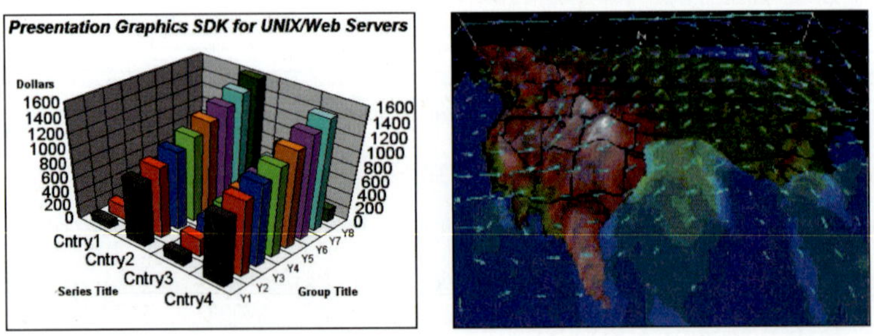

(a) 프리젠테이션의 예　　　(b) 일기예보에 적용한 그래픽스

[그림 1-26] 프리젠테이션 그래픽스와 일기예측에 적용한 그래픽스의 활용 예

(6) 멀티미디어 분야에서의 활용

이미지, 그래픽, 사운드, 애니메이션, 비디오 등과 같은 매체를 이용하는 멀티미디어 응용에서 그래픽스는 가장 자주 이용되는 미디어이다. 그래픽은 비교적 용이하게 생성할 수 있는 시각적 정보일 뿐 아니라 인간에게 가장 친근한 정보로서 인지적 효과가 매우 크다. 그래픽은 이미지와 더불어 멀티미디어 활용 분야에 매우 광범위하게 이용되고 있으며, 특히 웹페이지, 디지털 방송, 휴대폰, 사이버 클래스, 가상환경의 구축, 아바타 생성 등의 영역에 필수적인 미디어이다. 앞으로, 멀티미디어 단말기의 지속적인 발전은 3차원 그래픽스 기술의 적용이 더욱 활성화되는 환경을 제공하게 될 것이다. 그림 1-27은 5G 통신망 디지털 방송에서 증강현실을 이용하여 아바타(Avatar)가 등장하는 장면을 보여주고 있다.

[그림 1-27] 디지털 방송에서 그래픽스 기술의 적용

(7) GUI(Graphical User Interface)

오늘날 대부분의 소프트웨어들은 윈도우, 아이콘, 메뉴와 같은 그래픽 인터페이스를 통해 원하는 작업을 편리하게 수행할 수 있도록 해 준다. 이러한 요소들을 이용함으로써 사용자는 인지적으로나 시각적으로 원하는 작업을 훨씬 편리하고 용이하게 처리할 수 있게 된다. 그림 1-28은 윈도우 관리자, 메뉴, 아이콘과 같은 가장 대표적인 GUI를 보여주고 있다. 이 그림은 잘 알려진 Photoshop의 작업화면으로, 메뉴를 이용하여 그래픽처리 옵션, 색상, 그래픽스 파라미터들을 선택하고, 아이콘들은 페인팅, 그리기, 텍스트 스트링과 같은 그래픽 작업 과정과 연관된 옵션들을 나타낸다.

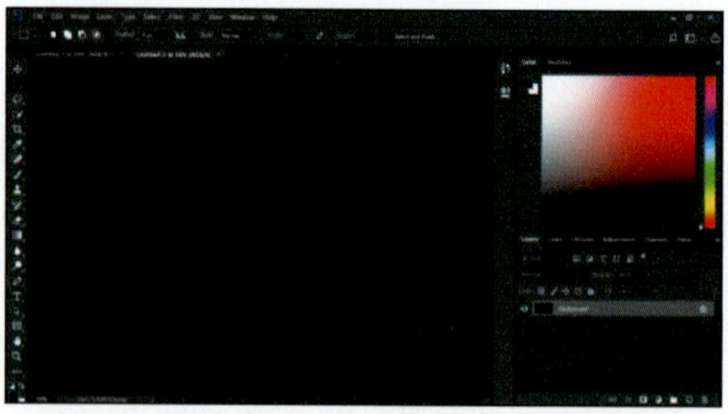

[그림 1-28] Photoshop의 GUI
(https://community.adobe.com/legacyfs/online/1415807_Screenshot_1.png)

(8) 전자출판

컴퓨터 그래픽스 기술은 잡지나 서적과 같은 출판물을 제작하는 데도 편리하게 이용되고 있다. 이러한 분야를 전자출판 또는 탁상출판(DTP: Desk-Top Publishing)이라 부르는데, 탁상출판 소프트웨어를 이용하면 출판물의 레이아웃을 설계하고 삽입할 그림이나 사진을 쉽게 편집하는 등의 일을 매우 효과적으로 처리할 수 있다. 결과적으로 매우 고품질의 출판물을 제작하는 데 있어서 전자출판 프로그램은 없어서는 안 될 소프트웨어이다. 최근 웹 환경에서 서비스되고 있는 전자책(eBook)의 제작을 위해서도 그래픽스 및 애니메이션 기술이 매우 핵심적 역할을 차지하고 있다.

(9) 공간 정보의 표현

교통, 환경, 지리, 도시계획, 토지 등의 영역에서 공간 정보는 매우 중요한 역할을 하고 있으며, 이러한 공간 정보를 2차원 또는 3차원 그래픽스로 표현함으로써 최적해를 찾아 합리적 의사결정을 내릴 수 있다. 이러한 분야를 지리정보시스템(GIS: Geographic Information System)이라 부른다. 예를 들어, 최근 많은 관심을 끌고 있는 차량 주행안내 시스템(Car Navigation System)은 GPS 장치를 이용하여 차량의 현재위치를 인식하고 교통 정보를 실시간에 입력 받아 운전자에게 출발점에서 목적지까지 가장 바람직한 주행경로를 그래픽스 형태로 디스플레이해 준다(그림 1-29(a) 참조).

또한, 군에서 작전을 지휘, 통제하거나 경찰에서 범죄를 포착하고 임무를 수행할 때, 소방서와 같은 긴급구조 기관에서 사건을 통합적으로 모니터링할 때 C^3I(Command, Control, Communication and Intelligence)이나 C^4I(Command, Control, Communication,

Computer and Intelligence) 기술을 활용하고 있다. 이러한 지휘, 통제시스템은 1950년대 중반 SAGE 방공시스템에서 처음 사용되었는데, 오늘날 우리사회에서 보다 효과적인 지휘, 통제를 위해서 없어서는 안 될 요소이다. C^3I나 C^4I에서는 변화하는 상황을 종합적으로 디스플레이하기 위하여 컴퓨터 그래픽스 기술과 지리정보시스템 기술을 활용하고 있다. 그림 1-29(b)는 C^4I 기술을 이용한 지휘 및 통제 시스템의 한 예로 최근 이러한 시스템의 활용이 확산되고 있다.

(a) 주행 안내 시스템 (b) C^4I 시스템에서 그래픽스 기술의 활용

[그림 1-29] 공간정보를 효과적으로 표현하기 위한 그래픽스 기술의 활용 예
(http://www.inavi.com/Products/Navi/Gate?target=_x1plus_ExtremeAIR3D)

(10) 이미지처리

이미지처리 분야는 컴퓨터 그래픽스 분야와는 서로 상이한 영역이지만 동일한 알고리즘이나 기법을 사용하기도 한다. 이미지처리는 첫째, 외부 세계로부터 입력된 디지털 이미지의 질을 향상시키거나, 둘째, 입력된 이미지 정보를 컴퓨터가 분석하여 이해하기 위하여 이용되고 있다. 문자인식이나 패턴인식 또는 의료 영상처리와 같은 영역은 이미지처리의 두 번째 영역에 속한다. 한 예로, 패턴인식에서는 CCD 카메라가 포착한 자동차의 번호판 이미지를 처리, 분석하여 자동차의 번호를 자동적으로 인식하게 도와준다. MRI나 CT로 촬영한 의료영상은 오늘날 질병의 진단을 위해서 필요한 이미지처리의 가장 중요한 분야의 하나이다.

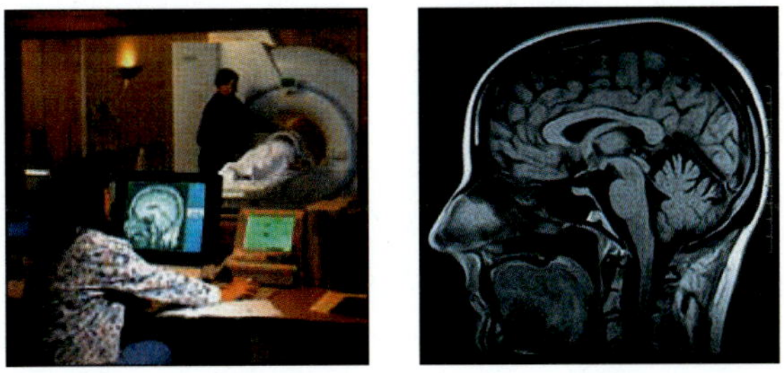

[그림 1-30] MRI 장치를 이용하여 스캐닝하는 장면과 뇌의 이미지

현실적으로 이미지처리와 컴퓨터 그래픽스 기술은 결합되어 이용되는 경우가 많다. 예를 들어, MRI나 CT로 분석한 디지털 데이터를 이용하여 다시 그래픽스 기술로 원하는 그림을 합성하여 디스플레이하는 경우가 이에 해당한다. 그림 1-30은 MRI 장치를 이용하여 사람의 몸을 스캐닝하는 장면과 인간의 뇌를 MRI 장치로 찍은 사진을 보여주고 있다.

연습문제 EXERCISE

1-1 게임 소프트웨어에서 컴퓨터 그래픽스 기술이 어떻게 이용되고 있는지 인터넷을 통해 조사하라. 특히, 최근의 게임 소프트웨어에서 3차원 그래픽스 기술이 많이 활용되고 있다. 3차원 그래픽스 기술을 활용함으로써 게임의 어떠한 면에서 더 효과를 기대할 수 있는지 설명하라.

1-2 그리기(Drawing) 기능을 지원하는 벡터 그래픽스 소프트웨어는 일반적으로 페인팅(Painting)기능을 지원하는 래스터 그래픽스 소프트웨어에 비해 그래픽 데이터의 파일 크기가 작아 인터넷을 통한 데이터 전송시간을 단축할 수 있다. 또한, 벡터 그래픽스 소프트웨어를 사용하여 생성한 그림은 확대해도 해상도가 유지되는 장점을 가지고 있다. 두 가지 방식의 소프트웨어를 사용하여 그린 결과 그림을 수정하려 할 경우 어떠한 차이점이 있는지 비교, 설명하라.

1-3 3차원 컴퓨터 그래픽스가 개념적으로 벡터 그래픽스 방식과 래스터 그래픽스 방식 중 어떤 방식을 따르는지 논하라. 또한, 3차원 그래픽스가 왜 특정한 방식에 기반하는지 그 이유를 설명하라.

1-4 그래픽스와 이미지처리 간에는 개념적으로나 기술적으로 분명한 차이점이 존재한다. 그러나, 현실세계에서는 두 가지 기법이 동시에 사용되는 경우가 흔하다. 그래픽스와 이미지처리 기술이 동시에 적용되는 경우를 예를 들어 설명하라. 의료영상처리 분야에서는 어떠한가?

1-5 가상현실은 기술적으로 컴퓨터 그래픽스 기술에 기반하고 있으나 실제 시스템을 개발할 경우에는 상당한 차이가 있다. 가상현실 시스템을 개발할 때 컴퓨터 그래픽스의 활용에 비해 어떠한 현실적 차이점이 존재하는지 구체적으로 논하라.

1-6 모든 자동차 회사는 새로운 자동차의 설계와 개발을 위해 필히 CAD/CAM 소프트웨어를 사용하고 있다. 자동차 개발의 어떠한 과정에서 CAD/CAM 소프트웨어를 사용하고

있는지 인터넷 사이트를 통해 자료를 조사하고, 이 경우 어떠한 효과를 기대할 수 있는지 설명하라.

1-7 컴퓨터 애니메이션과 컴퓨터 시뮬레이션의 유사점과 차이점에 대하여 설명하라. 또한, 컴퓨터 시뮬레이션 기술의 활용 분야가 비행 시뮬레이터의 경우를 제외하고 어떠한 영역이 있는지 설명하라.

1-8 광고 방송에서 사용되고 있는 컴퓨터 그래픽스 기술을 알아보라. 또한 이러한 그래픽스 기술을 사용하지 않고서도 광고물을 제작할 수 있는지 논하고, 이 경우 비용 및 시간 측면에서 그래픽스 기술의 장점을 설명하라.

1-9 인터넷 환경에서 자주 사용되는 컴퓨터 그래픽스 기술에는 어떠한 것들이 있는지 조사하라. 특히, 인터넷 환경에서 사용되고 있는 애니메이션 기술에 대하여 설명하라.

02 컴퓨터 그래픽스 시스템

CHAPTER

Computer Graphics System

컴퓨터 그래픽스 기술은 그래픽스 관련 하드웨어와 그래픽스 소프트웨어로 구분될 수 있다. 그래픽스 하드웨어는 중앙처리 장치인 CPU 외에 그래픽스 프로세서를 가지고 있어 복잡한 그래픽스 계산과 처리를 전담하여 수행하고 있다. 그래픽스 프로세서의 처리능력은 매우 빠른 속도로 발전하여, 오늘날은 PC의 그래픽스 프로세서도 실시간에 복잡한 그래픽스 계산을 수행하는 데 큰 어려움이 없다. 그래픽스 시스템을 제대로 활용하기 위해서는 다양한 입출력 장치를 필요로 하는 경우가 많고, 이러한 장치들은 경우에 따라서는 매우 고가이다.

이 장에서는 그래픽스 시스템의 구성을 설명하고 디스플레이 장치를 포함한 다양한 그래픽스 관련 입출력장치에 대하여 설명한다. 또한 그래픽스 API의 필요성을 제시하고 표준 그래픽스 API인 OpenGL과, WebGL 등에 관하여 비교, 설명한다. 그래픽스 응용프로그램들은 일반적으로 이러한 그래픽스 API를 이용하여 개발된다.

2.1 그래픽스 시스템의 구성

그래픽스 시스템은 그림 2-1에서 보듯이 그래픽스 하드웨어, 그래픽스 프로그램 및 그래픽 데이터베이스로 구성되어 있다. 그래픽스 하드웨어는 그래픽 데이터를 입력 또는 생성하는 입력장치와 그래픽 데이터를 처리하는 프로세서인 CPU와 그래픽스 가속기(Graphics Accelerator) 그리고 결과물을 출력해 주는 출력장치로 이루어져 있다. 또한 그래픽스 시스템은 범용 컴퓨터와 유사하게 그래픽스 메모리와 그래픽 출력결과를 일시 저장해 두는 메모리인 프레임버퍼(Frame Buffer)를 가지고 있다. 그래픽스 하드웨어의 종류와 성능은 매우 다양하여 그 활용목적에 따라 서로 다른 그래픽스 하드웨어의 구성이 요구된다. 그러나 오늘날 대부분의 워크스테이션이나 PC, 혹은 스마트폰과 태블릿 등의 모바일 장치는 앞에서 언급한 GPU와 프레임버퍼를 기본적으로 지원하고 있어 상당한 그래픽스 기능을 보유하고 있다고 할 수 있다.

그래픽 데이터를 생성, 처리하여 원하는 형태의 그래픽 결과를 디스플레이하기 위해서는 그래픽스 프로그램이 필요하고, 이 프로그램이 적절히 수행되기 위해서는 매우 빠른 CPU와 GPU가 요구된다. 이 그래픽스 프로그램은 일반적으로 그래픽스 API(Application Program Interface)를 이용하여 개발되는 경우가 많다. 그래픽스 API가 표준화되어 있으면 대부분의 그래픽스 하드웨어 환경에서 수행되는 데 아무런 문제가 없다. 또한 현실적으로 대부분의 그래픽스 가속기는 잘 알려진 그래픽스 API의 실질적 표준으로 사용되고 있는 OpenGL이나 Direct 3D에 기반한 그래픽스 명령어들이 하드웨어적으로 빠른 속도로 수행될 수 있도록 해 준다.

그래픽스 프로그램을 이용하여 그래픽을 제작하면 방대한 양의 그래픽 데이터가 생성될 수 있다. 그래픽 데이터베이스는 디스플레이하고 싶은 물체나 객체 또는 3차원 환경을 기술하는 데이터를 의미하며, 이러한 데이터를 관리하고 검색하는 것은 범용 데이터베이스 시스템에서와 마찬가지로 매우 중요한 일이다.

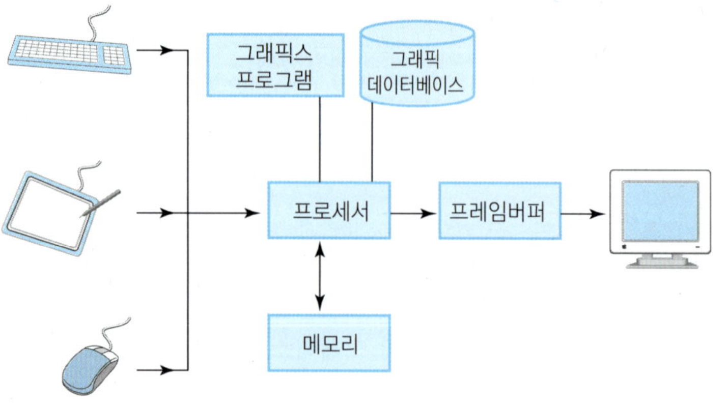

[그림 2-1] 그래픽스 시스템의 구성도

컴퓨터 시스템은 최소한 CPU와 시스템 메모리 및 키보드, 마우스와 같은 간단한 입력장치와 디스플레이 모니터 및 프린터로 구성되어 있으며, 오늘날 대부분의 PC들은 그래픽스 보드 형태로 GPU와 프레임버퍼를 가지고 있다. 그래픽스 시스템은 다양한 입출력장치를 이용하여 대화식 컴퓨터 그래픽스를 가능케 하고 때로는 고가의 특수한 입출력장치가 사용되기도 한다.

2.2 디스플레이 장치

그래픽스 처리결과를 사용자에게 보여주는 방법에는 디스플레이 장치를 이용하는 방법과 하드카피(Hard Copy) 장치를 이용하는 방법이 있다. CRT나 LCD 모니터와 같은 디스플레이 장치를 이용하면 그래픽 출력물이 일시적으로 보여지고 언젠가는 사라지기 때문에, 영구적으로 결과물을 보관하기 위해서는 프린터와 같은 하드카피 장치가 필요하다. 최근에는 3차원 프린터 기술이 개발되어 실제 물체처럼 직접 프린팅하기도 한다. 이 절에서는 디스플레이 장치의 원리와 종류를 설명한다. 특히, 가장 대표적인 두 가지 디스플레이 방식인 벡터 모니터(Vector Monitor)와 래스터 모니터(Raster Monitor)에 대하여 공부한다.

2.2.1 CRT(Cathode Ray Tube) 모니터의 원리

컴퓨터의 디스플레이 장치로 사용되는 CRT 모니터의 원리는 TV와 마찬가지로 전자총(Electron Gun)으로부터 전자빔(Cathode Ray)을 모니터의 스크린에 주사함으로써 빛을 발하게 된다. 그림 2-2에서 보듯이 모니터의 한쪽 끝에 위치한 전자총에서는 수많은 전자들이 모니터 화면에 뿌려지게 되는데, 이 때 화면에 발라놓은 물질인 형광체(Phosphor)에 부딪칠 때 특정한 색상을 나타내게 된다. 이때 색상의 밝기는 전자총에서 방사되는 전자수에 달려있

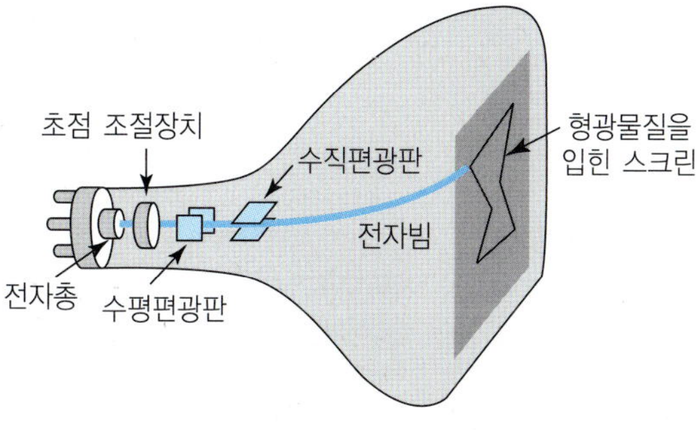

[그림 2-2] CRT 모니터의 구조와 작동원리

고 이것은 제어 그리드(Control Grid)의 전압에 의해 결정된다. 초점 조절장치는 전자빔이 화면의 한 작은 지점에 모이도록 조절해 주는 장치이다. 또한 전자빔이 모니터 화면에 주사되는 위치는 수직편광판 및 수평편광판의 전압에 의해 상하좌우 방향이 제어된다.

일반적으로 많이 사용되고 있는 래스터 모니터의 경우, 전자총은 모니터 화면상에 픽셀(Pixel)이라 불리는 점들의 위치에 전자빔을 주사(Scan)하며, 화면상의 픽셀들의 수가 모니터 화면의 해상도(Resolution)를 결정한다. 일반적으로 모니터의 해상도는 (주사선당 픽셀의 수)×(주사선의 수)로 나타낸다. 예를 들어, PC 모니터의 해상도가 1024×768 이라는 것은 모니터한 스캔라인(Scan Line) 내의 횡적 픽셀수가 1024이고 종적 픽셀수 또는 스캔라인 수가 768픽셀임을 의미한다. 따라서 모니터의 해상도가 높을수록 더 정교한 그래픽을 표현할 수 있으나, 그래픽을 생성, 처리하는 데 더 많은 시간이 소요될 뿐 아니라 더 큰 프레임버퍼가 필요하게 된다. 그리고 모니터의 가로 픽셀수 대 세로 픽셀수의 비를 종횡비(Aspect Ratio)라 한다.

전자빔이 모니터 화면에 부딪힐 때 스크린상에 발라 놓은 발광물질 역할을 하는 형광체가 발하는 빛은 불과 수십 마이크로 초 후에 거의 사라진다. 따라서, CRT 모니터의 깜빡임(Flicker) 현상을 방지하기 위해서는 일반적으로 초당 30회 이상 주기적으로 전자빔에 의해 화면이 활성화(Refresh)되어야 한다. 인간의 눈은 소위 "잔상효과"라 불리는 착시현상을 가지고 있으므로 초당 30회 이상 화면이 활성화되면 사람은 모니터 화면상에 그래픽이 마치 부드럽게 움직이는 것처럼 느끼게 된다.

2.2.2 벡터 모니터(Vector Monitor)

CRT 모니터에서 전자빔이 스크린 화면을 주사하는 방식에는 두 가지가 있는데, 일반적으로 주사방식에 따라 벡터 모니터와 래스터 모니터로 구분한다. PC 모니터를 포함한 대부분의 모니터는 래스터 모니터 방식을 채택하고 있는데, 여기서는 먼저 벡터 모니터의 원리를 설명하기로 한다.

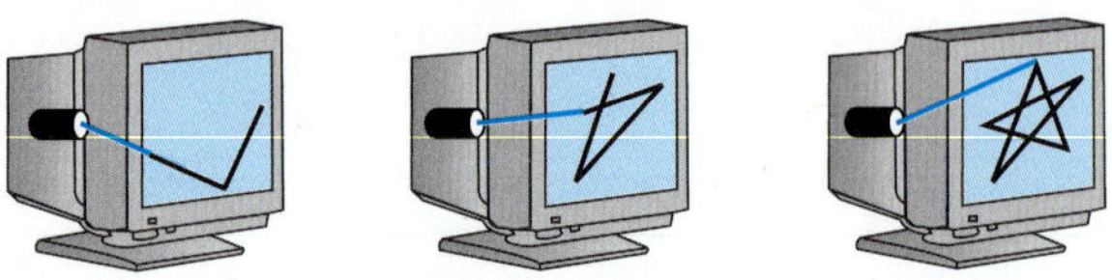

[그림 2-3] 벡터 모니터의 원리

벡터 모니터는 그림 2-3에서 보듯이 전자총이 그릴 선이나 도형의 위치를 따라가며 직접 전자빔을 스캐닝(Scanning)함으로써 원하는 그림을 그리게 된다. 따라서 선, 다각형, 곡선, 원과 같이 2차원 도형을 정교하게 그리는 데 적합하며, 실감 있는 그림을 위해서 점진적으로 변하는 명암이나 색상의 표현이 요구되는 3차원 그래픽스에서는 부적합한 모니터 방식이다. 과거에는 벡터 방식의 모니터가 고해상도를 지원하여 CAD 응용과 같이 정교한 선분과 설계 도면을 그리는 데 많이 사용되었다. 원래 초기에 개발된 모든 CRT 모니터는 벡터 방식으로 그림을 그렸으며 1970년대 래스터 방식의 모니터가 개발되면서 벡터 모니터는 점진적으로 사라지게 되었다. 오늘날 특별한 경우를 제외하고는 대부분의 그래픽스 응용에서 래스터 모니터를 이용하고 있고, 래스터 모니터도 매우 높은 해상도를 지원할 수 있게 되었다.

2.2.3 래스터 모니터(Raster-Scan Monitor)

오늘날 대부분의 모니터는 래스터 방식을 따르며 래스터 모니터는 그 특성상 명암 및 색상 표현에 적합하고 실질적으로 3차원 그래픽스에서는 대부분의 경우에 래스터 모니터가 이용되고 있다. 특히, 컬러 그래픽스에서는 수많은 색상을 동시에 디스플레이 해야 하므로 벡터 방식으로는 이것이 거의 불가능하여 래스터 방식이 사용되고 있다. 그림 2-4에서 보듯이 래스터 모니터는 그릴 그림을 모니터 화면의 왼쪽 위에서 오른쪽 아래까지 화면상의 모든 픽셀 위치들을 스캐닝한다. 여기서, 픽셀이란 화면상에 나타나는 그림의 가장 작은 기본적 요소(Pixel: Picture Element)로서 모든 그림들은 픽셀들로 구성된다. 스크린 화면상의 횡적 라인을 스캔라인(Scan Line)이라 부르고 각 스캔라인은 픽셀들의 모임으로 구성되어 있다. 따라서 모니터는 항상 스크린상에 (스캔라인 당 픽셀 수)×(스캔라인 수) 만큼의 픽셀들을 스캐닝해 주어야 한다. 이것을 앞에서 모니터의 해상도라 정의하였고 해상도가 낮으면 픽셀들로 구성된 그림을 정교하게 그릴 수 없게 된다. 예를 들어, 직선을 그릴 때 엄밀한 의미의 곧바른 선을 그리는 것은 불가능하게 되어 직선이 지그재그(Jaggies)한 모양으로 디스플레이된다. 이러한 현상을 앨리어싱(Aliasing)이라 하는데 이러한 문제점을 해결하기 위한 기법을 앤티

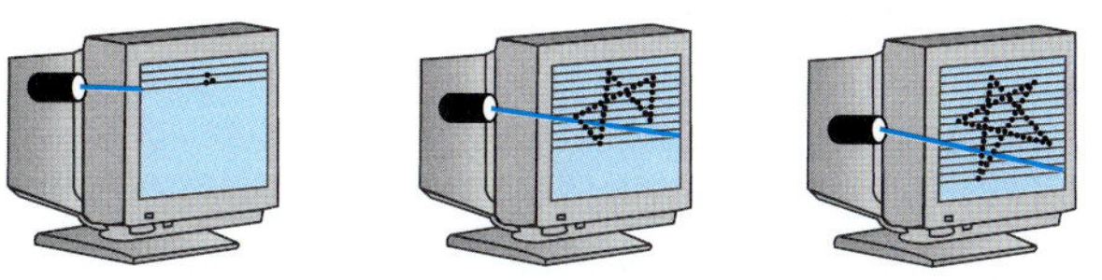

[그림 2-4] 래스터 모니터의 원리

앨리어싱(Antialiasing)기법이라 부른다. 앤티앨리어싱에 대해서는 4.6절에서 다시 자세히 설명하기로 한다.

그래픽스 프로세서는 그래픽스 프로그램의 명령어들을 처리하여 그래픽 이미지를 생성하게 되는데 이것을 래스터(Raster)라 부르고 프레임버퍼(Frame Buffer)에 저장된다. 즉, 프레임버퍼는 래스터의 값을 그대로 저장하는 메모리이다. 그래픽스 프로그램이 생성하는 그래픽스 명령어들이 변하지 않는 이상 한 번만 수행하여 프레임버퍼에 저장하기 때문에 벡터 모니터에 비해 프로세서에 주는 부담이 적다. 래스터 모니터는 프레임버퍼에 저장된 픽셀들을 초당 30회씩 반복적으로 읽어서 스크린 상에 출력해 준다. 따라서 그릴 그림이 복잡하다고 하여도 일단 프레임버퍼에 그림이 그려지고 나면 프레임버퍼로부터 스크린에 스캐닝하는 데 더 많은 시간이 소요되는 것은 아니다.

2.2.4 컬러 모니터(Color Monitor)

오늘날 실질적으로 모든 모니터는 컬러 모니터이다. CAD, 광고 제작, 게임, 영화 제작 등 거의 모든 그래픽스 응용에서 색상을 사용하면 훨씬 효과적이기 때문에 컬러 그래픽이 기본적으로 이용되고 있다. 컬러 모니터의 원리도 몇 가지 방식이 존재하지만 여기서는 벡터 모니터 방식과 래스터 모니터 방식에서 가장 대표적으로 사용되고 있는 방식을 설명하기로 한다.

벡터 모니터에서는 빔주사 방식(Beam Penetration)을 따르는데 스크린 상에 두 개의 레이어에 각각 다른 색상(일반적으로 빨간색과 초록색)의 빛을 발하는 형광체를 칠해 놓아 전자빔이 레이어에 투과하는 깊이에 따라 두가지 색상이 혼합된 빛을 발하게 된다. 속도가 빠른 전자빔은 바깥쪽 레이어인 빨간색 레이어까지 침투하고 속도가 느린 전자빔은 안쪽 레이어인 초록색 레이어까지만 침투하게 된다. 중간속도의 전자빔은 빨간색과 초록색을 혼합한 색상인 오렌지색이나 노란색의 빛을 발한다.

래스터 CRT 모니터는 주로 섀도우 마스크(Shadow Mask)방식을 채택하고 있는데, 이 방식은 그림 2-5에서와 같이 전자총이 동시에 R(Red), G(Green), B(Blue) 세 개의 전자빔을 스크린에 주사하게 된다. 화면상의 각 픽셀의 위치에 빨간색, 초록색, 파란색의 세 가지 빛을 발하는 형광체를 칠해놓아 전자빔이 형광체에 닿을 때 해당하는 빛을 발하여 서로 혼합되어 보여지게 된다. 전자총은 R, G, B 세 가지 전자빔의 강도(Intensity)를 제어하여 실제 빛을 발하는 빨간색, 초록색, 파란색의 밝기를 제어할 수 있다. 이러한 이유에서, 섀도우 마스크 방식의 컬러 모니터를 RGB 모니터라고도 부른다. 전자총이 R, G, B 전자빔을 각각 256(8 비트) 레벨로 제어 하는 경우 빨간색, 초록색, 파란색 빛을 발하는 인이 각각 256 레벨의 강도로 빛을 발할 수 있게 된다. 따라서 각 픽셀의 위치마다 256×256×256=약1700만의 빛을 발할 수 있게 되어 사용자가 필요한 이상의 충분한 색상값을 표현할 수 있다. 색상의 표현에 관해서는 4.5절에서 다시 자세히 설명하기로 한다.

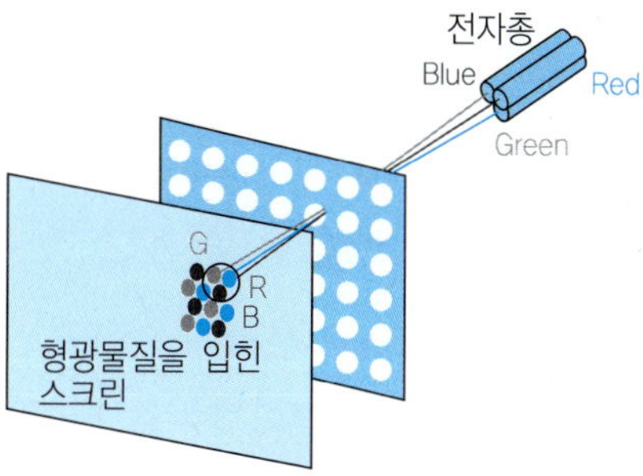

[그림 2-5] 섀도우 마스크 방식 CRT의 작동 원리

2.2.5 평판 디스플레이 장치

평판 디스플레이(Flat-Panel Display) 장치는 CRT 모니터에 비해 두께가 훨씬 가늘어 벽에 걸거나 갖고 다니기 편리하다.

많이 이용되는 평판 디스플레이 장치로는 LCD(Liquid Crystal Display)와 LED(Light Emitting Diode)장치가 있다. LCD와 LED 장치는 각각 장치의 해상도를 지원할 수 있는 크기의 액체 크리스탈 행렬과 다이오드 행렬을 가지고 있다. 프레임버퍼에 정의되어 있는 그림을 그리기 위하여 액체 크리스탈 행렬이나 다이오드 행렬의 해당 위치에 전압이 가해져서 액체 크리스탈이나 다이오드가 빛을 발하게 된다. 과거에 LCD 장치는 노트북, 계산기, PDA 등과 같이 가볍고 비교적 작은 디스플레이 화면을 필요로 할 때 자주 이용되었다. 그 후 LCD가 컴퓨터의 디스플레이 장치로 이용되는 추세가 급격히 확산되었다. LCD를 액정 디스플레이라고도 하며, 액정 디스플레이는 래스터 방식의 모니터이며, 공간을 적게 차지하고 전력소모가 적다는 장점을 갖고 있다.

(a) LCD와 AMOLED의 비교

(b) 두루마리형 디스플레이

[그림 2-6] 디스플레이 장치의 종류

최근에는 전력 소모량이 적고 더 밝은 화면과 선명도를 지원하는 유기 LED(OLED: Organic Light Emitting Diode)가 개발되어 스마트폰, MP3 플레이어, 컴퓨터 디스플레이 장치 등에서 사용되고 있다(그림 2-6(a) 참조). OLED 디스플레이는 또한 화면의 색상 대비(Contrast)가 우수하고 빠른 디스플레이 반응 시간(Response Time)의 특성을 가지는 장점도 있어 앞으로 많은 영역에서 LCD를 대체하고 있다. 이외에도, 유기 플라스틱 기술을 이용하여 제작한 두루마리형 디스플레이(Rollable Display)가 개발되었다. 두루마리형 디스플레이 장치는 화면을 접거나 말아서 사용할 수 있어 모바일 장치의 디스플레이로 매우 유용하게 사용될 수 있을 것으로 기대된다(그림 2-6(b) 참조).

2.3 그래픽스 프로세서(Graphics Processor)

이 절에서는 그래픽스 프로그램의 처리결과가 그래픽스 프로세서에 의해 수행되는 방식 중에서 래스터스캔(Raster Scan) 방식의 원리에 대하여 설명한다. 오늘날 대부분의 그래픽스 프로세서는 래스터스캔 방식을 따른다.

또한 그래픽 전용 프로세서로 개발된 GPU(Graphics Processing Unit)와 범용적인 병렬 처리가 가능한 GPGPU(General Purpose Computing on Graphics Processing Units)에 대하여 알아보자.

(1) 래스터스캔 시스템(Raster-Scan System)

래스터스캔 방식은 래스터 모니터에 적용되는 방식으로, 그래픽스 응용프로그램이 CPU에 의해 실행되면 처리결과가 그래픽스 명령어 형태로 생성된다. 이 그래픽스 명령어들은 그래픽스 프로세서에 의해 수행되어 픽셀이미지(Pixel Image)의 형태로 프레임버퍼 내에 저장된다. 이러한 과정을 스캔변환(Scan Conversion)이라 부른다. 즉, 스캔변환은 그래픽스 명령어들로부터 그림을 묘사하는 픽셀이미지로 바꾸어 프레임버퍼에 저장하는 작업, 즉 래스터화(Rasterization) 과정을 의미한다. 때로는, 그래픽스 프로세서를 디스플레이 프로세서라고도 부르며 워크스테이션이나 PC에서 렌더링 등 빠른 연산처리를 담당하기 위하여 GPU 칩을 가지고 있다. 그래픽스 프로세서가 수행하는 작업을 예로 들면 기하 변환, 은면 제거, 렌더링 등 다양한 그래픽스 처리 기능을 수행한다. 특히, 그래픽스 가속기는 3차원 그래픽스에서 요구되는 객체의 모델링 및 다각형 셰이딩 등 매우 빠른 계산이 필요한 작업을 처리한다. 프레임버퍼에 저장된 픽셀이미지(즉, 픽셀값들)는 비디오 제어기(Video Controller)에 의해 초당 수십회 이상 모니터에 갱신된다. 대표적인 래스터스캔 시스템의 작동 원리가 그림 2-7에 나타나 있다.

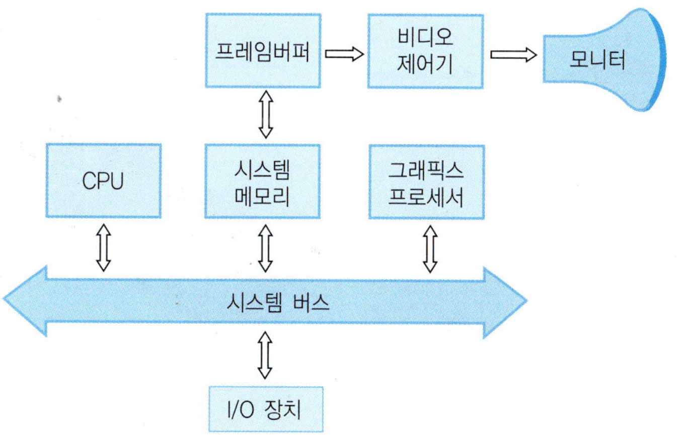

[그림 2-7] 래스터스캔 시스템의 구성

(2) GPU와 GPGPU

GPU는 프레임버퍼에 그래픽 이미지를 빠르게 생성하고 처리하기 위한 프로세서이다.

GPU는 PC는 물론 모바일 환경, 게임, 임베디드 시스템 등에서 많이 이용되고 있다. GPU의 구조는 컴퓨터 그래픽 및 이미지 처리에 매우 효율적인 수많은 병렬처리 프로세서를 가지고 있어 그래픽 및 이미지처리 알고리즘의 매우 빠른 처리와 조작에 적합하게 구성되어 있다. 이러한 고성능 병렬 처리 능력을 그래픽 및 이미지처리 뿐만 아니라 다양한 응용 분야에서 활용하고자 하는 시도가 있었고, GPU에 대한 프로그래밍이 가능해 지면서 GPGPU (General Purpose computing on Graphics Processing Units)라는 용어가 널리 쓰이게 되었다. GPGPU 프로그래밍을 수행하기 위해서 사용되는 프레임워크로 NVIDIA사의 CUDA와 크로노스 그룹(Khronos Group)의 OpenCL 표준이 있다. CUDA는 NVIDIA사가 제안한 프레임워크로 현실적으로 많이 사용되고 있으며 OpenCL은 원래 Apple의 병렬처리 언어였으나 Khronos Group에서 표준화를 진행하고 있다. GPGPU는 칩 내의 수백 ~ 수천 개 이상의 코어(Core)를 활용하여 연산을 병렬적으로 처리할 수 있는 구조를 가지고 있다. GPGPU는 그래픽 및 이미지처리는 물론 병렬처리가 효과를 발휘할 수 있는 다양한 활용 분야에서 이용되고 있다. 예를 들어, 비주얼 컴퓨팅, 증강 현실(AR: Augment Reality), 머신 러닝, 음성 인식, 암호학, 수학처리, 통계처리 등의 분야가 이에 속한다. 그림 2-8(b)는 NVIDIA GTX1080로 4개의 GPC(Graphics Processing Cluster)를 가지고 있으며, GTX1080 칩은 총 2560개의 CUDA Core를 가지고 있다.

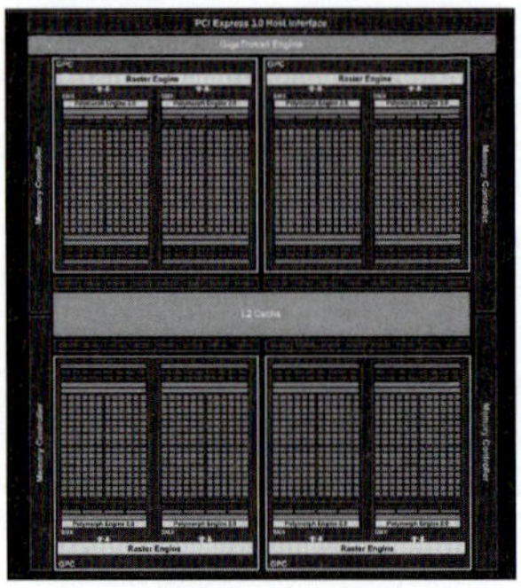

(a) Quad Core CPU

(b) 2560개의 CUDA Core로 구성된 GTX1080

[그림 2-8] CPU와 GPGPU의 비교
(https://www.nvidia.com/ko-kr/geforce/products)

GPU에는 그래픽스 처리를 위한 API 뿐만 아니라 계산 (Computing)을 위한 기능이 추가 되었다. OpenGL에도 Computing이 추가 되었으며, GPGPU 응용을 위한 CUDA,

OpenCL이 있다. 최근에 발표된 대부분의 Graphics API는 계산 프로그래밍 기능을 갖고 있다. 최근에 발표된 표준 및 기술을 활용하면 병렬 처리 프로그래밍을 C 언어 기반의 언어를 이용할 수 있을 뿐만 아니라 C++ 객체 지향 프로그래밍을 할 수 있게 되었다.

2.4 입력장치

입력장치는 용도와 필요에 따라 매우 다양하다. 2차원 그래픽 데이터를 입력하고 생성하기 위해서는 마우스, 그래픽스 태블렛, 조이스틱, 트랙볼, 라이트 펜, 터치 패널과 같은 장치가 있다. 또한 3차원 그래픽 데이터를 생성하기 위해서는 3D마우스, 3D디지타이저, 3D 스캐너와 같은 입력장치가 사용된다. 적절한 입력장치를 선택하는 것은 정확한 그래픽 데이터를 효과적으로 생성하기 위해 매우 중요하다. 또한 인간의 움직임 데이터(Motion Data)를 실시간에 생성하기 위해 모션 캡처 장치를 이용하면 매우 효과적으로 동작 애니메이션을 구현할 수 있다. 그래픽스 환경에서 적절한 입력장치를 선택하기 위해서는 다양한 입력장치의 원리와 특성을 잘 이해하여야 한다. 입력장치의 기능적 분류와 입력장치를 이용한 사용자 인터페이스 기법에 대해서는 6장에서 다루기로 한다.

2.4.1 2차원 입력장치

(1) 마우스(Mouse)

마우스는 키보드를 제외하고 가장 자주 사용되고 있는 입력장치이다. 마우스를 이용하여 그래픽 객체를 선택하거나 메뉴로부터 원하는 작업을 선택하는 등 일반적인 입력을 수행하기 위해 사용되고 있다. 마우스가 대량의 그래픽 데이터를 입력하기 위해서 사용되기보다는 주로 그래픽 객체를 선택하거나 제어하는 등의 일을 수행하기 위해 사용된다. 그림 2-9는 2D 마우스와 3D 마우스의 예를 보여주고 있다. 3D 입력장치는 3차원 입력장치에 속하나 편의상 여기에서 소개한다. 3D 마우스는 3차원 물체를 조작하거나 3차원 가상공간 내에서 원하는 방향으로 탐색항해(Navigation)하는 경우에 적절한 장치이다. 컴퓨터 모니터는 2차원 평면이지만 사용자가 다루고 싶은 물체가 3차원 물체인 경우 서로 차원의 불일치 현상이 발생한다. 이럴 경우에 3D 마우스를 이용하면 사용자가 3차원 물체를 다루고 처리하기에 매우 편리하다. 예를 들어, CAD 소프트웨어를 이용하여 3차원 기계 부품을 설계하는 경우에 3D 마우스를 사용하여 물체를 조작하면 작업의 생산성이 증가함을 짐작할 수 있다.

(a) 2D 마우스 (b) 3D 마우스

[그림 2-9] 2D 마우스와 3D 마우스의 예
(https://www.logitechg.com/ko-kr/products/gaming-mice, https://3dconnexion.com/uk/product)

(2) 그래픽스 태블릿(Graphics Tablet, Data Tablet)

마우스가 상대위치 지정장치인데 비하여 그래픽스 태블릿은 절대위치를 지정하는 장치이다. 마우스의 핸드커서(Hand Cursor)나 스타일러스(Stylus)를 사용하여 태블릿상의 한 지점을 지정하면 그 위치에 해당하는 (X, Y)좌표값이 컴퓨터에 입력된다. 따라서 그래픽스 태블릿은 매우 정확한 좌표값을 입력할 때 자주 이용된다. 예를 들어, CAD 스프트웨어를 이용하여 건축 설계를 하는 경우 정확한 좌표값을 입력해야 하는데 이 경우 마우스로는 어렵고 그래픽스 태블릿을 사용하게 된다. 어떤 그림을 자유롭게 그리는 경우에도 스타일러스를 이용하면 매우 편리하다. 지리정보 시스템(GIS: Geographic Information System)에서 지도의 좌표를 입력할 때도 그래픽스 태블릿과 핸드커서를 이용하면 매우 바람직하다. 그림 2-10(b)는 Wacom사의 그래픽스 태블릿과 스타일러스로 그린 그림의 예를 보여주고 있다.

(a) 그래픽스 태블릿 장치 (b) 스타일러스를 이용하여 그린 그림

[그림 2-10] 그래픽스 태블릿 장치와 그린 그림의 예
(https://www.wacom.com/ko-kr)

(3) 조이스틱(Joystick)

조이스틱은 레버(Lever)라 불리는 손잡이를 갖고 있어 커서를 원하는 방향으로 빠르게 이동시킬 수 있다. 또한 조이스틱은 몇 개의 버튼을 가지고 있어 각 버튼마다 원하는 작업을 수행할 수 있도록 프로그래밍할 수도 있다. 이러한 이유에서 조이스틱은 게임에서 가장 자주 사용되는 입력장치이다. 그림 2-11에서는 두 가지 조이스틱을 보여주고 있으나 실제로는 용도에 따라 여러 가지 다양한 조이스틱이 존재한다.

[그림 2-11] 게임에서 사용되는 조이스틱
(https://www.logitechg.com/ko-kr)

(4) 라이트 펜(Light Pen)

라이트 펜은 그림 2-12에서 보듯이 화면상에서 객체를 선택하거나 객체의 특정한 부분을 선택하려고 할 때 이용되고 있다. 라이트 펜은 펜과 같은 모양을 가지고 있으며 전자빔이 화면에 충돌할 때 나오는 빛을 인식함으로써 스크린상의 현재 위치를 정확히 알아낼 수 있다. 라이트 펜은 방안의 빛과 같은 주변의 빛에는 상관치 않고 스크린상의 빛에만 민감하게 반응

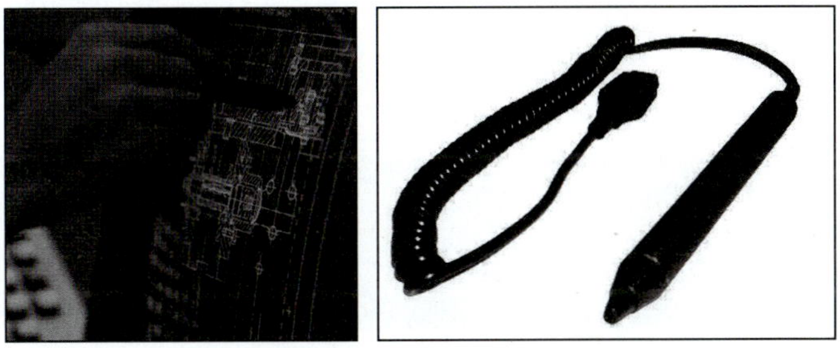

[그림 2-12] 라이트 펜 입력장치
(https://www.c64-wiki.com/wiki/Light_pen)

한다. 과거에는 라이트 펜이 많이 이용되었으나 최근에는 라이트 펜을 대체할 다른 입력장치들이 개발됨으로써 그 이용이 점차 줄어드는 추세이다. 그 이유는 라이트 펜이 때로는 화면상의 객체를 가릴 수 있고 사용시 손의 피로감을 야기시킬 수 있기 때문이다.

2.4.2 3차원 입력장치

(1) 3D 디지타이저(Digitizer)와 3D 스캐너(Scanner)

실제 존재하는 3차원 물체의 (X, Y, Z) 좌표값을 2차원 입력장치를 사용하여 입력하는 것은 불가능하다. 그림 2-13에서 보듯이 David 조각상을 입력하기 위하여 사용할 수 있는 3차원 입력장치는 3D 디지타이저와 3D스캐너의 두 가지가 있다. 3D디지타이저는 물체위에 직접 스타일러스를 갖다대어 각 위치의 3차원 좌표 (X, Y, Z)를 입력한다. 이 경우 물체상의 수많은 점들을 스타일러스로 입력해야 하기 때문에 데이터 입력 시간이 길어지는 문제점이 있다. 이에 비해, 3D 스캐너 장치를 이용하면 그림 2-13에서와 같이 스캐너 장치에서 레이저빔이 발사되어 3차원 물체의 좌표값들이 입력된다. 일반적으로 3D 스캐너가 더 자주 이용되고 있고 성능에 따라 차이가 있으나 가격이 매우 비싼 편이다. 3D 스캐너 장치는 사람의 얼굴이나 박물관의 전시물을 형태를 입력할 때도 이용되고 있다. 그림 2-14는 3차원 스캐너를 이용

(a) David 조각상의 스캐닝 장면

(b) David 상의 머리 부분의 3차원 모델

[그림 2-13] 3차원 스캐너를 이용한 3차원 데이터 획득과 모델링의 예
(http://www.graphics.stanford.edu/projects/mich/mich.html#Photographic essays)

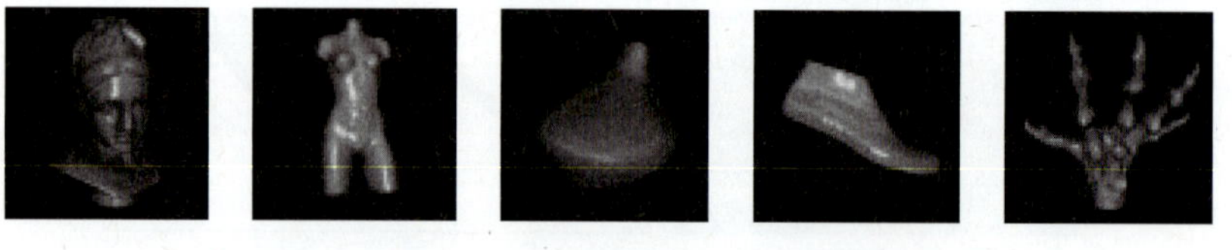

[그림 2-14] 3D 스캐너를 이용하여 만든 3차원 모델들
(http://www.minolta3d.com/products/main-en.asp)

하여 모델링한 다양한 물체들의 모습을 보여주고 있다.

(2) 모션캡처(Motion Capture) 장치

앞에서 소개한 3D 디지타이저나 3D 스캐너를 이용해서는 사람의 움직임과 같은 동적 데이터를 입력할 수 없다. 게임이나 애니메이션에서는 사람이나 동물의 움직임 데이터가 자주 필요하게 되는데 이러한 경우에 모션캡처 장치를 이용하게 된다. 그림 2-15에서 보듯이 사람의 관절 부위에 센서들을 부착하여 센서들의 움직임을 (X, Y, Z)좌표 데이터로 실시간에 획득한다. 모션캡처 장치는 자기 방식과 광학 방식의 두 가지가 있는데, 최근에는 광학 방식의 모션캡처 장치가 주로 이용되고 있다. 자기 방식의 장치에서는 센서가 유선으로 컴퓨터에 연결되어 있어 장비를 사용한 사람(Actor)의 행동에 제약을 주는 단점이 있는 반면에 광학적 모션캡처 장치를 이용하면 자기 방식과 달리 사람의 움직임이 더 자유로워 질 수 있다. 광학 방식은 적외선을 쪼이면 발광하는 특수한 물질이 칠해진 적외선 마커를 액터의 관절 부위에 부착하여 반사된 빛을 3대 이상의 비디오 카메라로 촬영한 후 3차원 공간에서의 위치를 파악하는 방식이다. 광학 방식은 자기 방식에 비해 성능이 뛰어나지만 데이터를 처리하는 데 많은 시간이 들고 제작비도 비싸다.

(a) 센서를 부착한 사람

(b) 움직임에 따라 화면에 나타나는 모습

[그림 2-15] 모션캡처 장치를 이용한 인간 움직임 데이터의 획득
(http://www.eddyvor.com/thesis.html)

2.5 하드카피(Hard Copy) 출력장치

2.2절에서 설명한 디스플레이 장치는 그래픽스 결과물을 상호대화식으로 생성하고 수정, 편집하기에 매우 적절한 출력장치이다. 그래픽의 생성 및 수정 결과가 모니터 화면에 즉시 나타나기 때문에 매우 자유로운 그래픽스 작업이 가능하게 된다. 그러나 그래픽스 시스템에서 출력 결과를 영구적으로 보관하기 위해서는 메모리 장치에 저장하거나 프린터, 플로터, 필름 레코더 등의 출력장치를 이용하여 하드카피로 인쇄해야 한다. 이러한 출력장치는 출력물의 크기와 품질, 출력속도, 출력 매체 및 출력물의 이용 분야에 따라 매우 다양하다.

(1) 프린터(Printer)

프린터의 종류에는 도트 매트릭스 프린터와 같은 충격식 프린터와 잉크젯 프린터나 레이저 프린터와 같은 비충격식 프린터가 있다. 도트매트릭스 프린터는 인쇄 해상도가 약 60~180dpi 정도이고 잉크젯 프린터나 레이저 프린터의 인쇄 해상도는 약 300~720dpi 정도이다. 여기서 dpi(dot per inch)란 종이 위에 1인치 거리에 인쇄할 수 있는 점의 수를 의미하는데, 예를 들어 100dpi 경우에 1인치에 100개의 점을 인쇄할 수 있음을 뜻한다.

그래픽스에서는 일반적으로 컬러 잉크젯 프린터나 컬러 레이저 프린터가 사용되고 있다(그림 2-16 참조). 잉크젯 프린터는 가격이 매우 저렴한 데 비하여 컬러 레이저 프린터는 가격이 상당히 고가이다. 레이저 프린터들은 고품질의 텍스트나 그래픽을 벡터방식으로 프린트하기 위하여 Adobe사의 PostScript(PS)언어를 지원한다. PostScript는 출력장치에 독립적인 페이지 기술언어(Page Description Language)로서, PostScript 언어로 작성된 스크립

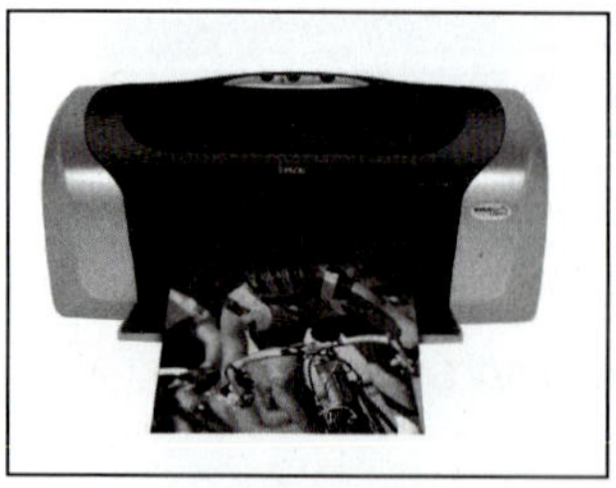

(a) 잉크젯 프린터

(b) 레이저 프린터

[그림 2-16] 잉크젯 프린터와 레이저 프린터의 예
(http://www.epson.com, http://www.hp.com)

트 프로그램(Script)을 해석하여 그림을 출력한다.

2.2.4절에서 설명한 컬러 모니터에서는 적색(Red), 녹색(Green) 및 청색(Blue) 빛을 발광하는 형광체를 화면에 발라 놓아 세가지 색상의 강도에 따라 다양한 빛을 생성하는 RGB 컬러모델에 기반하고 있는 데 비하여, 프린터는 개념적으로 CMY 컬러모델에 기반하고 있다(컬러모델에 관한 자세한 설명은 10.6절 참조). 컬러 잉크젯 프린터는 Cyan(C), Magenta(M) 및 Yellow(Y)의 세 가지 색을 점의 형태로 용지에 뿜어내어 각 색상의 점의 빈도수에 따라 특정한 색상을 표현한다. 검은 색을 표현하고 싶은 경우에는 Black(K) 잉크를 사용한다. 따라서 잉크젯 프린터는 CMYK 컬러모델에 기반하고 있다고도 할 수 있다. 컬러 잉크젯 프린터가 인쇄한 출력물의 확대한 부분이 그림 2-17에 나타나 있다.

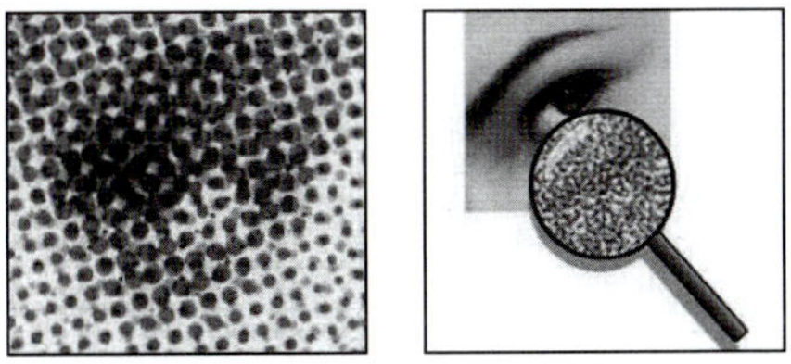

[그림 2-17] 컬러 잉크젯 프린터를 이용하여 그린 출력물의 확대한 그림

(2) 플로터(Plotter)

프린터를 이용하여 일반적인 그래픽이나 그림을 인쇄하는 것은 큰 무리가 없으나 CAD 응용에서처럼 설계도면을 출력하기에는 부적절하다. 설계도면에서는 직선이나 곡선을 정교하게 그려야 하는 경우가 많고 출력물의 크기가 잉크젯 프린터나 레이저 프린터로 출력하기에는 너무 큰 경우가 있다. 이러한 이유로 CAD나 GIS 분야에서 자주 플로터 장치가 이용되고 있다. 플로터는 용지 공급방식에 따라 평판 플로터(Flatbed Plotter)와 드럼 플로터(Drum Plotter)로 구분되며, 그리는 방식에 따라 펜 플로터와 잉크젯 플로터로 구분된다. 그림 2-18에서 대표적인 평판 플로터와 드럼 플로터를 보여주고 있다. 펜 플로터 상에 그림을 출력하려면 소프트웨어 명령어가 필요하며, 명령어에 따라 펜이 4~16방향으로 이동하여 선이나 도형을 그린다. 펜 플로터는 선 그리기 방식이기 때문에 명암이나 색상을 표현하는 래스터 이미지를 그리기에는 부적합하다. 잉크젯 플로터는 잉크젯 프린터와 출력 방식이 동일하다.

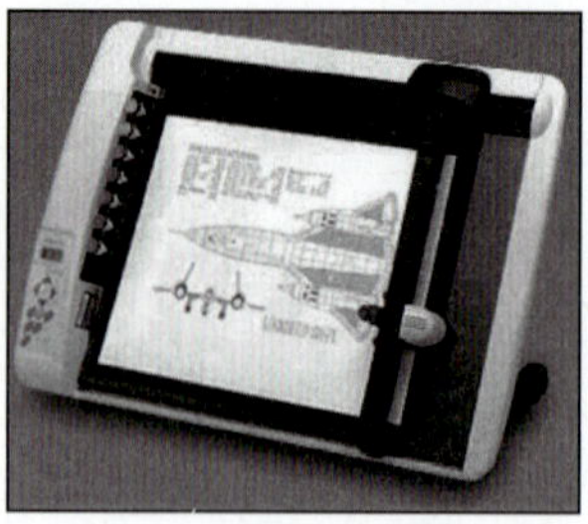

(a) 평판 플로터

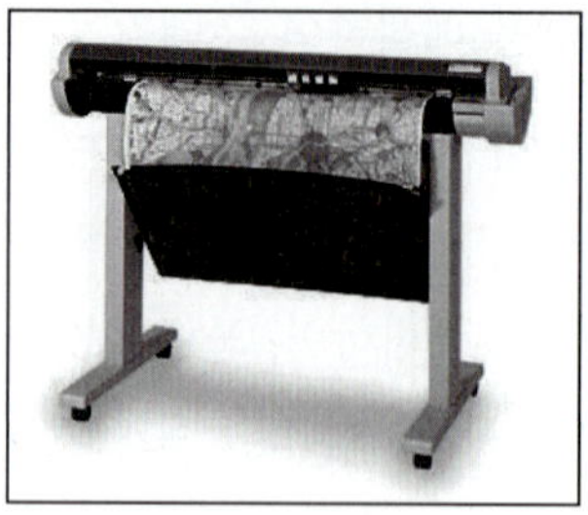

(b) 드럼 플로터

[그림 2-18] 펜 플로터 출력장치의 예
(http://www.encad.com)

(3) 3D 프린터(3D Printer)

3D 프린터는 그래픽스 소프트웨어를 이용하여 모델링한 3차원 모델로부터 물리적 형태를 빠른 시간 내에 제작하기 위한 장치이다. 3D 프린터를 이용하면 제작하고 싶은 3차원 물체를 빠른 시간 내에 설계하여 저렴한 비용으로 빨리 제작할 수 있는 장점이 있다. 최근 3D 프린터의 활용 분야가 확장되고 가격이 싸지면서 많은 관심을 갖게 되었다. 활용 분야는 산업용, 일반고객용, 의학용 등 다양한 영역에서 이용되며 가격도 수백 달러에서 수십만 달러까지 용도와 성능에 따라 다양하다. 산업용으로는 자동차 산업, 항공 산업, 군사용, 기계 부품, 패션, 안경, 신발 등의 분야가 있으며 최근에는 제품의 대량 생산도 가능하게 되었다. 3D 프리터를 이용하면 상품모형의 빠른 프로토타입의 개발에 매우 유리하다. 일반고객용 3D 프린터는 수백 달러 ~ 수천 달러의 장치가 존재하며 장난감, 운동기구, 액세서리 제작, 기계 부품, 교육 분야, 심지어는 피자와 같은 음식물의 제조에도 이용되고 있다. 특히, 의학용 3D 프린터는 인간

(a) MakerBot Replicator 2

(b) 3D 프린터로 제작한 자동차

[그림 2-19] 3D 프린터와 그 활용

의 뼈를 비롯하여 바이오 기술을 적용하여 귀나 장기 같은 세포 조직의 제작에도 이용하고 있다.

3D 프린터는 3D 모델링, 프로세스, 그리고 프린팅 과정을 거쳐 3차원 물체를 제작한다. 3D 모델링 과정에서는 CAD(Computer Aided Design) 소프트웨어를 이용하거나 3D 스캐너를 이용하여 제작하고 싶은 3차원 물체의 모델을 생성한다. 프로세스 과정은 3D 모델링 프로그램에 의해서 만들어진 3차원 모델을 매우 얇은 두께(0.1mm 정도)의 수평적 레이어(Horizontal Layer)로 잘라서 구성하는 단계이다. 이 과정에서 수천 ~ 수만 개의 레이어가 만들어지며 각 레이어는 만들려는 3차원 물체의 단면에 해당하며 3D 프린터는 실제 각 레이어들을 프린트한다. 마지막으로 프린팅 과정에서는 다양한 재료를 이용하여 레이어를 프린트하고 서로 접합시키는 과정이다. 프린팅 과정의 가장 일반적인 방식으로 FDM(Fused Deposition Modeling) 방식과 SLS(Selective Laser Sintering), SLM(Selective Laser Melting), DMLS(Direct Metal Laser Sintering) 방식이 있다. FDM 방식은 주로 플라스틱이나 폴리머와 같은 물질을 녹여서 각 레이어를 만들며 레이어들이 식으면서 물체가 성형되는 방식이다. 이에 비해, SLS 방식은 유리, 세라믹, 플라스틱, 금속의 작은 분말(Particle)에 고에너지 레이저를 분사하여 제조하는 방식으로 한 번에 하나의 레이어가 만들어지며 높은 온도에서 작은 분말이 녹으며 레이어의 온도가 내려가면서 서로 달라붙는다. 그림 2-19(a)는 MakerBot Replicator 2프린터로 2,000달러 정도에 판매되고 있으며 그림 2-19(b)는 3D 프린터로 제작한 자동차이다.

2.6 그래픽스 소프트웨어

우리는 Illustrator, Painter, 3D Studio Max와 같이 잘 알려진 그래픽스 프로그램을 사용하기도 하고 게임 프로그램을 즐기기도 한다. 이러한 그래픽스 프로그램을 밑바닥부터 개발하다는 것은 엄청난 시간과 비용을 필요로 할 것이다. 따라서 대부분의 경우에 그래픽스 프로그램을 일일이 개발하기 보다는 다양한 그래픽스 기능을 라이브러리 형태로 지원하는 그래픽스 응용 프로그래밍 인터페이스(Application Programming Interface, API)를 활용하여 개발하는 것이 일반적이다. 우리가 흔히 사용하는 그래픽스 프로그램은 정확한 용어로 기술하면 그래픽스 응용프로그램(Graphics Application Program)을 의미한다.

2.6.1 그래픽스 소프트웨어의 기능

그래픽스 소프트웨어는 그래픽스 응용프로그램과 그래픽스 API로 구분할 수 있다. 그래픽스 응용프로그램은 어떤 특정한 분야의 그래픽을 제작하거나 특수한 목적으로 개발된 경우를 의미한다. 예를 들어, 건축 CAD 프로그램은 건축설계를 위해 개발된 그래픽스 응용프로그램이고 게임 프로그램은 특정한 게임을 즐기기 위해 개발된 프로그램이다. 대부분의 사용자는 이러한 그래픽스 응용프로그램의 사용법을 익히면 원하는 일을 수행하는데 아무런 문제가 없다. 그러나 이러한 그래픽스 응용프로그램을 직접 개발하고 싶은 사람은 컴퓨터 그래픽스의 원리와 알고리즘에 대하여 알고 있어야 한다. 하지만 현실적으로 그래픽스 프로그래머가 그래픽스의 이론과 알고리즘을 완전하게 이해하여 프로그램을 개발한다는 것은 어려울 뿐만 아니라 경제적으로나 시간적으로도 효율적이지 못하다. 현실적으로는 그래픽스 응용프로그램을 개발하는데 필요한 모든 기본적인 기능과 알고리즘이 이미 라이브러리 형태로 제공되고 있기 때문에 이들을 이용하면 된다(그림 2-20 참조). 이러한 그래픽스 API는 여러 가지가 있는데 가장 잘 알려진 것들이 CORE, GKS, PHIGS, OpenGL, DirectX 등이다.

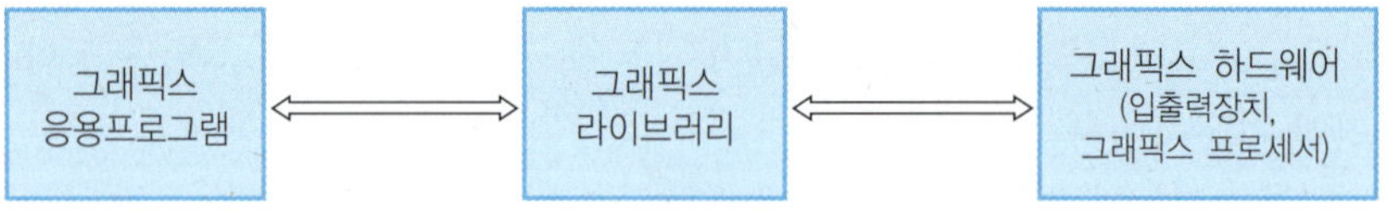

[그림 2-20] 그래픽스 API의 역할

이제, 이러한 그래픽스 API의 그래픽스 기능을 아래와 같이 간단히 설명할 수 있다. 라이브러리에 따라 다소의 기능적 차이가 존재하지만 대체적으로는 다음에 나열한 것과 유사한 기능을 지원하고 있고, 그래픽스 프로그래머는 이러한 라이브러리의 이용법을 알면 프로그램을 작성할 수 있다.

1. 그래픽스 API는 직선, 다각형, 원, 곡선, 문자 등의 그래픽 객체들을 생성하고 출력하는 기능을 지원한다. 또한 그래픽스 API는 이러한 그래픽 객체에 유형, 색상, 명암과 같은 속성(Attribute)값도 지정할 수 있다.
2. 그래픽 객체의 모델링 과정을 지원하고, 기하변환, 뷰잉변환 등 변환과 관련된 일을 수행해 주는 기능을 제공한다.

3. 모델링된 3차원 객체를 라이브러리가 제공하는 몇 가지 다각형 셰이딩 기법을 이용하여 실감나게 보이도록 렌더링한다.
4. 논리적 그림 단위를 정의해 주는 세그먼트(Segment) 기능을 지원한다. GKS에서는 세그먼트라 부르고 PHIGS와 OpenGL에서는 각각 스트럭처(Structure)와 오브젝트(Object)라 부른다.
5. 마우스, 그래픽스 태블릿, 조이스틱 등과 같은 입력장치로부터 상호대화식으로 데이터를 입력 받는다.
6. 모니터 스크린의 초기화를 수행하거나 파라미터 값을 지정하는 등 제어 기능을 지원한다.

또 한 가지 우리가 기억해야 할 점은 이러한 그래픽스 API가 표준화되어 있다는 사실이다. 만일, 그래픽스 API들이 각각 상이하다면 이들을 이용하여 개발된 그래픽스 응용프로그램은 특정한 플랫폼(Platform)에서만 작동하게 될 것이다. 따라서 프로그램의 호환성을 위해서 그래픽스 API의 표준화가 필요하다. OpenGL, GKS, PHIGS 등이 가장 대표적인 그래픽스 API이다. 이 책에서는 실세계에서 가장 많이 사용되고 있는 OpenGL에서 파생된 WebGL 그래픽스 API에 대하여 3장에서 소개하도록 한다.

2.6.2 컴퓨터 그래픽스의 표준

컴퓨터 그래픽스와 관련된 표준에는 그래픽스 응용프로그램을 개발하기 위해 필요한 표준인 그래픽스 API 외에도 입출력장치 인터페이스를 동일한 방식으로 처리하도록 해 주는 장치 인터페이스(Device Interface)표준과 그래픽스 응용프로그램 간에 그래픽 데이터를 공유하기 위해서는 그래픽 데이터 교환(Picture Interchange) 표준이 있다. 그래픽스 라이브러리 표준은 그래픽스 응용프로그램에서 호출하여 사용하는 것이 목적이므로 이것을 API(Application Program Interface)표준이라고도 부른다. 그림 2-21은 API 표준, 장치 인터페이스인 CGI 그리고 그래픽 데이터 교환표준인 CGM 간의 상호 관계를 보여주고 있다. 결론적으로 이러한 표준들은 모두 그래픽스 응용프로그램들이 서로 상이한 하드웨어 및 소프트웨어 환경(플랫폼이라 부른다)에서 호환성을 유지하기 위해서 필요하다. 다음에 각 표준의 목적에 대하여 간결하게 기술하고, 각 표준에 대하여 자세히 설명한다.

1) API

C, C++, FORTRAN, 등과 같은 고급 프로그래밍 언어에서 그래픽스 API들을 표준적 방식으로 호출하여 사용할 수 있도록 해 주는 인터페이스

2) 장치 인터페이스

그래픽스 API가 입출력 장치와 표준 방식으로 상호소통할 수 있도록 지원하는 인터페이스

3) 그래픽 데이터 교환

그래픽스 응용프로그램 간에 그래픽 데이터의 교환 및 저장을 위한 표준 포맷

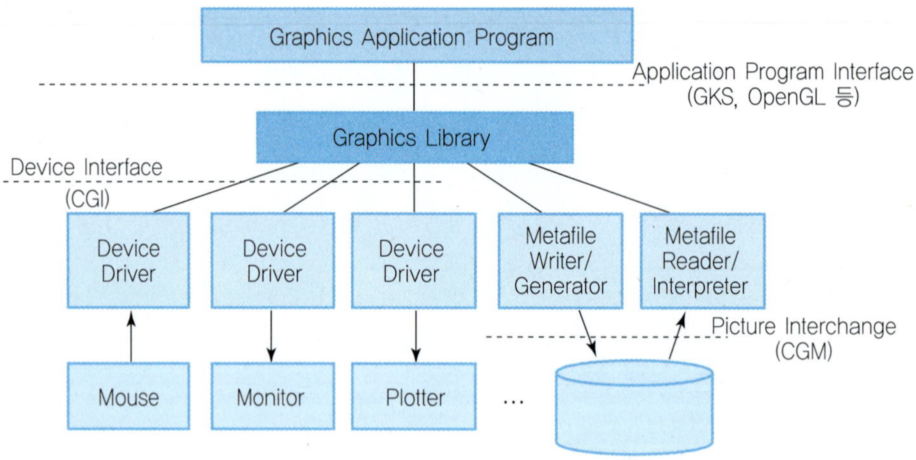

[그림 2-21] 컴퓨터 그래픽스의 API 표준, 장치표준 및 그래픽 데이터 표준

(1) API(Application Program Interface)

최초의 API 표준인 CORE는 1977년에 제정되었고 1979년 다시 개정되었다. CORE는 컴퓨터 그래픽스 학회인 ACM SIGGRAPH에서 제정하였으며, 당시 특정 프로그래밍 언어로부터 그래픽스 함수들을 호출하는 인터페이스를 규정하였다. 그 후, GKS (Graphics Kernel System)가 라이브러리 표준으로 제정되었으며 1984년 국제표준기구인 ISO에서 의하여 공인되었다. GKS는 처음 2차원 그래픽스를 지원하는 표준으로 제정되었으나, 1988년 GKS 3D가 제정되면서 3차원 그래픽스를 지원할 수 있게 되었다. 1988년에는 그래픽 객체를 계층

적으로 구성하기 위한 표준으로 PHIGS(Programmer's Hierarchical Interactive Graphics Standard)가 미국표준기구인 ANSI에 의해 공인되었으며, PHIGS는 CAD/CAM, 지휘/통제, 분자 모델링 분야와 같이 디스플레이할 그림이 계층적인 하부 구성 요소들로 이루어질 때 주로 이용되었다.

오늘날 가장 많이 이용되고 있는 API 표준은 OpenGL로서, OpenGL은 Silicon Graphics사의 GL(Graphics Library)로부터 발전하여 1992년 플랫폼 독립적으로 개발되었다. OpenGL을 표준기구에서 공인한 것은 아니나 지금은 산업계에서 실질적인 표준(de facto standard)으로 가장 널리 사용되고 있다. 1999년 제안된 Java3D는 그래픽스 API로 OpenGL 보다 상위 수준의 API를 제공하며, OpenGL이나 Direct 3D 위에서 실행된다. Java3D는 인터넷 환경에서의 가상현실 모델링 언어인 VRML(Virtual Reality Modeling Language)과 같이 장면그래프(Scene Graph)개념에 입각하고 있어 3차원 모델링하고 프로그래밍하는 데 매우 유리하다.

한편, 모바일 환경에서 컴퓨터 그래픽스 표준으로는 2차원 벡터 그래픽스 표준으로 SVG(Scale Vector Graphics)의 모바일 버전인 Mobile SVG가 가장 대표적이다. 또한 3차원 컴퓨터 그래픽스 표준으로는 OpenGL ES와 가장 널리 사용된다. OpenGL ES(OpenGL for Embedded Systems)는 2003년 OpenGL ES 1.0버전이 발표되었으며, 2007년에는 쉐이더를 기반으로 하는 OpenGL ES 2.0 버전이 2012년에는 OpenGL ES 3.0 버전이 발표되었다. 최근에는 OpenGL의 차기 버전이라 할 수 있는 Vulkan API가 발표되었다.

웹 환경에서 WebGL은 플러그인을 사용하지 않고도 거의 대부분의 웹 브라우저상에서 실행되는 3차원 및 2차원 그래픽스를 지원하는 JavaScript API를 제공한다. WebGL 1.0은 OpenGL ES2.0에 기반하고 있으며 Canvas를 이용하며 3D 그래픽스 기능으로 확장한 Canvas 3D라 할 수 있으며 최근에는 OpenGL ES3.0을 지원하는 WebGL 2.0이 발표되었다. 2004년 시작된 Canvas는 WWW 표준 HTML5의 한 부분으로 2차원 그래픽스를 지원하는 스크립트 언어이다. SVG가 웹 환경의 벡터 그래픽스 데이터 포맷인 데 비하여 Canvas는 웹 스크립트 언어이다. 그림 2-22는 앞에서 설명한 API 표준들의 발전 과정을 잘 보여주고 있다.

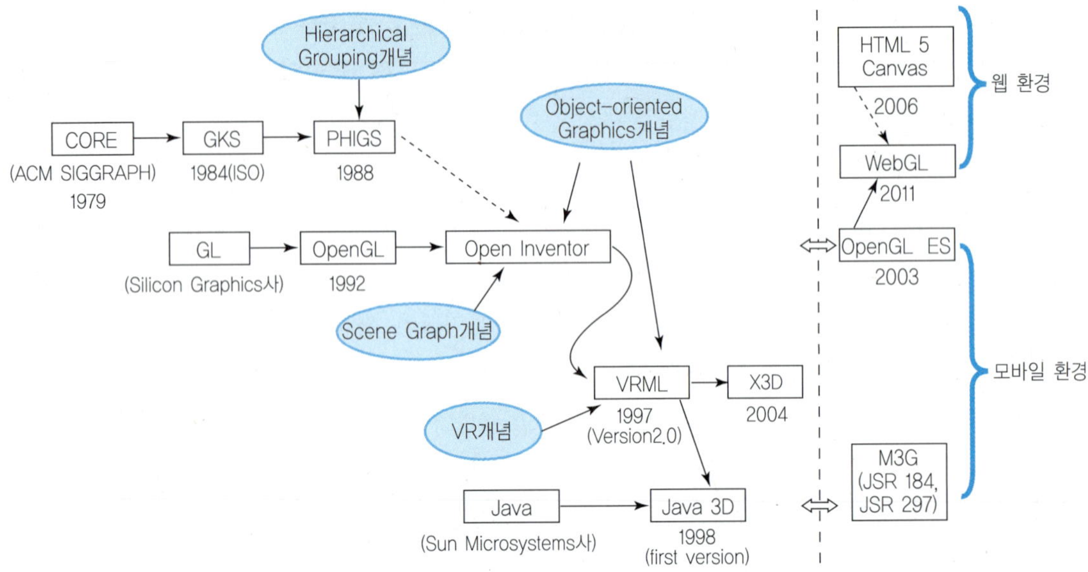

[그림 2-22] 그래픽스 API의 발전 과정

(2) 장치 인터페이스(Device Interface)

컴퓨터 그래픽스에서 입출력 장치간의 호환성을 보장하기 위해 장치 인터페이스의 표준이 요구된다. 입력장치와 출력장치들은 그 종류가 매우 다양하고 사양도 제작회사나 유형에 따라 각기 다르다. 따라서 입출력을 위한 표준이 정해져 있지 않다면 그래픽스 응용 프로그램의 개발자는 그래픽 데이터의 입력과 처리결과의 출력을 위해 어떠한 제품과 사양에 맞추어 프로그램을 개발해야 할지 막막할 수밖에 없다. 이러한 이유에서 입출력 장치에 표준 방식으로 인터페이스하기 위한 장치 표준이 필요하다. 그림 2-23에서 보듯이 CGI(Computer Graphics Interface)는 이러한 목적으로 제정된 ANSI 표준으로, 어떤 특정한 하드웨어 장치를 염두에 둔 것이 아니라 가상의 입출력장치(Virtual Device)를 장치 독립적(Device-independence)으로 인터페이스하기 위한 표준이다. 따라서 실제 입출력 장치를 개발한 회사는 물리적 장치와 가상 장치 간의 차이를 메우기 위하여 장치 드라이버(Device Driver)를 개발하여 사용자에게 공급해 주고 있다.

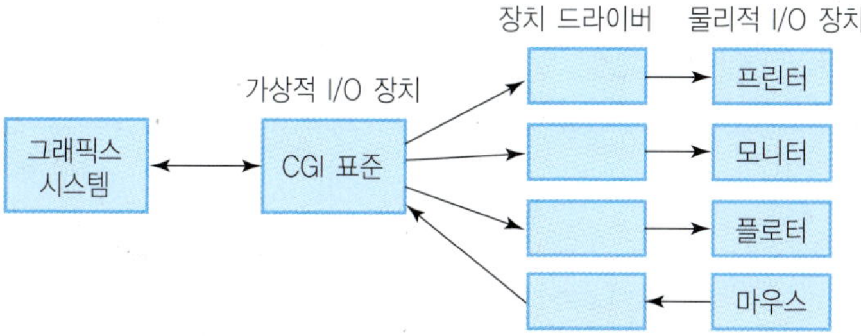

[그림 2-23] CGI 표준과 가상적 I/O 장치

(3) 그래픽 데이터 교환

마지막으로, 그래픽 데이터의 교환을 목적으로 제정된 표준이 존재한다. 예를 들어, CAD 데이터 간에 표준이 정해져 있지 않다면 서로 다른 응용 프로그램 간에 CAD데이터의 호환이 불가능하게 된다. 즉, 많은 시간과 비용을 투자하여 만들어 놓은 CAD 데이터가 다른 프로그램에서 공유될 수 없음을 의미한다. 이러한 이유에서 CGM(Computer Graphics Metafile)이라는 그래픽 데이터의 교환을 위한 표준이 제정되게 되었다. 즉, CGM은 그래픽 정보를 데이터 파일에 저장하고 전송하기 위한 표준이다. 이외에도, CAD/CAM 과 같은 그래픽스 엔지니어링 데이터베이스를 교환하기 위한 IGES, 그리고 설계 및 제조와 관련된 제품 데이터 교환 표준인 STEP이 있다. 웹 환경에서 3차원 그래픽 정보를 표현하는데에는 Web3D 컨소시엄의 x3d 와 크로노스 그룹의 glTF가 널리 쓰인다.

연습문제 EXERCISE

2-1 해상도가 1024×768인 컬러 모니터에서 262,144가지의 서로 다른 색상을 동시에 디스플레이하려 할 경우 요구되는 프레임버퍼의 크기를 계산하라.

2-2 벡터 그래픽스 소프트웨어와 벡터 모니터의 개념적 차이점 및 래스터 그래픽스 소프트웨어와 래스터 모니터의 차이점을 각각 설명하라. 그리고 벡터 그래픽스 소프트웨어가 래스터스캔 방식을 따르는 그래픽스 프로세서에 의해 처리될 수 있는지 논하라.

2-3 인터넷 사이트의 자료 검색을 통해 그래픽스 태블릿과 스타일러스의 특성과 기능을 조사, 설명하라. 키보드와 마우스에 비해 이러한 입력장치를 이용할 때의 장점을 논하고, 그래픽스 태블릿과 스타일러스 장치를 가장 효과적으로 사용할 수 있는 활용 영역을 제시하라.

2-4 모션캡처 장치가 가장 효과적으로 이용되는 분야를 소개하고, 이러한 분야에서 어떻게 이용되는지 설명하라. 모션캡처 장치를 이용하여 획득한 사람의 움직임 데이터를 3D 스캐너나 3D 모델링 기법으로 만든 사람의 3차원 모델에 실제 적용하기 위해서 어떻게 해야 하는지 설명하라.

2-5 잉크젯 프린터를 이용하여 하드카피를 프린트하는 경우와 PostScript 언어를 이용하여 프린트하는 경우의 차이점과 장단점에 대하여 비교, 설명하라. 각 방식의 특성을 고려할 때 잉크젯 프린터의 활용 영역과 PostScript 언어의 활용 영역을 제시하라. Painter와 같은 래스터 그래픽스 소프트웨어를 이용하여 그린 그림을 프린트하기 위해서는 어떤 방식의 프린터가 바람직한지 그 이유를 들어 설명하라.

2-6 컴퓨터 그래픽스의 소프트웨어 및 그래픽 데이터 표준에는 어떠한 것들이 있는지 설명하라. 또한 이러한 표준이 필요한 이유를 설명하라.

03 CHAPTER WebGL과 그래픽스 응용 소프트웨어

WebGL and Graphics Application Software

컴퓨터 그래픽스의 여러 응용 분야에서는 Illustrator, Painter, 3ds Max와 같은 그래픽스 저작도구를 이용하여 그래픽을 제작하기도 하고, 때로는 직접 프로그램으로 구현하여 원하는 그래픽 결과를 생성하거나 더 나아가 다양한 목적의 그래픽스 응용 소프트웨어를 개발한다. 컴퓨터 그래픽스의 원리를 배우는 목적이 경우에 따라서는 그래픽스 응용 소프트웨어를 개발하는 것이고, 다른 경우에는 그래픽스 저작도구를 사용할 때 원리를 이해하여 효과적으로 사용하는 데 있다.

2장에서 언급하였듯이 그래픽스 응용 소프트웨어를 개발하기 위하여 제공되는 그래픽스 API중에는 현재 OpenGL이 가장 널리 사용되고 있다. 모바일 환경에서는 OpenGL을 변형한 OpenGL ES가 사용되며 웹 환경에서는 OpenGL ES의 자바스크립트 바인딩인 WebGL이 널리 사용된다. 이 장에서는 OpenGL의 기본 개념을 소개하고, WebGL 프로그래밍 방법과 WebGL 라이브러리인 Three.js를 활용한 프로그래밍 방법을 소개한다. 그리고 그래픽스 응용 소프트웨어를 사용 목적에 따라 벡터 방식, 래스터 방식, 3차원 그래픽스 소프트웨어로 구분하고, 이러한 구분에 따라 널리 사용되는 그래픽스 저작도구들을 소개한다.

Lab **Lab. 의 소개**

이 책 부록에서는 Three.js를 이용한 WebGL 프로그래밍 방법을 프로젝트 예제를 통해 설명하였다. 4장부터는 컴퓨터 그래픽스의 원리를 이론 위주로 설명하므로, 부록의 실습을 병행하면 원리를 이해하는데 도움이 될 것이다.

3.1 OpenGL의 기본 개념

그래픽스 프로그램을 개발하기 위하여 하드웨어 계층의 기본 기능부터 직접 일일이 프로그래밍 하는 방법은 엄청난 시간과 비용을 필요로 한다. 따라서 이러한 경우 2.6절에서 설명한 바와 같이 다양한 그래픽스 기능을 라이브러리 형태로 제공하는 그래픽스 API(Application Program Interface)를 사용하여 개발하는 것이 일반적인 방법이다. 또한 프로그램이 특정한 플랫폼에 상관없이 모든 시스템에 호환이 되도록 하려면 표준 그래픽스 API를 사용하여야 하는데, 현재 산업계에서 실질적 표준으로 가장 널리 사용되고 있는 것이 OpenGL이다. 그림 3-1과 같은 첨단 3차원 그래픽스 프로그래밍이나 애니메이션 제작에 널리 활용되며, 게임제작에도 많이 사용되고 있다. 또한 모바일 환경에서는 OpenGL ES 버전이 사용되며, 웹환경에서는 OpenGL ES를 웹용으로 만든 WebGL이 많이 사용된다. 이 절에서는 OpenGL의 기본 개념을 소개하고, WebGL 프로그래밍 개념을 설명한다.

(a) CAD 설계의 예

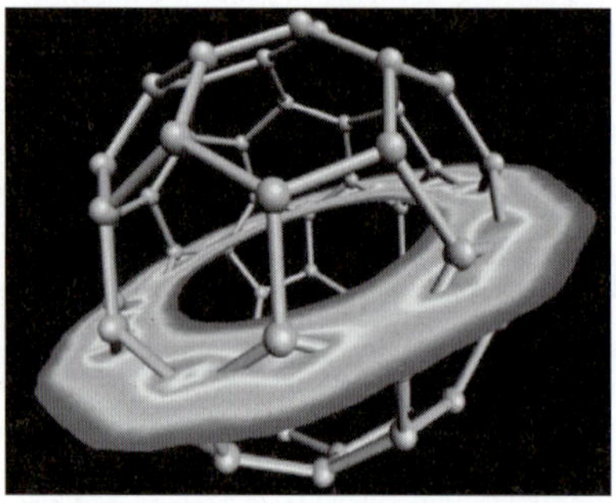

(b) 화학구조 시뮬레이션의 예

[그림 3-1] OpenGL로 작성된 그림
(http://www.sgi.com/fun/gallery)

3.1.1 OpenGL의 특징

OpenGL의 시초는 Silicon Graphics(SGI)사의 워크스테이션용으로 사용하던 3차원 그래픽스 라이브러리인 IrisGL(Graphics Library)에서 시작되었다. 그러나 당시의 API는 개방형 설계가 아니므로 다른 컴퓨터 환경에 이식하기 곤란하였다. 이에 플랫폼에 상관없이 사용할 수 있도록 여러 회사들이 컨소시엄 형태의 OpenGL 표준화 기구를 결성하였다. SGI,

DEC, IBM, Apple, Microsoft 등이 구성한 OpenGL 공식기구인 OpenGL Architecture Review Board (http://www.opengl.org)에서는 다양한 플랫폼에서 작동이 가능하도록 기존의 GL을 수정하여 1992년에 OpenGL 1.0을 발표하였다. 이후 표준화 작업을 개방형 표준화 산업 컨소시엄인 크로노스 그룹(Khronos Group)이 인수하였고, 2004년 OpenGL 2.0, 2008년 OpenGL 3.0, 2010년 OpenGL 4.0, 2014년 OpenGL 4.5 표준을 발표하였다. 1992년 처음 발표된 이후 계속 발전하여 현재 2D와 3D 그래픽스 API로 가장 널리 사용되는 산업계 표준으로 성장하였으며, 임베디드 시스템을 위한 OpenGL ES, 웹환경을 위한 WebGL, 안전이 중요한 장치들을 위한 OpenGL SC 등으로 확대되었다. 이들 OpenGL 계열 표준의 주요한 특징은 다음과 같다.

- OpenGL의 공식 표준문서에 의하면 OpenGL은 "그래픽스 하드웨어에 대한 소프트웨어 인터페이스"라고 한다. 이 문구가 의미하는 바는 하드웨어에 독립적인 그래픽스 응용 소프트웨어를 만들기 위한 라이브러리라는 것이다. 한편, OpenGL은 상위 수준 (high-level)의 그래픽스 API이므로 픽셀 단위가 아닌 객체 단위로 프로그래밍하는 것이 가능하다. 그리고 프로그래머가 내부적인 구현 알고리즘을 모르더라도 단지 컴퓨터 그래픽스의 기본 개념만 이해하면 응용 프로그램을 개발할 수 있도록 되어있다.
- OpenGL은 플랫폼에 독립적이므로 PC나 워크스테이션 모두에서 사용이 가능하며, Mac OS, UNIX, Windows, Linux 등 다양한 시스템에서 사용할 수 있다. 또한 OpenGL ES는 Android, iOS 등의 운영체제를 사용하는 다양한 모바일 단말기에서 사용할 수 있으며, WebGL은 대부분의 웹 브라우저가 지원하고 있다. OpenGL 계열의 표준을 사용할 수 있는 호스트 프로그래밍 언어로는 C/C++, Fortran, Perl, Python, Java, Visual Basic, JavaScript 등이 있다.
- 다양한 그래픽스 기능의 지원으로 응용 소프트웨어 개발이 용이하다. 모델링, 변환, 색상, 명암, 그림자, 텍스처 매핑이나 블렌딩 등의 그래픽스 처리 기능을 제공한다. 대부분 OpenGL은 가속 하드웨어를 사용하여 처리되므로, 매우 복잡하고 많은 양의 그래픽 데이터를 실시간에 처리하는 것을 가능하다.
- 또한 OpenGL 가속 하드웨어는 셰이딩 언어(GLSL)를 하드웨어적으로 가속하는 기능을 지원한다. 고품질의 실시간 3차원 그래픽스의 생성을 위한 셰이더는 광선추적법이나 입자 시스템 등과 같은 현실감 있는 3차원 그래픽을 셰이딩 프로그래밍 언어를 통해서 빠른 속도로 처리할 수 있도록 지원한다. OpenGL과 하드웨어에 따라서 지원하는 셰이딩 언어의 종류와 버전에 차이가 있다.

3.1.2 OpenGL 계열 표준의 장점

다양한 3차원 그래픽스 라이브러리 중에서 OpenGL이 그래픽스 응용 프로그램을 개발하는데 폭넓게 사용되며 산업계의 사실상 표준 역할을 하고 있는 이유는 앞 절에서 설명한 OpenGL의 특징을 기반으로 하여 실질적인 장점이 많이 있기 때문이다. 이러한 OpenGL의 장점을 몇 가지 측면에서 열거해보면 다음과 같다.

■ 안정성(Stability)

OpenGL 계열 표준의 API는 지난 20여 년 동안 다양한 플랫폼에서 지원되어 그 표준이 충분히 검증되면서 발전하였다. 표준으로 정해진 API는 여러 종류의 시스템에서 충분히 검증되었다.

■ 신뢰성 및 이식성(Reliability & Portability)

모든 OpenGL 응용 프로그램은 운영체제나 윈도우 시스템에 상관없이 OpenGL을 지원하는 하드웨어 환경에서는 항상 거의 동일한 출력결과를 보여준다.

■ 확장성(Scalability)

OpenGL 기반의 응용 프로그램은 가전기기로부터 모바일 장치, PC, 워크스테이션 및 슈퍼컴퓨터에 이르기까지 다양한 종류의 시스템에서 동일한 방식으로 작동한다.

■ 편리성(Ease of Use)

OpenGL은 직관적인 인터페이스와 논리적인 명령어들로 구성되어 있다. 따라서 직관적인 명령을 사용하여 가속 하드웨어를 제어할 수 있다.

■ 문서화(Well-documented)

OpenGL에 대한 문서화 작업이 잘 이루어져 있으며 OpenGL에 대한 많은 책들이 출판되어있다. OpenGL 프로그래밍 가이드, OpenGL 레퍼런스 매뉴얼, OpenGL ES, WebGL 프로그래밍 등의 매뉴얼과 예제 등을 인터넷을 통해 구할 수 있다. 크로노스 그룹의 홈페이지에 이들 공식 문서들이 게시되어 있다 (http://www.khronos.org/).

3.1.3 OpenGL ES와 WebGL

OpenGL은 주로 PC 데스크탑 환경에서 사용하도록 설계되었다. 이를 모바일 및 임베디드 환경에서 사용할 수 있도록 경량화한 것이 OpenGL ES이다. 그리고 이 OpenGL ES를 웹에서 사용할 수 있도록 자바스크립트 언어 바인딩으로 만든 것이 WebGL이다. 그림 3-2에서 OpenGL 각 버전과 OpenGL ES와 WebGL 버전 간의 관계를 보여준다. 여기서 관심을 끄는 점은, WebGL 1.0은 OpenGL ES 2.0와 연결되어 있고 WebGL 2.0은 OpenGL ES 3.0과 연결되어 있다는 것이다.

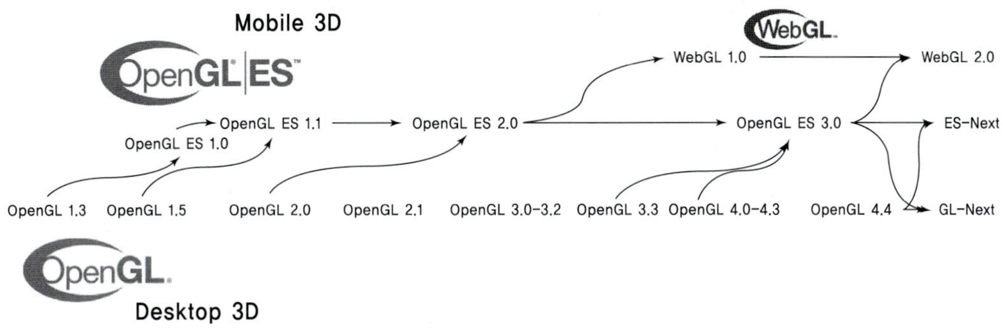

[그림 3-2] OpenGL 라이브러리의 구성

3.1.4 WebGL 프로그래밍 소개

■ WebGL 사용 준비

WebGL을 사용하기 위해서는 먼저 웹 브라우저가 필요하다. Chrome, Internet Explorer, Edge, Firefox, Safari를 포함한 대부분의 웹 브라우저가 WebGL을 지원한다. 기본적으로 WebGL 프로그래밍을 하기 위해서는 웹 브라우저 외에 추가로 설치해야 하는 개발도구나 응용 소프트웨어는 전혀 없다. 자신이 편하게 사용할 수 있는 소스코드 편집기(vi, notepad++, 등)만 있으면 된다. 하지만 웹 프로그래밍을 하는 것이므로 HTML과 자바스크립트에 대한 이해가 필요하다. 또한 WebGL 프로그래밍을 위해서는 GLSL(openGL Shading Language) 프로그램을 해야 한다. GLSL은 C언어와 C++ 언어를 혼합한 형태로 되어 있으므로, C/C++ 프로그래밍에 대한 기초적인 지식을 갖고 있어야 한다.

■ 첫 번째 예제 : WebGL로 박스 그리기

WebGL 프로그램의 예제로 간단히 HTML 페이지를 만들고, 자바스크립트 코드를 만들어 그림 3-3과 같이 단순한 삼각형을 그리는 프로그램을 소개한다. 이 예제는 가장 기본적인 코드로만 구성되어 있으며, 가장 간단한 GLSL 셰이더 코드로 만들어져 있다.

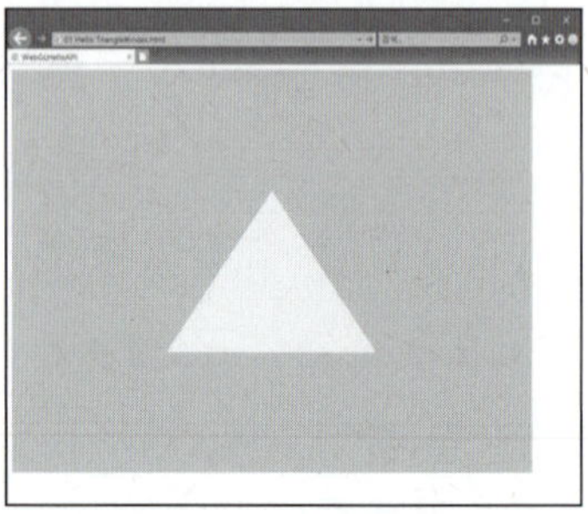

[그림 3-3] 간단한 삼각형을 그리는 WebGL 예제 실행 결과

(1) 웹페이지에 캔버스 생성하기 : "hellotriangle.html"

먼저 폴더를 하나 만들고 그 안에 웹 페이지를 만든다. 웹 페이지에서는 WebGL로 그림 그리는 코드가 들어 있는 자바스크립트 프로그램을 가져오고, 그림이 담길 캔버스 요소를 정의한다. 웹페이지 "hellotriangle.html"에서 자바스크립트 프로그램 "hellotriangle.js"를 로딩하고, 그림이 그려질 영역으로 id가 "hellocanvas"이고 크기가 800×600 픽셀인 캔버스를 생성한다.

```
<html>
<head>
    <title>Hello Triangle</title>
    <meta charset="utf-8">
    <script type="text/javascript" src="hellotriangle.js"> </script>
</head>
<body onload="main()">
    <canvas id="hellocanvas" style="border: none;" width="800" height="600">
    </canvas>
</body>
</html>
```

(2) WebGL 프로그램 "hellotriangle.js"에서 초기화 함수

WebGL 프로그램의 시작부분에는 gl 객체의 선언이 있다. 이어서 initialiseGL() 함수에서는 참조된 canvas를 webgl에서 사용할 수 있도록 초기화하고, 그림이 그려질 영역의 크기를 gl.viewport 메소드로 정의한다.

initialiseBuffer() 함수에서는 그림을 구성하는 기하 모델을 정의하기 위한 버텍스 버퍼(Vertex Buffer)를 정의한다. 버텍스 버퍼를 생성하고, 여기에 기하 모델의 정점 들을 정의한 행렬 데이터를 gl.bufferData 명령으로 넘겨 주면, 버퍼의 데이터는 GPU로 전송된다.

```
var gl;
function initialiseGL(canvas) {
   gl = canvas.getContext("webgl");
   gl.viewport(0, 0, canvas.width, canvas.height);
}

function initialiseBuffer() {
   var vertexData = [-0.4, -0.4, 0.0,   0.4, -0.4, 0.0,   0.0, 0.4, 0.0];
   gl.vertexBuffer = gl.createBuffer();
   gl.bindBuffer(gl.ARRAY_BUFFER, gl.vertexBuffer);
   gl.bufferData(gl.ARRAY_BUFFER, new Float32Array(vertexData), gl.STATIC_DRAW);
}
```

(3) "hellotriangle.js"에서 셰이딩 프로그램 초기화 함수

OpenGL 2.x, OpenGL ES, WebGL은 기하변환, 뷰잉 변환, 렌더링, 셰이딩 등을 모두 셰이딩 프로그램을 통해서 한다. 이어지는 자바스크립트 프로그램에서 initialiseShaders() 함수에는 프래그먼트 셰이더 코드와 버텍스 셰이더 코드가 정의되어 있다. 프래그먼트 셰이더에서는 프래그먼트의 색상을 결정하고 셰이더를 생성하며, 버텍스 셰이더는 입력으로 전달된 버텍스들에 4×4 변환행렬을 곱하여 화면 좌표 gl_Position을 만들어 낸다. 이 책에서는 셰이딩 프로그램의 역할만 언급하고 있으며, 상세하게 이해하려면 WebGL 프로그래밍 매뉴얼이나 해설서를 참조하도록 한다.

```
function initialiseShaders() {
    var fragmentShaderSource = 'void main(void)
        { gl_FragColor = vec4(1.0, 1.0, 0.66, 1.0); }';
    gl.fragShader = gl.createShader(gl.FRAGMENT_SHADER);
    gl.shaderSource(gl.fragShader, fragmentShaderSource);
    gl.compileShader(gl.fragShader);
    // Vertex shader code
    var vertexShaderSource = '
        attribute highp vec4 myVertex;
        uniform mediump mat4 transformationMatrix;
        void main(void)
        { gl_Position = transformationMatrix * myVertex; }';
    gl.vertexShader = gl.createShader(gl.VERTEX_SHADER);
    gl.shaderSource(gl.vertexShader, vertexShaderSource);
    gl.compileShader(gl.vertexShader);
    gl.programObject = gl.createProgram();
    gl.attachShader(gl.programObject, gl.fragShader);
    gl.attachShader(gl.programObject, gl.vertexShader);
    gl.bindAttribLocation(gl.programObject, 0, "myVertex");
    gl.linkProgram(gl.programObject);
    gl.useProgram(gl.programObject);
}
```

(4) "hellotriangle.js"에서 렌더링 및 메인 함수

모든 데이터와 셰이더 코드가 준비가 끝나면 이어지는 프로그램에 있는 실제로 그림을 그리는 renderScene() 함수가 실행된다. 이는 main() 함수에서 무한 반복으로 호출하도록 설정되어 있다. 먼저 화면을 지울 색상을 정하고 gl.clear 메소드로 화면을 지운다. 다음으로 변환 행렬을 만들고 gl.uniformMatrix4fv 메소드를 통해 셰이더에 보내 준다. 데이터의 형식과 개수를 gl.vertexAttribPointer 메소드로 지정한 후, gl.drawArrays 메소드에서 3개의 버텍스로 설정된 삼각형을 그린다.

main() 함수에서는 html에 선언되어 있는 canvas를 참조하고, GL, Buffer, Shader를 초기화 하는 함수를 호출한다. 그리고 웹브라우저에서 반복해서 렌더링을 하도록

renderScene() 함수를 무한 반복으로 호출한다.

```
function renderScene() {
    gl.clearColor(0.6, 0.8, 1.0, 1.0);
    gl.clear(gl.COLOR_BUFFER_BIT);
    var matrixLocation =
          gl.getUniformLocation(gl.programObject, "transformationMatrix");
    var transformationMatrix = [
        1.0, 0.0, 0.0, 0.0,    0.0, 1.0, 0.0, 0.0,
        0.0, 0.0, 1.0, 0.0,    0.0, 0.0, 0.0, 1.0 ];
    gl.uniformMatrix4fv(matrixLocation, gl.FALSE, transformationMatrix);
    gl.enableVertexAttribArray(0);
    gl.vertexAttribPointer(0, 3, gl.FLOAT, gl.FALSE, 0, 0);
    gl.drawArrays(gl.TRIANGLES, 0, 3);
    return true;
}
function main() {
    var canvas = document.getElementById("hellocanvas");
    initialiseGL(canvas);
    initialiseBuffer();
    initialiseShaders();
    (function renderLoop() {
        if (renderScene()) {
            window.requestAnimationFrame(renderLoop);
        }
    })();
}
```

위의 예제에서 설명한 2개의 파일 “hellotriangle.html”와 “hellotriangle.js”을 같은 폴더를 넣고 html 파일을 더블클릭 하거나, 웹 브라우저에서 열면 삼각형이 그려진 결과를 얻게 된다. 둘러본 바와 같이 WebGL 프로그램을 제대로 작성하려면 까다로운 셰이딩 프로그래밍 과정을 이해하여야 하고, 또한 다양한 모델링 기능이 부족하여 프로그램 코딩이 복잡하게 된다. 그래서 손쉽게 WebGL 프로그램을 작성하기 위하여 WebGL 유틸리티 라이브러리를 사용하게 된다. 본 교재에서는 Three.js를 이용하기로 한다.

3.1.5 Three.js 라이브러리를 이용한 WebGL 프로그래밍

■ WebGL과 Three.js

WebGL은 셰이딩 언어인 GLSL을 통해 대부분의 그래픽스 기능을 구현해야 하기 때문에 배우는데 많은 시간이 필요하고, 그래픽스 파이프라인의 구조에 대한 이해가 있어야 한다. 본 교재에서는 그래픽스의 개념과 이론을 학습하는데 유리한 Three.js를 이용하여 WebGL을 프로그래밍 하기로 한다. Three.js는 WebGL 보다는 상위 계층의 유틸리티 라이브러리로, WebGL에서 GLSL 언어를 이용하여 프로그래밍 해야 하는 물체의 모양, 변환, 셰이딩, 물체의 재질, 조명, 카메라 등을 추상화된 객체로 쉽게 생성하여 사용할 수 있게 되어 있다. Three.js를 사용하기 위해서 https://threejs.org/에서 "three.js" 파일을 다운로드 하여 자신이 콘텐츠를 만들 폴더에 복사해 두면 준비 작업이 끝난다.

■ 두 번째 예제 : Three.js 라이브러리로 박스 그리기

Three.js 라이브러리를 이용하여 그림 3-4와 같이 단순한 박스 하나를 그리는 WebGL 프로그램 예제를 소개한다. 이 예제는 가장 기본적인 코드로만 구성되어 있다. 부록에서는 Three.js 라이브러리를 사용해 만들어진 다양한 WebGL 프로그램 예제를 볼 수 있다.

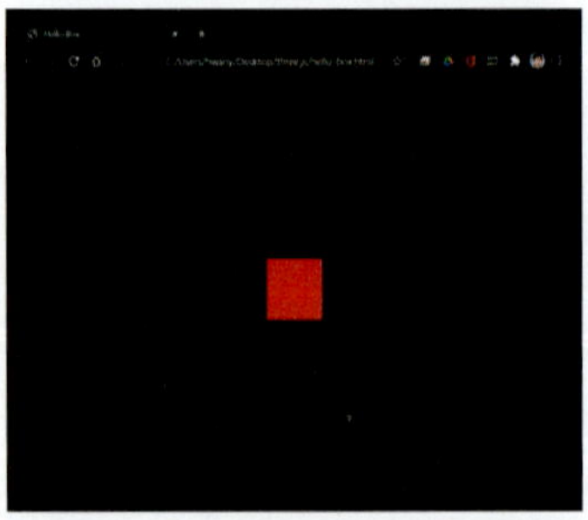

[그림 3-4] 간단한 박스를 그리는Three.js 예제의 실행 결과

먼저 폴더를 하나 만들고 그 안에 다운로드 받은 three.js 파일을 폴더명 "js" 에 넣어두고, 기반이 되는 웹 페이지 "hello_box.html"과 자바스크립트 프로그램 파일 "hello_box.js"를 다음과 같이 만든다.

(1) 웹페이지에 캔버스 생성하기 : "hello_box.html"

threejs.org에서 다운로드 받은 three.js 파일을 실행하고 나서, 그림이 그려질 영역으로 id가 "HelloCanvas"인 캔버스를 생성한다. 다음으로 실제로 박스를 그리는 코드 "hello_box.js"를 로딩하여 실행한다.

```
<html>
  <head>
    <meta charset="utf-8">
    <title>Hello Box</title>
  </head>
  <body>
    <script src="js/three.js"></script>
    <canvas id="HelloCanvas"></canvas>
    <script src="hello_box.js"></script>
  </body>
</html>
```

(2) 렌더링을 위한 자바스크립트 프로그램 : "hello_box.js"

Three.js로 그림을 그리려면 우선 장면(scene), 카메라(camera), 렌더러(renderer) 객체가 필요하다. 웹 브라우저에서 현재 윈도우의 크기를 변수 h_scr, v_scr 에 가져오고, 장면 객체 scene을 생성한다. 카메라 객체는 PerspectiveCamera 메소드를 사용하여 생성하고, 카메라의 위치를 설정한다. 다음으로는 정의된 캔버스에 그림을 그리는 WebGL 렌더러 객체를 생성한다. 렌더러 객체의 화면 크기는 윈도우 크기와 같도록 지정하여 그림을 그릴 준비를 마친다.

그림을 그리는 과정에서는 기하(geometry)와 재질(material)을 결합한 메쉬(mesh) 객체를 생성하여 장면(scene) 객체에 추가한 후 렌더링을 하게 된다. 코드를 살펴보면 BoxGeometry 메소드로 사각형 모델을 생성하고, MeshBasicMaterial 메소드를 이용하여 빨간색 재질을 형성한 후 이를 Mesh 메소드에서 결합하여 메쉬 객체 cube를 생성하였다. 생성된 메쉬 객체 cube는 장면에 추가 된 후, 렌더러 객체에서 설정한 카메라 방향으로 그림이 그려진다.

```
const h_scr = window.innerWidth;
const v_scr = window.innerHeight;
const scene = new THREE.Scene();
const camera = new THREE.PerspectiveCamera( 75, h_scr/v_scr, 0.1, 1000 );
camera.position.z = 5;

const renderer = new THREE.WebGLRenderer({canvas: HelloCanvas});
renderer.setSize( h_scr, v_scr );

const geometry = new THREE.BoxGeometry();
const material = new THREE.MeshBasicMaterial( { color: 0xff0000 } );
const cube = new THREE.Mesh( geometry, material );
scene.add( cube );

renderer.render( scene, camera );
```

작성된 html 파일을 더블클릭 하거나, 웹 브라우저에서 파일열기를 하면 그림 3-4와 같이 빨간 사각형이 그려진 결과를 얻는다. 이상에서 살펴본 바와 같이 같은 그림을 그리는데 Three.js 라이브러리를 사용하면 WebGL 프로그램 코드가 매우 간단히 작성되는 것을 알 수 있었다. 따라서 본 교재에서는 다양한 컴퓨터 그래픽스 개념을 Three.js 라이브러리를 이용하여 실습하기로 한다. 자세한 Three.js 프로그래밍 방법은 부록을 참조하면 된다.

3.2 WebGL 및 Three.js의 주요 기능

WebGL 및 Three.js 라이브러리에서는 각종 그래픽스 명령을 수행하는 다양한 함수를 제공한다. 이 절에서는 Three.js 라이브러리를 이용한 WebGL 프로그램에서 객체의 모델링 및 렌더링에 적용할 수 있는 기능들을 간단히 살펴본다.

3.2.1 기하객체 형상 모델링(Geometric Shape Modeling)

Three.js에는 자주 사용되는 단순한 모양의 객체를 쉽게 생성할 수 있다. 기본적으로 제공하는 형상 모델에는 면(Plane), 상자(Box), 원(Circle), 구(Sphere), 원뿔 (Cone), 원통(Cylinder), 텍스트(Text) 등이 있다(그림 3-5 참조). 복잡한 물체는 정점(Vertex)과 이를 연결한 에지(Edge)로 면(Face)을 구성하여 와이어프레임 객체를 만들 수 있다. 이와 같은 방법으로 2차, 3차 베지어 커브를 포함한 다양한 곡면과 곡선의 형상도 만들 수 있다.

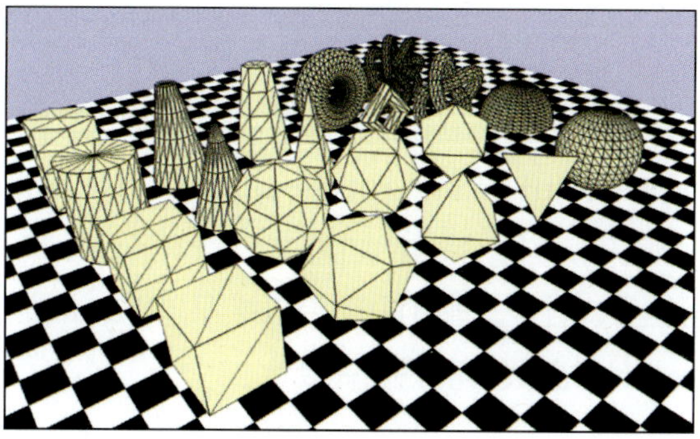

[그림 3-5] Three.js에서 제공하는 기본 기하 모델
(https://stemkoski.github.io/Three.js/Shapes.html)

■ 관련 내용 : 제4장 "2차원 그래픽스의 기본요소", 제8장 "3차원 객체의 모델링"

3.2.2 기하변환과 투영(Geometric Transformation and Projection)

컴퓨터 그래픽스에서 기하 객체들은 필요에 따라 다음의 4가지 변환이 적용되어 최종 결과로 출력된다. 관측자의 시점(Viewpoint)을 설정하는 뷰잉(Viewing) 변환, 3차원 공간에서 그래픽스 객체를 이동, 신축, 회전시켜 주는 모델링(Modeling) 변환, 3차원 그래픽스 객체를 2차원 평면으로 투영시키는 투영(Projection) 변환, 그리고 투영된 그림이 출력될 위치와 크기를 정의하는 뷰포트(Viewport) 변환이 있다(그림 3-6 참조).

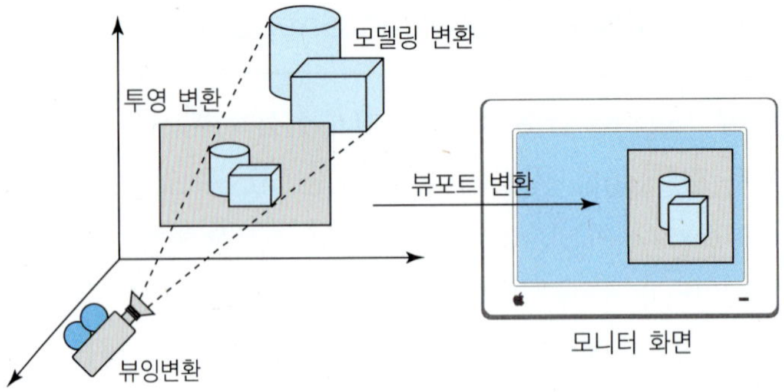

[그림 3-6] 기하변환의 종류

Three.js에서는 뷰잉 변환과 투영 변환은 카메라 객체의 메소드를 이용해서 설정할 수 있다. 물체에 대한 기하 변환에는 translate, rotate, scale 등 자주 사용되는 변환 메소드가 있으며, 직접 4×4 변환 행렬의 조작을 통해서 기하 변환을 적용할 수도 있다. 카메라 설정으로 구현이 가능한 투영 변환은 그림 3-7에서와 같은 평행 투영(Parallel Projection)과 원근 투영(Perspective Projection) 방식을 적용할 수 있다.

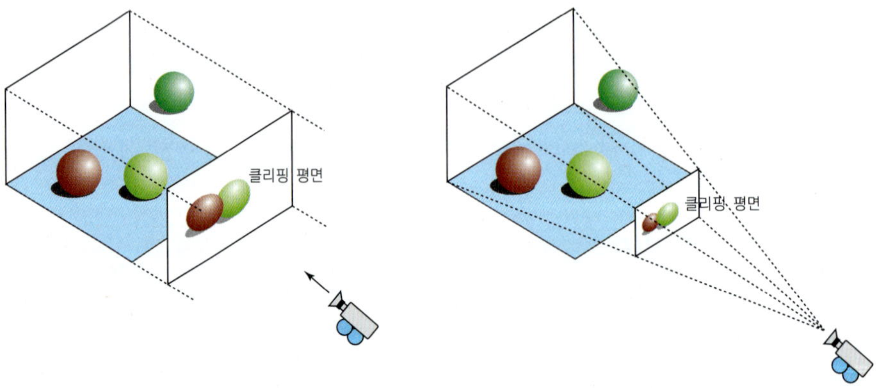

(a) 평행 투영(Parallel Projection)　　(b) 원근 투영(Perspective Projection)

[그림 3-7] 투영의 종류
(https://www.pngwing.com/en/free-png-ipsph)

■ 관련 내용 : 제5장 “2차원 그래픽스의 변환”, 제7장 “3차원 그래픽스의 기하변환과 뷰잉”

3.2.3 3차원 객체의 은면제거 (Hidden Surface Removal)

3차원 장면을 2차원 평면에 투영시키면 물체의 각 면에 대한 거리정보, 즉 깊이정보가 사라져 화면에서 물체들이 중첩될 수 있다. 이 때, 중첩되는 물체의 면 중에서 관측자인 카메라의 시점에서 가까운 면이 보이고 깊이가 먼 면은 가려져 보이도록 하는 은면제거 과정이 필요하다. WebGL기반의 API에서는 3차원 장면을 렌더링할 때 은면제거에 관련된 기능으로 깊이 검사(Depth Test)와 컬링(Culling)의 두가지 방식을 지원한다. Three.js 에서는 물체의 각 형상에 대해 은면제거 기능을 켜거나 끌 수 있다.

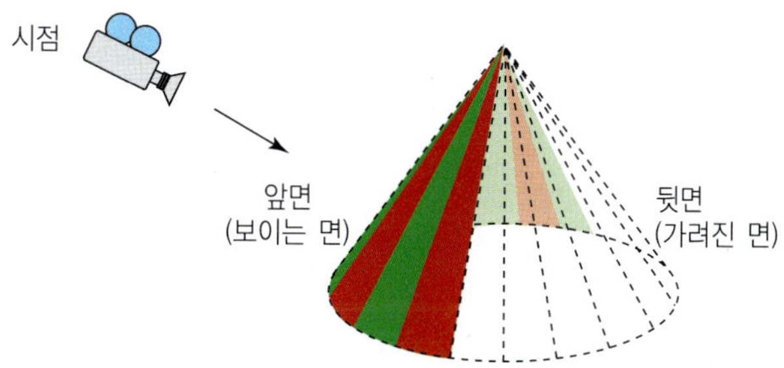

[그림 3-8] 컬링을 설정하여 보이는 면만 그리기

■ 관련 내용 : 제9장 "은면의 제거"

3.2.4 색상 및 셰이딩(Color and Shading)

WebGL에서 색상의 표현은 RGB(Red, Green, Blue) 컬러를 이용하며, 알파(Alpha) 값은 불투명도(Opacity, 0.0이 투명, 1.0이 불투명)를 표현하는데 사용된다. WebGL 프로그램에서 색상을 부여하는 방법은 버텍스의 속성으로 부여하거나, 기하 형태와 조명에 따른 셰이딩 혹은 텍스처를 통해서 할 수 있다. Three.js는 이를 간편하게 재질(Material)로 설정하면 자동으로 렌더링 된다.

한편, 다면체가 입체감이 있게 보이려면 각 면의 조명 또는 빛의 밝기가 다르게 보여야 한다. 뿐만 아니라, 동일한 면 내에서도 위치에 따라 조명이 달라야 더욱 입체감이 있게 보인다. 3차원 그래픽스에서는 물체의 입체감을 표현하기 위하여, 다각형 또는 다면체의 색상을 점진적으로 변화시키는 셰이딩 모델을 지정하여야 한다. Three.js에서는 조명(Light)과 재질

(Material)의 설정을 통해서 쉽게 구현할 수 있다.

(a) 기본 셰이딩　(b) 램버트(Lambert) 셰이딩 모델　(c) 퐁(Phong) 셰이딩 모델

[그림 3-9] 셰이딩의 종류
(https://threejsfundamentals.org/threejs/lessons/threejs-materials.html)

■ 관련 내용 : 제10장 "조명모델과 곡면의 렌더링"

3.2.5 블렌딩 (Blending)

두 가지 색상을 섞는 블렌딩 기능을 이용하면 투명한 물체나 물체의 전후 관계를 표현 할 수 있다. 그림 3-10에서 보듯이 물체의 색상과 투명도를 나타내는 Alpha 값과 배합방식을 적절히 설정하면 칼라 유리컵과 같이 다양한 종류의 투명한 물체를 그릴 수 있으며, 그림자와 배경색을 블렌딩하면 흐릿한 색상의 그림자도 그릴 수 있다.

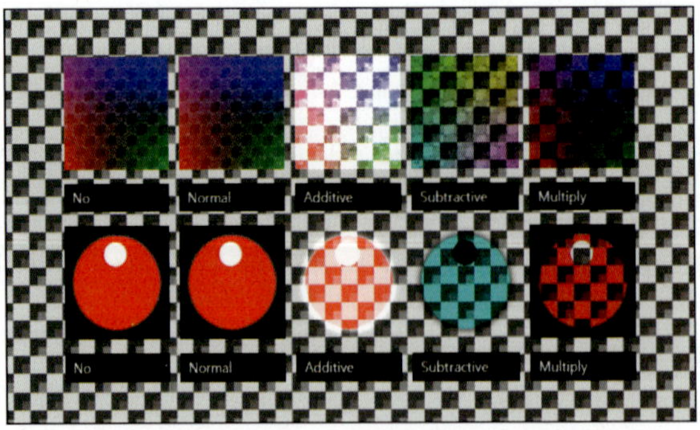

[그림 3-10] 다양한 블렌딩 효과의 예
(https://threejs.org/examples/webgl_materials_blending)

■ 관련 내용 : 제4.5절 "앤티앨리어싱", 4.6절 "색상의 표현"

3.2.6 텍스처 매핑 (Texture Mapping)

텍스처 매핑은 물체를 사실감있게 그리기 위하여 재질이나 질감을 나타내는 2차원 이미지를 3차원 물체의 표면에 입히는 작업이다. 그림 3-11의 예에서 보듯이 벡터방식으로 모델링된 3차원 객체의 표면에 2차원의 래스터 이미지를 입히는 작업이다. Three.js에서 텍스처 매핑을 적용하려면 원하는 텍스처를 생성하고 데이터를 형상의 재질로 지정하기만 하면 된다.

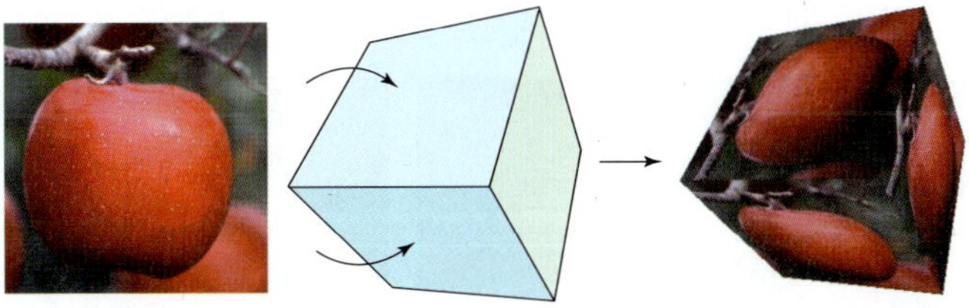

[그림 3-11] 텍스처 매핑의 예

■ 관련 내용 : 제10.5절 "텍스처 매핑"

3.2.7 애니메이션(Animation)

모델에 다양한 움직임과 변화를 주어 움직이는 효과를 만드는 것을 애니메이션이라 한다. Three.js에는 애니메이션 제작에 관련된 다양한 도구들이 포함되어 있다. 키프레임 애니메이션, 다관절 계층 애니메이션 등의 기능을 비교적 쉽게 사용할 수 있다.

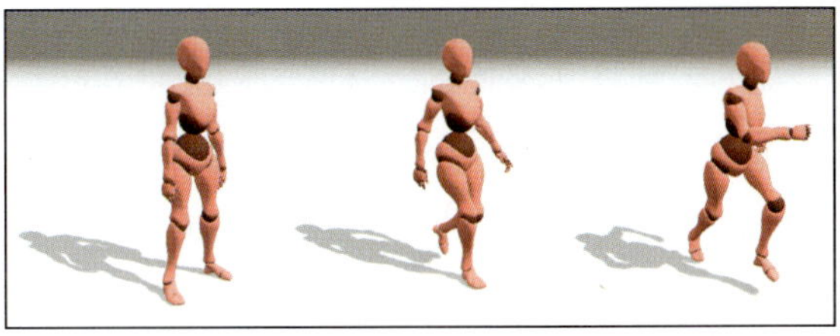

[그림 3-12] Three.js의 애니메이션 기능
(https://threejs.org/examples/)

■ 관련 내용 : 제12장 "컴퓨터 애니메이션"

3.2.8 기타 유용한 기능

Three.js는 WebGL 렌더링을 사용하므로, WebGL에서 사용할 수 있는 다양한 셰이더 프로그램 들도 그대로 사용할 수 있으며, 또한, Three.js에는 유용하게 사용될 수 있는 다양한 기능들이 추가되어 있다. 예를 들어, 다양한 자연 현상이나 시각효과를 만드는데 사용되는 입자시스템(Particle System)이 포함되어 있어서 자연스러운 장면을 매우 손쉽게 작성할 수 있다. 그림 3-13은 입자시스템을 이용하여 불꽃놀이와 촛불의 불꽃을 렌더링한 예이다.

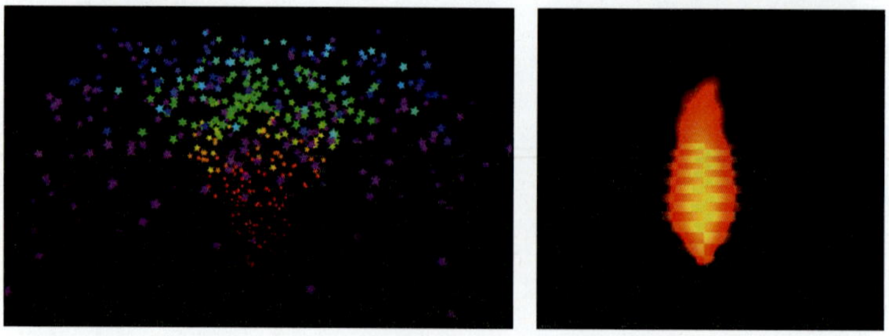

[그림 3-13] Three.js의 입자시스템의 예
(https://stemkoski.github.io/Three.js/Particle-Engine.html)

■ 관련 내용 : 제11.2절 "입자시스템"

3.3 벡터 그래픽스 소프트웨어

그래픽스 응용 소프트웨어는 벡터 방식과 래스터 방식으로 구분할 수 있는데, 이들 소프 트웨어 중 일반 사용자들이 많이 사용하고 있는 저작도구들을 이러한 구분에 따라 설명한다. 이 절에서는 벡터 그래픽스의 특성과 주요기능을 설명하고 대표적인 2D 그리기 도구인 Illustrator와 Corel Draw를 소개한다.

3.3.1 벡터 그래픽스(Vector Graphics)

벡터 방식의 소프트웨어에서는 모든 그림을 비트맵 이미지가 아니라 선이나 면을 구성하는 좌표와 함수로 표현한다. 선의 끝점 좌표, 면의 꼭짓점 좌표 그리고 선 또는 면의 모양과 종류 등을 텍스트 명령어로 저장한다. 이들 데이터는 좌표 데이터이므로 확대해도 품질이 유지되고, 저장용량이 작으며 그림을 확대해도 저장용량에는 변함이 없다.

대표적인 벡터 방식의 그래픽스 소프트웨어로는 그리기 도구나 3D 모델링 및 애니메이션 도구가 있다. 한편, 대부분의 그래픽스 소프트웨어 및 문서 저작도구에서도 벡터 방식의 그리기 기능을 지원한다. 일반적으로 벡터 방식의 소프트웨어는 다음과 같은 주요 기능을 가지고 있다.

그림 3-14(a)와 같은 그리기(Drawing) 기능은 벡터 방식의 가장 기본적인 기능으로 점, 선, 곡선, 면 등의 기본적인 출력요소로 도형의 모양을 그리는 작업이다. 점이나 선의 크기, 색, 굵기 등의 속성을 설정하여 원하는 모양의 도형이나 그림을 그릴 수 있다. 기본 출력요소 이외에도 자주 사용되는 복잡한 모양을 미리 정의된 도형으로 제공하기도 한다.

채우기(Filling) 기능은 도형의 면을 색상이나 특정 패턴으로 채우는 작업이다. 그림 3-14 (b)와 같이 하나 이상의 색상이 점진적으로 변하는 그라데이션(Gradation) 등 다양한 종류의 채우기 기능을 제공한다.

도형의 편집(Editing) 기능은 점, 선, 면 등의 위치, 크기 및 속성을 조절하는 작업이다 (그림 3-14(c) 참조). 전체 그림에서 개별 도형의 객체 단위로 편집이나 변형이 가능하며, 개별 도형들을 그룹으로 묶거나 분해하여 편집할 수 있다.

(a) 그리기 기능

(b) 채우기 기능

(c) 도형편집 기능

[그림 3-14] 벡터 그래픽스 소프트웨어의 주요 기능

3.3.2 대표적인 2D 그리기 도구

■ Adobe Illustrator Ai Illustrator

Adobe 사에서 개발한 소프트웨어로서 가장 대표적인 그리기 도구이며 캐릭터, 로고 제작 등 디자인 작업에 주로 사용한다. 그래픽 디자이너 등 전문가가 선호하며, 예술적 작품까지 폭넓게 사용되고 있다. 디자인에 필요한 많은 기능들을 갖추고 있어서 정교한 디자인이 가능하며 복잡한 그림의 수정 및 편집 작업을 편리하게 할 수 있다. 그리고 EPS(Encapsulated PostScript) 형식을 지원하여 페인팅 도구 등 다양한 종류의 소프트웨어와 데이터 공유가 가능하다. 특히 같은 회사 제품인 Photoshop 및 다양한 2D, 3D 소프트웨어와의 강력한 호환성으로 많은 사용자층을 형성하고 있다.

[그림 3-15] Illustrator의 작업화면
(https://adobe-illustrator.softonic.kr/)

[그림 3-16] Illustrator를 이용하여 제작한 예
(http://www.adobe.com/products/gallery/illustrator.html)

■ Corel Draw

캐나다의 Corel사에서 개발한 그리기 도구로서 일러스트레이션, 로고 제작, 웹 사이트 제작 등 디자인 작업에 주로 사용한다. 탁상출판 (DTP: Desk Top Publishing) 소프트웨어처럼 편집 디자인 및 출판물의 제작도 가능하다. 자유로운 그리기 기능과 DTP 편집 기능, 이미지 편집 및 페인팅 기능이 효과적으로 통합되어 있으며, 이미지, 페인팅, 프리젠테이션 등 대부분의 그래픽스 소프트웨어와 호환이 가능하다. 그리고 동일한 그림에 대하여 저장하는 데이터의 크기가 작아서 웹사이트 제작에 사용하는 경우 전송속도 면에서 유리하다.

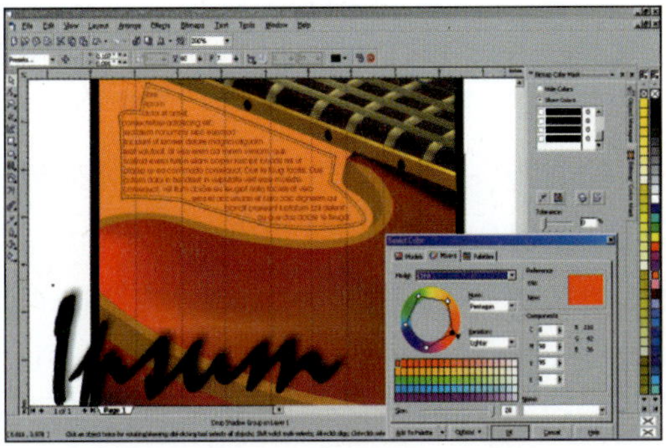

[그림 3-17] Corel Draw의 작업화면

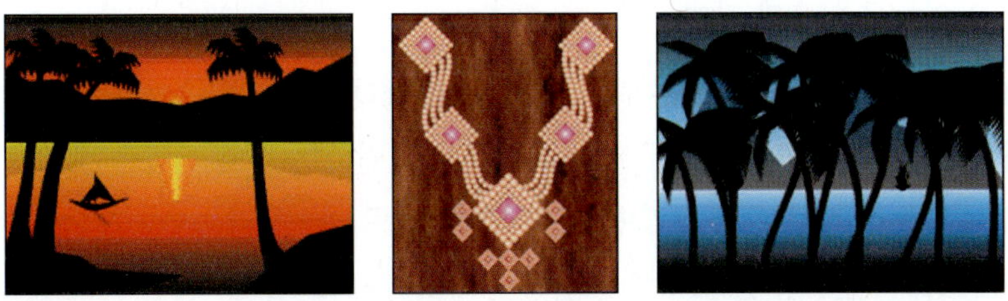

[그림 3-18] Corel Draw를 이용하여 제작한 예
(http://www.corel.com/servlet/Satellite?pagename=Corel3/Products/Display)

3.4 래스터 그래픽스 소프트웨어

가장 대표적인 래스터 방식의 그래픽스 소프트웨어로는 칠하기 개념으로 그림을 그리는 페인팅 도구가 있다. 그리고 정확한 의미에서 그래픽스 소프트웨어라고 할 수는 없지만 Photoshop과 같은 이미지 편집 소프트웨어도 대표적인 래스터 방식의 소프트웨어이다. 따라서 이 절에서는 래스터 그래픽 소프트웨어로서 페인팅 도구 및 이미지 편집 도구에 대하여 소개한다.

3.4.1 래스터 그래픽스(Raster Graphics)

래스터 그래픽스는 그래픽 객체들을 표현하고 있는 메모리에서 픽셀 단위의 처리를 기본으로 한다. 따라서 파일의 크기는 해상도와 그림의 크기에 비례하여 증가하며 그림을 확대하면 계단현상이 일어나고 그림의 품질이 떨어지는 단점이 있다. 래스터 방식의 소프트웨어로는 페인팅 도구와 이미지 편집 도구가 존재한다. 페인팅 도구는 실제 미술도구를 이용하여 그림을 그리는 것과 유사한 효과를 나타내고자 할 때 사용되며, 이미지 편집 도구는 사진 이미지의 조작이나 변형 등을 원할 때 적합하다. 대표적인 페인팅 도구로는 Painter, Paintshop Pro 등이 있으며 이미지 편집 도구로는 Photoshop이 가장 유명하다. 래스터 그래픽스 소프트웨어의 주요 기능은 다음과 같다.

그림 3-19(a)와 같은 칠하기 기능에서는 지정한 모양과 색상의 붓을 사용하여 손으로 칠하듯 자유롭게 그림을 그리거나 간단한 도형을 따라가며 칠하는 등의 작업을 수행한다. 칠하기 작업의 한 단계가 완료되면 전체 그림이 래스터 방식으로 저장된다.

그림 3-19(b)와 같은 이미지 편집 기능에서는 이미지의 색, 명도, 채도 등을 조절하여 픽셀의 값을 변경하거나 필터를 사용하여 다양한 효과를 낸다. 이미지를 흐리게(Blur) 또 는 선명하게(Sharpen) 만들기와 같은 기본적인 필터부터 마치 손으로 그린 듯한 그림으로 바꿔주는 복잡한 필터까지 사용 할 수 있다. 또한 픽셀 단위의 편집이나 이미지의 포맷 변환, 알파 채널을 이용한 투명도 처리 등의 작업을 수행할 수 있다.

래스터 방식에서의 그림 편집은 선이나 면 등의 개별적인 구성요소가 아니라 기본적으로는 이미지 단위의 편집이 가능하게 되어 있다. 구성요소 단위의 개별 편집을 하기 위하여 그림 3-19(c)에서와 같은 레이어(Layer) 개념을 이용한다. 레이어란 마치 비닐 종이에 그림을 그려 여러 장 겹쳐 놓은 것과 유사한 개념으로, 각 구성요소를 다른 레이어에 그려놓으면 각 레이어 별로 구성요소를 편집할 수 있다.

(a) 칠하기 기능

(b) 이미지 편집 기능

(c) 레이어 편집 기능

[그림 3-19] 래스터 방식 소프트웨어의 주요기능

3.4.2 대표적인 페인팅 도구 및 이미지 편집 도구

■ Corel Painter Painter

Fractal Design사에서 개발한 대표적인 페인팅 도구로 현재 Corel사에서 판매하고 있다. 실세계의 회화기법을 컴퓨터에서 재현하는 데 가장 적합한 소프트웨어로서 붓, 연필, 목탄, 수채, 유채 물감 등의 미술도구와 같은 효과를 내는 칠하기 기능을 제공해 준다. 미술분야의 전문가들이 사용하기 편한 인터페이스를 제공해 주며, 사용시 마우스와 키보드 만으로는 한계가 있어 2.4절에서 소개한 바와 같은 그래픽 태블릿에서 압력 및 기울기 감지기능을 가진 스타일러스를 사용하여 그림을 그리는 것이 보다 바람직하다.

[그림 3-20] Painter의 작업화면
(https://learn.corel.com/wp-content/uploads/2018/06/Painter-GetToKnowConcept-RelatedImage1.jpg)

[그림 3-21] Painter를 이용하여 제작한 예
(http://www.procreate.com/product/painter7)

■ Adobe Photoshop

Adobe사에서 개발한 이미지 편집 도구로서 가장 널리 알려진 래스터 그래픽스 방식의 소프트웨어이다. 강력한 이미지 편집 기능과 더불어 페인팅 기능도 제공한다. 특징으로는 이미지의 변형, 색상 조절, 필터링, 레이어 등 이미지 편집에 필요한 매우 다양한 기능을 제 공한다. 또한, 벡터 방식의 간단한 그리기 기능도 지원하며 같은 회사의 Illustrator와 높은 호환성을 갖는다. 각종 붓을 이용한 칠하기 기능이 있으나 Painter만큼 강력한 기능은 지원하지 않는다. 그러나 직관적인 인터페이스를 제공하여 사용하기 편리하므로 많은 사람 들이 페인팅 도구로도 사용한다.

[그림 3-22] Photoshop 작업화면

[그림 3-23] Adobe Photoshop을 이용하여 제작한 예
(http://www.adobe.com/products/gallery/photoshop.html)

■ Paintshop Pro

Jasc Software사에서 개발한 페인팅 도구로서 현재 Corel사에서 판매하고 있으며, Photoshop과 매우 유사한 기능과 인터페이스를 제공하는 소프트웨어이다. 사진 편집과 웹 그래픽 제작에서부터 도안, 채색 및 동영상제작에 이르기까지 다양한 작업을 상대적으로 적은 비용으로 수행할 수 있다.

[그림 3-24] Paintshop Pro 작업화면
(https://www.dpreview.com/files/p/articles/3858671356/20160815-1066095c_800.jpeg)

[그림 3-25] Paintshop Pro를 이용하여 제작한 예
(http://www.jasc.com/products/psp)

3.5 3차원 그래픽스 소프트웨어

현재 대부분의 3차원 그래픽스 소프트웨어는 모델링과 렌더링 기능을 같이 제공하고 있으며, 최근 애니메이션 기능도 지원하고 있는 추세이다. 3차원 그래픽스 응용 소프트웨어는 기계 및 건축 설계 등의 CAD/CAM, 3차원 모델링, 게임, 영화, 광고, 가상현실 등의 응용분야에서 많이 사용되고 있다. 이 절에서는 3차원 그래픽스 소프트웨어 중 가장 많이 알려진 저작도구로 3ds Max와 Maya에 대하여 소개한다.

3.5.1 3차원 그래픽스 소프트웨어의 주요 기능

3차원 그래픽을 생성하려면 물체의 모델링 과정과 렌더링 과정이 필요하다. 현재 대부분의 3차원 그래픽스 응용 소프트웨어는 벡터 방식으로 구현되어 있으며, 3차원 객체의 모델링 및 렌더링 기능을 같이 제공하고 있다. 그리고 최근 대부분의 3차원 그래픽스 소프트웨어에서 애니메이션 기능을 지원하고 있다. 각 기능들의 특징을 살펴보면 다음과 같다.

모델링 기능은 그림 3-26(a)에서와 같이 3차원 공간에서 물체의 모양을 제작하는 작업 이다. 일반적으로 3차원 물체의 기본 모양을 제작하고 이를 변환하는 과정을 통해서 원하는 물체를 만들어 낸다. 2차 곡면이나 다면체 등을 이용한 기하적 객체, 다각형 면으로 구성된 일반적인 물체, 또는 곡면으로 구성된 복잡한 물체 뿐만 아니라 관절로 연결된 복잡한 구조물도 제작할 수 있다.

렌더링 기능은 모델링된 3차원 물체에 색상과 조명 및 재질을 적용하여 그림 3-26(b)와 같이 사실감 있는 그림을 생성하는 작업이다. 다양한 조명의 설정 및 여러 가지 셰이딩 기법, 레이트레이싱 기법, 텍스처 매핑 기법 등을 적용하여 고품질의 결과를 생성할 수 있다.

(a) 모델링 기능

(b) 렌더링 기능

(c) 애니메이션 기능

[그림 3-26] 3차원 그래픽스 소프트웨어의 주요기능

애니메이션 기능은 3차원 물체의 움직임을 시간 단위로 키프레임을 설정하여 애니메이션을 만든다. 뼈대를 설정한 애니메이션이나 관절 움직임의 애니메이션이 가능하다. 불꽃, 폭발 등의 다양한 특수 효과들을 적용할 수도 있다.

3.5.2 대표적인 3차원 그래픽스 소프트웨어

■ 3ds MAX 3DS MAX

AutoDesk사의 계열사인 Kinetix사에서 개발하였다. 게임, 영화, 웹 디자인, 가상현실 등 다양한 분야에서 사용되며, 뛰어난 모델링 및 렌더링, 애니메이션 기능을 제공한다. 3차원 그래픽스와 애니메이션 분야에서 가장 많은 사용자를 확보하고 있는 소프트웨어로서 비교적 낮은 가격에 높은 수준의 기능을 제공하고 일반 PC에서도 사용이 가능하다.

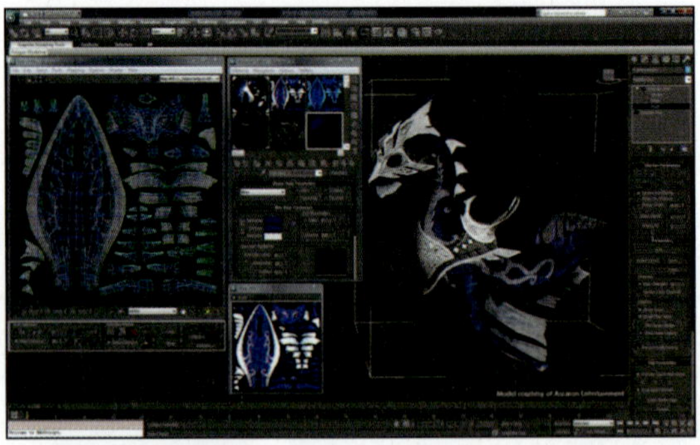

[그림 3-27] 3ds MAX 작업화면
(http://www.autodesk.co.kr/products/3ds-max/features/all/gallery-view)

[그림 3-28] 3ds MAX로 제작한 게임 영상
(http://www.tombraider.com)

■ MAYA

Alias System사에서 개발되었고 현재 Autodesk사에서 소유하고 있는 그래픽 소프트웨어이다. 3차원 그래픽스 소프트웨어 도구 중 뛰어나다고 평가되고 있으며 고가의 제품이므로 대형 프로젝트에서 주로 사용된다. 정교한 모델링 기능이 탁월하며 MEL이라는 스크립트 언어를 제공하여 독특한 캐릭터 애니메이션, 다이나믹 로고, 절차적인 모델링을 제작할 수 있다.

[그림 3-29] Maya의 작업화면
(http://www.autodesk.com/products/maya/features/all/gallery-view)

[그림 3-30] Maya를 이용하여 제작한 예
(http://www.autodesk.com/products/maya/features/all/gallery-view)

연습문제 EXERCISE

3-1 크로노스 그룹의 홈페이지(https://www.khronos.org/)를 방문하면 가장 최근에 발표된 OpenGL, OpenGL ES, WebGL 표준을 볼 수 있다. 현재 OpenGL과 WebGL의 최신 버전이 언제 발표되었는지 확인하고 최신 버전의 특징을 조사하라.

3-2 3장 본문에 있는 Three.js 로 작성한 Hello Box 프로그램을 수정하여 박스의 색상을 변경해 보라.

3-3 인터넷 검색엔진에서 "Three.js Demo"를 검색하여 예제를 살펴보자. 그 중에서 본인이 생각하는 가장 멋진 예제를 하나 정하고, 해당 예제의 코드를 본인의 컴퓨터에 다운로드하여 실행해 보라.

3-4 벡터 방식의 그리기 도구와 래스터 방식의 칠하기 도구의 차이점을 비교하여 설명하라. 그리고 실제 두 가지 소프트웨어를 사용해 본 후 각각의 기능을 나열하여 차이점과 유사점을 조사해 보라.

3-5 벡터 방식의 그리기 도구와 래스터 방식의 칠하기 도구에서 각각 저장되는 대표적인 파일 형식들을 조사하라. 일부 형식들은 특정 도구와 무관하게 널리 사용되며, 어떤 형식들은 특정 도구에서만 사용되고 있다. 각 파일 형식들의 명칭 및 특징을 살펴보고, 동일한 그림에 대하여 각각의 파일 크기를 비교하라.

3-6 래스터 방식의 응용 소프트웨어에서 페인팅 도구와 이미지 편집도구의 구분은 무엇 인가? 이 책에서 소개한 Painter(또는 Paintshop)와 Photoshop을 사용해 본 후 각각의 기능을 나열하여 페인팅 기능과 이미지 편집 기능을 표시하고 차이점을 비교해 보라.

3-7 대부분의 3차원 그래픽스 소프트웨어는 래스터 방식이 아니라 벡터 방식으로 되어 있다. 그 이유는 무엇인지 구체적으로 설명하라.

PART

02

2차원 컴퓨터 그래픽스

Primitive Elements of
Two-Dimensional Graphics

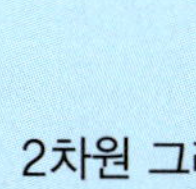

Two-Dimensional Graphics
Transformations

GUI and Interactive
Input Methods

CHAPTER 04

2차원 그래픽스의 기본 요소

Primitive Elements of Two-Dimensional Graphics

2차원 컴퓨터 그래픽스에서 생성된 모든 그림들은 아무리 복잡하더라도 몇 가지 기본적인 출력요소(Output Primitives)들의 조합으로 구성되어 있다. 그래픽스 시스템마다 동일하지는 않지만 기본적인 출력요소는 대개 점, 선, 다중선, 다각형, 원, 타원, 곡선, 문자 등으로 구성된다.

이 장에서는 기본 출력요소의 정의와 속성(Attributes)을 살펴보고, 출력요소의 정의로부터 래스터 방식의 그림으로 변환시키는 주사변환(Scan Conversion) 알고리즘을 소개한다. 우선 가장 기본이 되는 점과 선, 원, 타원 및 곡선을 정의하고 대표적인 그리기 알고리즘을 소개한다. 그리고 또 하나의 중요한 출력요소인 영역에 대하여 기본 개념을 소개하고, 영역채우기 방식과 영역채우기 알고리즘을 설명한다. 마지막으로 문자와 색상의 표현방식에 대하여 설명하고, 그림의 경계를 부드럽게 그리기 위한 앤티앨리어싱(Anti-aliasing)에 대하여 소개한다.

4.1 점과 선

2차원 그래픽스에서 가장 기본적인 출력요소는 점과 선이며 다른 출력요소들도 기본적으로 점이나 선으로 구성될 수 있다. 즉, 점과 선은 모든 2차원 그래픽스 객체의 표현에서 하부 구조를 이루고 있는 기본 요소이다. 이 절에서는 점과 선에 대한 정의와 기본 속성을 살펴보고, 대표적인 선 그리기 알고리즘을 소개한다.

4.1.1 점과 선의 정의 및 속성

(1) 점(Point)

2차원 그래픽스의 모든 그림에는 점과 선이 가장 기본적인 구성요소로서 이용되고 있으며, 이러한 출력요소 들은 래스터 방식의 출력장치에서 픽셀로 표현된다. 그림 4-1의 (a)에서와 같이 기하적 공간에서 점은 좌표 (x, y)로 정의되며, 이 좌표는 래스터 방식의 출력장치 상에서 (b)에서와 같이 픽셀의 좌표로 변환된다. 점의 속성으로는 크기(Size), 명암(Intensity) 또는 색상(Color), 모양(Shape) 등이 사용되고 있다.

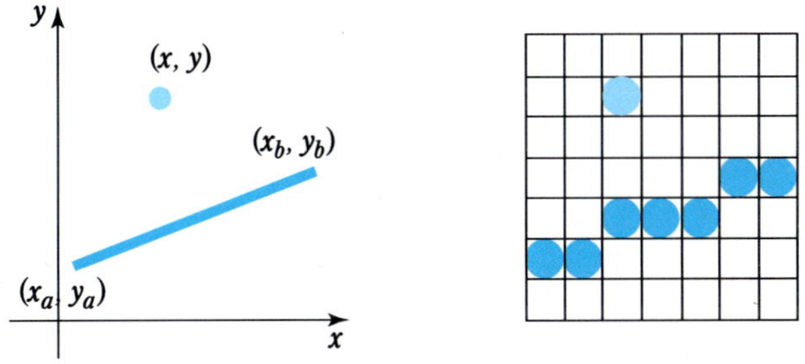

(a) 기하적 공간 (b) 출력장치의 공간

[그림 4-1] 기하적 공간 및 래스터 방식에서의 공간

(2) 선(Line)

선은 일반적으로 양 끝점으로 정의하며, 점의 좌표는 절대좌표 또는 상대좌표를 이용하여 표현한다. 그림 4-1과 같이 절대좌표를 이용하여 시작점 (x_a, y_a)와 끝점 (x_b, y_b)의 좌표로 정의하거나, 또는 상대좌표를 이용하여 시작점의 좌표 (x, y)와 좌표의 증가값 $(\Delta x, \Delta y)$ 형태로 정의한다. 선의 속성으로는 실선, 점선, 쇄선 등을 지정하는 선의 유형(Line Type), 선의 굵기(Width), 선의 명암 또는 색상, 그리고 선끝 모양(Line Cap) 등이 있다(그림 4-2 참조).

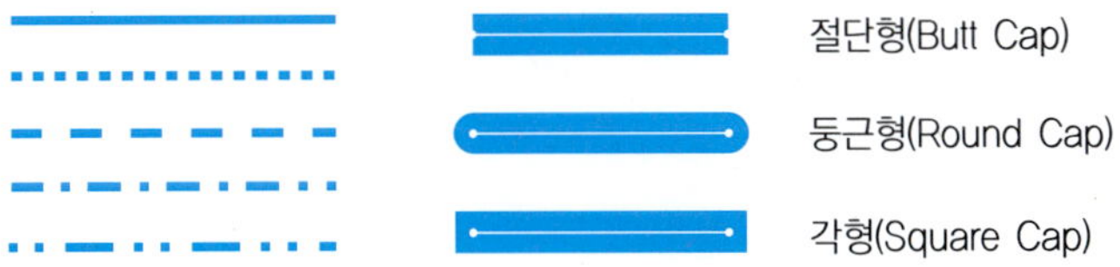

(a) 선의 유형 (b) 선끝 모양

[그림 4-2] 선 속성의 예

(3) 다중선(Polyline)

다중선은 연속적으로 선이 연결된 것을 의미한다. 한 선의 끝점이 다음 선의 시작점과 동일하므로 다중선은 시작점과 연속되는 점들의 좌표로 정의하면 된다. 절대좌표를 이용하여 시작점 (x_1, y_1)부터 마지막 n번 째 점 (x_n, y_n)까지의 좌표로 정의하거나, 또는 상대좌표를 이용하여 시작점 (x_1, y_1)과 각 좌표의 증가값들 $(\Delta x_1, \Delta y_1) \cdots (\Delta x_{n-1}, \Delta y_{n-1})$로 정의한다. 다중선의 속성으로는 선의 속성 이외에 추가로 그림 4-3에서와 같이 연결되는 지점의 모양을 설정하는 선 이음(Line Join) 등의 속성이 있다.

(a) 없음 (No Join) (b) 연장이음 (Miter Join) (c) 원형이음 (Round Join) (d) 경사각이음 (Bevel Join)

[그림 4-3] 선 이음의 모양

4.1.2 DDA 선 그리기 알고리즘

래스터 방식의 출력장치에서 모든 그림은 프레임버퍼 내의 픽셀로 표현되므로 그림을 구성하고 있는 모든 선은 최종적으로 픽셀로 변환하여 그려져야 한다. 래스터 출력장치에서 선을 그리기 위한 알고리즘은 여러 가지가 있는데, 그 중에서 DDA(Digital Differential Analyzer) 선 그리기 알고리즘은 선의 주어진 양끝 좌표로부터 래스터 출력장치로 변환하는 가장 기본적인 알고리즘이다.

DDA 알고리즘은 선의 공식을 $y=f(x)$의 형태로 계산하여 각 픽셀을 구하는 방법이다. 우선, 선의 양끝 점(x_a, y_a)와 (x_b, y_b)로부터 아래와 같이 선의 공식을 구한다 (그림 4-4).

$$y = mx + c$$

단, $m = \dfrac{y_b - y_a}{x_b - x_a} = \dfrac{\Delta y}{\Delta x}$

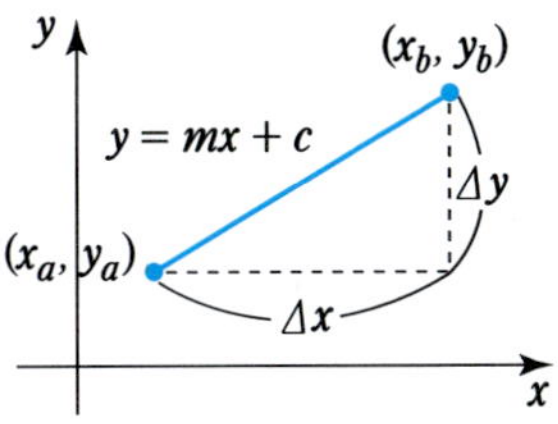

[그림 4-4] 선의 공식

기울기 m이 $0 \le m \le 1$인 경우에는 x값을 매번 1씩 증가시키면 y값은 기울기 값인 m만큼 증가하여 그림 4-5(a)의 선 A와 같이 연속된 픽셀의 점을 구할 수 있다. 만약 기울기가 1보다 큰 경우에 x값을 매번 1씩 증가시키면, y방향으로 증가되는 값인 m이 1보다 크므로 그림 4-5(b)에서와 같이 픽셀의 사이가 떨어지게 된다. 따라서, 기울기가 1보다 큰 경우에는 그림 4-5(c)에서 선 E와 같이 그 반대로 y값을 매번 1씩 증가시키면 x값이 $\frac{1}{m}$만큼씩 증가하도록 처리한다. 기울기 m이 음수인 경우에 x값의 증가에 따라 y값이 증가대신 감소하는 것으로 처리하거나(그림 4-5(a)의 선 B) 또는 y값의 증가에 따라 x값이 감소하는 것으로 처리한다(그림 4-5(c)의 선 F). 이러한 원리에 기반하여 DDA 선 그리기 알고리즘을 다음과 같이 소개한다.

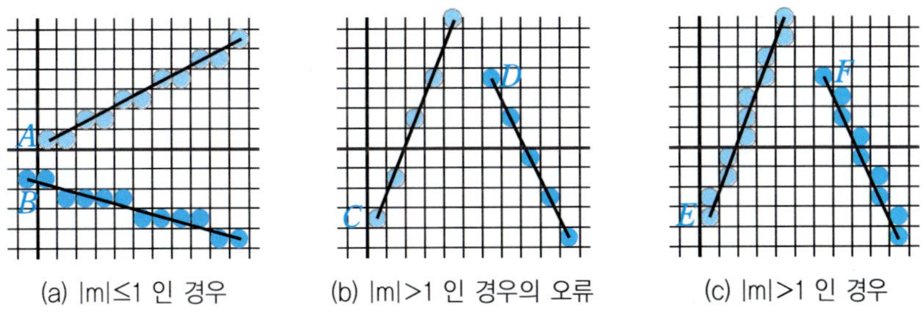

[그림 4-5] 기울기의 값에 따른 선 그리기 방법

DDA 선 그리기 알고리즘

1) 초기화를 한다.

$\Delta x = x_b - x_a,\ \Delta y = y_b - y_a,\ m = \Delta y / \Delta x$

$x_1 = x_a,\ y_1 = y_a$

2) 기울기에 m의 값에 따라 다음계산을 수행한다.

2a) 기울기 $|m| \le 1$인 경우, 즉 $-1 \le m \le 1$

매번 k+1번 째 점에서 $(1 \le k \le \Delta x)$

$x_{k+1} = x_k + 1$

$y_{k+1} = y_k + m$

y_{k+1}의 래스터 좌표 = Round(y_{k+1})

2b) 기울기 $|m|>1$인 경우,

매번 k+1번째 점에서 ($1 \le k \le \Delta y$)

$y_{k+1} = y_k + 1$

$x_{k+1} = x_k + 1/m$

x_{k+1}의 래스터 좌표 = Round(x_{k+1})

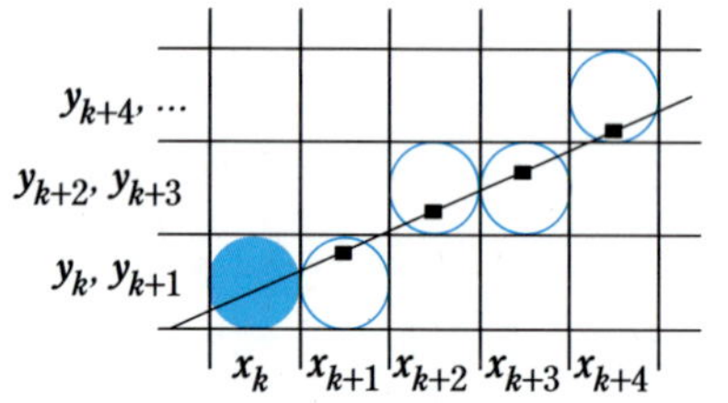

[그림 4-6] DDA 알고리즘(0<m≤1인 경우)

이 알고리즘의 특징은 곱하기가 없이 더하기 연산만을 반복하므로 비교적 계산량이 적으나 소수점(Floating-point) 계산을 해야 하는 부담이 있다. 그리고 DDA 선 그리기 알고리즘에서 매번 기울기 m 또는 $1/m$을 더하여 정수좌표를 구할 때마다 오차가 축적되는 단점이 있다.

4.1.3 Bresenham 선 그리기 알고리즘

DDA 알고리즘에서는 소수점 계산이 필요한데 비하여, Bresenham이 고안한 알고리즘에서는 소수점 계산 없이 정수의 더하기 연산과 시프트 연산만으로 처리되므로 더욱 속도가 빠르다. 현재 대부분의 출력시스템에서 선을 그릴 때 Bresenham 알고리즘이나 이를 변형한 알고리즘을 사용하고 있다.

Bresenham 알고리즘의 기본 개념은 다음과 같다. 선 $y = mx + c$에서 기울기 $m = \frac{\Delta y}{\Delta x}$이 0과 1 사이라고 가정할 때, 선을 구성하고 있는 어느 한 점의 다음 점은 반드시 오른쪽 점 또는 오른쪽 바로 위의 점이 된다. 즉, 그림 4-7에서 보듯이 k번째 점 (x_k, y_k)의 다음 점 (x_{k+1}, y_{k+1})은 (x_k+1, y_k) 이거나 또는 (x_k+1, y_k+1)이다. 이 때, 어느 점을 선택하는가의 판단은 원래의 선과 k+1번째 점에서의 차이값 d_1과 d_2로부터 판별식을 계산하여 결정하게 된다. k+1번째 점에서의 차이값 d_1에서 d_2를 뺀 값을 구하면

$$\begin{aligned} d_1 - d_2 &= \{m(x_k + 1) + c - y_k\} - \{y_k + 1 - m(x_k + 1) - c\} \\ &= 2m(x_k + 1) - 2y_k + 2c - 1 \end{aligned}$$

$m = \dfrac{\Delta y}{\Delta x}$이므로 위식의 양변에 Δx를 곱하여 이를 $(d_1 - d_2)\Delta x = p_{k+1}$이라 하면

$$\begin{aligned} p_{k+1} &= 2\Delta y(x_k + 1) + \Delta x(-2y_k + 2c - 1) \\ &= 2\Delta y\, x_k - 2\Delta x\, y_k + 2\Delta y + \Delta x(2c - 1) \end{aligned}$$

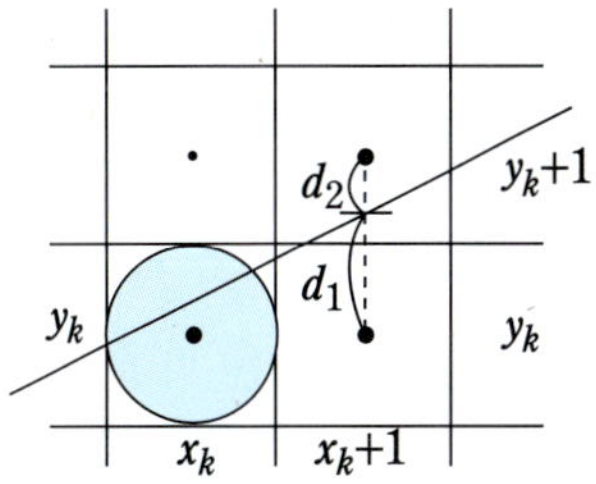

[그림 4-7] Bresenham 알고리즘의 기본 개념

이 식에서 p_{k+1}에 p_k를 대입하면 p_{k+1}과 p_k의 관계식을 구할 수 있다.

$$\begin{aligned} p_k &= 2\Delta y\, x_{k-1} - 2\Delta x\, y_{k-1} + 2\Delta y + \Delta x(2c - 1) \\ p_{k+1} - p_k &= 2\Delta y(x_k - x_{k-1}) - 2\Delta x(y_k - y_{k-1}) \\ p_{k+1} &= p_k + 2\Delta y - 2\Delta x(y_k - y_{k-1}) \end{aligned}$$

여기에서 $(y_k - y_{k-1})$는 1 또는 0 이므로

$$\therefore\ p_{k+1} = p_k + 2(\Delta y - \Delta x) \quad \text{또는} \quad p_{k+1} = p_k + 2\Delta y$$

선의 시작점은 (x_a, y_a)이므로 p_{k+1}의 공식으로부터 초기값 p_1을 다음과 같이 구한다.

$$\begin{aligned} p_1 &= 2\Delta y x_a - 2\Delta x y_a + 2\Delta y + \Delta x(2c - 1) \\ &= 2\Delta y x_a - 2\Delta x(m x_a + c) + 2\Delta y + \Delta x(2c - 1) \\ &= 2\Delta y x_a - 2(\Delta y x_a + \Delta x c) + 2\Delta y + \Delta x(2c - 1) \\ &= 2\Delta y - \Delta x \end{aligned}$$

이 식에서 초기값 p_1을 알면 p_2를 구할 수 있고, p_3은 p_2로부터, p_{k+1}은 p_k로부터 구한다. 결국 p_1로부터 모든 점을 이 식으로 구할 수 있다. 이 때, Δx와 Δy는 처음에 한번 계산하여 구한 정수 값이며, $(y_{k+1} - y_k)$는 1 또는 0의 값을 가지므로 계산은 더욱 간단해진다. 매번 판별식 p_{k+1}을 계산할 때 정수 값인 상수 $C_1 = 2\Delta y$ 또는 $C_2 = 2(\Delta y - \Delta x)$를 더하면 되며, C_1과 C_2의 계산은 매번 할 필요 없이 처음에 한번만 하면 된다. 또한 이 계산마저 곱하기 대신 시프트 연산을 이용하고, 매번 반복 시에는 비교 연산과 정수더하기 연산만을 하므로

계산 속도가 매우 빠르게 된다. Bresenham의 알고리즘은 정리하면 아래와 같다.

Bresenham 선 그리기 알고리즘

(기울기 $0 \le |m| \le 1$로 가정)

1) 초기값을 구한다.
   시작점의 좌표를 (x_1, y_1)로 하고 다음 계산을 한다.

$$C_1 = 2\Delta y,\ C_2 = 2(\Delta y - \Delta x)$$
$$p_1 = 2\Delta y - \Delta x$$

2) $d_1 - d_2$의 판별식 p_k값에 따라 다음 점의 위치를 아래와 같이 구한다. $(1 \le k \le \Delta x)$

   $p_k < 0$ (즉 $y_k - y_{k-1} = 0$)인 경우,
      다음 픽셀 점은 (x_k+1, y_k)이며, $p_{k+1} = p_k + C_1$이다.

   $p_k \ge 0$ (즉 $y_k - y_{k-1} = 0$)인 경우,
      다음 픽셀 점은 (x_k+1, y_k+1)이고, $p_{k+1} = p_k + C_2$이다.

4.2 원, 타원 및 기타 곡선

원이나 타원 또는 함수로 표현되는 곡선은 직선에 비하여 주사변환을 하는 과정이 약간 복잡하다. 대개 이러한 곡선은 $y=f(x)$ 형태의 함수나 $x=g(\theta)$, $y=h(\theta)$와 같은 매개변수 형태의 함수로 표현되며, 이들 함수로부터 일정 구간별로 분할된 곡선상의 점을 계산하여 구할 수 있다. 이 점들을 선분으로 연결하면 곡선의 모양을 근사적으로 그릴 수 있다. 한편 2차원 그래픽스에서 원이나 원호는 직선 못지 않게 자주 사용되므로 Bresenham 선 그리기 알고리즘과 유사하게 적은 계산량으로 출력할 픽셀들을 구하는 주사변환 알고리즘도 개발되었다.

4.2.1 원 그리기

원을 출력장치에 그리는 대표적인 방법에는 간단히 극 좌표계를 이용하여 일정 간격의 선 조각을 연결하여 그리는 방법과 직교 좌표계에서 정수 계산만으로 출력할 픽셀들을 구하는 Bresenham 원 그리기 알고리즘이 있다.

(1) 극 좌표계(Polar Coordinate)를 이용하는 방법

원의 공식이 $x^2 + y^2 = r^2$ 일 때 직교좌표계에서 (x, y)를 함수형태로 표현하면

$$y = \pm\sqrt{r^2 - x^2}$$

이며, (x, y)를 극 좌표계를 이용한 매개변수 θ의 함수로 표현하면

$$x = r\ \cos\theta,\quad y = r\ \sin\theta$$

이다. 그림 4-8과 같이 원의 중심이 (x_c, y_c)로 주어졌을 때 원의 공식은 $(x - x_c)^2 + (y - y_c)^2 = r^2$ 이며 (x, y) 좌표의 극 좌표식은

$$x = x_c + r\cos\theta,\quad y = y_c + r\sin\theta$$ 이다.

이 때 매개변수 θ의 구간을 일정 간격으로 나누어 원주 상의 점을 구한 후 이 점들을 선분으로 연결한다. θ의 간격을 작게 할수록 부드러운 원을 그릴 수 있으며, 원의 크기와 해상도를 고려하여 적절한 간격을 결정한다. 한편, θ의 모든 각도에 대하여 원주상의 픽셀 점을 구할 필요는 없다. 원을 8등분하고 그림 4-9에서와 같이 접선 기울기의 절대값이 0과 1사이인 $90^\circ \geq \theta \geq 45^\circ$ 인 경우에 우선 픽셀 점을 구한다. 그리고 나머지 7가지 경우에 대하여는 그림 4-9에서 표기한 바와 같이 8방향 대칭 성질을 이용하여 간단히 구할 수 있다.

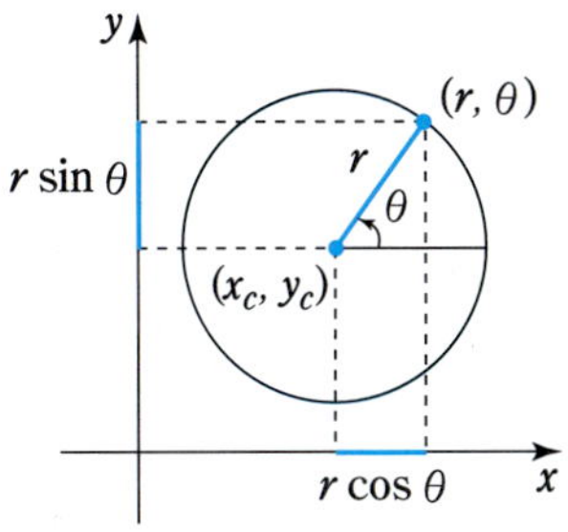

[그림 4-8] 직교좌표계와 극좌표계의 관계

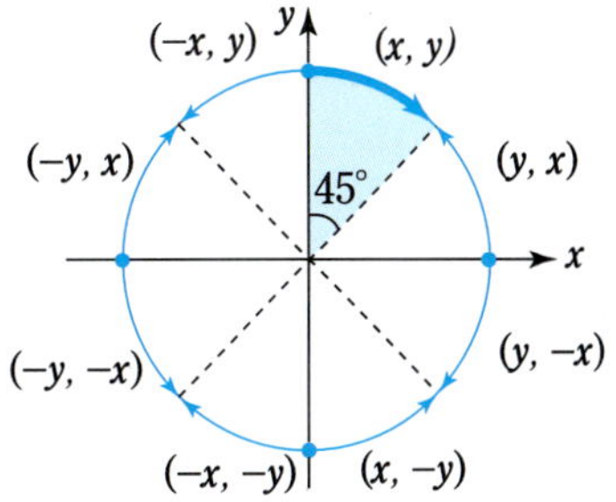

[그림 4-9] 원의 8방향 대칭

(2) Bresenham 원 그리기 알고리즘

우선 각도가 $90^\circ \geq \theta \geq 45^\circ$ 인 부분에 대하여 원을 지나는 픽셀 점을 계산하고 나머지 7가지 경우에 대하여는 그림 4-9와 마찬가지로 8방향 대칭으로 처리한다. 각도가 $90^\circ \geq \theta$

≥ 45° 인 경우에 원의 각 픽셀 점을 구하는 것은 기울기가 0과 −1 사이인 경우의 Bresenham 선 그리기 알고리즘과 기본 개념이 비슷하다. 그림 4-10에서와 같이 어느 한 픽셀 점의 다음은 x방향으로 1만큼 증가하면서 반드시 오른쪽 점 또는 오른쪽 바로 아래 점이 된다. 즉, 그림 4-10에서 k번 째 점이 (x_k, y_k)일 경우 다음인 k+1번 째 점 (x_{k+1}, y_{k+1})은 그림의 a와 b의 경우는 (x_k+1, y_k)이고 c와 d의 경우는 (x_k+1, y_k-1)이 된다. 이에 대한 판단은 k+1번 째 점에서 실제 원과 두 개 후보점 간의 차이값으로부터 판별식을 계산하여 결정한다. 여기서는 원 그리기 판별식에 관한 자세한 유도과정은 생략하기로 한다.

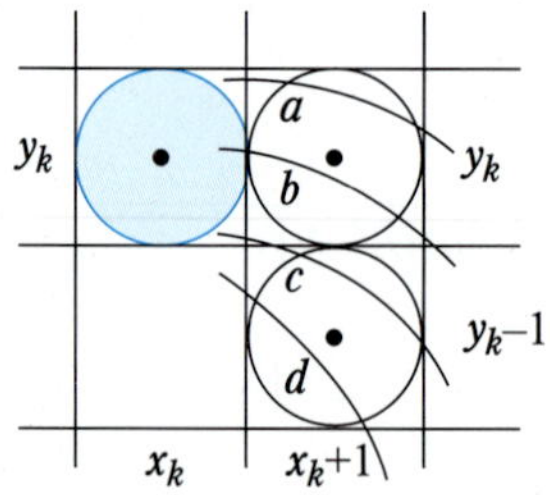

[그림 4-10] Bresenham 원 그리기 알고리즘의 기본 개념

Bresenham 원 그리기 알고리즘

(중심이 x_c, y_c이고, 반지름이 r 인 경우)

1) 초기화를 한다.

$x_1 = x_c,\ y_1 = y_c + r,\ p_1 = 3 - 2r$로 계산한다.

2) $x_k < y_k$ 인 동안 다음 계산을 반복한다.

k번째 점에서

$p_k < 0$ 인 경우 다음 점은 (x_k+1, y_k)이며

$p_{k+1} = p_k + 4x_k + 6$으로 계산하고,

$p_k \geq 0$ 인 경우 다음 점은 $(x_k+1, y_k - 1)$이며

$p_{k+1} = p_k + 4(x_k - y_k) + 10$으로 계산한다.

Bresenham 원 그리기 알고리즘은 원의 공식에서부터 파생되는 제곱근 계산이나 삼각함수 등의 계산이 없이 정수 연산만으로 처리할 수가 있어 속도가 매우 빠른 장점이 있다.

4.2.2 타원 그리기

중심이 (x_c, y_c)이고 각 반지름이 (r_x, r_y)일 때 타원의 공식은 다음과 같다.

$$\left(\frac{x-x_c}{r_x}\right)^2+\left(\frac{y-y_c}{r_y}\right)^2=1$$

극 좌표계를 이용하여 (x, y) 좌표를 구하면

$$x=x_c+r_x\cos\theta,\ \ y=y_c+r_y\sin\theta$$

이다. 타원은 8방향 대칭이 아니라 그림 4-11에서 보듯이 4방향 대칭이므로 1사분면인 $90° \geq \theta \geq 0°$ 인 경우에 대하여 위의 극좌표 공식으로부터 적당한 간격의 점을 구하여 이 들을 선분으로 연결한다. 나머지 경우는 4방향 대칭으로 처리한다. 또한 Bresenham 알고리즘을 타원에 적용하여 선이나 원과 마찬가지로 효율적인 방법으로 픽셀들을 그릴 수 있다.

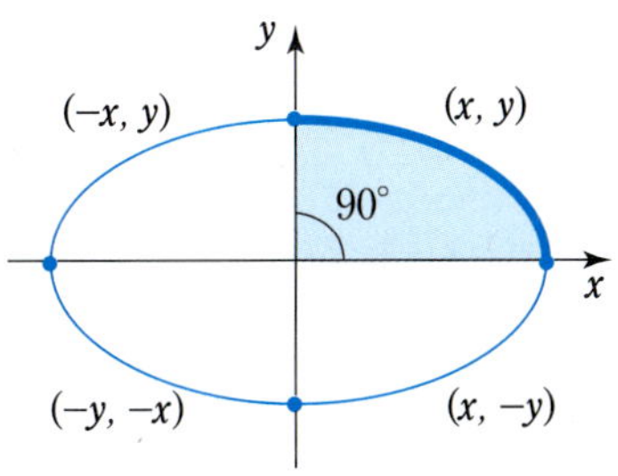

[그림 4-11] 타원의 4방향 대칭

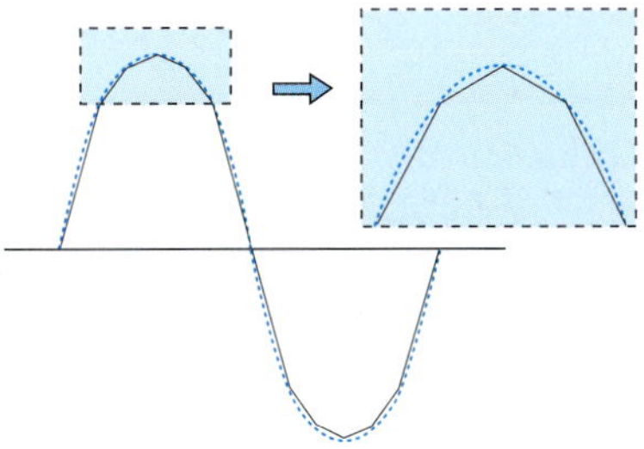

[그림 4-12] 함수 형태의 곡선 그리기

4.2.3 기타 곡선 그리기

함수로 표현 가능한 곡선의 경우에는 함수 $y = f(x)$에서 x값을 변화시킬 때 y값을 구하는 방식으로 곡선을 그릴 수 있다. 삼각(Sine) 함수, 지수(Exponential) 함수, 다항식(Polynomial) 함수, 스플라인(Spline) 함수 등이 $y = f(x)$의 형태로 표현되는 곡선이다. 극좌표를 이용한 원 그리기와 마찬가지로 그림 4-12와 같이 적당한 간격의 x값에 해당하는 곡선 상의 점을 구한 후 선분으로 연결하여 근사적으로 그린다.

그림에 해당하는 픽셀을 일일이 구하는 경우에는 접선의 기울기에 따라 다르게 처리한다. 기울기의 절대값이 1보다 작은 부분에서 점의 개수는 x값의 범위와 같으므로 $y = f(x)$에서 x값을 1씩 증가시키면서 y값을 결정하면 된다. 기울기의 절대값이 1보다 큰 경우에는 반대로 $x = f^{-1}(y)$에서 y값을 1씩 증가시키면서 x값을 계산하여 곡선을 그린다.

4.3 영역 및 다각형 채우기

2차원 그래픽스에서 주어진 영역(Area 또는 Region)이나 다각형(Polygon)을 원하는 색상 또는 패턴으로 채우고 싶은 경우가 자주 있다. 그림 4-13(a)에서 보듯이 선이나 도형이 서로 만나서 영역이 생성되며 경우에 따라서는 다각형도 영역의 일부로 생각할 수 있다. 그러나 이 책에서는 영역과 다각형을 구분하기로 한다. 그림 4-13에서 영역은 (a)와 같은 래스터 방식에서 그림에서 선이나 도형이 만나서 발생하며, 다각형은 (b)와 같은 벡터 방식으로 생성된 그림에 해당한다. 이 절에서는 영역과 다각형의 몇 가지 특성을 살펴보고 각 특성에 따라 그 내부를 채우는 대표적인 알고리즘을 소개한다.

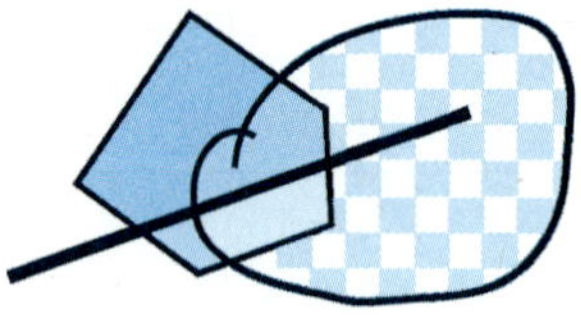

(a) 영역 채우기

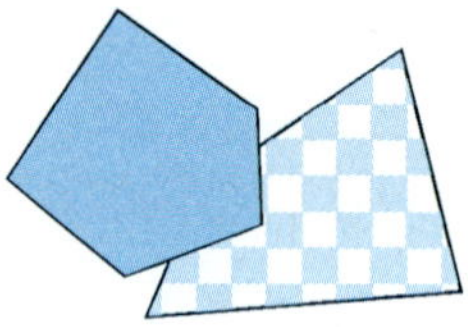

(b) 다각형 채우기

[그림 4-13] 영역 및 다각형 채우기

4.3.1 영역의 특성과 채우기 방식

래스터 그래픽스에서 모든 그림들은 픽셀들로 구성되며, 영역은 같은 색상값을 갖는 이웃한(Adjacent 또는 Connected) 픽셀들의 집합으로 정의된다. 이 때 이웃한 픽셀간의 연결방식에는 두 가지가 있다. 4방향 연결(4-Connected) 방식에서는 그림 4-14의 (a)와 같이 상하좌우 4방향으로 이웃한 픽셀들만 연결되었다고 간주하고, 8방향 연결(8-Connected) 방식에서는 그림 4-14의 (b)와 같이 한 픽셀로부터 8방향으로 이웃한 모든 픽셀을 연결되었다고 간주한다. 동일한 래스터 출력결과에서도 이러한 영역의 연결방식에 따라서 실제 영역에 대한 판단이 달라질 수 있다. 예를 들어, 그림 4-15의 그림을 4방향 연결방식의 관점에서 판단하면 그림에서 화살표로 표시되어 있는 두 개의 픽셀이 연결되지 않으므로 이 그림의 영역은 2개로 분리되었다고 간주한다. 만일 이 그림을 8방향 연결방식의 관점에서 본다면 픽셀들이 모두 연결된 것으로 간주되어 영역이 1개라고 인식한다.

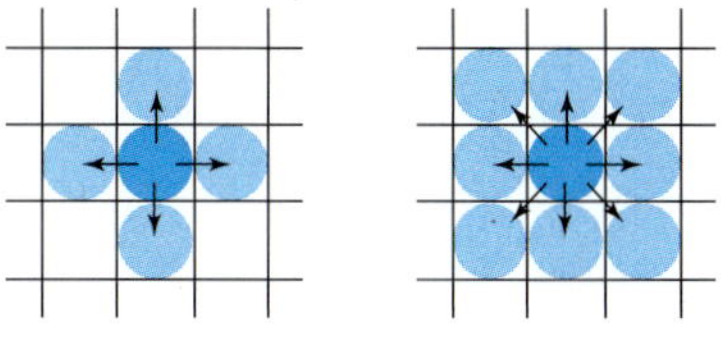

(a) 4방향 연결 (b) 8방향 연결

[그림 4-14] 영역의 연결방식

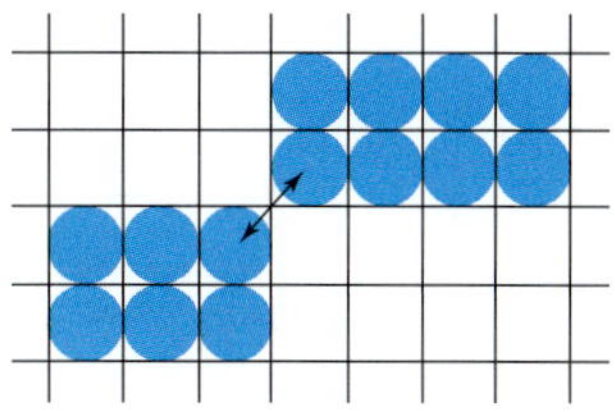

[그림 4-15] 영역 연결방식의 예

래스터 출력에서 영역의 경계 픽셀과 영역 내부의 픽셀을 구분해야 하는 경우에는 연결 방식을 각각 서로 다르게 적용해야 한다. 즉, 경계 픽셀을 8방향 연결방식으로 그리면 내부 영역 픽셀은 반드시 4방향 연결방식으로 채우기를 해야하며, 경계 픽셀을 4방향 연결방식으로 그릴 경우에는 일반적으로 내부 픽셀은 8방향 연결방식의 채우기를 수행한다. 만일 경계 픽셀을 8방향 연결방식으로 그렸는데 내부 영역도 8방향 연결방식으로 채우기를 하면 영역 내부와 외부가 경계 픽셀 사이로 연결되는 모순이 발생한다. 그림 4-16의 예에서 (a)의 경우 경계 픽셀은 8방향 연결방식으로 그렸으며 이에 따라 내부 영역은 4방향 연결방식으로 정의되어 내부 영역이 2개로 분리된다. (b)에서는 경계를 4방향 연결방식으로 그렸으며 내부 영역을 8방향 연결방식으로 정의하여 내부의 영역 전체가 1개로 된다. 일반적으로 래스터 방식의 출력장치에서 많이 사용되는 Bresenham 선 그리기 알고리즘에서는 8방향 연결방식으로 픽셀을 그려나가고, 영역채우기 알고리즘에서는 내부 영역을 4방향 연결방식으로 채우기를 수행한다.

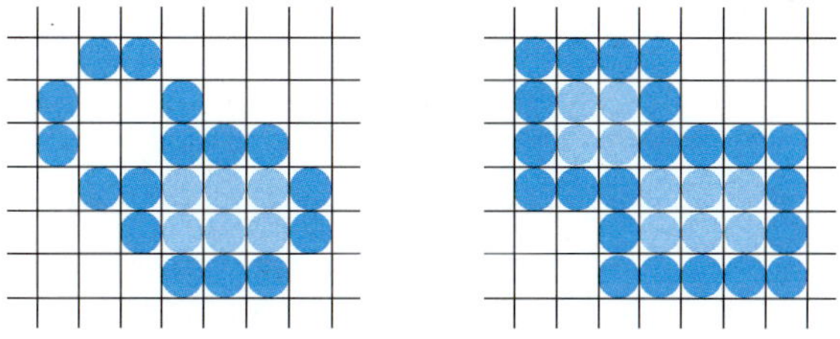

(a) 8방향 연결방식의 경계 (b) 4방향 연결방식의 경계

[그림 4-16] 경계와 내부 영역의 연결방식

영역 및 다각형 채우기 알고리즘은 시드(Seed)채우기 방식의 알고리즘과 다각형 주사변환 방식의 알고리즘으로 구분한다. 그림 4-17(a)에서 보듯이, 시드채우기 방식은 일단 해당하는 그림이 래스터 버퍼에 그려진 후 버퍼내의 래스터 이미지에서 채우기를 실행하는 방식이다. 시드채우기 방식은 항상 영역 내부의 한 픽셀이 시드로 주어지고 이 픽셀에서부터 같은 영역에 해당하는 이웃 픽셀들을 연속으로 찾으면서 채워나간다. 이 방식은 주로 래스터 방식의 페인팅 소프트웨어나 대화식 이미지 처리 프로그램에서 사용자가 원하는 영역을 클릭하면 그 점을 시드로 하여 채우기를 실행하는 기능으로 사용되고 있다.

다각형 주사변환 방식에서는 다각형을 래스터버퍼에 그리기 전에 우선 칠해야 하는 내부 영역을 판단한 후, 그림 4-17(b)와 같이 다각형의 경계 픽셀과 내부 영역의 픽셀을 동시에 그려준다. 래스터 버퍼에서 매 주사선 별로 진행하면서 도형의 내부에 해당하는 구간을 판단하여 해당 픽셀을 칠한다. 이 방식은 도형의 내부채우기를 주사선별로 처리하므로 주사선채우기(Scanline Fill)라고도 하며, 항상 채우기를 하는 도형의 벡터 데이터를 가지고 있으므로 벡터방식의 그리기 소프트웨어에서 사용되고 있다.

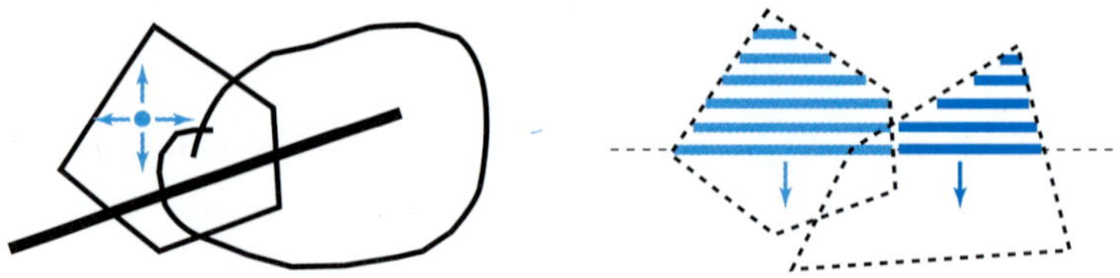

(a) 시드채우기 방식 (b) 다각형 주사변환 방식

[그림 4-17] 영역 및 다각형 채우기 방식

4.3.2 시드채우기(Seed Fill) 방식

시드채우기 방식에서는 4-18(a)에서와 같이 항상 하나의 내부 점 (x, y)가 시드로 주어지고 이 점에서부터 영역채우기를 시작한다. 영역채우기를 위하여 이웃 픽셀들을 찾아나갈 때 내부 영역에 대한 판단에는 두 가지 방식이 존재한다. 하나는 내부로 정의된(Interior-defined) 영역으로서 같은 값을 가지며 연결된 픽셀들만을 내부영역이라고 판단하는 방식이다. 즉, 그림 4-18(b)에서 보듯이 경계 픽셀의 구분이 따로 없이 시드로 주어진 픽셀과 같은 색상의 값을 가지며 이웃한 모든 픽셀들을 내부영역이라고 판단한다. 다른 하나는 경계로 정의된(Boundary-defined) 영역으로 경계의 안 쪽에 위치하는 픽셀들을 내부영역이라고 판단하는 방식이다. 즉, 그림 4-18(c)에서와 같이 경계의 색상이 검은색으로 정해지고 하나의 시드가 주어지면 검은색의 경계 픽셀로 인하여 나누어지는 영역 중 시드가 있는 쪽을 내부영역이라고 판단한다.

그림 4-18(b)와 같이 내부로 정의된 영역을 채우기 하는 방식이 범람채우기(Flood Fill)이며, 알고리즘에서 이웃 픽셀들을 찾아나갈 때 시드 픽셀과 같은 색상의 값을 가지는 픽셀을 내부 픽셀로 판단한다. 한편 경계로 정의된 영역의 채우기에 해당하는 경우가 경계채우기(Boundary Fill) 방식이며, 그림 4-18(c)와 같이 이웃 픽셀을 검사할 때 별도로 주어진 경계 픽셀의 값이 나올 때까지 채워나간다.

[그림 4-18] 시드채우기 방식

영역채우기를 수행하기 위하여 가장 구현이 간단한 방법은 재귀(Recursive) 함수를 사용하여 이웃한 4방향의 픽셀들을 검사해 나가는 방법이다. 칠하기 색상의 선택은 범람채우기의 경우 배경색 'bgColor' 와 그리기색 'fillColor' 가 주어지며, 경계채우기의 경우에는 경계색 'bdColor' 와 그리기색 'fillColor' 가 주어진다. 범람채우기의 경우는 배경색과 같은 이웃 픽셀을 계속 찾아서 칠하기를 하고, 경계채우기의 경우는 경계를 만날 때까지, 즉, 경계색과 다르면 칠하기를 계속한다. 시드채우기 방식에 대한 재귀적 알고리즘은 다음과 같다.

■ 범람채우기(Flood Fill) 알고리즘

```
void flood_fill(int x, int y) {                // 시드 (x, y) 에서 시작
    if (read_pixel(x, y) == bgColor) {         // 현재 픽셀이 배경색 'bgColor' 이면,
        write_pixel(x, y, fillColor);          // 채우기 색 'fillColor' 로 칠한다.
        flood_fill(x + 1, y);                  // 오른쪽으로 반복
```

```
            flood_fill(x - 1, y);          // 왼쪽으로 반복
            flood_fill(x, y + 1);          // 아래로 반복
            flood_fill(x, y - 1);          // 위로 반복
        }
    }
```

■ 경계채우기(Boundary Fill) 알고리즘

```
    void boundary_fill(int x, int y) {          // 시드 (x, y) 에서 시작
        current = read_pixel(x, y);
        if ((current != bdColor) && (current != fillColor)) { // 경계 및 채울 색인지 확인
            write_pixel(x, y, fillColor);       // 내부를 채우기 색 'fillColor' 로 칠한다.
            boundary_fill(x + 1, y);            // 오른쪽으로 반복
            boundary_fill(x - 1, y);            // 왼쪽으로 반복
            boundary_fill(x, y + 1);            // 아래로 반복
            boundary_fill(x, y - 1);            // 위로 반복
        }
    }
```

4.3.3 다각형 내부 판단 규칙

다각형 주사변환 방식에서 다각형에 대한 표현이 벡터 데이터로 주어지면 내부를 판단할 수 있다. 다각형이 하나만 있을 때는 내부를 쉽게 판단할 수 있으나, 여러 개의 다각형으로 구성된 복잡한 도형이 주어지면 경우에 따라 내부영역을 각기 다르게 판단할 수 있다. 예를 들어, 그림 4-19에서와 같이 다른 하나를 포함하는 두 개의 다각형이 주어진 경우 바깥쪽 다각형 내의 모든 영역을 내부라고 판단할 수도 있고, 경우에 따라서 안쪽 다각형 영역을 제외한 부분이 내부영역이라고 볼 수도 있다.

다각형 내부영역에 대한 판단 규칙중 가장 간단한 방법으로 홀짝 규칙(Even-Odd Rule)이 있다. 매 주사선 별로 x값을 증가하면서 다각형의 에지가 홀수 번째 교차하면 내부 구간이 시작되고 짝수 번째 교차하면 외부 구간이 시작된다고 판단한다. 그림 4-19(a)의 예에서 보면 매 주사선에서 교차횟수를 구하고 교차횟수가 홀수인 1과 3인 구간을 내부영역이라고 판단하여 원하는 색상으로 채우기를 한다. 이 규칙은 간단히 구현할 수 있다는 장점이 있는데 비하여, 서로 다른 두 개의 다각형이 겹쳐있을 때 그 겹친 부분은 항상 외부영역이라고 판단

하는 문제점이 있다.

이러한 문제점을 해결하려면 다각형에서 에지의 방향을 고려한 접기횟수 규칙(Non-zero Winding Rule)을 판단의 기준으로 삼을 수 있다. 다각형의 벡터데이터는 각 꼭짓점들로 주어지며, 다각형에서 각 에지의 벡터 방향은 꼭짓점이 주어진 순서에 따라 정해진다. 접기횟수(Winding Number)란 다각형의 에지 방향을 고려한 교차횟수로서, 매 주사선 별로 x값을 증가하면서 아래쪽 방향의 에지와 교차하면 접기횟수를 1만큼 증가시키고 위쪽 방향의 에지와 교차하면 1을 감소시킨다. 이 때 접기횟수가 0보다 큰 구간은 다각형의 내부영역으로 판단하고, 0인 경우에는 외부영역으로 판단한다.

예를 들어, 그림 4-19(b)에서 위의 그림은 두 개의 다각형이 서로 다른 방향으로 그려져 있기 때문에 가운데가 외부영역이라고 판단하여 비어 있다. 그림에 그려진 주사선의 경우 초기의 접기횟수는 0이며, 아래쪽 방향인 첫 번째 에지와 교차할 때 접기횟수가 하나 증가되어 1이 된다. 이 때, 접기횟수가 0보다 커지므로 내부영역이 시작되었다고 판단한다. 두 번째 교차되는 에지는 위쪽 방향이므로 접기횟수를 하나 감소하면 0이 되어 내부영역이 끝났다고 판단한다. 세 번째 에지를 만나면 접기횟수가 1이므로 다시 내부영역이 시작되며, 네 번째 에지를 만나면 접기횟수가 0으로 되어 내부영역이 끝났다고 판단한다.

그림 4-19(b)에서 아래의 경우는 두 개의 다각형이 같은 방향으로 그려져 있으므로 모두 내부영역이라고 판단한다. 첫 번째 에지와 교차하면 아래쪽 방향이므로 접기횟수가 하나 증가되며, 두 번째 에지를 만나면 역시 같은 아래쪽 방향이므로 접기횟수가 또 다시 증가하여 2가 된다. 위쪽 방향인 세 번째 에지를 만나면 하나 감소하여 접기횟수가 1이 되며 네 번째 에

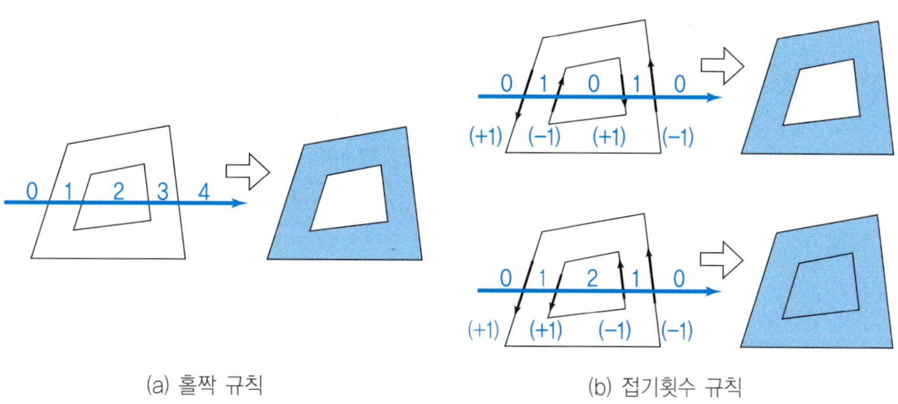

[그림 4-19] 다각형의 내부 판단

지에서 다시 감소하여 0이 된다. 따라서 접기횟수가 각각 1, 2, 1인 세 구간 모두가 내부영역이라고 판단하여 그림과 같이 채우기를 한다.

이 규칙은 홀짝 규칙보다 약간 복잡하지만 도형 설계에서 자유롭게 내부와 외부영역을 지정해 줄 수가 있어서 정교한 드로잉 소프트웨어에서 많이 사용되고 있다.

4.3.4 다각형 주사변환(Polygon Scan-Conversion) 방식

이 절에서는 다각형에 대한 주사변환 방식에서 가장 대표적으로 사용되고 있는 Y-X 다각형 주사선 알고리즘에 대하여 설명한다. 이 알고리즘에서 가장 기본적인 개념은 매 주사선에서 교차되는 에지들의 목록을 유지하고 갱신하는 것이다. 알고리즘 내에서 이를 활성화된 에지의 목록, 즉 AEL(Active Edge List)이라고 부르며, 다각형의 전체 에지의 목록은 EL(Edge List)이라 부른다.

우선 각 에지에 대해 시작점의 y좌표값(그림 4-20의 EL에서 y_a, 단, $y_a \le y_b$) 순서로 다각형의 전체 에지를 정렬하여 전체 에지의 목록 EL을 구성한다. 그리고 매 주사선에서 교차하는 에지를 EL에서 꺼내어 활성화된 에지의 목록 AEL로 옮겨 관리하며, 해당 주사선과 각 에지와의 교차점의 x값을 구한 후 2개씩 짝을 만들어 이들 사이를 채운다. 매 주사선에서 교차점을 구하기 전에 항상 AEL을 다음과 같이 유지 관리한다. 해당 주사선에 대하여 그리기가 완료된 AEL 내의 에지를 찾아서 제거하고, EL에서 해당 주사선과 교차되는 새로운 에지를 찾으면 AEL로 옮긴다. 즉, AEL의 에지 중 아래쪽 점의 y좌표인 y_b가 주사선의 y 좌표보다 작게 되면 그리기가 완료된 에지이므로 EL에서 제거한다. 그리고 EL의 에지 중 y_a가 주사선의 y좌표와 같게 되면 새로이 주사선과 교차되는 에지이므로 EL에서 AEL로 옮긴다.

그림 4-20의 예에서 주어진 다각형은 5개의 에지로 구성되어 있으며, 우선 전체 에지 목록 EL을 구하면 $\langle e_5, e_1, e_4, e_2, e_3 \rangle$ 순서가 된다. y=1인 주사선에서 교차하는 에지를 EL에서 찾아보면 e_5와 e_1이 있으므로 이를 AEL로 옮긴다. y=2인 주사선에서는 변동이 없으며, y=3이 되면 e_5는 AEL에서 삭제되고 e_4가 새롭게 EL에서 AEL로 옮겨온다. y=4인 주사선에서는 삭제되는 에지는 없고 e_2와 e_3이 EL에서 AEL로 옮겨오고, y=6이 되면 e_1과 e_2가 AEL에서 삭제된다. y=8에서는 e_4와 e_3이 AEL에서 삭제되는데, 이 때 AEL과 EL 각각에 처리해야할 에지가 없으므로 다각형 채우기 작업이 종료된다.

한편, 매 주사선에서 교차점을 구하여 채우기를 할 때 교차점의 짝을 만드는 방법에 따라 4.3.3절에서 설명한 두 가지의 다각형 내부 판단 규칙을 각각 적용할 수 있다. 교차점을 구하여 *x*좌표값 순으로 정렬한 후 단순히 순서대로 짝을 만들어 채우면, 내부 판단 규칙 중 홀짝 규칙이 적용되어 채우기를 한 결과가 된다. 그림 4-20의 예에서 *y*=4인 경우 교차점의 *x*좌표가 각각 {1, 8, 5, 5}이므로 〈1, 5〉와 〈5, 8〉로 짝을 이루어 채우기를 한다. y=5인 경우는 {0, 8, 0, 6}이므로 〈0, 0〉과 〈6, 8〉의 짝으로 채우기를 한다. 내부 판단 규칙 중 접기횟수 규칙을 적용하여 다각형 채우기를 하려면 교차되는 에지의 방향(dir)을 고려하면 된다. 즉, 교차점을 *x*좌표값 순으로 정렬한 후 반드시 아래쪽 방향과 위쪽 방향의 교차점이 서로 짝을 이루도록 하여 채우기를 하면 된다.

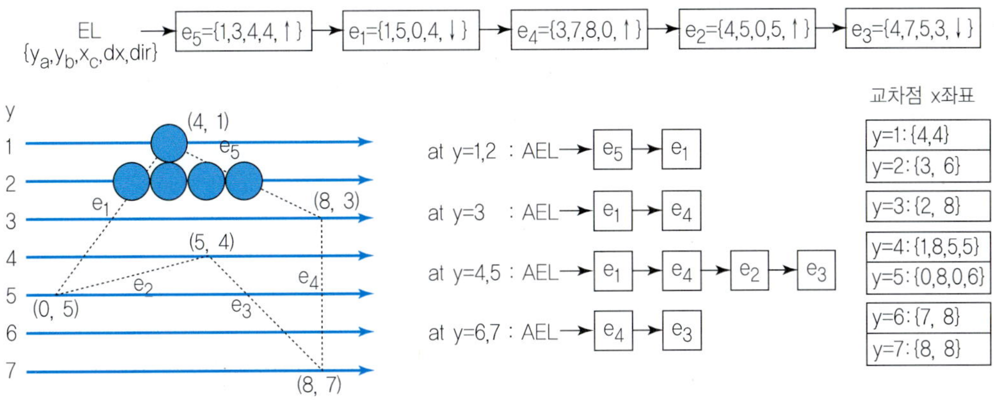

[그림 4-20] Y-X 다각형 주사선 알고리즘

이 알고리즘은 전체 에지의 목록 EL을 구성할 때 *y*좌표값 순서로 전체 에지를 정렬하고, 매 주사선에서 AEL로부터 구한 교차점은 *x*좌표값 순서로 정렬하므로 Y-X 알고리즘이라고 불린다. 이 알고리즘의 효율성은 에지의 목록에 대한 부분적인 응집성(Coherence)으로부터 발생하는데, 알고리즘의 진행될 때 각 주사선의 *y*좌표값이 변하는 데에 따라 AEL의 내용이 자주 바뀌지 않는다는 것이다. 즉, 그림이 아주 세밀하게 복잡한 경우가 아니라면 한번 갱신된 AEL의 에지 목록은 최소한 몇 개의 주사선이 진행되는 동안 변경되지 않고 적용될 것이다. 알고리즘의 구체적인 내용을 정리하면 다음과 같다.

■ Y-X 다각형 주사선 알고리즘

1) 초기화를 한다.

각 에지들을 *y*좌표의 최소값 순서로 정렬하여 Edge List(EL)를 구성한다.

// Edge List의 데이터는 $\{y_a, y_b, x_c, dx, dir\}$의 형태로 구성된다.

// $y_a \le y_b$이며, 초기 x_c의 값은 x_a이고 $dx = x_b - x_a$이다.
// dir은 에지의 방향으로 up(↑) 또는 down(↓) 이다.

2) 매 주사선 y_k에서 다음을 수행한다.

2a) AEL을 갱신한다.

AEL에서 $y_b < y_k$ 인 에지를 삭제하고, // 완료된 에지 삭제
EL에서 $y_a = y_k$ 인 에지를 AEL로 이동한다. // 새로운 에지 삽입
단, AEL 과 EL에 더 이상의 에지가 없으면 종료한다.

2b) AEL에서 각 에지의 교차점을 계산한다.

2c) 교차점 x값을 정렬한 후 각 쌍을 결정하여 그 사이를 채운다.
방향을 고려하지 않는 경우는 x좌표값 순서대로 짝을 결정한다.
방향을 고려하는 경우는 dir 값이 up과 down의 쌍이 되도록 짝을 결정한다.

4.4 문자의 표현

컴퓨터 그래픽스 기법을 이용하여 제작하는 그림 내에는 도형이나 이미지 외에도 문자를 많이 포함하고 있다. 실제로 디자인 분야에서는 문자가 매우 중요한 디자인 요소 중 하나로 인식되고 있다. 그림에서 문자를 사용하려면 우선 원하는 폰트를 선택하고 문자의 속성을 지정하여야 한다. 이 절에서는 폰트의 특성과 문자 표현의 속성을 알아본다.

4.4.1 폰트(Font)의 종류

컴퓨터 그래픽스에서 사용되고 있는 폰트에는 래스터 폰트 형식과 벡터 폰트 형식이 있다. 래스터 폰트(Raster Font 또는 Bitmap Font)는 그림 4-21(a)와 같이 글자 크기에 해당하는 사각형 그리드의 픽셀에 1과 0으로 글자의 모양을 일일이 표현하는 방식이다. 래스터 폰트 방식은 메모리 내에서 비트맵에 대한 연산으로 처리하므로 출력 속도가 매우 빠르다. 또한 글자의 설계과정은 이미지 편집과정과 유사하므로 제작은 용이하나 래스터 이미지의 경우와 마찬가지로 확대하면 계단현상(Aliasing)이 나타난다. 그리고 글자의 확대, 회전, 밀림 등의 기하변환은 매우 어려우며 변환시 출력 품질도 나빠진다.

벡터 폰트(Vector Font 또는 Outline Font)는 그림 4-21(b)에서 보듯이 글자의 윤곽선을 여러 부분으로 나누어 직선, 원호, 곡선 등으로 표현하고 이들에 대한 제어점을 저장하여 글자를 표현한다. 마이크로소프트 윈도우에서 사용하는 TrueType 폰트의 경우에는 2차 B-스플라인(B-Spline) 곡선을 적용하며, PostScript의 Type1 폰트에서는 3차 베지어(Bezier) 곡선을 사용하고 있다. 이러한 곡선에 대해서는 이 책의 8장에서 설명되어 있다.

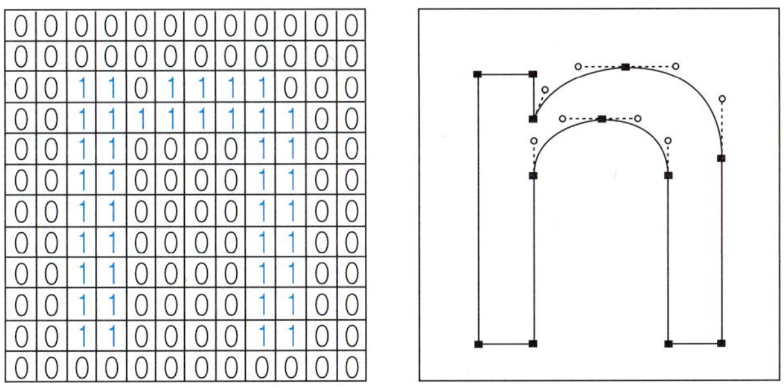

(a) 래스터 폰트 (b) 벡터 폰트

[그림 4-21] 래스터 폰트와 벡터 폰트의 예
(https://partners.cdobe.com/asn/developer/typeforum/mail.html)

벡터 폰트에서 글자를 출력하기 위해서는 우선 윤곽선을 표현하는 제어점의 좌표들에 대해 원하는 글자 크기로 확대 또는 축소하거나 회전하는 등의 기하변환을 수행한다. 좌표의 기하변환은 이 책의 5장에 설명되어 있다. 벡터폰트에서 제어점 좌표의 변환 후, 윤곽선의 곡선 부분을 선 조각으로 나누어 윤곽을 다각형 형태로 표현한다. 그리고 4.3절에서 설명한 다각형 주사선 알고리즘을 이용하여 글자의 내부영역 채우기를 수행한다. 이와 같이 벡터 폰트 방식은 제어점을 계산한 후 생성하는 벡터 방식이므로 확대 또는 축소를 하여도 출력 품질이 저하되지 않는다. 또한 회전 등의 기하변환이 용이하다는 장점이 있으나 기하변환을 위한 계산 시간이 증가한다.

4.4.2 문자와 텍스트의 속성

문자(Character)의 주요 속성으로는 폰트, 색상, 크기, 스타일 등이 있다. 크기 속성에서는 문자의 폭과 높이를 지정하며, 스타일 속성은 굵은체, 이탤릭, 밑줄 등을 지정한다.

텍스트(Text 또는 String)를 표현할 때의 속성인 방향에는 문자의 세우기 방향

(Orientation)과 쓰기 방향(Direction)이 있다. 그림 4-22에서와 같이 문자의 세우기 방향은 보통 Character Up 벡터로 표현하고 쓰기 방향은 Text Path Direction으로 표현한다. 예를 들어, Text Path Direction의 방향이 아래쪽인 경우 한자에서 필요한 세로쓰기가 되며, 벡터의 방향이 왼쪽인 경우는 아랍어에서 사용하는 오른쪽에서 왼쪽으로 쓰기가 가능해진다. 그리고 정렬(Alignment) 속성에서는 왼쪽 맞춤, 가운데 맞춤, 양쪽 맞춤 등을 지정하며, 이 외에도 행간격, 문자간격 등의 속성이 있다.

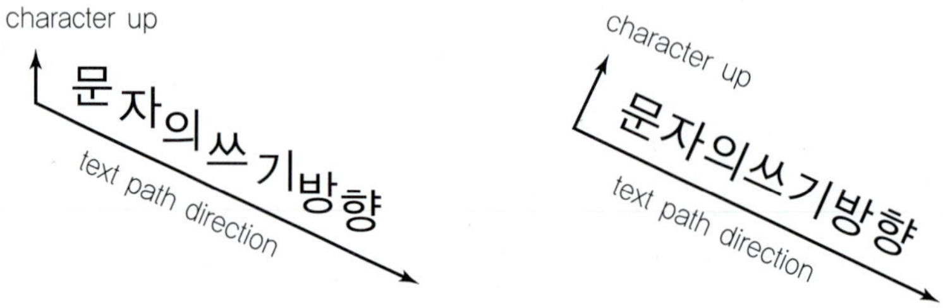

[그림 4-22] 문자의 방향 지정

4.5 앤티앨리어싱(Antialiasing)

래스터 방식의 출력장치에서는 모든 그림이 픽셀들로 구성되어 있으므로 사선이나 그림들의 경계는 계단현상(Jaggies 또는 Aliasing)으로 인하여 부드럽게 보이지 않으며, 출력장치의 해상도가 낮은 경우에는 계단현상이 더욱 뚜렷하게 나타난다. 이러한 현상이 나타나는 선이나 경계를 부드럽게 보이도록 하는 기법을 앤티앨리어싱이라고 한다.

4.5.1 래스터 출력의 문제점

래스터 방식의 고해상도 출력장치에서는 그림을 구성하는 픽셀 수가 많아지며 픽셀의 크기는 작게 나타난다. 따라서 고해상도 출력장치에서는 계단현상이 발생하기는 하지만 뚜렷하게 보이지 않는다. 그러나 저해상도 출력장치에서는 픽셀 하나의 오차라도 픽셀 크기에 비례하여 더욱 두드러지게 보인다. 그림 4-23에서 보듯이 (b)에서의 그림보다 저해상도 출력인 (c)에서는 픽셀 크기가 상대적으로 커지므로 계단현상이 더욱 크게 보인다.

이러한 계단현상의 원인은 그림 4-23(a)와 같이 실세계에서 아날로그 방식으로 그려진 그림을 래스터 방식의 출력장치에서 그림 4-23의 (b) 또는 (c)와 같이 디지털화하는 과정에서 샘플링 오차가 발생하는 데 있다. 이 때 샘플링 오차로 인한 왜곡현상을 앨리어싱이라고 한다. 앨리어싱의 주요 현상으로는 그림 4-23(c)에서와 같이 사선의 굵기가 수평선의 굵기와 다르게 보이는 현상이나 사선이나 곡선부분에 나타나는 계단현상이 있다.

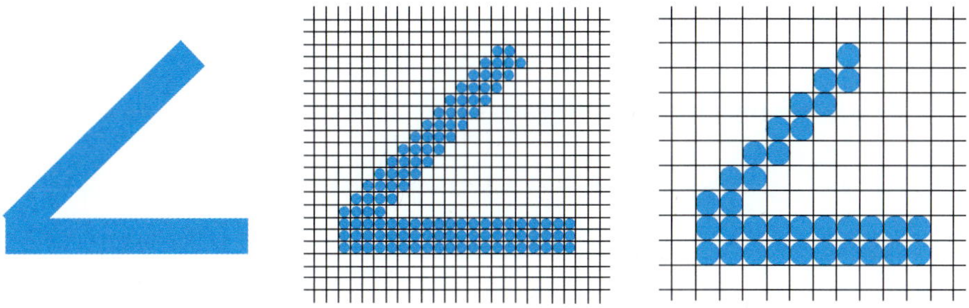

(a) 원래 그림 (b) 고해상도 출력 (c) 저해상도 출력

[그림 4-23] 래스터 출력의 문제점

이러한 앨리어싱 현상에 대한 해결방법으로는 우선 출력장치의 해상도를 높이는 방법이 있지만 래스터 방식의 출력장치에서 물리적 해상도에는 한계가 존재한다. 그러나 다행히 컬러 또는 회색조(Gray) 출력 장치인 경우에 픽셀의 깊이를 이용하여 앨리어싱 현상을 완화시키는 앤티앨리어싱 기법이 존재한다. 이 기법은 그리고자 하는 물체의 경계 상에 있는 픽셀에서 물체의 색상과 배경의 색상을 혼합해서 경계가 부드럽게 보이도록 하는 방법이다.

앤티앨리어싱 기법은 선 그리기, 다각형 채우기, 문자 생성 등에 적용하여 그림의 경계가 부드럽게 보이도록 할 수 있다. 그림 4-24에서 (b)는 앤티앨리어싱을 적용하여 도형의 경계가 부드럽게 보이도록 한 예이며, 그림 4-25(b)는 문자에 앤티앨리어싱을 적용하여 글자의

(a) 앤티앨리어싱 전 (b) 앤티앨리어싱 후

[그림 4-24] 도형의 앤티앨리어싱

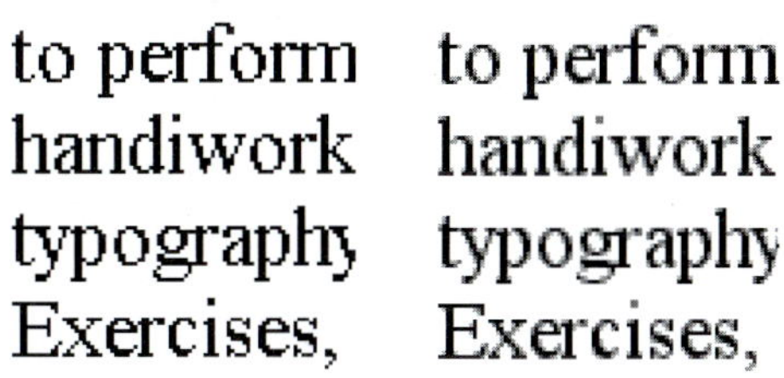

(a) 앤티앨리어싱 전 (b) 앤티앨리어싱 후

[그림 4-25] 문자의 앤티앨리어싱
(https://docs.microsoft.com/ko-kr/typography/)

윤곽이 부드럽게 되어 궁극적으로 가독성을 높인 결과이다.

4.5.2 앤티앨리어싱 기법

앤티앨리어싱 기법에는 여러 가지 방법이 있으나 이 절에서는 가장 널리 사용되는 수퍼샘플링 기법과 영역샘플링 기법을 소개한다.

(1) 수퍼샘플링(Super Sampling) 기법

출력장치의 해상도보다 고해상도에서 그림을 자세히 표현할 수 있도록 하나의 픽셀 영역을 여러 개로 분할하는 수퍼샘플링 과정을 적용하는 기법이다. 그리고 이를 원래의 해상도로 환원할 때 픽셀의 명암 값을 계산하여 보여준다. 수퍼샘플링을 하는 기법에는 여러 가지가 있지만, 가장 간단히 처리할 수 있는 방법으로 단순히 $n \times n$배로 해상도를 높여서 표현하는 방법이 있다. 그림 4-26에서 보듯이 원래의 해상도로 표현한 그림 (a)를 3×3배로 수퍼샘플링을 하면 (b)와 같은 그림이 된다.

다음 단계로, 원래의 해상도에서 그려야 하는 픽셀의 명암값을 결정한다. 원래 해상도에서 픽셀의 영역에 포함되는 고해상도 픽셀 중 그림에 포함된 작은 픽셀의 개수에 비례하여 명암값을 계산한다. 최종 출력할 픽셀의 색상 값은 그리고자 하는 원래의 픽셀 색상과 배경의 색상 값을 명암값에 따라 혼합하여 결정한다. 예를 들어, 그림 4-26(c)에서 각 픽셀의 명암값에는 수퍼샘플링 했을 때에 포함되는 고해상도 픽셀의 개수가 기록되어 있으며, (d)는 이 명암값에 단순히 비례하는 픽셀의 농도를 계산하여 출력한 결과이다.

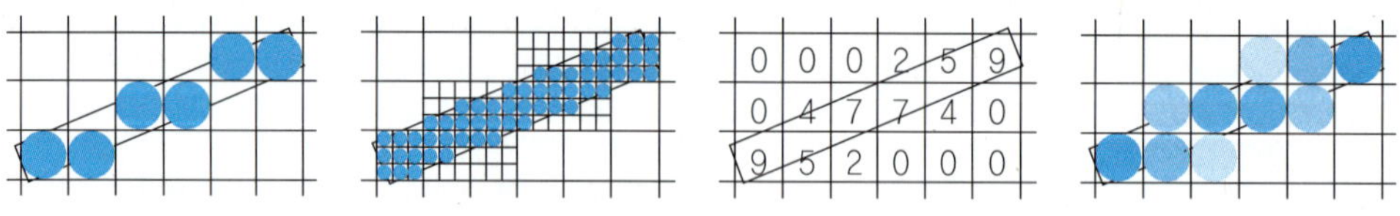

(a) 원래 해상도 (b) 수퍼샘플링 (c) 각 픽셀의 명암값 (d) 출력 결과

[그림 4-26] 수퍼샘플링 기법

(2) 영역 샘플링(Area Sampling) 기법

이 기법은 다각형 영역의 경계를 부드럽게 그리기 위하여 Bresenham 선그리기 알고리즘

을 응용하여 Pitteway와 Watkinson이 제안하였다. 그림 4-27과 같이 선이나 다각형의 테두리에 걸치는 픽셀에 대하여 얼마만큼 다각형의 내부영역에 포함되는지 실제 포함된 면적을 계산한다. 원래의 픽셀 면적은 1이므로 픽셀 내에서 다각형에 포함된 영역의 면적은 항상 0과 1 사이가 된다. 따라서 계산한 면적을 그대로 비율 값으로 사용하며 그 비율에 따라 명암을 결정한다.

다음 그림 4-27(b)에서 색이 칠해진 부분이 다각형에 포함되는 부분이며, 하나의 픽셀 (x_k, y_k) 내에서 다각형에 포함되는 면적의 계산은 다음과 같다. 주어진 선의 공식이 $y = m\,x + c$ 인 경우, 픽셀에서 양쪽 끝의 y좌표는 각각

$y_1 = m\,(x_k - 0.5) + c$와

$y_2 = m\,(x_k + 0.5) + c$이다.

따라서 사변형에 포함된 영역의 면적은

$$\begin{aligned} \text{면적} &= \{\, (y_1 - (y_k - 0.5)) + (y_2 - (y_k - 0.5)) \,\} \,/\, 2 \\ &= (y_1 + y_2)\,/\,2 - y_k + 0.5 \\ &= m\,x_k + c - y_k + 0.5 \end{aligned}$$

으로 계산된다. 이 값의 범위는 0과 1 사이이므로 그대로 명암값의 비율로 사용하여 해당 픽셀의 색상을 계산할 수 있다.

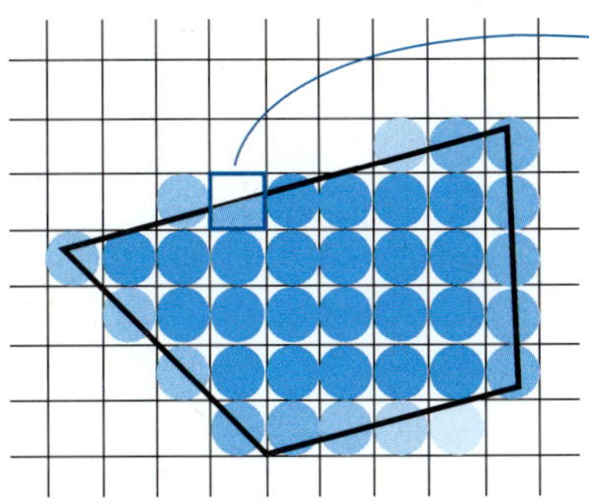

(a) 다각형 경계의 앤티앨리어싱

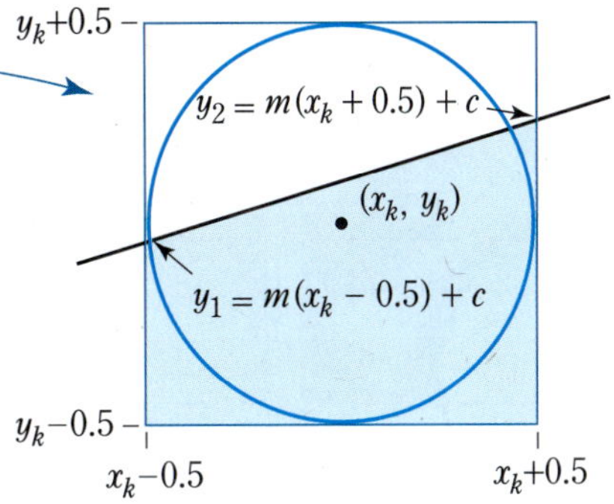

(b) 픽셀에서의 면적계산

[그림 4-27] 영역 샘플링 기법

4.6 색상의 표현

컴퓨터 그래픽스 시스템의 디스플레이 장치에서 색상의 표현은 기본적으로 RGB(Red-Green-Blue) 컬러 방식으로 처리되고 있다. 이 절에서는 기본적인 RGB 컬러 표현 방식과 사용자가 색상을 선택하여 사용할 수 있는 인덱스컬러 표현 방식에 대하여 설명한다.

4.6.1 RGB 컬러 표현방식

일반적으로 RGB 컬러 표현방식에서는 프레임버퍼에서 픽셀의 R채널, G채널, B채널에 해당 값이 저장된다. 따라서 디스플레이 장치에서 표현 가능한 색상의 개수는 각 픽셀을 표현하는 비트의 수, 즉 픽셀의 깊이(Pixel Depth)와 프레임버퍼의 메모리 크기에 따라 정해진다.

각 픽셀이 가질 수 있는 색상의 종류는 각 픽셀에 몇 비트를 할당하느냐에 달려있다. 즉, 할당된 비트의 수가 클수록 더 많은 색상을 가질 수 있고, 할당된 비트의 수가 적으면 표현 가능한 색상의 수가 적어진다. 예를 들어, 그림 4-28에서 (a)는 픽셀당 1비트를 가지는 이미지로서 흑백의 2가지 색상만이 가능하다. (b)에서는 각 픽셀이 4비트를 가지므로 16가지 색상을 가질 수 있다. 8비트 깊이를 갖는 (c)의 픽셀은 256가지의 색상을 가질 수 있으며, (d)에서는 24비트 깊이로 약 1600만 개의 색상까지 표현이 가능하다.

(a) 1비트 이미지 (b) 4비트 이미지 (c) 8비트 이미지 (d) 24비트 이미지

[그림 4-28] 비트수에 따른 이미지의 변화

즉, 픽셀의 깊이가 k이면 2^k가지의 색상 표현이 가능하다. 픽셀의 깊이에 따라 표현이 가능한 색상의 개수는 표 4-1과 같다. 표에서 보면 256가지 이하의 색상에 대해서는 사용자가 필

요한 색상을 선택하여 모아놓은 팔레트, 즉 인덱스컬러를 사용하는 것을 알 수 있다. 픽셀 깊이가 16인 경우 일반적으로 R, G, B에 각각 5, 6, 5비트를 할당하는데, 녹색에 1비트를 추가로 배정하는 이유는 사람의 시각이 녹색에 민감하기 때문이다. 픽셀 깊이가 24인 경우에 표현 가능한 색상의 수는 약 1600만 개로 사람이 감지할 수 있는 범위를 이미 초과하므로 트루컬러라고 불리운다. 32비트인 경우에는 보통 24비트를 트루컬러로 사용하고 나머지 8비트는 투명도 등을 표현하는 알파채널(Alpha Channel)로 사용한다.

[표 4-1] 픽셀 깊이와 표현가능한 색상의 개수

비트의 수	표현가능한 색상의 수	비 고
1	2 (2^1)	흑백
4	16 (2^4)	팔레트 사용(인덱스컬러)
8	256 (2^8)	팔레트 사용(인덱스컬러)
16	65,536 (2^{16})	하이컬러(R : G : B = 5 : 6 : 5)
24	16,777,216 (2^{24})	트루컬러(R : G : B = 8 : 8 : 8)
32	16,777,216 + 8 비트 알파 채널	트루컬러 + 알파 채널

알파채널은 프레임버퍼 내에 RGB 컬러의 3가지 평면 이외에 별도로 존재하는 알파평면(Alpha Plane)에 표현한다. 알파 평면은 색상정보를 표현하지 않고 주로 투명 및 불투명, 안개효과 등을 표현하거나, 은면제거에 사용되기도 한다. 이러한 알파 평면이 포함되었을 때에는 보통 RGBA 컬러 표현방식이라 부르며, 이 경우 표현가능한 색상의 수는 알파 평면의 비트를 제외하고 계산한다. 예를 들어, 픽셀 깊이가 32이면 알파 평면의 8비트를 제외하고 2^{24}인 약 1600만 가지의 색상표현이 가능하다.

한편 프레임버퍼 메모리의 전체 크기도 표현가능한 색상의 수와 관계가 있다. 즉, 프레임버퍼로 필요한 메모리 크기는 화면의 해상도와 픽셀 깊이에 비례한다. 예를 들어, 화면의 해상도가 1024×768픽셀이고 각 픽셀이 32비트(4바이트) 깊이인 경우 1024×768×4 바이트, 즉 약 3메가바이트가 필요하다. 화면 해상도가 1280×1024픽셀이고 픽셀 깊이가 32비트(4바이트)인 경우에는 1280×1024×4바이트, 즉 5메가바이트가 필요하다. 그 반대의 경우로서 프레임버퍼의 메모리 크기가 고정되어 있을 때에는 화면의 해상도에 따라 색상의 수를 제한하거나 색상 수에 따라 화면 해상도를 제한하여야 한다. 예를 들어, 프레임버퍼의 크기가 3메가바이트인 경우 1024×768 해상도 모드에서 픽셀 당 최대 32비트 깊이까지 모든 색상 표현이 가능하지만, 1280×1024 해상도 모드에서는 픽셀 당 최대 16비트 깊이인 하이컬러까지만 가능하다.

4.6.2 인덱스컬러(Indexed Color) 표현방식

컬러 휴대폰에서와 같이 프레임버퍼를 위한 메모리 크기가 작아서 사용 가능한 색상의 수가 제한될 때 인덱스컬러 방식으로 사용자가 원하는 색상을 선택하여 사용할 수 있다. 프레임버퍼의 픽셀 깊이가 8비트인 경우에 2^8 = 256가지 색상의 수로는 모든 경우의 이미지를 제대로 표현할 수 없다.

그러나, 이미지의 경우 그 특성에 따라서 색상이 골고루 사용되기보다는 특정 계열의 색상이 많이 사용되는 것이 일반적인 현상이다. 또한 그림을 그릴 때에도 사용자가 하나의 그림에 250여 가지 이상의 색상을 동시에 사용하는 경우는 매우 드물다. 따라서 각각의 그림에 따라 256개의 색상을 잘 선택하면 많은 경우의 이미지나 그림의 색상을 제대로 표현할 수가 있다. 그림 4-29의 (a)에서와 같이 시스템에서 제공하는 256개의 일반적인 색상을 사용하면 그림의 색상을 자연스럽게 표현하는 데에 한계가 있지만, (b)에서와 같이 비슷한 색상 중에서 256개를 선택하면 원래의 그림에 훨씬 가까운 색상으로 그림을 표현할 수 있다.

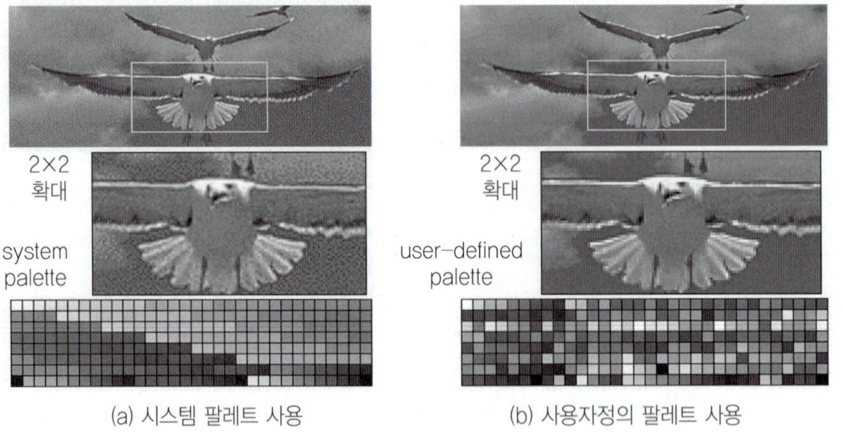

[그림 4-29] 인덱스컬러 표현방식
(https://hacettepe.edu.tr/turkce/kilavuz/grafik/gra2.shtml)

이와 같이 선택한 색상의 값들은 색상보기표(CLUT: Color Look-Up Table)라는 메모리 장소에 저장이 된다. 색상보기표는 색상 팔레트의 개념으로 사용하고자 하는 색상을 저장하는 표의 역할을 한다. 프레임버퍼의 픽셀에는 색상의 값을 저장하는 것이 아니라 사용하고자 하는 색상 값이 기록된 색상보기표의 번호(Index)를 적도록 하여서 상대적으로 비트 수를 적게 사용할 수가 있다. 그림 4-30의 픽셀에 사용된 값인 169와 188은 색상보기표의 번호를 의미하며, 실제 색상은 색상보기표의 169번과 188번에 적혀있는 (16진수 표기법으로) 9AF664와 F4FC59가 된다. 한편, 색상보기표에 필요한 메모리 크기는 색상의 번호 개수와 각 번호에서 색상을 표현하는 데 사용한 비트 수의 곱하기로 결정된다. 그러나 이 크기는 일반적인 그림에 필요한 메모리 크기에 비교하여 매우 작다.

그림 4-30의 경우에 프레임버퍼의 각 픽셀은 8비트이며, 색상보기표에서 번호의 개수는 256이다. 그리고 색상보기표에서 각 번호(Index)에 해당하는 메모리 용량이 24비트이므로 표현가능한 색상은 2^{24}개이다. 즉, 1600만 개의 표현가능한 색상 중에서 동시에 사용이 가능한 256가지 색상을 선택하여 색상표현을 한 것이다. 이 때 각 픽셀에는 24비트 대신에 8비트만 사용하였으므로 프레임버퍼에 필요한 메모리는 1/3로 축소되었다. 한편 색상보기표에 필요한 메모리 크기는 256×3바이트로 이는 16×16픽셀 크기의 이미지에 해당하므로 어느 정도 큰 그림의 경우에는 무시할 만하다.

이러한 방법으로 색상을 표시하는 방식을 인덱스컬러 표현방식이라고 한다. 일반적으로 256개 크기의 색상보기표를 사용하는 경우 프레임버퍼 메모리는 1/3로 축소된다. 그림의 품질은 어느 정도 유지하면서 픽셀의 비트 수를 줄일 수 있으므로 인터넷 환경과 같이 전송시간 때문에 적은 메모리를 요구하는 경우에 매우 유리하다. 그러나 같은 이미지라고 하더라도 그 내용은 색상보기표, 즉 색상 팔레트의 번호이므로 팔레트가 바뀌면 이미지의 전체 색상이 엉뚱한 것으로 바뀌게 되는 것을 주의하여야 한다. 또한 그림 4-29과 같이 일반적인 이미지

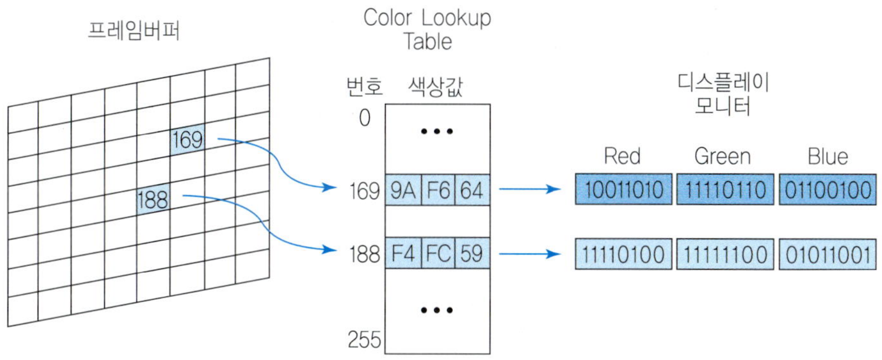

[그림 4-30] 색상보기표

의 경우 사용자가 256개의 색상번호를 적절히 작성하는 작업은 매우 어렵다. 따라서 그래픽스 응용 소프트웨어에서는 시스템에서 이미지를 분석하여 자동으로 색상보기표를 만들어주며, 사용자는 옵션의 선택이나 생성된 색상보기표의 수정을 할 수 있도록 되어있다.

연습문제 EXERCISE

4-1 컴퓨터 그래픽스의 응용 소프트웨어에서 선은 매우 자주 사용되고 있으며, 이에 따라 다양한 속성이 지원되고 있다. 3장에서 소개한 소프트웨어 중 벡터방식의 Illustrator와 래스터 방식의 Painter에서 지원되는 선의 속성을 조사하여 나열하라.

4-2 다중선과 다각형은 어떻게 다른지 설명하라. 그리고, 1번 문제에서 언급한 응용 소프트웨어에서 다중선과 다각형이 어떻게 생성되는지, 어떠한 속성들이 지원되는지 조사하라.

4-3 이 책에서 소개한 Bresenham 선그리기 알고리즘에서는 선분의 기울기 m이 $0 \le m \le 1$ 이라고 가정하였다. 모든 경우를 처리하려면 선분의 기울기에 따라서 시작하는 위치 또는 x, y 좌표의 부호를 바꾸어 주는 전처리과정과 원래상태로 복구하는 후처리과정이 필요하다. 일반적인 기울기의 선분을 모두 처리하는 과정을 포함하여 Bresenham 알고리즘을 다시 정리하라.

4-4 아래에 주어진 선분에 대하여 Bresenham 선그리기 알고리즘으로 구해지는 각 픽셀의 좌표와 매 픽셀에서의 판별식 p_k의 값을 구하라.

(a) 선분 (2, 1)에서 (5, 4)까지

(b) 선분 (2, 6)에서 (5, 2)까지

(c) 선분 (3, 1)에서 (5, 6)까지

(d) 선분 (7, 7)에서 (4, 1)까지

4-5 이 책에서 Bresenham 원그리기 알고리즘을 위한 판별식은 소개하였으나 유도과정은 생략하였다. 판별식과 초기값을 구하는 유도과정을 자세히 적어라.

4-6 다음에 주어진 원에 대하여 Bresenham 원그리기 알고리즘으로 구해지는 각 픽셀의 좌표와 매 픽셀에서의 판별식 p_k의 값을 구하라. 단 각도가 90°에서 45°까지의 8분면

에 대해서만 구하도록 한다.

(a) 중심이 (5, 6)이고 반지름이 6인 원

(b) 중심이 (4, 3)이고 반지름이 13인 원

4-7 영역채우기를 하는 경우 한가지 색상이 아니라 일정한 패턴 또는 이미지로 채우기를 하는 경우도 많이 발생한다. 채우기를 할 이미지가 주어지고 (크기는 $s \times t$이다), 타일 방식으로 반복하여 이미지를 채우고자 한다. 시드채우기 알고리즘을 수정하여 이미지로 패턴채우기가 가능하도록 프로그램을 구현하라.

4-8 다음에 주어진 다각형에 대하여 다각형 주사변환 방식으로 채우기를 하려고 한다. 초기화 시에 구해지는 에지목록 EL에 에지들이 어떤 순서로 나열되는지 에지의 기호를 순서대로 적어라. 그리고, y=1 부터 y=9까지의 각 주사선에서 활성화된 에지목록 AEL과 EL에 남아있는 에지의 기호를 순서대로 적고 교차점의 x좌표 목록도 적어라.

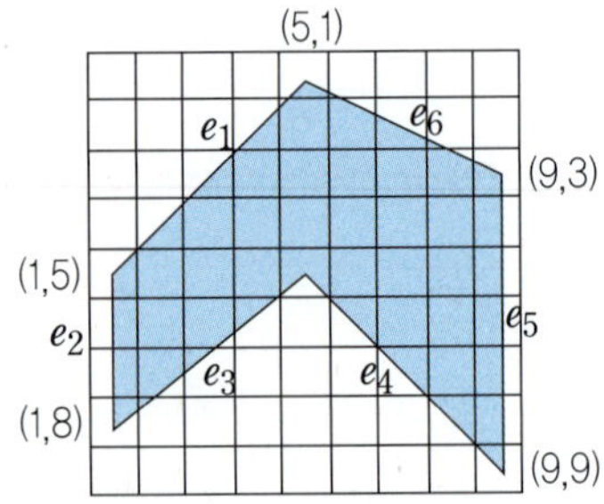

4-9 아래 문자열에 대한 character up 벡터는 (0,1), text path direction 벡터는 (1,0)이다.

문자열방향

다음의 각 경우에 대하여 character up 벡터와 text path direction 벡터를 구하라.

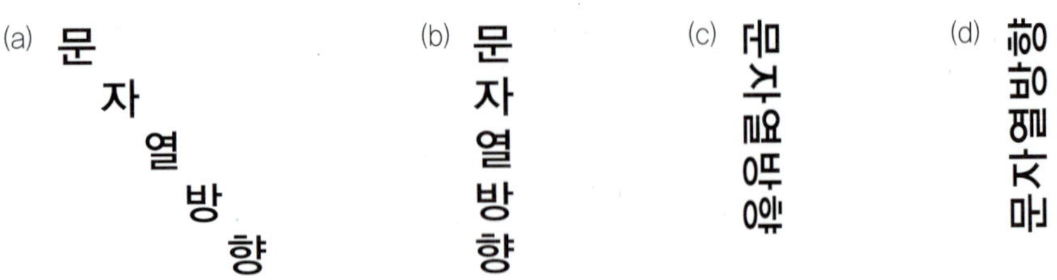

4-10 그래픽스 응용 소프트웨어에서 벡터폰트는 결과적으로는 다각형의 채우기와 동일한 개념으로 처리된다. 벡터방식의 소프트웨어인 Illustrator에서 글자의 속성 중 폰트나 문자열의 속성이 아니라 다각형의 속성이 적용되는 경우를 조사해서 열거하라.

4-11 앨리어싱(Aliasing)현상이 문제가 되는 경우를 모두 구체적으로 기술하고, 이를 해결하기 위한 앤티앨리어싱(Antialiasing)기법으로 수퍼샘플링(Super Sampling)기법과 영역샘플링(Area Sampling)기법을 설명하라. 이제, 수퍼샘플링 기법을 구현하기 위하여 하나의 픽셀을 3×3 개의 작은 픽셀들로 나누어 Bresenham 선그리기 알고리즘을 적용하려 한다. 2D 그래픽스에서 하나의 선은 실제적으로 넓이를 가지고 있다는 사실을 염두에 두고 Bresenham 알고리즘을 어떻게 적용할지 그 구현과정을 구체적으로 기술하라(아래 그림을 참조). 이 경우 수퍼샘플링 기법을 이용하면 앤티앨리어싱을 적용하지 않을 때에 비하여 계산시간이 얼마나 늘어나게 되는지 논하라(구체적 비교 수치가 필요한 것이 아니고 논리적으로 설명하면 됨).

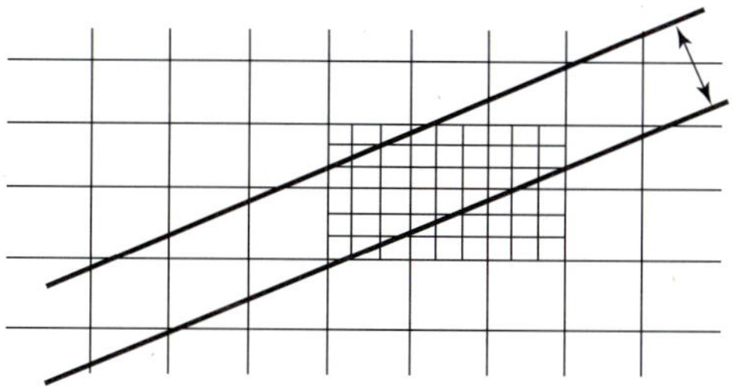

4-12 현재 시스템에 디스플레이용 프레임버퍼의 크기가 6메가 바이트로 주어졌다고 하자. 각각 다음에 주어진 화면 해상도의 경우에 대하여 최대 가능한 색상의 수를 구하라. 즉, 가능한 비트의 수를 구하여 계산하도록 한다.

(a) 1024×768　　　(a) 1280×1024

(c) 1600×1200　　　(d) 1920×1440

4-13 다음의 경우에 이미지를 BMP 형식으로 저장할 때, 인덱스컬러를 사용하면 메모리가 얼마나 절약되는지 계산해 보라. 그리고, 색상보기표로 사용된 메모리 크기가 얼마인지 별도로 적어라.

(a) 8비트 이미지의 크기가 200×200이고, 16개 색상의 인덱스컬러를 적용할 때

(b) 24비트 이미지의 크기가 200×200이고, 256개 색상의 인덱스컬러를 적용할 때

(c) 24비트 이미지의 크기가 800×600이고, 256개 색상의 인덱스컬러를 적용할 때

CHAPTER 05

2차원 그래픽스의 변환

Two-Dimensional Graphics Transformations

앞 장에서 설명한 컴퓨터 그래픽스의 기본요소와 속성을 사용하면 다양한 모양의 2차원 객체를 만들 수 있다. 이렇게 만들어진 객체에 이동이나 회전, 또는 신축과 같은 기하변환을 적용하면 위치나 모습이 바뀌어 새로운 객체를 만들 수도 있고, 지속적으로 기하변환을 적용하면 애니메이션 효과도 낼 수 있다.

복잡한 그래픽 장면에 포함되어 있는 여러 객체를 모델링할 때, 각 객체별로 별도의 좌표계를 사용하면 각 객체를 손쉽게 표현할 수 있다. 각자의 좌표계에서 표현된 객체가 전체 그래픽 장면에 배치되려면 객체의 좌표계에서 그래픽 장면의 좌표계로 좌표변환이 이루어져야 한다. 이 때, 그림 전체가 컴퓨터 화면에 나타나기도 하지만, 대부분의 경우는 창문을 통해 그림을 보듯이 그림의 일정 부분만이 디스플레이가 된다. 이러한 과정이 뷰잉변환이며, 원래 그림 가운데 컴퓨터 화면에 출력되지 않는 부분은 클리핑하여 제거한다.

이 장에서는 2차원 객체를 설계하여 그래픽 장면을 제작하기 위한 여러 가지 기하변환과 그래픽 장면을 출력장치에 나타내기 위한 뷰잉변환 과정 및 클리핑에 대하여 설명한다.

5.1 기본적인 기하변환(Geometric Transformation)

2차원 그래픽스의 기본 요소들을 이동시키고, 크기를 바꾸고, 회전시키는 등의 조작을 하여 객체의 모양을 변형시키거나 새로운 객체를 만들 수 있으며, 경우에 따라서는 애니메이션 효과도 낼 수 있다. 이러한 효과를 얻기 위해서 객체에 대한 기하변환을 수행하며, 기본적인 기하변환으로는 이동, 신축(크기변환), 회전이 있다.

5.1.1 이동(Translation)

2차원 평면에서 객체의 이동변환은 모양은 바뀌지 않고 객체의 위치를 일정한 거리만큼 다른 위치로 옮기는 변환이다. 그림 5-1에서와 같이 평면상에서 임의의 한 점 $P(x, y)$가 x방향으로 t_x, y방향으로 t_y만큼 이동하여 점 $P'(x', y')$이 되었을 때 새로운 점의 좌표는 다음과 같이 구한다.

$$x' = x + t_x, \quad y' = y + t_y$$

벡터를 이용하여 설명하면, 원래의 점 P에 이동벡터(Translation Vector) $T(t_x, t_y)$를 더하여 새로운 위치의 점 P'이 된 것으로서 다음과 같이 표현할 수 있다.

$$P' = \begin{pmatrix} x' \\ y' \end{pmatrix} = \begin{pmatrix} x \\ y \end{pmatrix} + \begin{pmatrix} t_x \\ t_y \end{pmatrix} = P + T(t_x, t_y)$$

즉, 한 점 P가 이동하여 P'이 된 경우 $P'=P+T(t_x, t_y)$와 같이 이동변환이 적용된다.

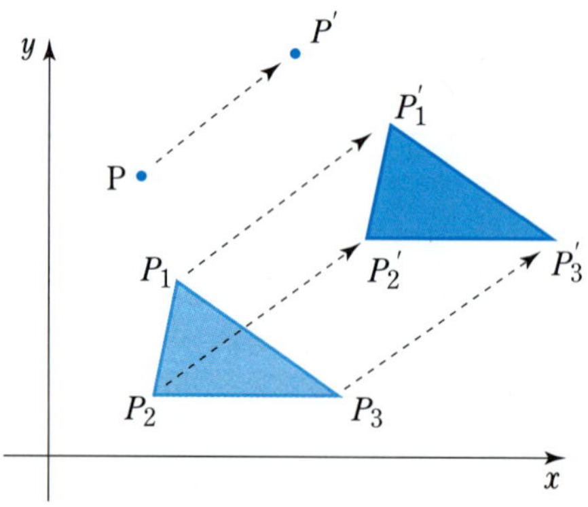

[그림 5-1] 점과 다각형의 이동

2차원 평면상에서 일반적인 객체의 이동은 점의 이동을 적용하여 수행할 수 있다. 다각형의 경우 각 꼭짓점들에 대하여 이동변환을 한 후 변환된 점들을 연결하여 다시 그리면 다각형에 대해 이동변환을 한 결과가 된다. 그림 5-1에서 삼각형을 이동한 결과는 세 꼭짓점 P_1, P_2, P_3를 이동한 점 P'_1, P'_2, P'_3으로 구성된 삼각형이 된다. 원이나 타원 등 다른 도형도 마찬가지로 중심 또는 초점 등 객체에서 중요한 점들을 이동한 후 새로운 위치에서 다시 그리면 이동변환을 한 결과가 된다. 다음에 나오는 신축변환이나 회전변환도 마찬가지로 객체를 구성하고 있는 꼭짓점이나 중요한 점들을 변환하고 난 후 객체를 다시 그려서 기하변환을 처리한다.

5.1.2 신축(확대/축소:Scale)

2차원 평면에서 신축변환은 객체의 크기를 방향 x및 y방향으로 확대 또는 축소시키는 기하변환이다. 신축변환의 경우에 별도의 기준점 설정이 없으면 일반적으로 원점을 기준으로 객체의 각 좌표값을 확대 또는 축소한다. 이에 따라 그림 5-2에서 보듯이 객체의 크기뿐 만 아니라 기준점으로부터의 위치도 배율에 따라 같이 변한다. 평면상에서 임의의 점 $P(x, y)$를 x방향으로 s_x배, y방향으로 s_y배만큼의 신축배율(Scaling Factor)을 적용하여 변환한 점 $P'(x', y')$의 좌표는 다음과 같이 구한다.

$$x' = s_x \cdot x, \qquad y' = s_y \cdot y$$

이를 점의 좌표에 대한 벡터와 신축행렬을 이용하여 표현하면 다음과 같다.

$$P' = \begin{pmatrix} x' \\ y' \end{pmatrix} = \begin{pmatrix} s_x & 0 \\ 0 & s_y \end{pmatrix} \begin{pmatrix} x \\ y \end{pmatrix} = S(s_x, s_y) \cdot P$$

즉, 점 P가 신축되어 P'이 된 경우 $P' = S(s_x, s_y) \cdot P$와 같이 신축변환으로 표현된다.

신축변환에서 신축배율이 1보다 크면 객체가 확대되고, 신축배율의 절대값이 1보다 작은 경우 객체가 축소된다. 신축배율이 음수인 경우에는 각 축에 대칭이 되는 방향으로 신축이 된다. 예를 들어, 특수한 경우로서 $s_x = -1$이면 x축에 대칭인 객체가 되며, $s_y = -1$이면 y축에 대칭인 객체가 된다. 만약 $(s_x, s_y)=(-2, -0.5)$인 경우에는 x축 대칭방향으로 2배 확대되고 y축 대칭방향으로 1/2배 축소된 객체로 변환된다. 이와 같이 양쪽 방향의 신축배율이 다른 경우에는 객체의 모습까지 변하고, 동일한 배율인 경우에는 모습은 변하지 않고 크기만 바뀐다.

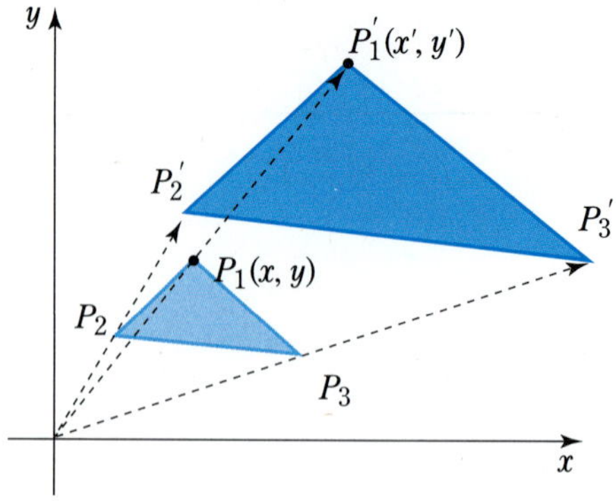

[그림 5-2] 원점을 기준으로 하는 다각형의 신축

원점이 아니라 평면상의 임의의 점 (x_0, y_0)를 기준점으로 하여 신축하는 경우는 그림 5-3에서와 같이 3단계의 과정으로 구할 수 있다.

① : $T(-x_0, -y_0)$: 신축기준점 (x_0, y_0)이 원점과 일치하도록 객체 *a*를 $(-x_0, -y_0)$만큼 이동시킨다.

② $S(s_x, s_y)$: 이동변환된 객체 *b*를 원점을 기준으로 하여 (s_x, s_y)배 만큼 신축변환을 한다.

③ $T(x_0, y_0)$: 원점을 기준으로 신축변환이 된 객체 *c*를 ①에서 이동한 거리만큼 반대방향으로 이동한다. 그러면 기준점 (x_0, y_0)에 대해 (s_x, s_y)배만큼 신축한 결과인 객체 *d*를 구할 수 있다.

이 과정을 정리해보면, 평면상의 한 점 $P(x, y)$가 신축기준점 (x_0, y_0)에 대하여 (s_x, s_y)배만큼 신축되어 $P'(x', y')$이 된 경우 $P' = T(x_0, y_0) \cdot S(s_x, s_y) \cdot T(-x_0, -y_0) \cdot P$와 같은 형태의

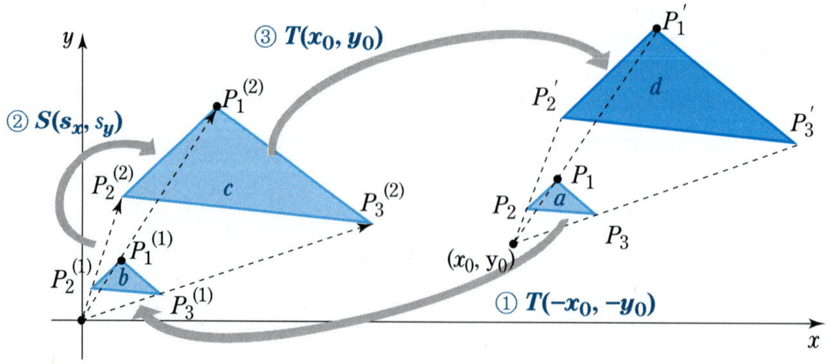

[그림 5-3] 임의의 점을 기준으로 하는 다각형의 신축

기하변환으로 표현된다.

5.1.3 회전(Rotation)

2차원 평면에서 객체를 회전시키면 모양의 변화는 없이 객체가 놓여있는 방향이 변한다. 신축변환의 경우와 마찬가지로 기준점 설정이 필요하며, 이 기준점을 중심으로 회전을 한다. 이 때, 회전각(Rotation Angle)이 양수이면 반시계 방향으로 회전을 하며, 음수인 경우 시계 방향으로 회전한다. 그림 5-4에서와 같이 점 $P_1(x, y)$이 회전각 θ만큼 회전하여 새로운 점 $P_1'(x', y')$이 되었다고 하자. 원래의 점 P_1이 x축과 이루는 각도가 ϕ이며 원점으로부터 거리가 r이라 할 때, 회전이동한 점 P_1'이 x축과 이루는 각도가 $\phi+\theta$가 되어 (x', y')은 다음과 같이 구할 수 있다.

$$x' = r \cdot \cos(\phi + \theta) = r \cdot \cos\phi \cdot \cos\theta - r \cdot \sin\phi \cdot \sin\theta = x \cdot \cos\theta - y \cdot \sin\theta$$
$$y' = r \cdot \sin(\phi + \theta) = r \cdot \cos\phi \cdot \sin\theta + r \cdot \sin\phi \cdot \cos\theta = x \cdot \sin\theta + y \cdot \cos\theta$$

이를 벡터와 회전행렬을 사용하면 다음과 같이 표현할 수 있다.

$$P' = \begin{pmatrix} x' \\ y' \end{pmatrix} = \begin{pmatrix} \cos\theta & -\sin\theta \\ \sin\theta & \cos\theta \end{pmatrix} \begin{pmatrix} x \\ y \end{pmatrix} = R(\theta) \cdot P$$

즉, 점 P가 원점을 중심으로 θ만큼 회전하여 P'이 된 경우 $P' = R(\theta) \cdot P$와 같이 회전변환으로 표현된다.

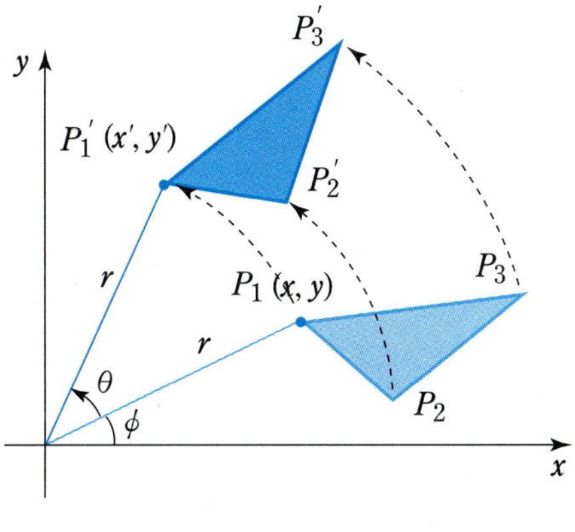

[그림 5-4] 원점을 중심으로 하는 다각형의 회전

원점이 아니라 임의의 점 (x_0, y_0)을 기준점으로 회전하는 경우는 신축변환과 마찬가지로 그림 5-5에서와 같이 3단계의 과정으로 구할 수 있다.

① $T(-x_0, -y_0)$: 신축기준점 (x_0, y_0)가 원점과 일치하도록 객체 a를 $(-x_0, -y_0)$만큼 이동시킨다.

② $R(\theta)$: 이동변환된 객체 b를 원점을 기준으로 하여 θ만큼 회전시킨다.

③ $T(x_0, y_0)$: 원점을 기준으로 회전변환이 된 객체 c를 ①에서 이동한 거리만큼 반대방향으로 이동한다. 그러면 임의의 기준점 (x_0, y_0)에 대해 θ만큼 회전한 결과인 객체 d를 구할 수 있다.

즉, 평면상의 한 점 $P(x, y)$가 기준점 (x_0, y_0)에 대하여 θ만큼 회전하여 $P'(x', y')$이 된 경우 $P'=T(x_0, y_0) \cdot R(\theta) \cdot T(-x_0, -y_0) \cdot P$와 같은 형태의 기하변환으로 표현된다.

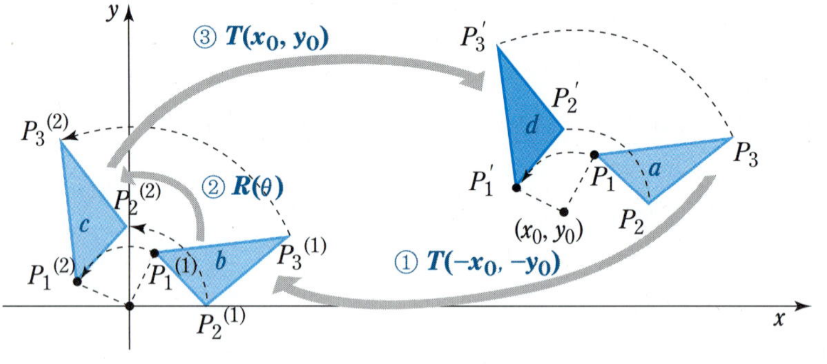

[그림 5-5] 임의의 점을 중심으로 하는 회전

5.2 동차좌표계를 이용한 변환

앞 절에서 임의의 점을 기준으로 하여 신축하거나 회전하는 경우 여러 단계의 변환을 수행하였다. 각 단계별로 변환행렬 또는 이동벡터를 순서대로 적용하여 변환결과를 구하였다. 이 경우 여러 단계의 변환행렬을 하나로 결합하여 표현할 수 있다면 전체 변환과정을 간단히 처리할 수 있을 것이다. 이 절에서는 동차좌표계를 이용하여 기하변환을 간단히 표현하는 방법에 대하여 설명한다.

5.2.1 동차좌표계(Homogeneous Coordinate System)의 필요성

앞 절에서 보았듯이 점 P가 변환하여 P'이 되었을 때 이동변환의 경우는 $P'=P+T$의 형태로 표현되고, 신축변환과 회전변환의 경우는 $P'=S \cdot P$와 $P'=R \cdot P$의 형태로 표현된다. 이러한 기하변환을 일반적인 식으로 표현하면 $P'=M \cdot P+A$의 형태로 나타낼 수 있다. 이 때, 임의의 점 P_1에 대하여 연속적인 기하변환을 적용하여 P_2, P_3, P_4, …가 되었다면 변환결과를 다음과 같이 구할 수 있다.

$$
\begin{aligned}
&P_2 = M_1 \cdot P_1 + A_1 \\
&P_3 = M_2 \cdot P_2 + A_2 = M_2M_1 \cdot P_1 + M_2A_1 + A_2 \\
&P_4 = M_3 \cdot P_3 + A_3 = M_3M_2M_1 \cdot P_1 + M_3M_2A_1 + M_3A_2 + A_3 \\
&\cdots
\end{aligned}
$$

이와 같은 방식으로 P_k를 구하면 변환행렬의 곱셈과 덧셈이 많아져서 계산량이 크게 증가한다. 만약 기하변환을 표현한 식에서 덧셈항목인 A가 없이 $P'=M \cdot P$와 같이 행렬의 곱셈으로만 표현할 수 있다면 계산이 간단해진다. 이를 위하여 동차좌표계를 이용하면 모든 기하변환이 행렬의 곱셈으로만 표현되며 이에 따라 기하변환이 간단히 처리될 수 있다. 즉, P_1에 대하여 연속적인 기하변환이 적용하여 P_k가 되었을 때 동차좌표계를 이용하면 다음과 같이 구할 수 있다.

$$
\begin{aligned}
P_k &= M_{k-1} \cdot P_{k-1} \\
&= M_{k-1} \cdot M_{k-2} \cdot P_{k-2} \\
&= \cdots \\
&= M_{k-1} \cdot M_{k-2} \cdot \cdots \cdot M_1 \cdot P_1
\end{aligned}
$$

이 때 변환행렬들의 곱셈을 하나의 행렬로 표현하여 $M = M_{k-1} \cdot M_{k-2} \cdot \cdots \cdot M_1$으로 놓으면 $P_k = M \cdot P_1$이 되므로 P_k는 원래의 점 P_1으로부터 한 번의 행렬 곱셈으로 구할 수 있다. 만약 연속적인 변환이 자주 사용되는 경우 변환행렬 M을 미리 구하여 놓은 뒤 필요할 때 마다 변환행렬 M을 적용하면 행렬의 곱셈 한 번으로 처리되므로 계산과정이 매우 간단해진다. 이와 같은 장점을 가진 동차좌표계는 이 장에서 다루고 있는 기하변환뿐만 아니라 7장에서 다루게 될 3차원 기하변환과 투영변환에서도 그대로 사용된다.

5.2.2 동차좌표계의 표현

2차원 평면에서 한 점 $P(x, y)$를 동차좌표계로 표현하면 차원이 하나 증가되어 임의의 $h \neq 0$에 대하여 $P(hx, hy, h)$의 형태로 표현된다. 이 때, h는 임의의 값을 가지므로 기하평면에서 한 점은 동차좌표계에서 h의 값에 따라 여러 개의 좌표로 표현될 수 있다. 반면, 동차좌표계에서 한 점의 좌표가 $P(X, Y, h)$로 주어지면, 이 점은 2차원 기하평면에서 $P\left(\frac{X}{h}, \frac{Y}{h}\right)$로 대응된다. 즉, 동차좌표계에서 $P(X_1, Y_1, h_1)$과 $P(X_2, Y_2, h_2)$가 주어졌을 때, $\left(\frac{X_1}{h_1}, \frac{Y_1}{h_1}\right) = \left(\frac{X_2}{h_2}, \frac{Y_2}{h_2}\right)$이면 두 좌표는 2차원 기하평면에서 동일한 점이 된다.

만약 동차좌표계에서 $h = 1$인 경우에는 점 $P(x, y, 1)$이 그대로 2차원 좌표 $P(x, y)$로 대응되므로 별도의 나눗셈이나 곱셈을 할 필요가 없다. 따라서 일반적으로 계산의 편의를 위하여 평면상의 점 $P(x, y)$를 동차좌표계에서 $h = 1$인 $P(x, y, 1)$인 형태로 표현하며, 이에 따라 변환행렬의 크기는 3×3이 된다.

동차좌표계에서 점 $P(x, y, 1)$이 기하변환을 하여 점 $P'(x', y', 1)$이 되었다고 하자. 동차좌표계에서 이동변환을 표현하면 다음 식과 같이 벡터의 덧셈이 아니라 행렬의 곱셈으로 표현된다.

$$P' = \begin{pmatrix} x' \\ y' \\ 1 \end{pmatrix} = \begin{pmatrix} 1 & 0 & t_x \\ 0 & 1 & t_y \\ 0 & 0 & 1 \end{pmatrix} \begin{pmatrix} x \\ y \\ 1 \end{pmatrix} = T(t_x, t_y) \cdot P$$

신축변환을 동차좌표계에서 행렬로 표현하면 다음과 같다.

$$P' = \begin{pmatrix} x' \\ y' \\ 1 \end{pmatrix} = \begin{pmatrix} s_x & 0 & 0 \\ 0 & s_y & 0 \\ 0 & 0 & 1 \end{pmatrix} \begin{pmatrix} x \\ y \\ 1 \end{pmatrix} = S(s_x, s_y) \cdot P$$

마찬가지로 회전변환은 다음과 같이 표현된다.

$$P' = \begin{pmatrix} x' \\ y' \\ 1 \end{pmatrix} = \begin{pmatrix} \cos\theta & -\sin\theta & 0 \\ \sin\theta & \cos\theta & 0 \\ 0 & 0 & 1 \end{pmatrix} \begin{pmatrix} x \\ y \\ 1 \end{pmatrix} = R(\theta) \cdot P$$

이와 같이 기본적인 기하변환을 동차좌표계에서 표현하면 행렬의 덧셈은 없이 모두 변환행렬의 곱셈의 형태로 표현할 수 있다.

5.2.3 합성변환(Composite Transformation)

이동, 신축, 회전과 같은 기본변환이 연속적으로 적용된 경우 동차좌표계를 사용하면 여러 개의 변환행렬을 곱하여 하나의 행렬로 나타낼 수 있다. 이와 같이 하나의 변환행렬로 표현한 합성변환에서는 한 번의 행렬곱셈만 필요하므로 전체 변환과정이 간단해진다. 우선 같은 종류의 기본변환이 연속되는 경우에 다음과 같이 합성변환을 구할 수 있다.

2차원 평면상의 점 P가 $P(t_{x1}, t_{y1})$만큼 이동하여 P'이 되고, 다시 (t_{x2}, t_{y2})만큼 이동하여 P''이 되었을 때, $P''(x'', y'')$은 동차좌표계에서 다음과 같이 표현할 수 있다.

$$P'' = \begin{pmatrix} x'' \\ y'' \\ 1 \end{pmatrix} = \begin{pmatrix} 1 & 0 & t_{x_2} \\ 0 & 1 & t_{y_2} \\ 0 & 0 & 1 \end{pmatrix} \bullet \begin{pmatrix} 1 & 0 & t_{x_1} \\ 0 & 1 & t_{y_1} \\ 0 & 0 & 1 \end{pmatrix} \begin{pmatrix} x \\ y \\ 1 \end{pmatrix} = \begin{pmatrix} 1 & 0 & t_{x_1}+t_{x_2} \\ 0 & 1 & t_{y_1}+t_{y_2} \\ 0 & 0 & 1 \end{pmatrix} \begin{pmatrix} x \\ y \\ 1 \end{pmatrix}$$
$$= T(t_{x_1}+t_{x_2},\ t_{y_1}+t_{y_2}) \cdot P$$

점 P를 (t_{x1}, t_{y1})만큼 이동하고 다시 (t_{x2}, t_{y2})만큼 이동하면 한 번에 $(t_{x1}+t_{x2}, t_{y1}+t_{y2})$만큼 이동한 것과 같으므로, $P'' = T(t_{x2}, t_{y2}) \cdot T(t_{x1}, t_{y1}) \cdot P = T(t_{x1}+t_{x2}, t_{y1}+t_{y2}) \cdot P$이 성립한다. 즉, 연속적인 이동변환의 경우 원래의 점 P로부터 합성변환에 해당하는 행렬의 곱셈 한 번으로 이동결과 P''를 직접 구할 수 있다.

신축변환의 경우 점 P를 (s_{x1}, s_{y1})배 만큼 신축하여 점 P'이 되고 다시 (s_{x2}, s_{y2})만큼 신축하여 P''이 되었을 때 $P''(x'', y'')$은 다음과 같이 구한다.

$$P'' = \begin{pmatrix} x'' \\ y'' \\ 1 \end{pmatrix} = \begin{pmatrix} s_{x_2} & 0 & 0 \\ 0 & s_{y_2} & 0 \\ 0 & 0 & 1 \end{pmatrix} \begin{pmatrix} s_{x_1} & 0 & 0 \\ 0 & s_{y_1} & 0 \\ 0 & 0 & 1 \end{pmatrix} \begin{pmatrix} x \\ y \\ 1 \end{pmatrix} = \begin{pmatrix} s_{x_1}s_{x_2} & 0 & 0 \\ 0 & s_{y_1}s_{y_2} & 0 \\ 0 & 0 & 1 \end{pmatrix} \begin{pmatrix} x \\ y \\ 1 \end{pmatrix}$$
$$= S(s_{x_1}s_{x_2},\ s_{y_1}s_{y_2}) \bullet P$$

즉, $P' = S(s_{x_2}, s_{y_2}) \cdot S(s_{x_1}, s_{y_1}) \cdot P = S(s_{x_1}s_{x_2}, s_{y_1}s_{y_2}) \cdot P$로 표현되어 행렬곱셈을 한 번만 적용하여 변환결과 P''을 구할 수 있다.

회전변환의 경우 점 P가 θ_1만큼 회전하여 점 P'이 되고 다시 θ_2만큼 회전하여 P''이 되었을 때 $P''(x'', y'')$은 다음과 같이 구한다.

$$P'' = \begin{pmatrix} x'' \\ y'' \\ 1 \end{pmatrix} = \begin{pmatrix} \cos\theta_2 & -\sin\theta_2 & 0 \\ \sin\theta_2 & \cos\theta_2 & 0 \\ 0 & 0 & 1 \end{pmatrix} \begin{pmatrix} \cos\theta_1 & -\sin\theta_1 & 0 \\ \sin\theta_1 & \cos\theta_1 & 0 \\ 0 & 0 & 1 \end{pmatrix} \begin{pmatrix} x \\ y \\ 1 \end{pmatrix}$$

$$= \begin{pmatrix} \cos(\theta_1+\theta_2) & -\sin(\theta_1+\theta_2) & 0 \\ \sin(\theta_1+\theta_2) & \cos(\theta_1+\theta_2) & 0 \\ 0 & 0 & 1 \end{pmatrix} \begin{pmatrix} x \\ y \\ 1 \end{pmatrix}$$

즉, $P' = R(\theta_2) \cdot R(\theta_1) \cdot P = R(\theta_1+\theta_2) \cdot P$로 나타낼 수 있으므로, 점 P를 θ_1과 θ_2만큼 각각 회전한 것이 아니라 한번에 $(\theta_1+\theta_2)$만큼 회전한 것으로 간주되어 처리과정이 간단해진다.

앞 절에서 설명하였듯이 임의의 점에 대한 신축이나 회전의 경우에는 처리과정이 복잡하여 몇 단계의 기하변환을 수행하여야 하는데 이를 동차좌표계에서 표현하면 간단히 처리할 수 있다. 2차원 평면상의 점 $P(x, y)$가 임의의 기준점 (x_0, y_0)에 대하여 (s_x, s_y)배 만큼 신축한 점 $P'(x', y')$은 동차좌표계에서 다음과 같이 구할 수 있다.

$$P' = \begin{pmatrix} x' \\ y' \\ 1 \end{pmatrix} = \begin{pmatrix} 1 & 0 & x_0 \\ 0 & 1 & y_0 \\ 0 & 0 & 1 \end{pmatrix} \begin{pmatrix} s_x & 0 & 0 \\ 0 & s_y & 0 \\ 0 & 0 & 1 \end{pmatrix} \begin{pmatrix} 1 & 0 & -x_0 \\ 0 & 1 & -y_0 \\ 0 & 0 & 1 \end{pmatrix} \begin{pmatrix} x \\ y \\ 1 \end{pmatrix} = \begin{pmatrix} s_x & 0 & x_0(1-s_x) \\ 0 & s_y & y_0(1-s_y) \\ 0 & 0 & 1 \end{pmatrix} \begin{pmatrix} x \\ y \\ 1 \end{pmatrix}$$

즉, $P' = T(x_0, y_0) \cdot S(s_x, s_y) \cdot T(-x_0, -y_0) \cdot P = S(x_0, y_0, s_x, s_y) \cdot P$의 관계가 성립하므로 3단계의 변환이 아니라 행렬곱셈 한 번으로 복합변환의 변환결과를 바로 구할 수 있다.

회전의 경우도 마찬가지로, 점 $P(x, y)$가 임의의 기준점 (x_0, y_0)에 대하여 θ만큼 회전한 점 $P'(x', y')$은 동차좌표계에서 다음과 같이 구할 수 있다.

$$P' = \begin{pmatrix} x' \\ y' \\ 1 \end{pmatrix} = \begin{pmatrix} 1 & 0 & x_0 \\ 0 & 1 & y_0 \\ 0 & 0 & 1 \end{pmatrix} \begin{pmatrix} \cos\theta & -\sin\theta & 0 \\ \sin\theta & \cos\theta & 0 \\ 0 & 0 & 1 \end{pmatrix} \begin{pmatrix} 1 & 0 & -x_0 \\ 0 & 1 & -y_0 \\ 0 & 0 & 1 \end{pmatrix} \begin{pmatrix} x \\ y \\ 1 \end{pmatrix}$$

$$= \begin{pmatrix} \cos\theta & -\sin\theta & x_0(1-\cos\theta)+y_0\sin\theta \\ \sin\theta & \cos\theta & y_0(1-\cos\theta)-x_0\sin\theta \\ 0 & 0 & 1 \end{pmatrix} \begin{pmatrix} x \\ y \\ 1 \end{pmatrix}$$

즉, $P' = T(x_0, y_0) \cdot R(\theta) \cdot T(-x_0, -y_0) \cdot P = R(x_0, y_0, \theta) \cdot P$와 같이 하나의 변환행렬로 표현할 수 있으므로 변환행렬을 미리 준비해두면 행렬곱셈 한 번으로 변환결과를 간단히 구할 수 있다.

이와 같이 기하변환을 처리하는 데에는 행렬의 곱셈이 자주 사용된다. 이 때 행렬 곱셈에 대한 몇 가지 주요한 성질을 살펴보면 다음과 같다.

■ 행렬 곱셈의 성질

(1) 모든 행렬은 곱셈에 대하여 결합법칙(Associative Property)이 항상 성립한다.
임의의 행렬 A, B, C에 대하여 항상 (A · B) · C = A · (B · C)의 관계가 성립한다. 즉, 여러 가지 변환행렬이 연속적으로 적용되었을 때 행렬곱셈을 처리하는 계산순서에 상관없이 변환결과는 항상 동일하다.

(2) 행렬은 곱셈에 대하여 일반적으로 교환법칙(Commutative Property)이 성립하지 않는다.
임의의 행렬 A, B에 대하여 A · B ≠ B · A인 관계가 된다. 즉, 행렬의 순서를 바꾸면 다른 결과가 된다. 예를 들어, 점 (1, 0)에 대하여 R(90°) · *T*(1, 0)의 변환결과는 점 (0, 2)가 되지만, ***T***(1, 0) · ***R***(90°)의 결과는 점 (1, 1)이므로 ***R*** · ***T*** ≠ ***T*** · ***R***인 관계가 된다.

(3) 같은 종류의 기하변환을 나타내는 경우에는 행렬 곱셈에 대한 교환법칙이 성립한다.
a. 연속된 이동변환의 경우에 순서를 바꾸어서 이동시켜도 변환결과는 동일하다. 즉, 행렬 A, B가 이동변환의 행렬인 경우 A · B = B · A가 성립한다.
b. 동일한 점에 대한 연속된 회전변환의 경우에 순서를 바꾸어도 변환결과는 동일하다.
c. 동일한 점에 대한 연속된 신축변환의 경우에도 순서를 바꾸어도 변환결과는 동일하다.

5.3 기타 기하변환

컴퓨터 그래픽스에서 사용되는 기하변환에는 이동, 신축, 회전과 같은 기본변환 이외에도 반사 또는 밀림 등과 같은 특수한 변환이 있다. 반사변환은 일반적으로 대칭이동을 하는데에 사용되며, 밀림변환은 글자꼴이나 투영변환의 처리과정에서 사용되고 있다.

5.3.1 반사(Reflection)

객체를 거울에 비추면 좌우가 바뀌어 원래 모습과 대칭이 되는 모습이 나타나는데, 이와 같은 결과를 구하는 변환이 반사변환이다. 특수한 경우로서 x축이나 y축 또는 원점에 대한 대칭을 구하는 반사변환이 자주 사용된다. x축에 대한 반사변환은 y좌표값의 부호를 바꾸어주면 되고, 이는 신축변환에서 $s_y = -1$인 경우와 같다. 마찬가지로 y축에 대칭인 반사변환은 x좌표값의 부호를 바꾸어준다. 원점에 대한 반사변환은 x와 y좌표값 모두 부호를 바꾸어주며, 이 경우 $s_x = -1$이고 $s_y = -1$인 신축변환과 같으며 또한 객체를 180° 회전시킨 변환과도 같은 결과가 된다.

보다 일반적인 경우로 $y = x$에 대한 반사변환 과정을 살펴보면, 그림 5-6에서 보듯이 다음 3단계의 과정으로 구할 수 있다.

① $R(-\theta)$: 반사축이 x축과 일치하도록 하기 위하여 주어진 객체 a를 −45° 만큼 회전시킨다(그림 5-6(a)).

② 반사변환 : 회전한 객체 b를 x축에 대칭이 되도록 반사시킨다(그림 5-6(b)).

③ $R(\theta)$: 반사된 객체 c를 반대방향으로 45° 만큼 회전시킨다(그림 5-6(c)).

2차원 평면상의 점 $P(x, y)$가 직선 $y = x$에 대하여 반사변환이 되어 $P'(x', y')$이 되었을 때, 반사변환 $RF(y = x)$는 다음과 같이 구할 수 있다.

$$P' = \begin{pmatrix} x' \\ y' \\ 1 \end{pmatrix} = \begin{pmatrix} 1/\sqrt{2} & -1\sqrt{2} & 0 \\ 1/\sqrt{2} & 1\sqrt{2} & 0 \\ 0 & 0 & 1 \end{pmatrix} \begin{pmatrix} 1 & 0 & 0 \\ 0 & -1 & 0 \\ 0 & 0 & 1 \end{pmatrix} \begin{pmatrix} 1/\sqrt{2} & 1/\sqrt{2} & 0 \\ -1\sqrt{2} & 1/\sqrt{2} & 0 \\ 0 & 0 & 1 \end{pmatrix} \begin{pmatrix} x \\ y \\ 1 \end{pmatrix}$$

$$= \begin{pmatrix} 0 & 1 & 0 \\ 1 & 0 & 0 \\ 0 & 0 & 1 \end{pmatrix} \begin{pmatrix} x \\ y \\ 1 \end{pmatrix} = RF\,(y = x) \cdot P$$

즉, $y = x$에 대한 반사변환의 경우 x'과 y'의 값은 각각 y와 x가 된다.

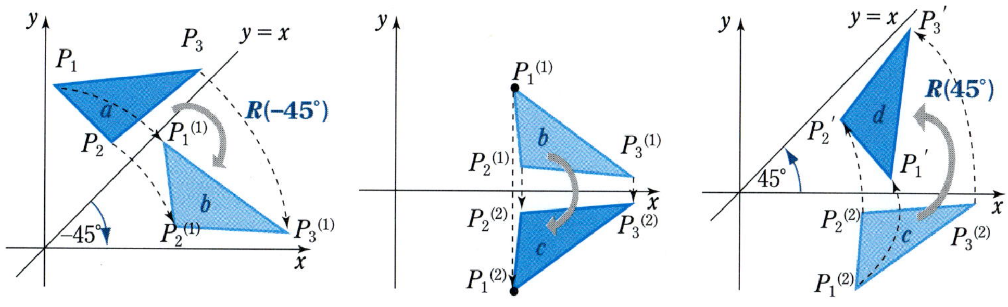

(a) 삼각형과 반사축을 회전 (b) 반사축을 기준으로 반사 (c) 반대방향으로 회전

[그림 5-6] 직선 $y = x$에 대한 반사

5.3.2 밀림(Shearing)

2차원 평면상에서 객체의 한 부분을 고정시키고 다른 부분을 밀면 객체의 모양이 기울어지거나 뒤틀어지는데, 이러한 변환을 밀림변환이라고 한다. 예를 들어, 그림 5-7과 같이 글자에 밀림변환을 하여 얻은 결과를 경사체 글자로 사용하고 있다.

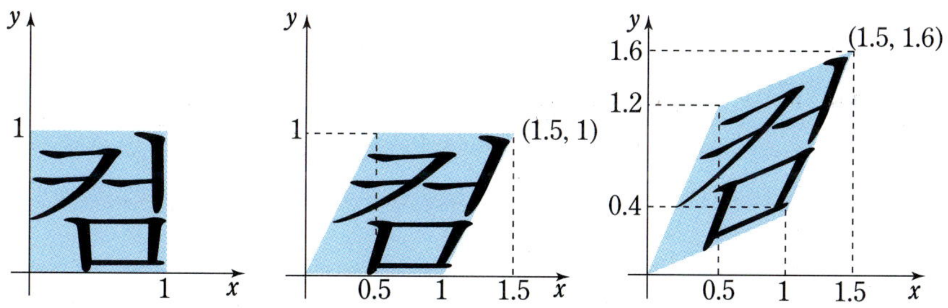

(a) 원래 글자 (b) x방향으로 0.5 밀림 (c) y방향으로 0.4 밀림

[그림 5-7] 밀림변환을 이용해 얻은 경사체 글자

객체의 한 부분을 고정시키고 일정방향으로 미는 경우 고정된 지점에서 멀수록 밀리는 거리가 커진다. 즉, 고정된 지점과의 거리에 비례하여 밀리는 거리가 결정된다. 예를 들어, 2차원 평면상의 객체를 원점에 고정시키고 x 방향으로 미는 경우 y의 절대값이 클수록 이에 비례하여 많이 밀린다. x 방향으로 밀림비율이 h_x만큼 밀림변환을 한 경우 y 좌표값은 변화가 없으며 x 좌표값은 $x' = x + h_x \cdot y$와 같이 구할 수 있다. 점 $P(x, y)$가 x 방향으로 h_x만큼 밀림변환을 하여 $P'(x', y')$가 되었을 때, P'을 변환행렬로 표현하면 다음과 같다.

$$P' = \begin{pmatrix} x' \\ y' \\ 1 \end{pmatrix} = \begin{pmatrix} 1 & h_x & 0 \\ 0 & 1 & 0 \\ 0 & 0 & 1 \end{pmatrix} \begin{pmatrix} x \\ y \\ 1 \end{pmatrix} = SH(h_x, 0) \cdot P$$

만약 y방향으로 h_y만큼 밀림변환을 한 경우 $P'(x', y')$는 다음과 같이 표현된다.

$$P' = \begin{pmatrix} x' \\ y' \\ 1 \end{pmatrix} = \begin{pmatrix} 1 & 0 & 0 \\ h_y & 1 & 0 \\ 0 & 0 & 1 \end{pmatrix} \begin{pmatrix} x \\ y \\ 1 \end{pmatrix} = SH(0, h_y) \cdot P$$

그림 5-7의 예에서는 크기가 1인 정사각형 내의 글자를 x방향으로 0.5만큼 밀림변환을 하고(그림 5-7(b)), 또 다시 y방향으로 0.4만큼 밀림변환을 한 결과이다(그림 5-7(c)).

5.4 래스터 방식에서의 변환

벡터방식에서 객체의 기하변환은 객체를 나타내는 각 꼭짓점이 좌표값으로 표현되고 이 좌표들에 대해 기하변환을 하였다. 래스터 그래픽스 시스템에서는 모든 객체가 픽셀 단위로 표현되어 프레임버퍼에 저장된다. 래스터 방식에서의 변환은 프레임버퍼에 저장된 픽셀 중에서 사각형 모양에 해당하는 임의의 픽셀블록을 프레임버퍼 내의 한 곳에서 다른 곳으로 이동시키며 여러 가지 효과를 처리한다.

5.4.1 래스터 변환

래스터 방식에서 객체의 변환을 할 때는 프레임버퍼 내의 사각형 모양에 해당하는 픽셀블록들을 조작하여 처리한다. 이 경우 픽셀블록들에 대하여 덧셈이나 곱셈과 같은 수치연산을 수행하지 않고 비트AND 또는 비트OR와 같은 비트연산을 사용하여 픽셀블록들을 조작함으로서 효과적으로 변환시킨다. 직사각형 모양의 픽셀블록을 비트연산으로 조작하여 래스터 방식의 변환을 처리하는 래스터 함수들을 래스터연산 또는 RasterOp라 부른다. 또한, 래스터 변환은 픽셀블록을 원래의 위치에서 다른 위치로 옮기며 처리하는 과정이므로 비트로 표현된 픽셀블록의 이동이라는 의미로 bitBlt(비트블릿:Bit Block Transfer)이라고도 한다. 이러한

bitBlt은 일반적으로 하드웨어 또는 펌웨어(Firmware) 방식으로 빠르게 처리한다.

래스터 변환은 컴퓨터의 사용자 인터페이스에서 흔히 접할 수 있다. 그림 5-8은 래스터 방식으로 표현된 사각형 블록을 다른 장소로 이동하는 예로서, 비트연산을 이용하여 사각형 블록을 읽어들인 후 다른 위치로 옮기는 것으로 래스터 객체를 드래깅할 때 적용된다.

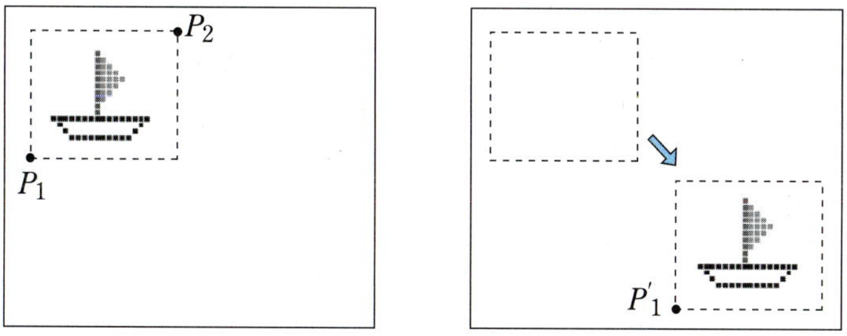

(a) 이동하고자 하는 객체의 위치 지정 (b) 픽셀블록의 이동

[그림 5-8] 래스터 방식에서의 객체의 이동

또한 디스플레이 화면에 윈도우가 겹쳐진 경우 사용자가 어느 윈도우를 활성화시키느냐에 따라 보이는 부분이 결정된다. 이를 위해, 겹쳐서 안보이게 되는 윈도우 영역에 해당하는 픽셀블록을 임시메모리에 기록하였다가 해당 윈도우가 활성화되면 임시메모리에 보관하였던 내용을 프레임버퍼의 원래 위치로 옮긴다. 일반적으로 이러한 과정은 비트연산을 이용하여 래스터 변환으로 처리한다.

5.4.2 래스터 연산의 원리 및 종류

래스터 방식으로 표현된 객체 또는 프레임 버퍼내의 픽셀블록을 조작하여 변환하는 래스터 연산(RasterOp)에는 주로 COPY, OR, XOR, AND, ERASE, SET, CLEAR 등의 비트연산이 사용된다. 래스터 객체를 이동하거나 복사하려면 우선 해당영역에 COPY 연산을 적용하여 임시버퍼에 내용을 읽어 들인다. 이동의 경우에는 ERASE 연산을 적용하여 해당영역을 지운다. 그림 5-8에서 객체가 포함된 사각형의 픽셀블록에 COPY 연산을 하여 임시버퍼에 저장하고, ERASE 연산을 실행하여 해당영역을 지운다. 그리고 원하는 위치에 저장했던 픽셀블록을 그려주면 이동이 완료된다.

커서의 이동이나 드래깅의 고무줄(Rubber Band) 기법을 구현할 때에는 더욱 간단한 방법으로 래스터 연산을 적용하여 빠른 속도로 실행되도록 한다. 동일한 래스터 영역에 픽셀 블록을 2회 연속 XOR 연산을 실행하면 영역의 원래 값이 복원된다는 사실을 이용한다. 배경화면의 해당 래스터 영역을 S, 이동하는 객체의 픽셀블록을 D라 할 때, 현재의 위치에서 (S XOR D)로 연산을 하여 객체를 화면에 그린다. 객체가 움직일 때에 일단 그 위치에서 이동하는 객체 D를 다시 한 번 XOR 연산을 하면 (S XOR D) XOR D = S XOR (D XOR D) = S XOR 0 = S가 되므로 화면의 원래 모습이 복원된다. 그리고, 새로운 위치에서 이동하는 객체 D를 XOR 연산으로 다시 그린다. 이 기법을 이용하면 화면의 배경픽셀을 별도로 보관하지 않으며 배경에 전혀 손상이 없이 객체를 빠른 속도로 이동시킬 수 있다.

그림 5-9의 예를 살펴보자. 우리가 워드 프로세서 등을 사용할 때 책갈피 모양의 북마크 커서가 글자와 겹치면 겹친 픽셀만 지워졌다가, 다시 커서가 이동하면 글자의 원래 모습이 복원된다. 즉, 글자의 영역을 S, 커서의 픽셀블록을 D라 할 때 S XOR D의 연산 결과 중 글자와 커서 모양이 겹친 부분의 픽셀은 1 XOR 1 = 0이 되어 화면에 흰색으로 보인다. 커서가 이동하면 현재 글자의 위치에 다시 한 번 커서를 XOR 연산을 시켜서 (S XOR D) XOR D = S 가 되므로 글자의 원래 모양이 복원된다.

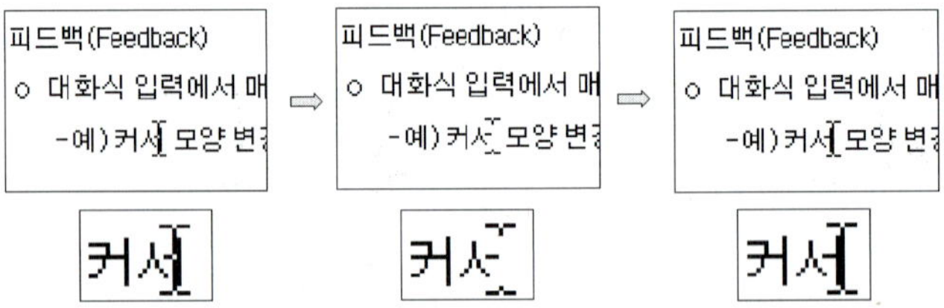

[그림 5-9] XOR를 이용한 책갈피 커서의 이동

래스터 그래픽스에서 객체를 임의의 각도로 회전시키는 것은 쉽지 않지만 직각방향의 특수 각도로 회전시키는 것은 용이하다. 그림 5-10(b)와 같이 픽셀블록으로 표현된 객체를 90° 회전시킬 경우에는 각 행에서 픽셀의 순서를 반대로 하고, 행과 열을 바꾸면 된다. 객체를 180° 회전시킬 경우에는 객체가 포함된 픽셀블록의 각 행에서 픽셀의 순서를 반대로 한 뒤, 각 열의 상하 순서를 바꾸어주면 변환이 간단히 수행된다.

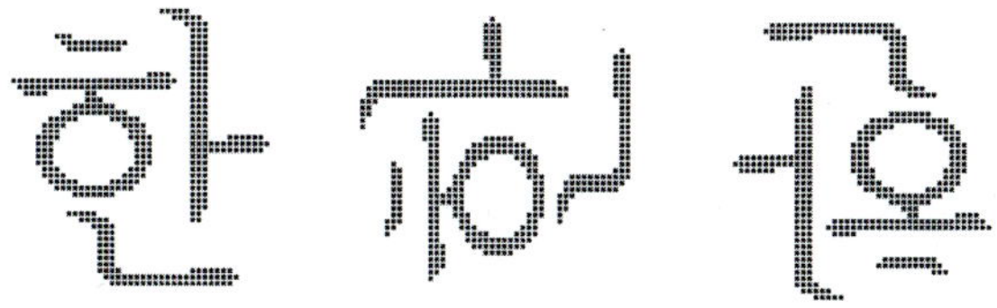

(a) 원래 픽셀 값　　(b) 90° 회전　　(c) 180° 회전

[그림 5-10] 래스터 방식에서의 회전

5.5 윈도우와 뷰포트(Viewport)

2차원 그래픽스의 기본요소와 기하변환을 이용하여 생성한 그래픽 장면은 컴퓨터 화면에 그림 전체 또는 일정부분이 디스플레이된다. 그래픽스 소프트웨어에서는 그림에서 출력되는 부분인 윈도우의 위치와 출력장치에서 디스플레이되는 뷰포트의 위치를 결정해야 한다. 이 절에서는 그림의 제작에서 출력까지의 전체 뷰잉과정과 그림의 일부분만을 출력시키는 윈도우-뷰포트 변환에 대하여 알아본다.

5.5.1 뷰잉 파이프라인(윈도우와 뷰포트의 개념)

그래픽 장면을 작성하는 데에는 새로이 객체들을 그리기도 하고 별도로 작성되어 저장되어 있는 객체들을 적당한 형태로 변환하여 사용하기도 한다. 이렇게 작성된 장면에서 원하는 영역을 설정하여 출력을 시킨다. 객체의 생성부터 그림을 작성하고 일정 부분을 출력하기까지 그림 5-11에서 보여주는 일련의 과정을 뷰잉 파이프라인(Viewing Pipeline), 또는 뷰잉과정이라 한다.

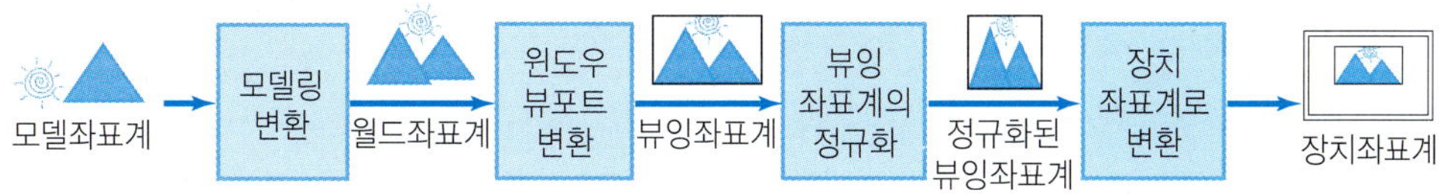

[그림 5-11] 2차원 그래픽스의 뷰잉과정

2차원 그래픽스의 뷰잉과정을 설명하기 위해 그림 5-12와 같이 간단한 그래픽 장면을 예로 들어보자. 이 그림에서 태양이나 구름 또는 산과 같은 개별 객체들은 각자 자신의 좌표계를 이용하여 간단히 표현할 수 있다. 예를 들어, 태양의 경우 중심을 원점으로 하고, 나머지는 한쪽 귀퉁이를 원점으로 하는 좌표계를 이용하면 개별 객체의 표현이나 개별적인 변환이 간단해진다. 이와 같이 개별 객체를 표현하기 위해 사용되는 각자의 좌표계를 모델 좌표계라 한다.

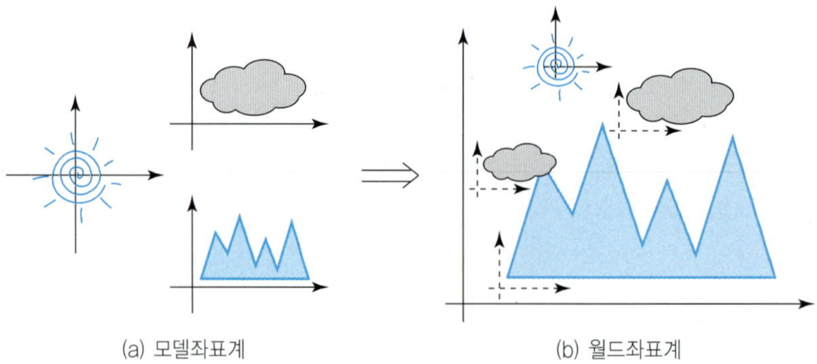

[그림 5-12] 모델링 변환

다음 순서로는 각자의 모델좌표계에서 설계된 객체들을 모아서 하나의 그래픽 장면을 구성하게 된다. 하나의 장면을 구성하고 난 후에도 각자의 모델좌표계를 사용하고 있으면 객체간의 관계가 파악이 되지 않으며 동일한 기하변환을 적용할 때에도 효율적이지 못하다. 따라서 그림 5-12(b)에서와 같이 이들 객체들이 그래픽 장면 전체를 위한 하나의 좌표계로 통합이 되며 이를 월드좌표계라고 한다. 이 때, 모델좌표계에서 월드좌표계로 좌표계 변환이 되는 과정을 모델링 변환이라고 한다.

월드좌표계에서 완성된 그림은 전체가 출력되기도 하고 일부분 영역만 출력되기도 한다. 사용자가 창문을 통하여 보듯이 원하는 영역만 출력하기를 원할 때 보통 직사각형 모양의 윈도우를 설정한다. 출력장치에서도 사용자가 출력될 위치 및 크기를 설정할 수 있으며, 보통 직사각형 모양의 영역인 뷰포트를 설정한다. 이에 따라 윈도우로 설정된 영역에 대해 기하변환을 하여 뷰잉좌표계의 뷰포트 영역으로 바뀌고 최종적으로 출력장치에 출력된다. 그림 5-13에서 보듯이 윈도우 영역의 그림을 뷰포트 영역의 그림으로 기하변환하는 과정을 윈도우-뷰포트 변환이라고 하며, 뷰포트는 크기와 방향이 다양하게 존재할 수 있다.

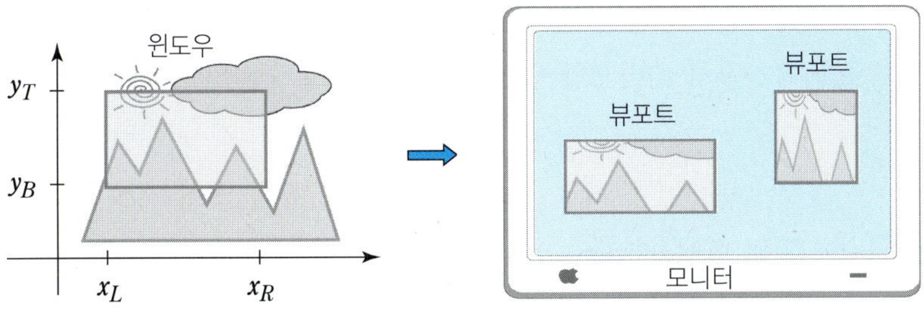

[그림 5-13] 윈도우-뷰포트 변환

그래픽 장면에서 윈도우 영역에 포함되지 않는 부분의 그림은 제거하여 처리해야 하는데 이 과정을 클리핑이라고 한다. 또한, 직사각형 모양의 뷰포트 영역이 크기가 1인 정사각형 모양의 영역으로 정규화된 중간 단계가 있으면 출력장치에서 다양한 형태의 뷰포트로 손쉽게 변환할 수 있다. 마지막 과정으로, 정규화된 뷰잉좌표계에서 표현된 뷰포트 영역이 출력장치의 해상도에 따라 설정된 장치좌표계로 변환되어 출력된다.

한편 뷰잉변환을 이용하여 다양한 효과를 만들 수 있으며, 그 중에서 줌잉(Zooming) 효과는 윈도우-뷰포트 변환을 이용하여 얻을 수 있다. 그림 5-14에서 보듯이 뷰포트의 크기는 고정시키고 윈도우의 크기를 연속적으로 축소하면 고정된 뷰포트에 나타나는 그림은 연속적으로 확대가 되어 줌인(Zoom In) 효과가 나타난다. 반대로 윈도우의 크기가 확대되면 뷰포트는 고정되어 있으므로 넓은 범위의 그림이 출력되어 줌아웃(Zoom Out) 효과가 나타난다. 또한

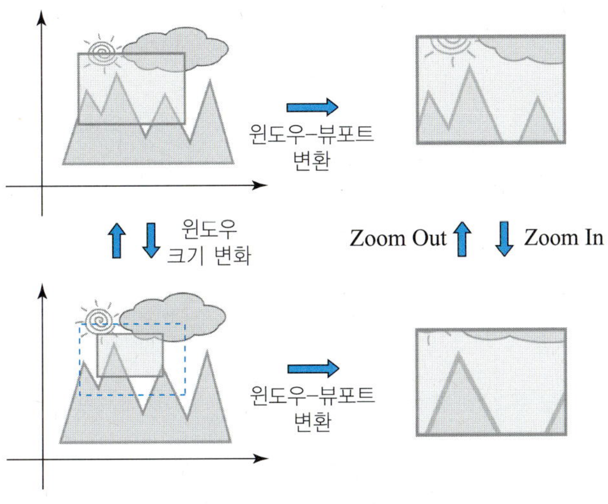

[그림 5-14] 윈도우-뷰포트 변환을 이용한 줌잉효과

윈도우의 크기가 고정된 채로 원하는 경로를 따라 움직이면서 윈도우-뷰포트 변환을 하면 마치 카메라 각도를 돌려가면서 비디오를 촬영하는 것과 같은 패닝(Panning) 효과도 얻을 수 있다.

5.5.2 윈도우-뷰포트 좌표변환

그래픽 장면에서 윈도우로 설정된 영역이 뷰포트로 출력될 때에는 주로 위치와 크기가 변한다. 이 경우 윈도우 영역 내의 그림에서 각 좌표값들을 이동변환과 신축변환을 이용하여 뷰포트의 좌표로 변환한다. 만약 윈도우와 뷰포트가 향하고 있는 방향이 서로 다른 경우에는 회전변환도 적용해야 한다. 윈도우 내의 점(x_w, y_w)이 윈도우-뷰포트 변환을 하여 뷰포트 내의 점(x_v, y_v)가 되었을 때, 점(x_v, y_v)는 이동변환과 신축변환을 이용하여 다음과 같이 구할 수 있다.

$$x_v = x_{vL} + (x_w - x_{wL})\frac{x_{vR} - x_{vL}}{x_{wR} - x_{wL}}$$

$$y_v = y_{vB} + (y_w - y_{wB})\frac{y_{vT} - y_{vB}}{y_{wT} - y_{wB}}$$

여기서 x_{wL}과 x_{wR}은 그림 5-15에서와 같이 직사각형 모양의 윈도우 영역에서 x방향으로의 최소값과 최대값이며, y_{wB}와 y_{wT}은 윈도우의 y방향으로의 최소값과 최대값이다. 뷰포트 영역에서는 x_{vL}과 x_{vR}가 x방향으로의 최소값과 최대값이며, y_{vB}와 y_{vT}는 y방향으로의 최소값과 최대값이다.

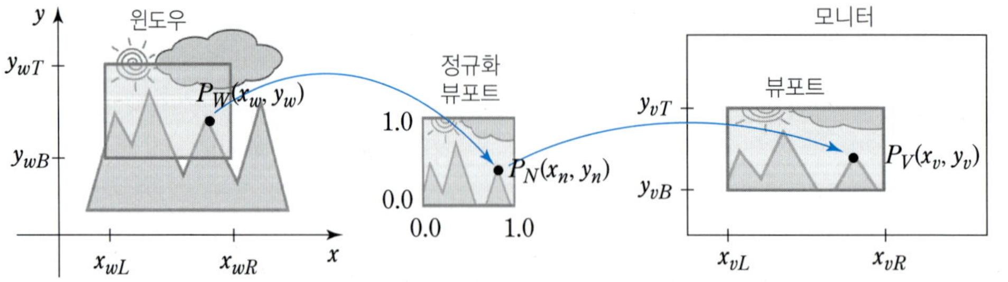

[그림 5-15] 월드좌표계로 표현된 점을 뷰잉좌표계로 변환

뷰포트가 하나로 고정되어 있지 않고 윈도우 영역 내의 그림이 여러 개의 뷰포트로 변환되

거나 혹은 뷰포트의 위치나 크기가 변하는 경우에 윈도우-뷰포트 변환을 매번 다시 적용하여야 한다. 화면의 뷰포트에 출력된 그림의 위치가 바뀌거나 화면 해상도가 변하는 경우도 있으며 프린터로 출력할 때에도 출력장치의 장치좌표계로 뷰포트가 바뀌게 된다. 이런 경우 그림 5-15와 같이 윈도우 영역을 일단 가로와 세로의 크기가 1로 정규화된 뷰잉좌표계로 변환하고, 이 정규화 뷰포트에서 출력장치의 장치좌표계로 변환하여 처리하면 계산이 간단해진다. 즉, 윈도우에서 한 점 P_W를 정규화 뷰포트에서의 좌표 P_N으로 변환하고 다음으로 뷰포트에서의 좌표 P_V로 변환하는 두 단계로 분리하여 다음과 같이 구할 수 있다. 이와 같이 윈도우-뷰포트 변환에서 양쪽의 변환이 독립적으로 이루어지면 윈도우 또는 뷰포트 중 어느 한쪽만이 변할 때 처리과정이 간단해 진다.

$$P_N = \begin{pmatrix} x_n \\ y_n \\ 1 \end{pmatrix} = \begin{pmatrix} \frac{1}{x_{wR} - x_{wL}} & 0 & 0 \\ 0 & \frac{1}{y_{wT} - y_{wB}} & 0 \\ 0 & 0 & 1 \end{pmatrix} \begin{pmatrix} 1 & 0 & -x_{wL} \\ 0 & 1 & -y_{wB} \\ 0 & 0 & 1 \end{pmatrix} \begin{pmatrix} x_w \\ y_w \\ 1 \end{pmatrix}$$

$$= S\left(\frac{1}{x_{wR} - x_{wL}}, \frac{1}{y_{wT} - y_{wB}}\right) \cdot T(-x_{wL}, -y_{wB}) \cdot P_W$$

$$P_V = \begin{pmatrix} x_v \\ y_v \\ 1 \end{pmatrix} = \begin{pmatrix} 1 & 0 & x_{vL} \\ 0 & 1 & y_{vB} \\ 0 & 0 & 1 \end{pmatrix} \begin{pmatrix} x_{vR} - x_{vL} & 0 & 0 \\ 0 & y_{vT} - y_{vB} & 0 \\ 0 & 0 & 1 \end{pmatrix} \begin{pmatrix} x_n \\ y_n \\ 1 \end{pmatrix}$$

$$= T(x_{vL}, y_{vB}) \cdot S(x_{vR} - x_{vL}, y_{vT} - y_{vB}) \cdot P_N$$

5.6 클리핑 알고리즘(Clipping Algorithm)

윈도우-뷰포트 변환의 경우 윈도우 영역 밖의 그림은 제거되고 영역 내의 그림만 뷰포트로 변환되어 출력된다. 래스터 그래픽스의 경우 외부 영역의 픽셀을 제거하여 간단히 처리하지만 벡터 그래픽스의 경우 영역 외부의 그림을 제거하는 별도의 처리과정을 수행한다. 이 절에서는 주어진 영역 밖의 그림을 절단하여 제거하는 과정인 클리핑에 대하여 알아본다.

5.6.1 클리핑의 종류

그래픽 장면에 대하여 윈도우-뷰포트 변환을 할 때 다양한 형태의 그래픽스 객체에 대하여 클리핑을 수행하여야 한다. 래스터 그래픽스의 경우에는 모든 객체가 픽셀로 이루어져 있으므로 점에 대한 클리핑을 수행하면 된다. 벡터 그래픽스에서는 많은 경우 다각형 영역에 대해서 클리핑이 적용되지만 점이나 선에 대하여 클리핑을 수행하는 경우도 자주 있다. 또한, 텍스트가 그래픽 장면의 일부로 포함된 경우에는 텍스트에 대해서도 클리핑이 적용되어야 한다. 따라서, 그림 5-16에서와 같이 그래픽 장면에 적용되는 클리핑의 종류로는 점 클리핑, 선 클리핑, 영역 클리핑, 텍스트 클리핑으로 구분해 볼 수 있다.

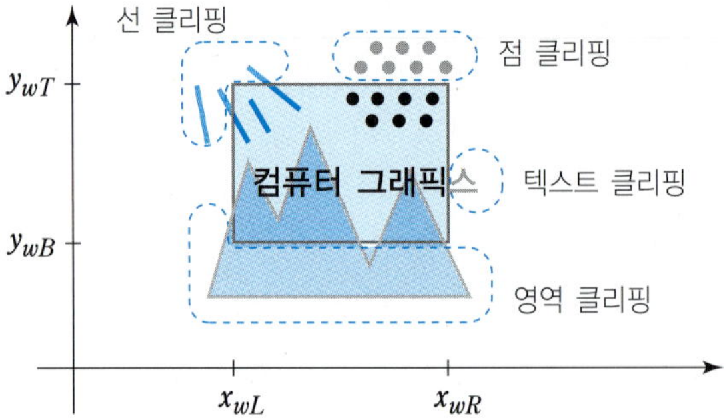

[그림 5-16] 클리핑의 종류

한편, 윈도우-뷰포트 변환을 할 때 클리핑을 적용하는 시점에 따라 월드좌표 클리핑과 뷰포트 클리핑이 있다. 윈도우-뷰포트 변환을 수행하기 전에 월드좌표계에서 윈도우 영역 밖의 그림을 제거하는 것이 윈도우 클리핑이며, 변환 후 뷰잉좌표계에서 뷰포트 밖의 그림을 제거하는 것이 뷰포트 클리핑이다. 어느 방법을 적용하든지 클리핑 결과는 동일하지만, 월드좌표 클리핑을 적용하면 윈도우-뷰포트 변환을 수행하는 객체의 수가 감소하므로 전체 계산량이 줄어든다.

5.6.2 점 클리핑

래스터 그래픽스에서 모든 객체는 픽셀로 이루어져 있으므로 점 클리핑(Point Clipping)이 적용된다. 벡터 그래픽스에서도 객체가 점으로 구성되어 있는 경우에는 점 클리핑을 적용하며, 선분이나 다각형인 경우에도 우선 끝점이나 꼭짓점에 대하여 윈도우 영역의 내부인지 여부를 판단하여야 한다. 직사각형 모양의 윈도우 영역에서 양 끝점이 (x_L, y_B)와 (x_R, y_T)인 경우에, 점 $P(x, y)$가 윈도우 영역 내부에 있으려면 다음 조건을 만족하여야 하며 그 밖의 점들은 그림에서 제거된다.

$$x_L \le x \le x_R,\ y_B \le y \le y_T$$

5.6.3 선 클리핑

선 클리핑(Line Clipping)에서는 선분의 양 끝점의 좌표값으로부터 클리핑 여부를 판단한다. 만일 그림 5-17의 선분 $\overline{P_1P_2}$ 와 같이 양 끝점이 모두 윈도우의 안쪽에 있으면 선분 전체가 윈도우 내에 포함된다. 선분 $\overline{P_5P_6}$ 및 $\overline{P_7P_8}$ 과 같이 한 점은 윈도우 영역 안에 있고 다른 점은 밖에 있다면 선분이 윈도우에 걸쳐 있는 경우이므로 클리핑을 수행하여 $\overline{P'_5P_6}$ 및 $\overline{P'_7P_8}$ 과 같이 선분을 절단한다. 그러나 양 끝점이 모두 밖에 있는 경우에는 선분 전체가 항상 밖에 있는 것은 아니다. $\overline{P_3P_4}$나 $\overline{P_{11}P_{12}}$와 같이 선분 전체가 영역 밖에 있기도 하지만 $\overline{P_9P_{10}}$과 같은 경우는 윈도우 영역에 걸쳐 있으므로 교차점을 구하여 $\overline{P'_9P'_{10}}$과 같이 클리핑을 해야 한다. 이와 같이 윈도우 영역과의 교차여부를 판단하고 클리핑을 수행하기 위하여 여러 가지 선 클리핑 알고리즘이 나와 있으며, 이 중 Cohen-Sutherland 알고리즘이 간단하면서도 많이 사용되고 있다.

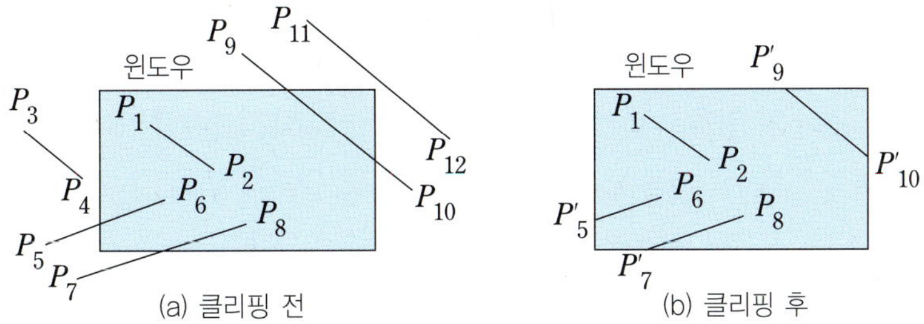

[그림 5-17] 윈도우와 선분의 위치관계 및 선 클리핑

Cohen-Sutherland 알고리즘

Cohen-Sutherland 알고리즘에서는 영역코드라는 개념을 사용하여 선분과 윈도우 영역과의 교차여부를 판단한다. 영역코드는 그림 5-18에서와 같이 윈도우 영역을 기준으로 하여

전체 평면을 9개의 영역으로 구분하여 4비트의 코드를 각각 할당한 것이다. 영역코드에서 각 비트는 윈도우를 기준으로 좌우상하의 어느 쪽에 위치한 영역인지를 나타낸다. 그림 5-18에서와 같이 윈도우의 왼쪽에 위치하면 영역비트1의 값을 1로 설정한다. 오른쪽이면 비트2를, 아래쪽이면 비트3을, 위쪽이면 비트4의 값을 각각 1로 설정한다. 예를 들어, 오른쪽 위에 있는 영역은 비트2와 비트4의 값을 1로 설정하므로 영역코드가 1010으로 되며, 아래쪽 가운데 영역은 비트3만 1로 설정되므로 영역코드가 0100이 된다.

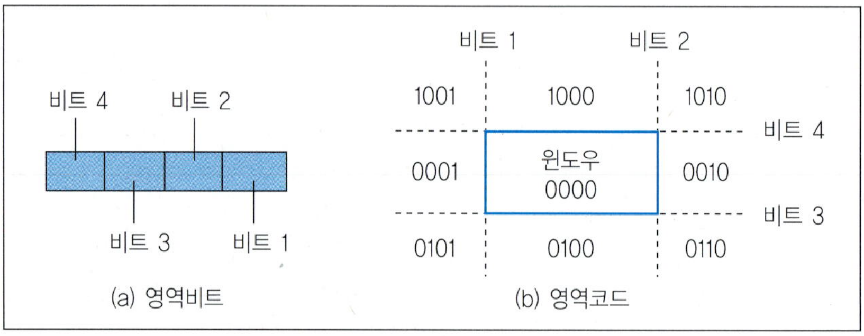

[그림 5-18] 선 클리핑을 위한 영역비트와 영역코드

그림 5-19(a)와 같이 선분이 영역 내부에 있다면 양 끝점의 영역코드는 모두 0000이므로 이 경우는 쉽게 판단할 수 있다. 만약 그림 5-19(b)에서와 같이 선분의 양 끝점이 윈도우의 경계에서 같은 방향으로 벗어나 있다면 선분은 윈도우 영역을 반드시 벗어나게 된다. 이 경우, 양 끝점의 영역코드에서 공통으로 벗어나 있는 방향의 영역비트가 1로 설정되어 있으므로 두 영역코드에 대해 AND로 비트연산을 하면 연산결과가 0이 되지 않는다. 예를 들어, 그림 5-19(b)에서 윈도우 경계의 위쪽으로 벗어난 선분에서 영역코드는 각각 1001과 1010이므로 비

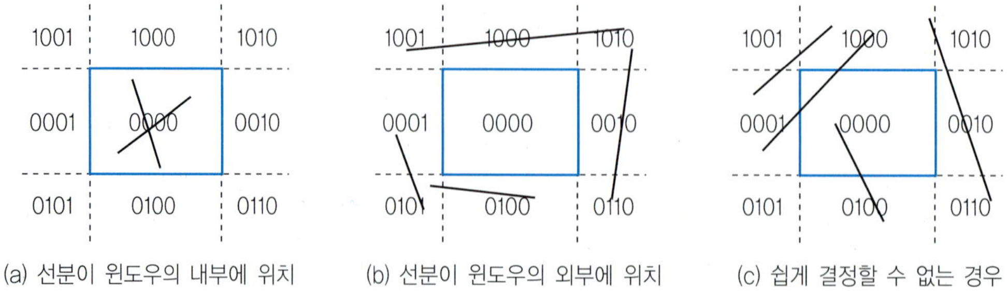

[그림 5-19] 윈도우와 선분의 3가지 위치관계

트4가 공통으로 1의 값을 갖는다.

그 이외의 경우, 즉 AND 연산을 하여 결과가 0이 될 때에는 그림 5-19(c)에서와 같이 영역에 걸치는지 혹은 완전히 벗어나는지 판단하기 곤란한 경우이다. 이런 때에는 윈도우의 경계를 기준으로 해당 선분을 분할하여 처음 단계부터 다시 판단한다.

이를 정리하면, 다음과 같이 Cohen-Sutherland 클리핑 알고리즘이 수행된다.

1) 선분의 양 끝점에 영역코드를 할당한다. 만약 양 끝점의 영역코드가 모두 0000이면 이 선분은 윈도우 영역에 포함된다(그림 5-19(a)).
2) 선분의 양 끝점에 대한 영역코드 간에 AND 연산을 수행한다. 연산결과가 0이 아니면 선분이 윈도우 영역 밖에 있으므로 이 선분은 제거한다(그림 5-19(b)).
3) 위의 두 경우가 아니면 선분이 영역을 벗어나는지 판단을 할 수 없다(그림 5-19(c)). 양 끝점의 영역코드에서 값이 서로 다른 영역비트를 찾아 해당하는 경계에서 수직 또는 수평 분할을 한다. 선분의 양 끝점이 (x_1, y_1)과 (x_2, y_2)이고 윈도우의 각 방향 경계의 좌표값이 x_L, x_R, y_B, y_T일 때, 선분의 교차점은 다음과 같이 구한다.

   수직경계에 걸치는 경우, $x = x_L$ 또는 x_R에 대해 $y = y_1 + \dfrac{y_2 - y_1}{x_2 - x_1}(x - x_1)$,

   수평경계에 걸치는 경우, $y = y_B$ 또는 y_T에 대해 $x = x_1 + \dfrac{x_2 - x_1}{y_2 - y_1}(y - y_1)$

4) 선분을 2개로 분할한 후, 분할의 기준이 된 윈도우 경계에서 밖의 부분은 버리고 경계 내부의 선분에 대하여 1단계부터 다시 수행한다

선 클리핑 알고리즘에는 이 외에도 Liang-Barsky 알고리즘, Cyrus-Beck 알고리즘, Nichol-Lee-Nichol 알고리즘 등이 있다.

5.6.4 영역 클리핑

많은 수의 다각형으로 구성되어 있는 복잡한 그래픽 장면의 경우에는 다각형 클리핑(Polygon Clipping)이 자주 발생한다. 다각형은 기본적으로 선분으로 이루어져 있으므로 선 클리핑 알고리즘을 이용하여 다각형에 대한 클리핑을 수행하지만 그림 5-20에서와 같이 오목 다각형의 경우 다각형이 여러 개로 분할되는 문제가 발생한다. 이 경우 단순히 선 클리핑을 이용하기 보다는 다각형 영역에 대한 판단을 하여 클리핑을 수행하여야 한다. 따라서, 일

반적으로 다각형 클리핑을 영역 클리핑(Area Clipping 또는 Region Clipping)이라고 한다.

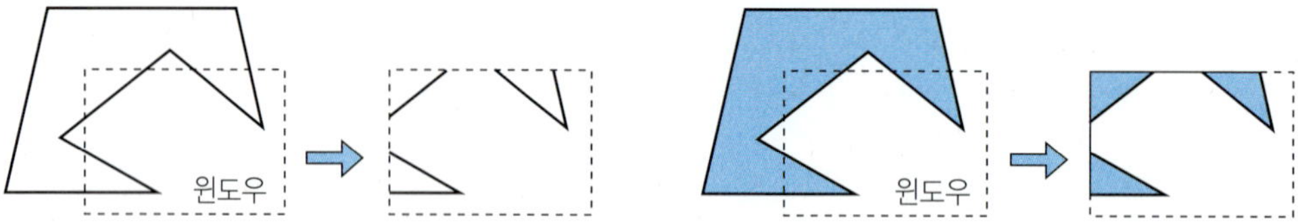

(a) 속이 빈 다각형의 클리핑 (b) 속이 찬 다각형의 클리핑

[그림 5-20] 다각형 클리핑의 문제점

그림 5-20(a)에서와 같이 속이 빈 다각형(Hollow Polygon)에 대하여 선 클리핑을 적용하면 몇 개의 선분으로 분리되어 나타난다. 그러나, 그림 5-20(b)에서와 같이 속이 찬 다각형(Filled Polygon)인 경우에는 다각형 선분에 대해서만 선 클리핑을 수행하는 것으로 완료되지 않는다. 이 경우 클리핑 결과를 주어진 색상으로 채워야 하므로, 이들 클리핑된 선분을 연결하여 닫힌 다각형으로 구성하고, 다시 이들 다각형 조각들을 연결시켜 주어야 한다. 이와 같은 과정을 수행하는 여러 가지 영역 클리핑 알고리즘 가운데 가장 일반적으로 사용되는 Sutherland-Hodgeman 알고리즘에서 대하여 알아본다.

Sutherland-Hodgeman 알고리즘

Sutherland-Hodgeman 영역 클리핑 알고리즘의 특징은 윈도우 경계 전체가 아니라 경계 하나씩에 대하여 클리핑을 하여 처리가 쉽도록 한 것이다. 4방향의 각 경계에서 다각형의 선분에 대한 클리핑을 하여 새로운 다각형을 구성하는 과정을 반복한다. 예를 들어, 그림 5-21에서 주어진 다각형 $\{v_0, v_1, \cdots v_6\}$에 대하여 왼쪽 경계에서 클리핑을 하면 다각형의 변 $\overline{v_0v_1}$, $\overline{v_3v_4}$, $\overline{v_4v_5}$, $\overline{v_5v_6}$은 분할되고 변 $\overline{v_6v_0}$은 제거된다. 그 결과를 두 개의 다각형이 아니라 그림 5-21(a)에서와 같이 하나의 다각형 $\{v'_0, v_1, v_2, v'_3, v'_4, v_5, v'_5\}$으로 연결해 둔다. 그 다음 마찬가지로 위쪽 경계에 대하여 클리핑을 수행한 결과로 만들어지는 다각형은 $\{v''_0, v'_1, v_2, v'_2, v''_3, v'_3, v'_4, v_5, v'_5\}$이 되며, 오른쪽 경계에서 수행한 결과는 $\{v''_0, v''_1, v''_2, v'_2, v''_3, v'_3, v'_4, v_5, v'_5\}$이며, 마지막으로 아래쪽 경계에서 클리핑한 결과는 하나로 연결된 다각형 $\{v''_0, v''_1, v''_2, v'_2, v''_3, v'_3, v'_4, v''_4, v''_5\}$이 된다.

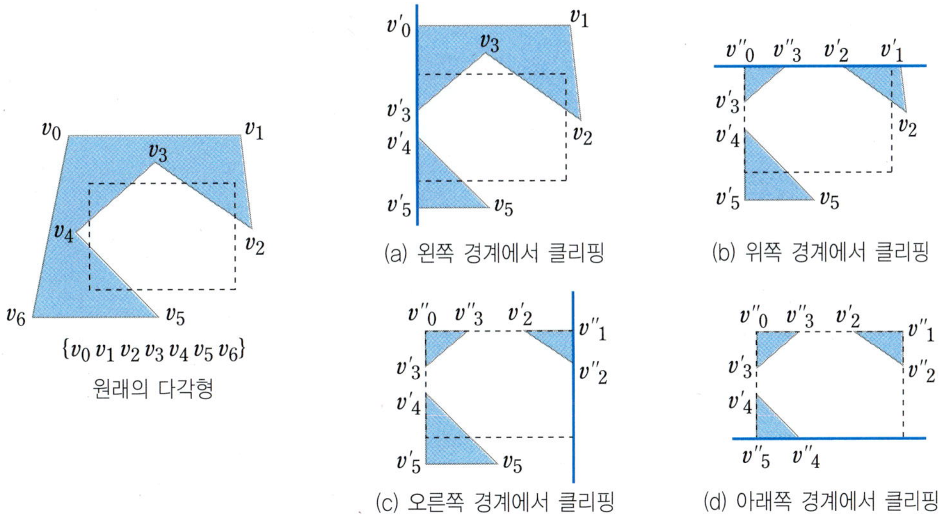

[그림 5-21] 윈도우의 각 경계 별로 클리핑

이와 같은 과정을 수행하는 Sutherland-Hodgeman 알고리즘은 다음과 같다.

- 다각형이 {v_0, v_1, ⋯ v_h}와 같이 주어졌을 때, 윈도우 영역에서 4방향의 경계인 왼쪽, 위쪽, 오른쪽, 아래쪽 경계에 대하여 다음의 절차를 수행하여 각각 새로운 다각형을 구한다.

  1) 다각형의 각 변 $\overline{v_i v_{i+1}}$에 대하여 경계와 어떻게 교차하는지 판단한다. 다음의 4가지 경우에 따라 꼭짓점이 다각형에 포함되는지 여부가 결정된다.

     (a) 다각형의 변이 윈도우의 외부에서 내부로 향하는 경우, 교차점과 끝점을 포함한다. 예를 들어, 그림 5-22(a)에서 $\overline{v_1 v_2}$의 경우, 교차점 v'_1과 끝점 v_2를 저장한다.

     (b) 다각형의 변이 윈도우의 내부에 완전히 포함되어 있는 경우, 시작점은 이미 포함되어 있으므로 끝점만 포함한다. 그림 5-22(b)에서 $\overline{v_2 v_3}$의 경우, 끝점 v_3을 저장한다.

     (c) 다각형의 변이 윈도우의 내부에서 외부로 향하는 경우, 교차점만을 포함한다. 그림 5-22(c)에서 $\overline{v_3 v_4}$의 경우, 경계와의 교차점 v'_3을 저장한다.

     (d) 다각형의 변이 윈도우의 외부에 있는 경우, 아무점도 포함하지 않는다. 그림 5-22(d)에서 $\overline{v_4 v_5}$ 및 $\overline{v_5 v_1}$의 경우, 아무 점도 저장하지 않는다.

  2) 다각형의 모든 변에 대하여 위의 절차를 마치면 새로운 다각형이 만들어진다. 이 다각형에 대하여 다음(왼쪽 다음에 위쪽, 오른쪽, 아래쪽) 경계에서 위의 절차를 반복한다.

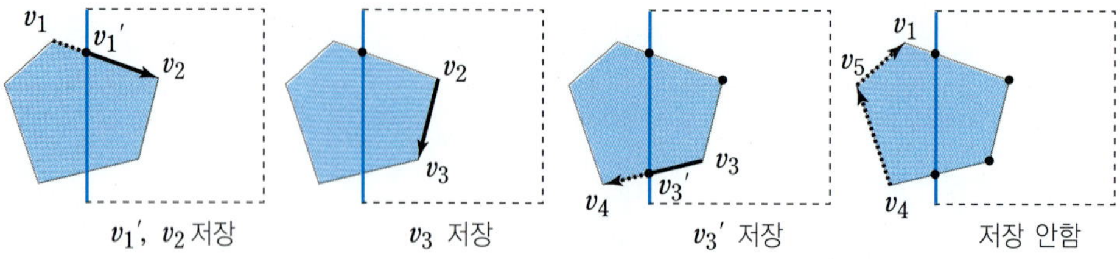

(a) 외부에서 내부로 (b) 내부에 완전히 포함 (c) 내부에서 외부로 (d) 외부에 포함

[그림 5-22] 윈도우 경계에 대한 영역 클리핑

5.6.5 텍스트 클리핑

그래픽 장면에 텍스트가 포함되어 있으면 텍스트 클리핑(Text Clipping)을 수행하여 윈도우 내부에 포함되는 텍스트만 보여주어야 한다. 텍스트의 경우 각 글자별로 의미를 가지고 있기 때문에 일반 도형의 경우처럼 단순히 영역 내의 포함여부만 판단해서는 곤란하다. 텍스트 전체가 하나의 단위로 클리핑이 적용될 수도 있으며, 혹은 각각의 문자가 하나의 단위로 클리핑이 될 수도 있고, 문자의 의미와 상관없이 경계에서 절단하는 경우도 있다.

그림 5-23에서 보듯이 처리방식에 따라 전체 텍스트 클리핑, 전체 문자 클리핑, 개별 문자 클리핑의 방법이 있다. 전체 텍스트 클리핑은 윈도우 내부에 완전히 포함되는 텍스트만을 남겨둔다. 윈도우 내에 텍스트가 완전히 포함되지 않으면 텍스트 전체가 제거된다. 전체 문자 클리핑은 윈도우 내부에 포함되는 문자만을 남겨둔다. 윈도우 내부에 완전히 포함되는 문자는 남겨두고 경계에 걸치거나 윈도우 외부에 존재하는 문자들을 제거한다. 개별 문자 클리핑은 텍스트의 문자에서 윈도우 내부에 포함되는 부분은 모두 남겨두는 방법이다. 즉, 윈도우 경계에 걸친 문자를 의미와 상관없이 이미지로 간주하여 윈도우 외부에 있는 문자 영역만을 제거한다.

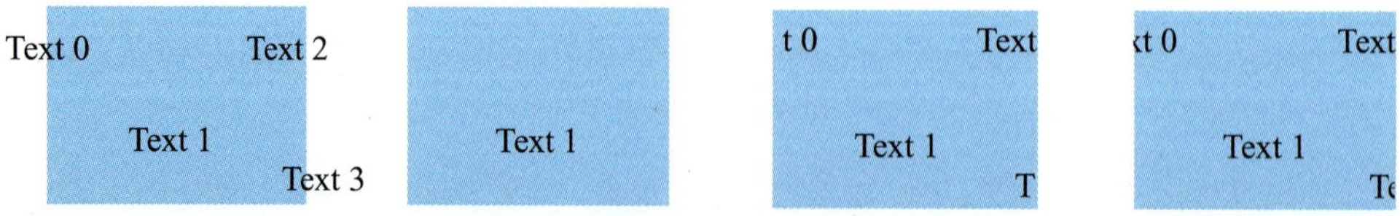

(a) 원래 텍스트의 위치 (b) 전체 텍스트 클리핑 (c) 전체 문자 클리핑 (d) 개별 문자 클리핑

[그림 5-23] 텍스트 클리핑의 종류

연습문제 EXERCISE

5-1 세 꼭짓점 $A(2,3)$, $B(4,3)$, $C(2,5)$로 이루어진 삼각형에 대하여 다음과 같은 변환을 실행하였을 때 변환 후의 꼭짓점의 좌표를 구하라.

(1) x방향으로 3, y방향으로 4만큼 이동

(2) 원점을 기준으로 x방향으로 1.5배, y방향으로 −0.8배 만큼 신축

(3) 점 (1,2)를 중심으로 반시계 방향으로 90° 회전

(4) 점 (1,2)를 기준으로 x방향으로 −2배, y방향으로 0.8배 만큼 신축

5-2 위의 문제 1에서 주어진 4가지의 각 변환에 대하여 해당하는 동차행렬을 구하여 기본변환인 경우 하나의 동차행렬로, 복합변환의 경우 동차행렬의 곱으로 표현하라.

5-3 2차원 그래픽스에서 동차좌표계(Homogeneous Coordinate)를 정의하라. 그리고, 2차원 평면에서 임의의 점(x_r, y_r)에 대하여 점 $P(x, y)$를 θ만큼 회전하는 경우의 예를 통해 동차좌표계를 이용할 때 구체적으로 어떠한 장점이 있는지 설명하라.

5-4 다음의 복합변환을 3가지 기본변환 $T(t_x,t_y)$, $S(s_x,s_y)$, $R(\theta)$의 합성변환으로 표현하라.

(1) 임의의 점 $P(a, b)$에 대한 반사 변환

(2) 특정 선분 $y = ax + b$에 대한 반사 변환

5-5 벡터 폰트로 제작된 "한" 글자에 밀림변환을 이용하여 아래 그림과 같이 글자의 모양을 바꾸려 한다. 이를 위하여 아래 그림과 같이 글자를 x 방향으로 0.2만큼 밀림변환하고, 다시 y 방향으로 0.3만큼 밀림변환을 수행한다. 이 때 그림에서 비어있는 좌표값, 즉, A, B, (a,b), (c,d), (e,f)의 값을 구하라.

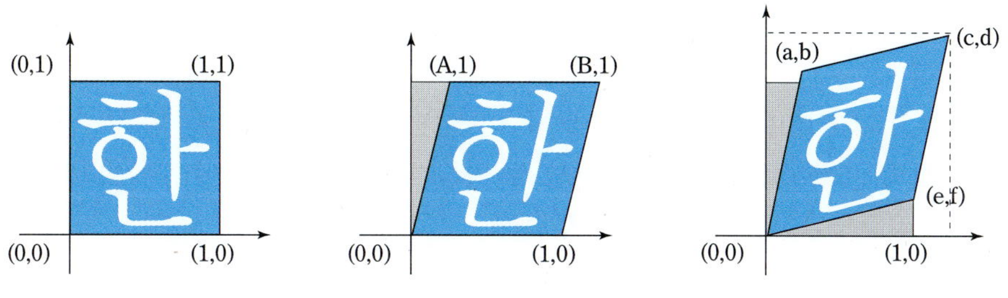

(a) 원래 글자 (b) x 방향으로 0.2 (c) y 방향으로 0.3 밀림변환

5-6 기본변환인 이동변환이 연속으로 적용되었을 때 다음 식과 같이 하나의 변환행렬로 표현이 가능한가? 즉, $T(a_1, b_1) \cdot T(a_2, b_2) = T(a_1+a_2, b_1+b_2)$임을 증명하라. 또한 신축과 회전에 대해서도 $S(p_1, q_1) \cdot S(p_2, q_2) = S(p_1p_2, q_1q_2)$ 이고 $R(\theta_1) \cdot R(\theta_2)=R(\theta_1+\theta_2)$임을 증명하라.

5-7 일반적으로 원점에 놓여 있지 않은 객체를 신축시키면 객체의 위치도 따라서 변한다. 만약 사용자가 객체를 현재 위치에서 신축을 시키려면 어떠한 방법들이 있는지 설명하라.

5-8 래스터 변환을 위한 래스터연산(RasterOp)은 경우에 따라서 운영체제 또는 프로그래밍 언어의 시스템 라이브러리에서 함수형태로 제공되기도 한다. 자바 언어와 마이크로소프트 윈도우즈 SDK에서 제공되는 래스터연산 함수를 찾아서 어떤 종류의 비트연산이 적용되는지 살펴보아라.

5-9 아래의 그림에 대하여 윈도우-뷰포트 변환이 다음 각 문항과 같이 주어졌을 때 출력화면에 해당하는 사각형 내에 각각의 변환결과를 그려라. 단 윈도우와 뷰포트의 좌표는 $(x_{min}, x_{max}, y_{min}, y_{max})$의 순서로 주어진다.

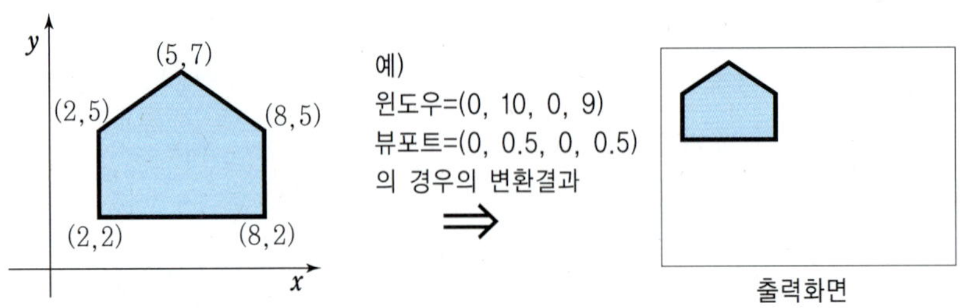

(1) 윈도우=(0, 10, 0, 10), 뷰포트=(0, 0.5, 0, 1) 의 경우
(2) 윈도우=(0, 20, 0, 18), 뷰포트=(0, 1, 0, 1) 의 경우
(3) 윈도우=(0, 5, 0, 9), 뷰포트=(0.5, 1, 0, 1) 의 경우
(4) 윈도우=(0, 10, 0, 9), 뷰포트=(0.5, 1, 0.5, 1) 의 경우

5-10 Cohen-Sutherland 알고리즘에서 영역코드의 목적은 무엇인가? 이 알고리즘을 3차원 공간에 적용하였을 때 영역코드는 몇 비트가 필요한가? 이 때, 3차원 공간에서 각 비트별로 할당된 영역에 대하여 설명하라.

5-11 다각형의 꼭짓점 좌표와 클리핑 윈도우가 다음 그림과 같이 주어지고 Sutherland-Hodgeman의 알고리즘을 이용하여 다각형 클리핑을 할 때 각 단계별로 구해지는 다각형의 좌표를 적어라. 즉, 윈도우의 왼쪽, 위쪽, 오른쪽, 아래쪽 경계 별로 클리핑한 중간결과를 구하면 된다.

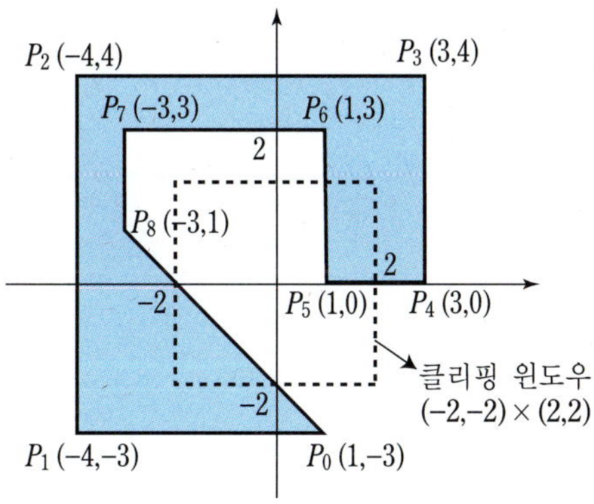

06 CHAPTER GUI와 대화식 입력기법

GUI and Interactive Input Methods

문자 데이터는 키보드를 이용하여 입력하는 반면 그래픽 데이터는 입력하는 방법이 매우 다양하고 복잡하다. 따라서 그래픽스 시스템을 쉽게 이용하려면 편리한 사용자 인터페이스가 요구된다. 이 장에서는 그래픽 사용자 인터페이스의 개념과 다양한 입력장치 및 대화식 입력기법에 관하여 살펴본다. 그래픽 데이터를 입력하기 위한 장치에 대하여 논리적 구분과 물리적 구분으로 다양한 입력장치를 소개한다. 그리고 그래픽스 시스템을 편리하게 사용하기 위한 여러 가지 대화식 입력기법에 대하여 위치지정 기법과 객체선택 기법으로 나누어서 살펴본다. 마지막으로, 최근 3차원 가상환경에서 적용되고 있는 3차원 공간의 그래픽 사용자 인터페이스를 위한 여러 가지 대화식 입력기법에 대하여 소개한다.

6.1 사용자 인터페이스

과거에 컴퓨터의 사용자 인터페이스는 키보드를 이용하여 문자를 입출력하는 CUI (Character User Interface)방식이 주류를 이루었다. 이전의 DOS 시스템에서는 명령어 방식으로 컴퓨터가 실행되었고, 아직도 Unix 시스템에서는 주로 명령어 방식으로 컴퓨터가 실행되고 있다. 그러나 컴퓨터의 성능과 소프트웨어 기술의 발전으로 요즈음 컴퓨터의 사용자 인터페이스는 대체적으로 그래픽 방식의 GUI(Graphical User Interface)를 채택하고 있다. 이 절에서는 PC에서 일반적으로 사용되고 있는 그래픽 사용자 인터페이스의 개념과 인터페이스 설계시 고려할 사항에 대하여 알아본다.

6.1.1 GUI(Graphical User Interface)

컴퓨터에서 사용자 인터페이스란 컴퓨터와 사용자 간의 의사소통 방법, 즉 사용자가 어떻게 객체들을 생성하고 조작하는가 하는 방법을 의미한다. 예를 들어 컴퓨터 사용자가 원하는 프로그램 또는 데이터 파일을 작성하는 방법이나 사용자가 원하는 프로그램을 실행시키는 방법 등을 말한다. 이 과정을 키보드를 이용하여 명령어를 입력하여 처리하는 방식이 CUI이며, 그림으로 된 화면에서 마우스나 기타 입력장치를 이용하여 주로 아이콘을 선택하여 명령을 처리하는 방식이 GUI이다.

현재 사용되고 있는 그래픽 방식의 사용자 인터페이스에 대한 개념은 Xerox사의 연구소에서 진행된 연구결과에 기초하고 있다. 상업용 시스템으로는 1980년대 초반 애플사에서 개발한 Lisa 및 매킨토시 기종에서 처음 선을 보였다. 그 후 PC용 마이크로소프트 윈도우 시스템이 널리 보급되었고 Unix에서 X-윈도우 시스템이 사용되면서 GUI가 사용자 인터페이스의 대표적인 방식으로 정착되었다(그림 6-1 참조). 이러한 그래픽 사용자 인터페이스의 기본 개념의 특징은 윈도우(Window), 아이콘(Icon), 메뉴(Menu), 포인터(Pointer 또는 Cursor)의 4가지 기본요소로 구성된다. 따라서 이들 머리글자를 따서 GUI를 WIMP 인터페이스라고도 부른다.

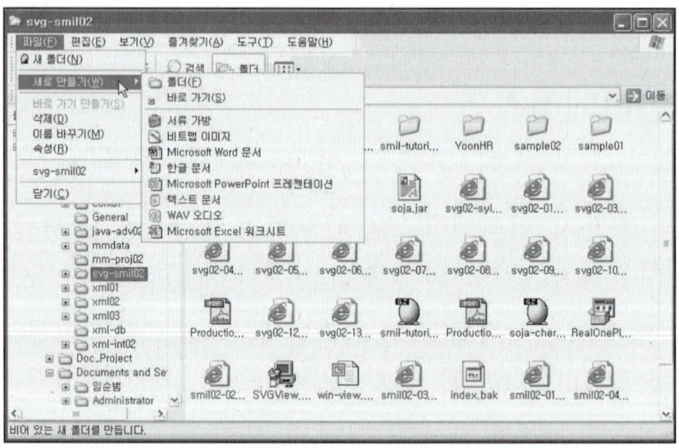

[그림 6-1] GUI의 예 : 마이크로소프트 윈도우

윈도우는 GUI 개념에서 가장 핵심이 되는 요소로서, 화면상에서 정보나 작업공간을 표시하는 영역이다. 윈도우는 대개 비슷한 모양과 기능을 가지고 있는데 타이틀 바, 메뉴 바, 작업화면, 스크롤 바 그리고 상태 바 등의 요소로 구성되어 있다. 대화식 기능으로는 입력상자 및 버튼 등의 컨트롤 도구와 대화상자가 있는데, 이들은 비주얼 C++, 비주얼 베이직, 델파이 등과 같은 비주얼 프로그램 개발도구에서도 동일한 방식으로 사용된다. 일반적으로 윈도우 응용 프로그램을 개발할 때는 시스템에서 프로그램 라이브러리 형태로 제공해주는 구성요소를 그대로 또는 일부를 선택하여 프로그램에 맞도록 적용하면 된다.

아이콘은 정보의 종류나 기능을 표현하는 상징적인 작은 그림으로서 GUI의 대표적인 특징 중에 하나이다. 즉, 그림 6-2(a)에서 보듯이 시스템의 구성요소, 응용프로그램, 파일의 종류, 메뉴의 도구 등에 대한 아이콘을 그림으로 표현하여 사용자가 직관적으로 이해할 수 있도록 도와준다.

메뉴는 컴퓨터의 명령어들을 사용자가 일일이 기억하지 않고도 컴퓨터를 수행할 수 있도록 연관된 명령어들을 그룹핑하여 목록형태로 보여준다. 메뉴의 종류에는 그림 6-1에서와 같이 보통 윈도우 창의 상단에 항상 위치하는 메뉴바, 상단 메뉴를 클릭하면 아래 부분에 하위메뉴가 펼쳐지는 풀다운(Pull Down) 메뉴, 그리고 마우스의 오른 쪽 버튼을 누르거나 또는 프로그램에 의하여 임의의 위치에서 나타나는 팝업(Pop Up) 메뉴 등이 있다.

포인터 혹은 커서는 화면상에서 입력장치의 현재 위치를 보여주는 작은 그림으로 위치 뿐만 아니라 현재 작업 상태도 보여줄 수 있다. 그림 6-2(b)와 같이 위치를 나타낼 때는 보통 화살표 모양의 그림을 보여주며 작업 상태에 따라 책갈피, 모래시계, 손가락 등 모양의 커서가 사용된다. 일반적으로 책갈피 모양의 커서는 문자로 구성된 텍스트 위에서 위치를 표시해주며, 모래시계 모양은 시스템이 작업처리 도중이므로 대기상태를 의미하며, 손가락 모양의 커서는 그 부분에 링크가 설정되어 있어서 클릭이 가능함을 의미한다.

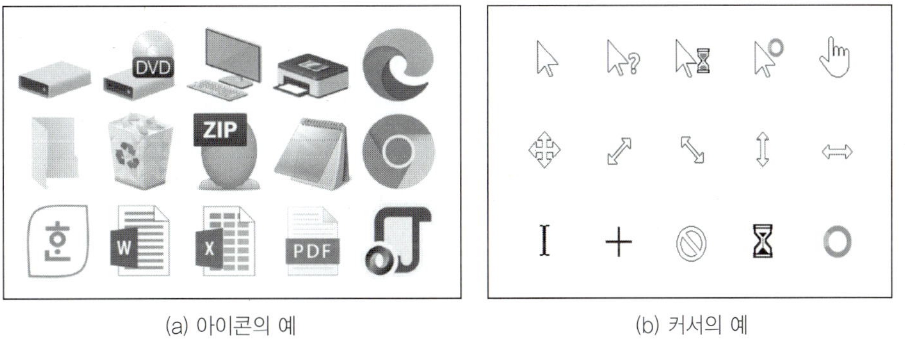

(a) 아이콘의 예　　(b) 커서의 예

[그림 6-2] 아이콘 및 커서의 예

6.1.2 인터페이스 설계시 고려사항

효과적인 그래픽 사용자 인터페이스의 설계는 컴퓨터과학 기술뿐만 아니라 심리학 및 인지과학 등 인문학 분야의 상식과 미적 디자인 감각까지 필요로 하는 매우 까다로운 작업이다. 사용자 인터페이스 설계에 있어서 고려해야할 사항은 매우 다양하지만 가장 중요한 설계 원칙들을 살펴보면 다음과 같다.

GUI의 일관성(Consistency)은 대단히 중요한 요소로, 사용자에게 혼란을 주지 않도록 인터페이스 설계를 해야 한다. 화면 내에서 각 구성요소의 조작 방법, 메뉴의 위치, 아이콘의 의미 등에 일관성이 있어야 한다. 예를 들어, 동일한 이름의 버튼이나 동일한 모양의 아이콘은 다른 장소나 다른 화면에서도 항상 같은 의미를 가지고 있어야 한다.

또한, GUI가 예측성(Predictability)을 갖도록 설계하는 것이 중요한 원칙으로서 사용자가 사전학습 없이 시스템을 잘 사용할 수 있도록 도와준다. 사용자가 직관적으로 예측을 통하여 사용할 수 있어야 하며, 사용방법을 쉽게 기억할 수 있어야 한다. 예를 들어, 마이크로소프트 윈도우의 경우, 각종 프로그램이 실행되어 열린 윈도우의 메뉴바에 있는 항목은 대부분 "파일(F) 편집(E) 보기(V)"로 시작하고 "도움말(H)"로 종료한다. 또한, 풀다운 메뉴의 항목도 일관성있는 배치를 하여 사용자가 원하는 메뉴가 어디 위치하는지 쉽게 예측을 할 수 있다.

인터페이스의 안정성(Stability)은 또 하나의 중요한 고려사항으로, 사용자가 실수를 적게 하도록 하고, 또한 실수에 대한 대책을 마련해 주는 것이다. 예를 들어, 삭제에 대하여 재확인 기능을 실행하거나, 백업 및 오류 처리 기능을 포함하고, 실행 취소 및 재실행 기능을 포함하고, 수치를 입력할 경우에는 초기값을 제공하는 등 다양한 대책을 마련하여 최대한 사용자가 안심하고 편리하게 사용하도록 해야 한다.

그리고, 대화식 인터페이스 설계에서 입력에 대한 피드백(Feedback)은 매우 중요한 기능으로 사용자의 입력에 대하여 즉시 반응을 보여주도록 해야 한다. 예를 들어, 입력 상태에 따라 커서의 모양을 변경하거나, 선택되었음을 표시하기 위하여 돋보임, 깜박임, 색상 변경 또는 반전 등의 기법을 적용하여 사용자가 자신의 작업 과정을 확인할 수 있도록 해야 한다. 그림 6-3의 화면에서는 커서의 입력위치가 바뀜에 따라 입력대상 및 입력상태가 다르므로 커서의 모양이 화살표에서 손가락, 책갈피로 변하고, 다시 화살표, 책갈피, 손가락으로 변하고 있다. 즉, 커서가 일반 텍스트 위에서는 책갈피 모양, 링크된 텍스트 위에서는 손가락 모양, 그 외의 일반 화면일 경우는 화살표 모양으로 바뀌는 피드백으로 현재 상황을 알 수 있다.

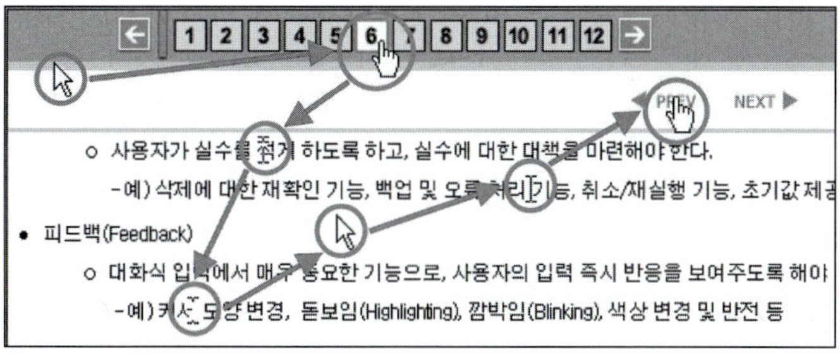

[그림 6-3] 피드백의 예

6.2 그래픽 데이터의 입력

그래픽 데이터를 입력하기 위한 장치로 논리적 장치와 물리적 장치로 구분할 수 있다. 논리적 입력장치는 프로그래머의 관점에서 보면 응용 프로그램과의 인터페이스를 의미한다. 즉, 입력장치를 이용하여 그래픽 데이터를 생성하는 방식에 따라 논리적 분류가 가능하다. 이에 비하여, 물리적 입력장치는 사용자가 직접 사용하는 하드웨어 입력장치를 의미한다.

6.2.1 논리적(Logical) 입력장치의 분류

논리적 입력장치는 그래픽 데이터를 입력장치로부터 그래픽스 응용 프로그램에 전달하는 방식에 따라 다음과 같이 분류할 수 있다.

위치장치(Locator Device)는 좌표값 (x, y)를 그래픽스 응용 프로그램에 전달하는 장치이다. 일반적으로 디스플레이 화면상의 위치좌표 또는 입력장치에서 주어진 공간의 위치좌표를 입력하는데 사용된다. 그리고, 이들 좌표를 연속적으로 입력을 받아 처리하면 획(Stroke) 좌표의 입력 처리를 할 수 있다.

수치장치(Valuator Device)는 정해진 범위 내의 수치 값을 지정하여 입력하는 장치이다. 주어진 범위 내의 값을 지정하면 입력장치에서 정해진 대로 정수 값 또는 실수 값이 응용 프로그램에 전달된다.

선택장치(Choice Device)는 메뉴에서와 같이 나열된 여러 항목 중에서 하나를 선택하는 장치이다. 입력장치에서는 나열된 목록 중 선택된 항목의 번호를 전달하고 이를 응용 프로그램에서 해석한다.

문자열장치(String Device)는 텍스트 문자열을 입력하는 장치로 키보드가 대표적인 입력 장치이다.

6.2.2 물리적(Physical) 입력장치

앞에서 설명한 논리적 입력장치의 특정한 방식을 구현하기 위해서 다양한 물리적 입력장치를 사용하여 소프트웨어적으로 실현할 수 있다. 그러나 현실적으로는 하나의 논리적 입력장치를 구현하기 위하여 몇몇 특정한 물리적 입력장치를 사용하는 것이 바람직하다. 반대의 관점에서 보면, 하나의 물리적 입력장치는 한가지 논리적 입력장치에 적용되는 경우도 있지만 대부분 소프트웨어적으로 여러 가지 논리적 입력장치의 역할을 수행할 수 있다.

■ 위치장치(Locator Device)

논리적 위치 입력장치에 대응하여 주로 사용되는 물리적 장치로는 화면상의 위치를 지정하는 지시장치(Pointing/Positioning Device)가 있다. 지시장치에서 입력할 위치를 사용자에게 확인시키기 위한 피드백으로 주로 사용하는 방법은 화면상의 해당 위치에 커서를 보여주는 방법이다. 이러한 지시장치 중 화면상에서 원하는 위치를 직접 절대좌표 (x, y)로 입력하는 장치로는 태블릿, 터치스크린 등이 있다(그림 6-4 참조).

(a) 태블릿 (b) 터치스크린

[그림 6-4] 절대좌표 방식 지시장치의 예
((a) https://www.wacom.com/, (b) https://www.pixelution.co.uk/touch-screen-kiosks/)

한편, 입력장치에서 움직인 거리나 움직임의 양을 측정하여 위치에 대한 상대좌표 $(\Delta x, \Delta y)$를 입력하는 지시장치로는 마우스, 트랙볼, 터치패드, 조이스틱, 데이터글러브 등이 있다(그림 6-5 참조).

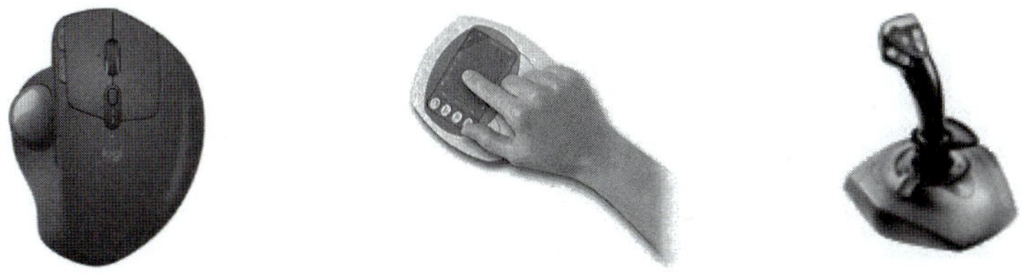

(a) 트랙볼　　(b) 터치패드　　(c) 조이스틱

[그림 6-5] 상대좌표 방식 지시장치의 예
(http://www.logitech.com)

■ 수치장치(Valuator Device)

물리적 수치장치로는 전류나 전압을 주어진 범위 내에서 조절할 수 있도록 만든 슬라이드형 전위차계(Potentiometer)와 다이얼 방식의 회전형 수치 입력장치가 있다(그림 6-6(a)). 그러나 일반적으로 소프트웨어에서는 그림 6-6(b)의 예와 같이 프로그램으로 슬라이드 바 형태 또는 다이얼 메뉴 형태로 시뮬레이션하여 지정된 범위 내의 수치를 입력한다.

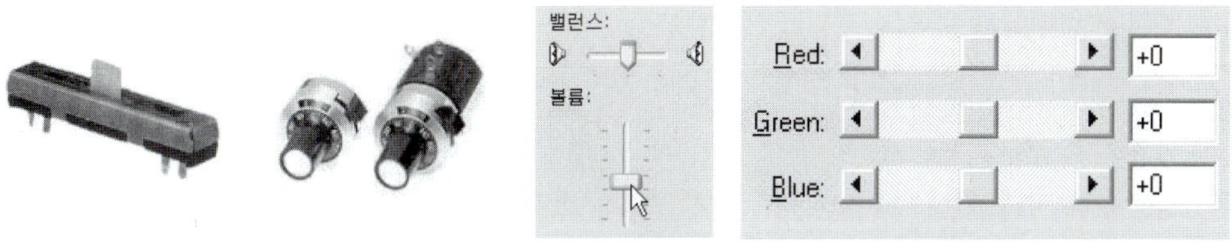

(a) 회전형 및 슬라이드형 수치장치　　(b) 소프트웨어에서 구현한 슬라이드바

[그림 6-6] 물리적 수치장치와 시뮬레이션
(http://www.widus.co.kr)

■ 선택장치(Choice Device)

대표적인 물리적 선택장치로는 PFK(Programmable Function Key)가 있다. 그림 6-7의 (a)와 같이 보통 키보드에서 기존에 있는 키에 함수를 할당하거나 혹은 특수한 키를 추가하기도 하고, 그림 6-7의 (b)와 같은 별도 형태의 버튼 박스를 제공하기도 한다. 소프트웨어적으로 시뮬레이션하는 경우에 GUI의 메뉴, 선택목록, 버튼 등이 이러한 선택장치의 대표적인 예이다.

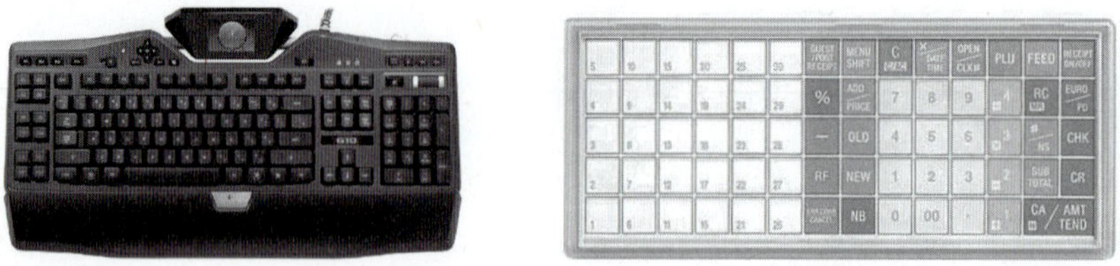

(a) 키보드와 Programmable Function Key (b) 별도 박스의 Programmable Function Key

[그림 6-7] Programmable Function Key의 예
(http://www.logitech.com)

■ 문자열장치(String Device)

가장 대표적인 문자열장치로 키보드가 있으며, 때로는 소프트웨어적으로 키보드 모양을 시뮬레이션하여 문자열을 입력하기도 한다. 스마트폰과 같은 소형 단말장치의 경우 키보드를 장착시키기에는 장치 자체의 크기가 너무 작다. 이러한 경우 일반적으로는 소형 펜 지시장치를 사용하거나 문자열의 입력을 위한 키보드를 그림 6-8과 같이 소프트웨어적으로 시뮬레이션한다.

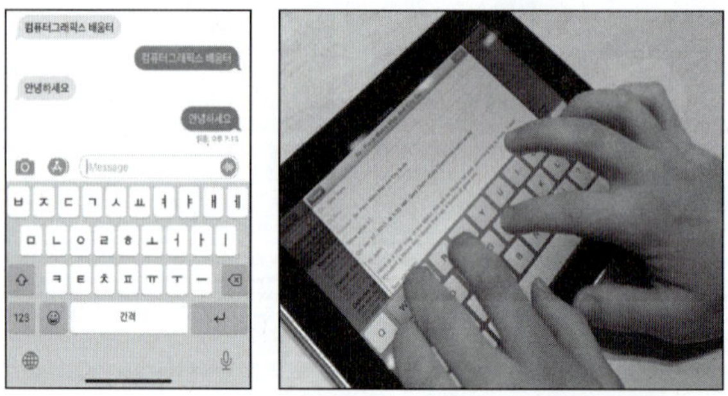

[그림 6-8] 소프트웨어적 키보드 시뮬레이션

6.3 대화식 입력기법

그래픽스 시스템을 편리하게 사용하기 위해서는 사용자가 대화식으로 그래픽 데이터를 입력할 수 있어야 한다. 이 절에서는 여러 가지 대화식 입력기법 중 그래픽 데이터의 위치를 지정하는 기법과 화면상의 객체를 지적하고 선택하는 기법에 대하여 살펴본다.

6.3.1 위치지정 기법(Positioning Technique)

■ 고무줄(Rubber-Band) 기법

선, 사각형, 원 등을 그릴 때 자주 사용하는 기법으로, 그림 6-9에서 보듯이 선이나 사각형, 원을 그리는 경우 시작 위치에서 마우스 버튼을 누른 채 움직이면 커서가 이동함에 따라 시작 위치에서 현재 위치까지 그림이 계속하여 변한다. 그리고 원하는 끝 지점에서 마우스 버튼을 놓으면 그 때의 모양으로 그림이 완성된다. 선의 모양이 커서의 움직임에 따라 변할 때 그 모습이 고무줄을 닮아서 고무줄 기법이라는 명칭으로 불린다.

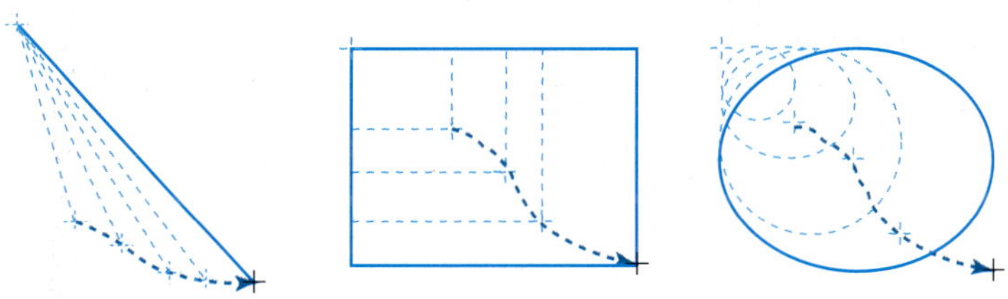

[그림 6-9] 고무줄 기법

■ 드래깅(Dragging) 기법

객체를 선택하여 이동시킬 때 커서의 위치에 따라서 선택된 그림이 따라 다니도록 하는 기법이다. 그림 6-10에서와 같이 벡터 방식의 그리기 도구로 그린 그림 중 원하는 물체를 선택한 후 마우스 버튼을 누른 채 움직이면 이에 따라 그림이 따라 다니다가 마우스 버튼을 놓으면 그 위치로 그림이 옮겨진다. 움직이는 동안에는 처리 속도를 빠르게 하기 위하여 그림의 개요나 윤곽선 만을 표시해주고 드래깅이 완료되면 원래 그림을 다시 그려준다. 이러한 방법으로 그림을 원하는 지점까지 이동시킬 때 움직이는 위치를 눈으로 항상 확인할 수 있으므로 매우 편리하다.

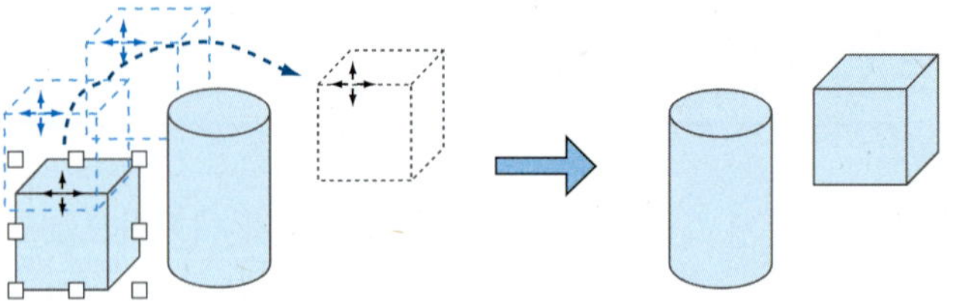

[그림 6-10] 드래깅 기법

■ 제한(Constraint) 기법

정해진 방향 또는 정렬에 맞도록 데이터가 제한적으로 입력되도록 하는 기법으로, 그림 6-11에서 보듯이 일반적으로 Shift 키를 누른 채 마우스로 선을 그리면 수직선, 수평선 또는 일정 각도로 제한된 선을 그릴 수 있다. 또한 고정된 가로 세로 비율의 원이나 정사각형의 입력에도 제한 기법이 적용되고 있다. 경우에 따라 Control 키를 누른 채 도형을 그리면 상하좌우 대칭이 되는 그림을 그릴 수 있다.

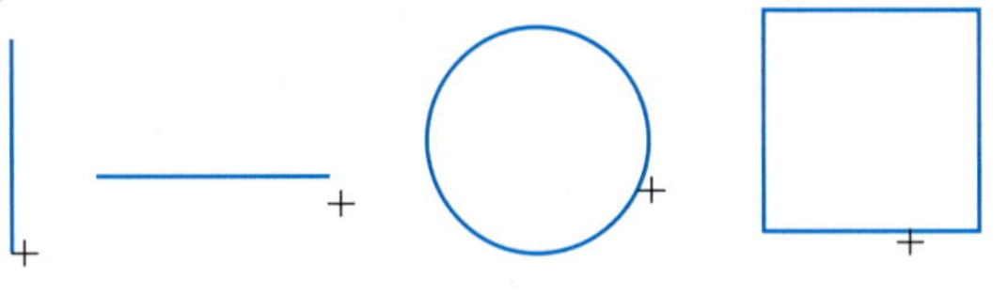

[그림 6-11] 제한 기법

■ 격자(Grid) 기법

격자기법을 이용하면 그림 6-12에서 보듯이 입력데이터가 수직 및 수평방향으로 설정된 격자선의 교차점에 위치하도록 하여 미리 정해진 위치에서만 입력이 가능하다. 건축이나 기계 설계 도면의 경우와 같이 정교한 그림을 그릴 때 정확한 치수로 원하는 위치에 그림을 그리는 것이 가능하게 된다. 또한 전문적인 그래픽스 응용 소프트웨어에서는 격자 간격도 사용

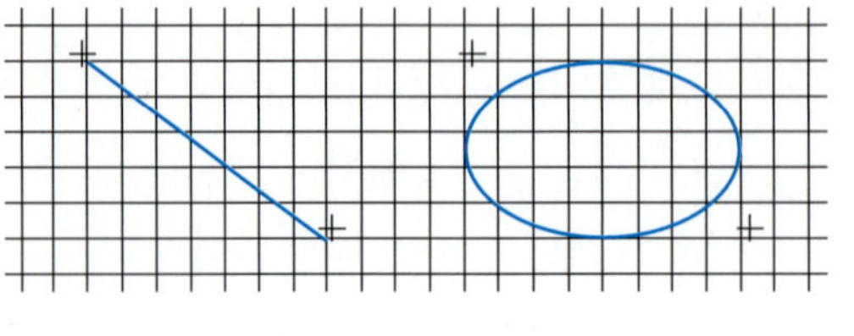

[그림 6-12] 격자 기법

자 임의로 조정하여 설정할 수 있다.

■ 스케치(Sketching) 기법

스케치 기법은 그림 6-13과 같이 자유로운 그림을 그릴 때 이용하는 방법이다. 마우스 버튼을 누르고 움직이면 버튼을 놓을 때까지 계속해서 자유곡선 또는 연속적인 선분이 그려진다. 마우스가 움직이는 동안 일정 시간 간격 또는 거리 간격으로 연속적인 위치좌표가 획 좌표로 입력되면 프로그램에서 이들 연속적인 좌표를 이어서 연속선 또는 곡선으로 그림을 그린다.

[그림 6-13] 스케치 기법

6.3.2 지적/선택 기법(Picking/Selection Technique)

■ 시각적 피드백(Visual Feedback)

시각적 피드백 기법이란 그림 중에서 선택한 객체를 시각적으로 표시해 줌으로써 선택되었음을 보여주는 기법이다. 그림 6-14와 같이 보통 객체의 모서리 또는 둘레에 핸들(Handle) 표시를 하거나, 버튼의 경우와 같이 선택된 객체에 대하여 눌려진 버튼 모습으로 모양을 변경하기도 하며, 선택된 글자에 대하여는 반전 처리와 같은 색상의 변경 혹은 깜박거리기 등으로 사용자가 확인할 수 있도록 한다.

또한 화면에 그려진 그림 중에서 선택할 수 있는 대상에 따라 커서의 모양을 바꾸어 시각적 피드백을 제공한다. 예를 들어, 커서의 모양을 그림 위에서는 화살표, 글자 위에서는 책갈피, 버튼 위에서는 손의 모양, 이동이 가능한 객체 위에서는 네 방향 화살표 모양 등으로 바꾸어 준다.

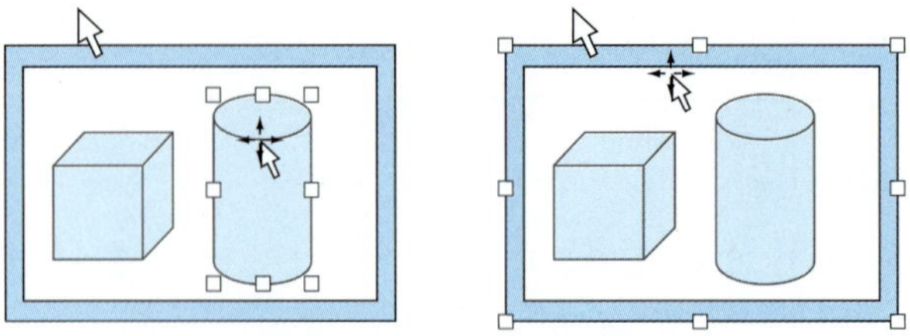

[그림 6-14] 시각적 피드백

■ 핸들(Handle) 기법

객체를 선택하여 그림의 둘레에 핸들이 나타난 후 크기를 변경하거나 또는 다각형의 꼭지점을 변경하고자 할 때 해당하는 핸들을 드래깅하여 조작할 수 있다. 그림 6-15에서 선택된 그림 (a)의 좌우 폭을 늘리려면 (b)와 같이 왼 쪽 또는 오른 쪽 핸들을 조작하고 (c)와 같이 위 아래 높이를 변경하려면 위나 아래 쪽의 핸들을 조작한다. 가로 세로 비율을 유지하면서 크기를 변경하려면 (d)와 같이 모서리 쪽의 핸들을 드래깅하면 된다.

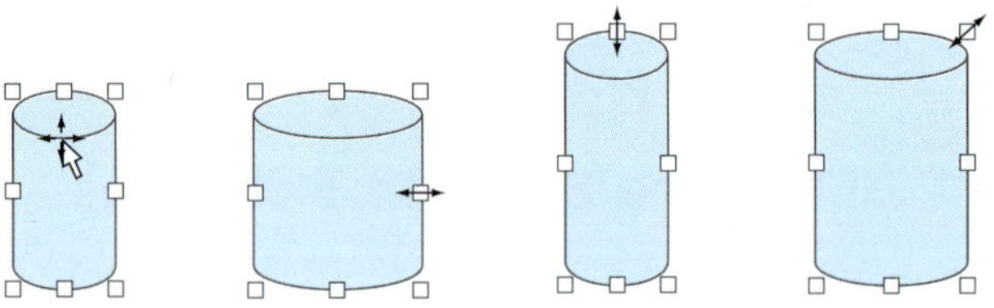

(a) 그림선택 (b) 폭 변경 (c) 높이 변경 (d) 폭/높이 변경

[그림 6-15] 핸들 기법

■ 중력장(Gravity Field) 기법

정확한 위치가 아니어도 객체 근처에 가까우면 선택이 되도록 하는 기법이다. 그림 6-16의 예와 같이 연속된 선을 그릴 때 선 끝을 정확히 맞추는 것은 매우 정교한 조작을 필요로 하지만, 끝점에서 일정 거리 내에 입력이 되면 중력장 기법을 이용하여 선 끝이 붙게 한다. 즉, 점선으로 표시된 선과 같이 입력하면 중력장 기법이 적용되어 실선으로 표시된 선으로 변경된다. 또한 작은 그림이나 가는 선분과 같이 선택 조작이 까다로운 경우 객체의 근처에서도 선택이 가능하도록 해 준다.

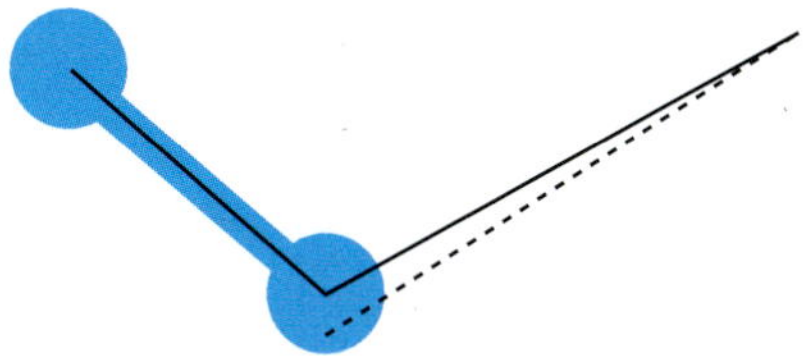

[그림 6-16] 중력장 기법

■ 선택레벨(Selection Level) 및 그룹핑(Grouping) 기법

여러 객체가 겹쳐있을 때에는 한 객체만 선택하려고 해도 여러 개의 객체가 선택 대상이 된다. 앞에 놓여 있는 객체는 항상 선택이 가능하지만, 뒤에 놓여 있는 객체는 선택할 방법이 없는 경우가 있다. 이런 경우에 객체선택을 반복하면 일정 순서에 따라 순환적으로 선택이 되도록 하는 기법이다. 일반적으로 메모리에 저장되어 있는 데이터의 순서대로 선택되지만, 별도로 선택레벨을 정하면 그 순서에 따라 선택할 수 있다. 또한, 복잡한 객체가 여러 개로 구성되어 있으면 그림 6-17과 같이 그룹핑하여 한 번에 처리할 수 있도록 해 준다.

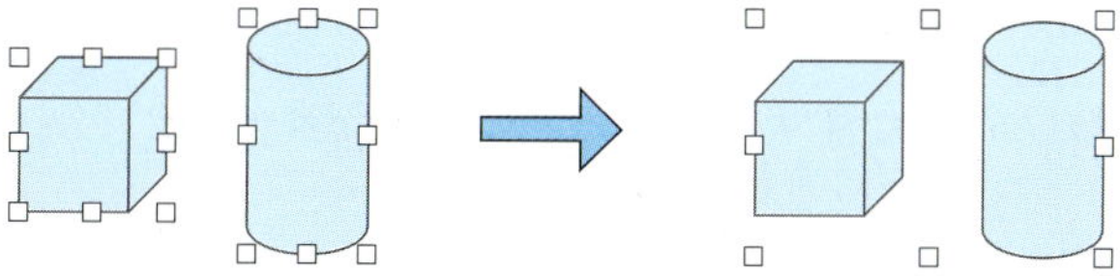

[그림 6-17] 그룹핑 기법

6.4 3차원 사용자 인터페이스

최근 3차원 가상환경 기술이 여러 응용 분야에서 많이 사용되고 있으며, 3차원 공간에서의 대화식 입력기법은 2차원 입력의 경우에 비하여 복잡하다. 특수한 3차원 입력장비를 사용하지 않고서도 데스크탑의 2차원 화면상에서 3차원 대화식 입력을 수행하려면 적절한 기법이 요구된다. 이러한 3차원 공간의 사용자 인터페이스를 위한 여러 가지 대화식 입력기법이 연구되고 있는데, 이 절에서는 3차원 공간에서의 탐색항해와 3차원 객체의 선택 및 조작을 위한 대표적인 기법을 소개한다.

6.4.1 탐색항해(Navigation)를 위한 기법

대부분의 가상공간에서 주어진 공간 내를 둘러보거나 원하는 지점을 찾아가는 3차원 공간의 탐색항해를 위한 사용자 인터페이스가 필요하다. 이에 대한 필수적인 기법인 3차원 공간의 둘러보기와 3차원 공간에서의 길찾기에 대하여 여러 가지 입력 방법들이 있다.

■ 둘러보기(Traveling) 기법

3차원 가상 공간을 둘러보기 위하여 장소의 이동을 해야 하는데 이에 대한 움직임을 지정하는 기법으로 다음과 같은 방법이 있다.

운전(Steering) 기법은 자동차를 운전하듯이 사용자가 계속적으로 움직임의 방향을 지정하는 방법이다. 예를 들어, 마우스를 위아래로 드래깅하면 앞 또는 뒤로 가고 좌우로 드래깅하면 시야를 좌우로 바꾼다. 또한 마우스 휠을 이용하여 이를 밀거나 당기면 고도를 조절할 수 있다.

목적지 지정(Target-based) 기법은 사용자가 중간의 움직임을 생략하고 목표지점을 지정하면 시스템이 중간 이동 경로를 생성해 준다. 보통 화면 상에서 원하는 지점을 바로 클릭하거나, 또는 미리 작성된 목록 중에서 선택하여 목표 지점을 지정한다.

시점 조작(Viewpoint Manipulation) 기법은 사용자가 바라보는 시점을 변경시키기 위한 방법으로 보통 특수 장치를 이용하여 구현한다. 헤드마운트 디스플레이 장치를 이용하여 머리의 방향으로 시점을 조작하거나, 데이터글러브와 같은 3차원 입력장치를 이용하여 사용자 손의 방향이 시점과 대응되어 움직임이 결정된다.

[그림 6-18] 3차원 공간 둘러보기: 운전 기법
(http://map.naver.com)

길찾기(Wayfinding) 기법

3차원 가상공간 전체를 2차원 평면인 컴퓨터의 화면에 보여주는 방법은 공간상의 제약으로 인하여 사용자가 현재 위치를 파악하기 힘들다. 또한 현재 움직이고 있거나 바라보고 있는 관심 지역과 주위의 주변 공간을 구분하기도 힘들다. 이에 따라 3차원 가상공간의 탐색항해 도중에 길찾기에 도움을 주기 위하여 부가적인 정보를 보여주는 길찾기 기법이 다양하게 개발되고 있다.

예를 들어, 그림 6-19와 같이 2차원 지도(Map)를 보여주어 현재 위치를 쉽게 파악하도록 하거나, 주위 공간을 모형(Miniature)으로 간략화하여 현재의 진행 방향이나 위치를 쉽게 파악할 수 있다. 또는 표지판(Landmark) 기법을 이용하거나 그림 6-20과 같이 현재 바라보고 있는 시야와 진행 방향을 밝게 표시하여 쉽게 구분할 수 있도록 해 준다.

(a) 2차원 지도를 겹쳐보기 (b) 3차원 가상공간 둘러보기

[그림 6-19] 2차원 지도(Map)의 예

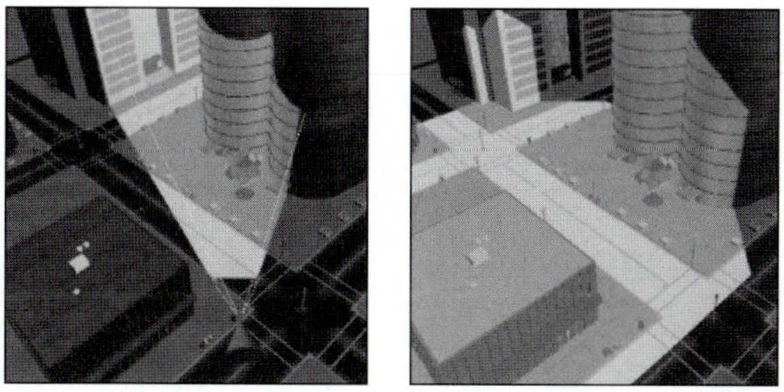

[그림 6-20] 조명을 이용한 진행방향의 표시
(http://www.mic.atr.co.jp/~poup/3dui/TUT3DUI/content/wayfinding.ppt)

6.4.2 선택 및 조작을 위한 기법

3차원 가상공간의 사용자 인터페이스에서 항해를 위한 기법 외에 반드시 필요한 것은 3차원 객체에 대한 선택 및 조작 기법이다. 특수 3차원 입력장비를 사용하여 처리하기도 하지만 일반적인 데스크톱 환경에서 컴퓨터 화면은 2차원이므로 3차원 물체의 선택, 지적, 조작 등을 위하여 특수한 기법을 필요로 한다.

■ 선택/지적(Selection/Picking) 기법

3차원 객체의 선택이나 지적을 위하여 표시를 해주는 기법으로 사용자 입력에 대한 피드백을 위하여 선택된 객체의 표시와 선택할 객체에 대한 표시가 필요하다. 보통 3차원 공간에서 객체의 선택을 위하여 공간 전체나 일부를 임의의 방향으로 회전시켜서 원하는 객체를 자세히 보면서 쉽게 선택할 수 있도록 한다. 또한 선택 또는 지적 표시를 위하여 객체의 모양에 따라 다양한 모습의 피드백으로 보여준다. 그림 6-21에서와 같이 객체를 클릭하면 원래의 물체보다 약간 큰 모양의 흰 테두리 선을 보여주어 선택되었음을 표시한다.

■ 조작(Manipulation) 기법

3차원 객체의 상태 및 조작 결과를 표시해 주는 기법으로 3차원 공간 내에서 객체의 위치 및 방향에 대한 표시와 선택된 객체의 확대, 이동, 조립, 작동 등 조작에 대한 결과 표시를 해준다. 예를 들어, 그림 6-22에서는 객체의 방향 표시를 위하여 화면 좌상단에 참조객체(Reference Object)로 박스와 인물 석고상을 이용하였다. 이들 참조객체의 방향과 각도로 3차원 공간 내에서 현재 보여지는 물체의 방향을 판단할 수 있다. 조작에 대한 표시를 위하여 원하는 부품을 클릭하면 해당 물체가 화면 가운데로 이동하고 색상 및 크기가 변하도록 되어 있으며, 마우스 휠을 밀거나 당기면 선택 부품이 순서대로 바뀐다. 회전 또는 이동 모드로 변경할 경우 선택된 부품만을 별도로 회전하거나 이동시킬 수가 있다.

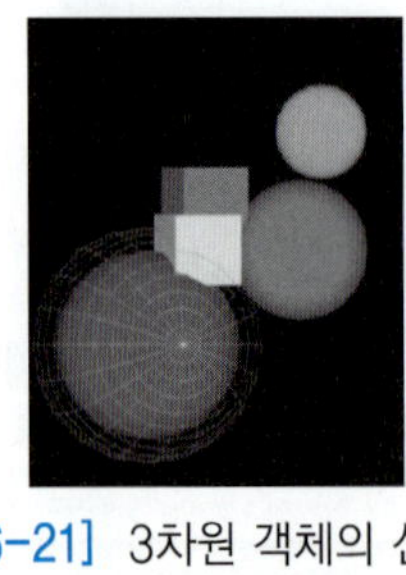

[그림 6-21] 3차원 객체의 선택 기법

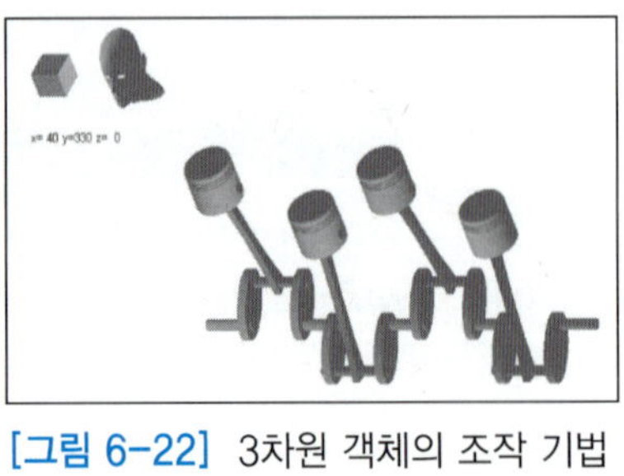

[그림 6-22] 3차원 객체의 조작 기법

연습문제 EXERCISE

6-1 커서의 모양은 현재 작업 상태 또는 시스템의 상태에 따라 결정되며, 각 모양은 이에 따른 의미를 내포하고 있다. 윈도우 시스템 개발도구인 SDK와 OpenGL API에서 제공되는 커서의 모양과 해당하는 의미를 조사해 보라.

6-2 그림 6-3에서 커서의 위치에 따른 피드백의 몇 가지 예를 보였다. 현재 우리가 많이 사용하고 있는 윈도우 탐색기와 웹 브라우저에서 커서의 위치에 따른 피드백을 관찰하여, 책에서 예시한 것과 다른 피드백을 3가지만 나열해 보라.

6-3 위치지정 기법 중 격자기법에서는 그림을 그리는 화면에서 격자간격을 사용자 임의로 설정할 수 있다. 현재 격자간격을 10 픽셀로 설정하였다고 가정하자(즉, 0, 10, 20, … 의 위치에서 입력된다).

(a) 이 때, 선분을 입력하기 위하여 두 점 (18, 8)과 (93, 56)이 입력되면 실제로 그려지는 선분의 양 끝 좌표는 무엇이 되는가?

(b) 원을 그리기 위하여 그림 6-13에서와 같이 두 점 (133, 9)와 (214, 56)이 입력되면 실제로 그려지는 원의 중심좌표와 장축/단축의 반지름은 무엇이 되는가?

6-4 앞의 문제 6-4에서 나온 격자기법을 일반화해보자. 격자 간격을 k 개의 픽셀로 설정하였다고 가정하자(즉, 0, k, $2*k$, $3*k$, … 의 위치에서 입력된다).

(a) 선분을 그리기 위하여 두 점 (x_a, y_a)와 (x_b, y_b)이 입력되면 실제로 그려지는 선분의 양 끝 좌표는 무엇이 되는가?

(b) 원을 그리기 위하여 두 점 (x_a, y_a)와 (x_b, y_b)이 입력되는 경우 원의 중심좌표와 장축/단축의 반지름은 무엇이 되는가?

6-5 지적/선택 기법 중 중력장 기법에서 객체의 근처에서 클릭을 하여도 입력위치의 좌표가 정해진 범위 내에 들어오면 그 객체가 선택된다. 점에 대한 중력장 거리는 d_P 선분에 대한 중력장 거리는 d_L로 정해졌다고 가정하자. 하나의 선분이 양끝점 좌표로 (x_a, y_a)와 (x_b, y_b)로 주어졌을 때, 입력위치의 좌표 (x, y)가 선분에 대한 중력장 내에 들어오는지 판단하는 공식을 구하고 이 과정에 대한 알고리즘을 프로그램으로 구현하라. (힌트: 점과 점 사이의 거리와 점과 선분 사이의 거리를 구하는 공식을 활용하라.)

PART

03

3차원 컴퓨터 그래픽스

Overview of Computer Graphics

Computer Graphics System

WebGL and Graphics Application Software

07 3차원 그래픽스의 기하변환과 뷰잉

CHAPTER

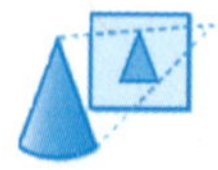

Three-Eimensional
Graphics Geometric
Transformations and Viewing

앞에서는 주로 2차원 그래픽스에 대하여 설명하였으나, 이 장부터는 3차원 그래픽스의 처리과정에 대하여 설명한다. 3차원 그래픽스의 처리과정은 2차원 그래픽스에 비하여 복잡하므로 크게 3단계로 구분하여 살펴보자. 우선 3차원 객체들을 원하는 형상으로 모델링하고, 이들 객체들을 기하변환하여 모니터와 같은 2차원 평면에 투영시킨 뒤, 투영된 객체에 현실감을 표현하기 위해 렌더링을 한다.

3차원 그래픽스 처리과정 중 투영단계에서는 3차원 객체들을 원하는 위치와 크기로 기하변환한 후, 공간상의 그래픽 장면을 2차원 평면에 투영시키기 위해 평행투영이나 원근투영을 이용한다. 평행투영법은 건축설계도나 기계설계도를 작성하는 데 많이 사용되며, 원근투영법은 현실감이 있는 그래픽 화면을 만드는 데 적합하다.

이 장에서는 3차원 그래픽스의 전반적인 처리과정을 알아보고, 5장에서 다루었던 2차원 그래픽스의 기하변환과 마찬가지로 3차원 객체의 기하변환에 대하여 공부한다. 그리고 투영의 종류 및 방법, 3차원 객체의 모델링부터 2차원 화면에 출력하기까지의 일련의 과정인 뷰잉과정, 3차원 그래픽 장면을 투영이 용이한 상태로 바꾸는 뷰잉변환, 투영을 처리하기 위한 기하변환에 대하여 알아본다.

7.1 3차원 그래픽스의 처리과정

3차원 그래픽스의 그림은 2차원 그래픽스의 그림보다 훨씬 현실감 있는 장면을 표현할 수 있다. 3차원 그래픽스에서는 우선 3차원 객체의 기하학적인 형상을 모델링(Modeling)하고, 모델링한 객체를 2차원 평면에 투영(Projection)한 뒤, 투영된 객체에 색상과 명암, 재질 등을 표현하여 그린다(Rendering). 이 절에서는 3차원 그래픽스에서 일련의 처리과정을 개괄적으로 알아본다.

(1) 모델링(Modeling : 3D Object Representation)

3차원 그래픽스에서 하나의 장면은 건물, 자동차, 사람 등과 같은 여러 가지 모델(Model)로 묘사된다. 3차원 그래픽스의 모델은 실세계나 사람의 상상 속에 존재하는 객체를 3차원 좌표계를 사용하여 표현한 것으로 모델링은 이러한 모델의 형상을 만들어 나가는 과정이다.

3차원 그래픽스의 모델링 방법에는 다각형 표면 모델링(Polygon Surface Modeling), 매개변수를 이용한 곡면 모델링(Parametric Surface Modeling), 솔리드 모델링(Solid Modeling), 스위핑(Sweeping)등이 있으며, 프랙탈(Fractal) 기하학이나 입자시스템(Particle System)등 절차적 함수를 이용하는 모델링 방법도 있다. 다양한 모델링 방법으로 만들어진 객체는 최종적으로 컴퓨터 화면에 사실감 있게 렌더링되어 나타나지만, 중간 단계에서는 일반적으로 그림 7-1에서 보듯이 와이어프레임(Wireframe) 형태로 객체를 표현하기도 한다.

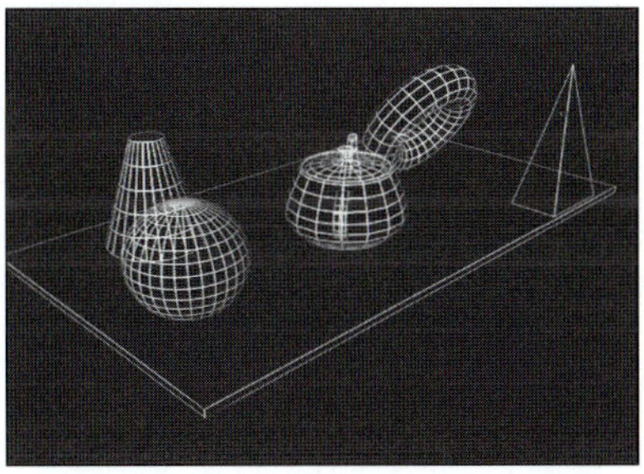

[그림 7-1] 와이어프레임 모델

이 책의 8장에서는 3차원 객체를 모델링하는 주요 기법들에 대하여 설명하고 프랙탈 기하학이나 입자시스템과 같은 특수 모델링 기법은 11장에서 설명한다.

(2) 투영(Projection)

다양한 모델링 방법을 사용하여 표현된 3차원 객체는 일반적으로 출력장치의 2차원 평면에 투영되어 나타난다. 그림 7-2에서 보듯이 공간에 있는 육면체와 원기둥을 촬영하면 필름에 앞에서 바라본 모양으로 투영된 상이 맺힌다. 즉, 투영과정이란 3차원 공간에서 객체를 촬영하면 필름에 상에 맺히는 것과 같은 원리로서 3차원 객체가 평면에 투영되어 2차원 객체로 변환되는 과정이다.

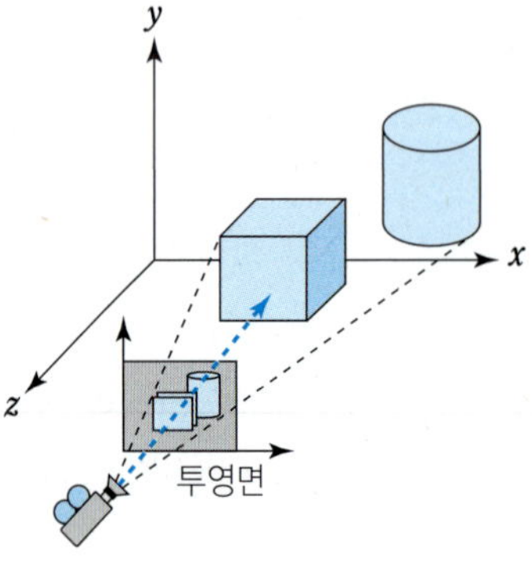

[그림 7-2] 투영의 개념

3차원 객체를 투영시키는 방법으로는 주로 평행투영(Parallel Projection)과 원근투영(Perspective Projection)이 이용된다. 평행투영에서는 객체를 구성하는 각 요소들 간의 상대적인 크기가 보존되며, 원근투영에서는 거리에 따라 크기가 다른 원근감이 잘 나타난다.

평행투영은 기계설계나 건축설계에서 많이 사용되며 3차원 객체를 투영할 때 모든 투영선이 평행하도록 평면에 투영시킨다. 평행투영에서는 객체와 투영면과의 거리에 상관없이 투영면에 나타나는 객체 간의 상대적인 크기와 객체를 구성하는 모서리들의 평행관계가 그대로 보존된다. 설계 분야에서 많이 사용되는 3면도는 물체를 앞과 위, 그리고 옆으로 평행투영시켜 제작한 그림이다. 그림 7-3은 3차원 객체를 각각 위, 옆, 앞으로 평행투영시킨 그림을 나타낸 3면도의 예로서, 그림 7-3(a)는 위에서 바라본 평면도, 그림 7-3(b)는 앞에서 바라본 정면도, 그림 7-3(d)는 옆에서 바라본 측면도이며, 그림 7-3(c)는 객체의 전체적인 모양을 볼 수 있는 조감도를 나타내었다. 대부분의 3차원 그래픽스 응용 소프트웨어들에서 3차원 객체를 모델링하는데 3면도를 많이 사용한다.

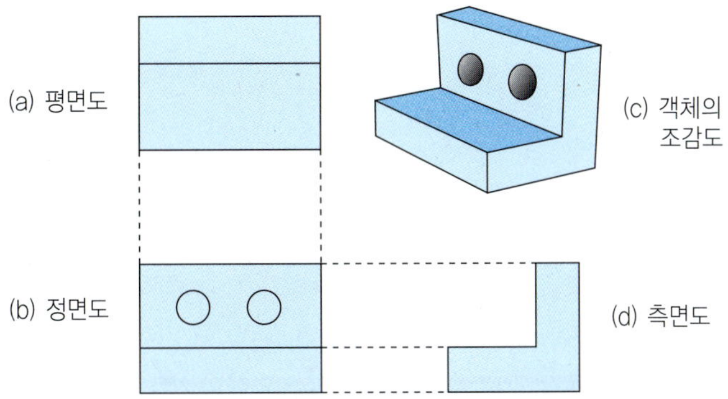

[그림 7-3] 3차원 객체를 위, 앞, 옆에서 평행투영시킨 그림

원근투영에서는 우리가 평소에 보는 카메라의 사진과 같이 가까이 있는 객체는 크게, 멀리 있는 객체는 작게 나타난다. 3차원 객체를 구성하는 점들을 그림 7-4(b)와 같이 하나의 시점으로 수렴하는 각 경로를 따라 투영시키면 원근투영된 결과를 얻을 수 있다. 이 때, 투영면에 그려지는 그림의 크기는 3차원 객체와 투영면과의 거리에 반비례하여 결정된다. 예를 들어, 그림 7-4(a)에서 보듯이 길이가 같은 두 개의 직선을 평행투영시키면 투영면에 같은 길이로 나타나지만, 그림 7-4(b)에서와 같이 두 개의 직선을 원근투영시키면 투영면에 가까운 것은 멀리 있는 것보다 길게 나타난다. 건물을 설계할 때 사용하는 조감도는 원근투영을 이용하는 대표적인 예이다.

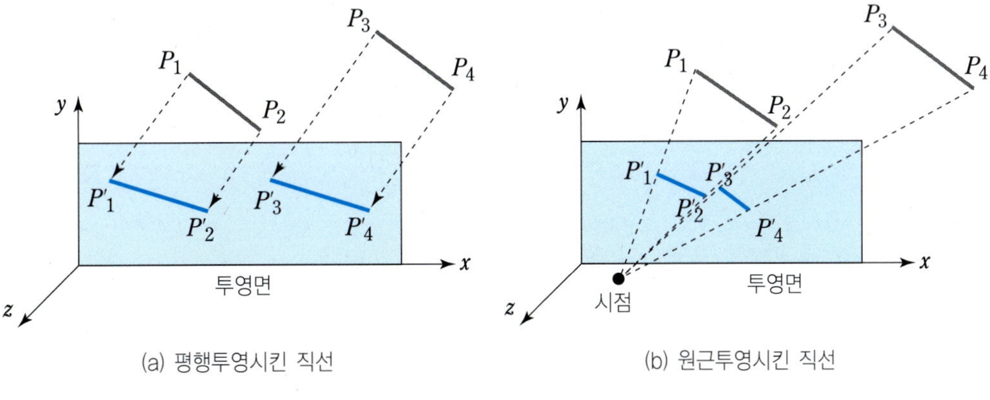

[그림 7-4] 평행투영과 원근투영의 차이

이 장에서는 2차원 객체의 기하변환과 마찬가지로 3차원 객체의 기하변환 및 투영과정, 그

리고 3차원 그래픽스의 뷰잉변환에 대하여 설명한다.

(3) 렌더링(Rendering)

3차원 그래픽스에서는 2차원 평면에 투영된 그림에 렌더링하여 명암이 있는 사실적인 그림으로 만들어낸다. 렌더링 과정에서는 와이어프레임으로 표현된 그림을 색상이나 재질의 변화와 같은 3차원적 질감을 나타내어 현실감이 있는 그림으로 변화시킨다. 렌더링은 3차원 객체를 시점에서 바라볼 때 보이지 않는 면을 제거하는 은면제거(Hidden Surface Removal), 객체의 입체감을 표현하기 위해 명암과 색상을 표현하는 셰이딩(Shading), 그리고 질감을 표현하는 텍스처 매핑(Texture Mapping) 등의 과정을 포함한다. 그림 7-5는 렌더링의 과정을 나타낸 그림으로, 그림 7-5(a)는 객체의 표면에 색상과 밝기를 표현하는 셰이딩 과정을, 그림 7-5(b)는 객체에 여러 패턴의 텍스처 매핑을 수행하고 그림자를 표현한 것이다. 이 책의 9장에서는 은면제거 기법, 10장에서는 셰이딩과 텍스처 매핑 등의 렌더링에 대하여 설명한다.

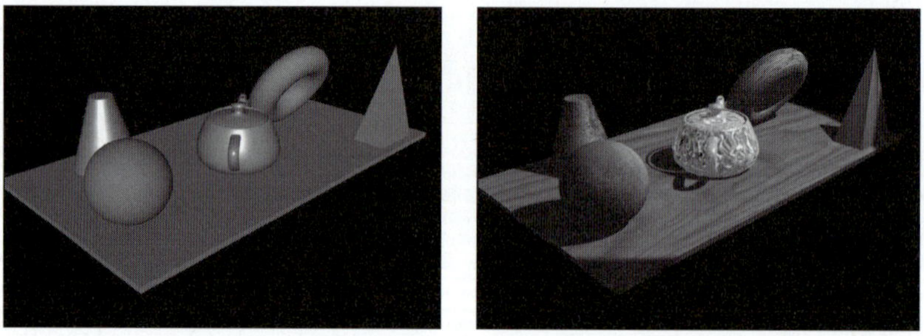

(a) 셰이딩　　(b) 텍스처 매핑 및 그림자

[그림 7-5] 렌더링의 과정

■ 기타 3차원 객체의 디스플레이 기법

앞에서 설명한 3차원 그래픽스의 일반적인 처리방법 이외의 다른 디스플레이 기법을 살펴보자. 3차원 객체는 렌더링되기 전까지 대개 와이어프레임 형태로 화면에 표현된다. 이 때 모델링된 객체를 표현하기 위한 와이어프레임 자체에 명도가 각기 다른 색상을 적용하여 3차원 객체의 입체감을 나타내기도 한다. 한편, 렌더링된 모델의 일정부분을 잘라내고 내부를 보여 줌으로써 3차원 객체의 내부 구조를 파악할 수 있도록 표현하는 방법도 있다.

와이어프레임 형태의 3차원 객체를 현실감있게 표현하는 방법 가운데, 깊이표시법(Depth Cueing)은 시점에서 객체까지의 거리에 따라 와이어의 밝기를 다르게 나타냄으로서 현실감을 추구한다. 즉, 객체의 각 모서리를 표현하는 와이어에 대하여 시점에서 가까운 부분은 밝게, 먼 부분은 어둡게 그리면 와이어프레임으로 표현된 객체라도 원근감이 생겨 입체감이 증가한다. 그림 7-6은 와이어프레임으로 표현된 객체에 깊이표시법을 사용하여 원근감을 나타낸 예들이다. 그림 7-1과 같이 단순히 와이어프레임으로 표현된 객체와 비교하면 3차원 효과가 한층 뚜렷함을 알 수 있다.

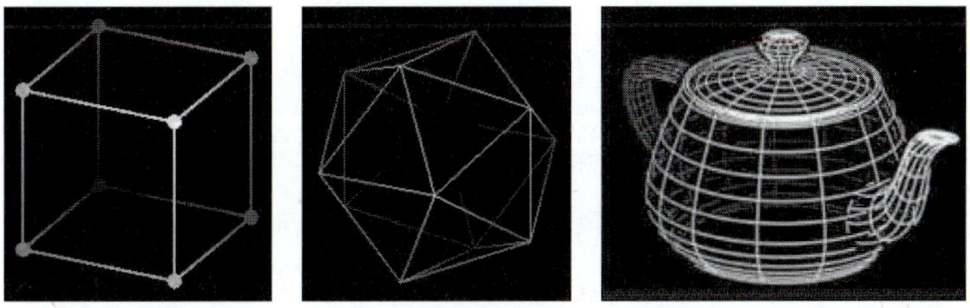

[그림 7-6] 깊이표시법으로 표현한 와이어프레임 모델
(http://www.cs.technion.ac.il/~irit/images/teapot.jpg)

분해도 또는 단면도(Exploded view 또는 Cutaway view)에서는 3차원 객체를 표현할 때 객체의 내부와 절단면을 보여주어 객체의 내부구조를 정확하게 파악할 수 있으며 객체를 구성하는 각 단위요소들 간의 관계도 파악할 수 있다. 그림 7-7은 객체의 한 부분을 절단하여 그 내부와 잘려진 면을 그림으로서 객체에 관한 정보를 좀 더 자세하게 보여주고 있다. 이와 같이, 객체의 일부를 절단하여 단면도로 표현할 때 주의할 점은 절단되어 보이지 않는 부분에 대해 직관적으로 객체의 외부를 추측할 수 있도록 해야 한다는 것이다.

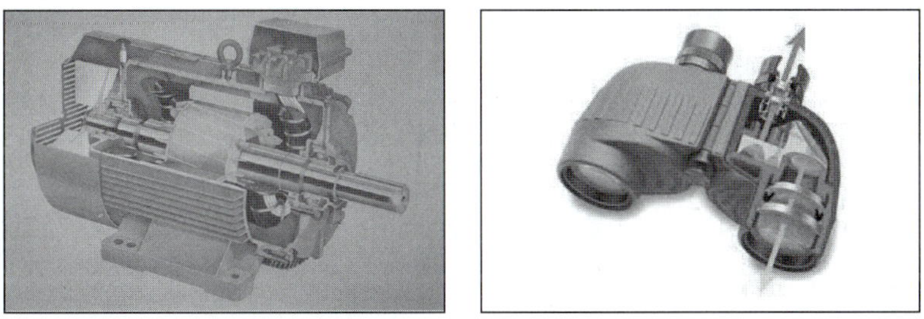

[그림 7-7] 단면도의 예
(http://just-binoculars.com/binocular_facts.htm)

7.2 기본적인 3차원 기하변환

2차원 기하변환과 마찬가지로 3차원 공간에서도 객체를 이동시키고, 크기를 바꾸고, 회전시키는 등의 기하변환으로 객체의 모양을 변형시킬 수 있다. 또한 이러한 변환을 이용하여 기본객체로부터 새로운 객체를 만들거나, 애니메이션에서 객체의 위치나 방향이 변하는 효과를 표현할 수 있다. 이 절에서는 3차원 공간에서의 기본적인 기하변환에 대하여 알아본다.

7.2.1 이동(Translation)

3차원 공간에서 객체의 이동은 2차원 객체와 마찬가지로 다면체를 구성하는 각 꼭짓점을 이동시키고 난 다음, 이들을 연결하여 다면체를 새로 그리면 된다. 그림 7-8에서와 같이 공간상의 한 점 $P(x, y, z)$가 각 축의 방향으로 (t_x, t_y, t_z)만큼 이동한 점 $P'(x', y', z')$의 좌표는 다음과 같이 구한다.

$$x' = x + t_x,\ y' = y + t_y,\ z' = z + t_z$$

3차원 공간에서의 이동변환을 동차좌표계에서 변환행렬로 표현하면 다음과 같다.

$$P' = \begin{pmatrix} x' \\ y' \\ z' \\ 1 \end{pmatrix} = \begin{pmatrix} 1 & 0 & 0 & t_x \\ 0 & 1 & 0 & t_y \\ 0 & 0 & 1 & t_z \\ 0 & 0 & 0 & 1 \end{pmatrix} \begin{pmatrix} x \\ y \\ z \\ 1 \end{pmatrix} = T(t_x, t_y, t_z) \cdot P$$

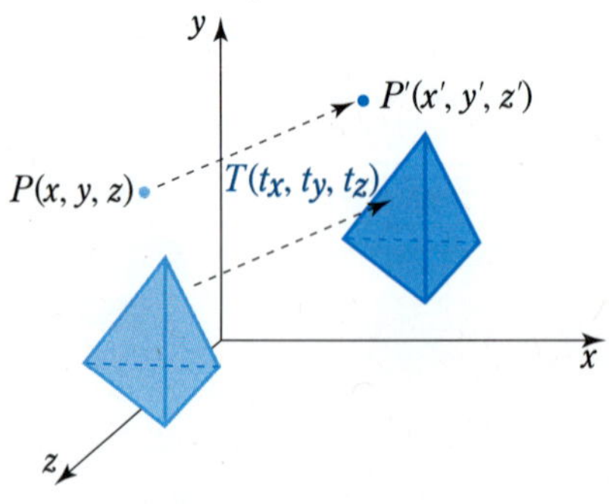

[그림 7-8] 점과 객체의 이동

7.2.2 신축(확대/축소 : Scale)

공간상의 한 점 $P(x, y, z)$를 원점에 대하여 신축변환을 하면 각 좌표값이 확대 또는 축소된다. 그림 7-9에서 보듯이 원점으로부터 점 $P(x, y, z)$까지의 거리가 신축되며, 객체에 대해서도 마찬가지로 각 꼭짓점을 신축한 뒤 이들을 연결하여 다시 그리면 확대 또는 축소된 크기의 객체를 구할 수 있다.

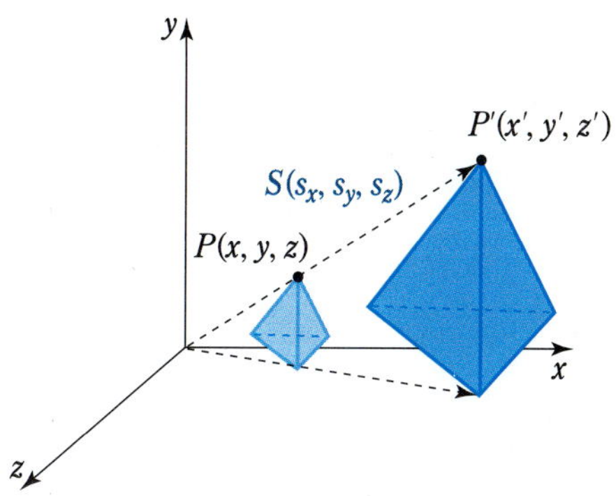

[그림 7-9] 원점에 대한 객체의 신축

3차원 공간에서 한 점 $P(x, y, z)$를 원점을 기준으로 하여 각 축의 방향으로 s_x, s_y, s_z배 만큼 신축변환을 수행한 점 $P'(x', y', z')$은 다음과 같이 표현할 수 있다.

$$P' = \begin{pmatrix} x' \\ y' \\ z' \\ 1 \end{pmatrix} = \begin{pmatrix} s_x & 0 & 0 & 0 \\ 0 & s_y & 0 & 0 \\ 0 & 0 & s_z & 0 \\ 0 & 0 & 0 & 1 \end{pmatrix} \begin{pmatrix} x \\ y \\ z \\ 1 \end{pmatrix} = S(s_x, s_y, s_z) \cdot P$$

신축배율이 동일한 경우에는 객체의 모습은 변하지 않고 크기만 변하지만, 각 축의 방향으로 신축배율이 서로 다른 경우에는 객체의 모습이 변형된다. 예를 들어, 정육면체를 신축변환하는 경우에 각 축방향의 신축배율이 다르면 직육면체가 되며, 구를 신축하는 경우에는 타원체가 될 수 있다.

원점이 아니라 공간 상의 임의의 점 (x_0, y_0, z_0)을 기준으로 신축하는 경우는 2차원 평면에서의 경우와 비슷하다. 임의의 점에 대한 신축은 그림 7-10에서와 같이 다음의 3단계 과정으로 구할 수 있다.

① $T(-x_0, -y_0, -z_0)$: 신축기준점 (x_0, y_0, z_0)이 원점과 일치하도록 객체 *a*를 $(-x_0, -y_0, -z_0)$ 만큼 이동시킨다.

② $S(s_x, s_y, s_z)$: 이동변환된 객체 b를 원점을 기준으로 (s_x, s_y, s_z)배 만큼 신축변환을 한다.

③ $T(x_0, y_0, z_0)$: 원점을 기준으로 신축된 객체 *c*를 ①단계에서 실행한 이동의 반대방향으로 이동시킨다. 그러면 새로운 객체 *d*는 주어진 기준점을 중심으로 신축변환을 수행한 결과이다.

공간상의 한 점 $P(x, y, z)$가 신축기준점 (x_0, y_0, z_0)에 대하여 각각 (s_x, s_y, s_z)배만큼 신축되어 $P'(x', y', z')$이 되었을 때, $P' = T(x_0, y_0, z_0) \cdot S(s_x, s_y, s_z) \cdot T(-x_0, -y_0, -z_0) \cdot P$와 같이 기하변환으로 표현할 수 있다.

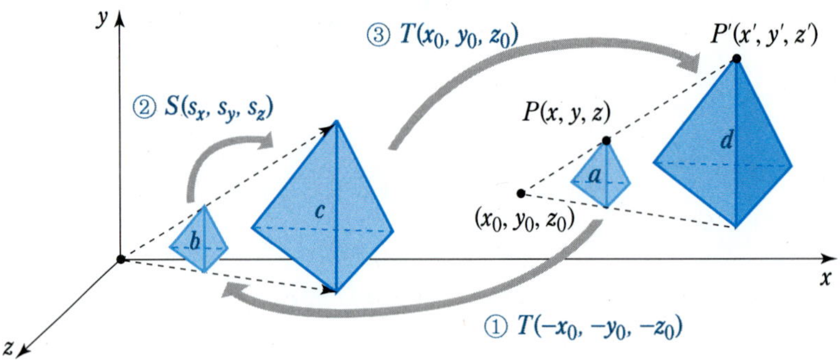

[그림 7-10] 임의의 점에 대한 객체의 신축

7.2.3 회전(Rotation)

2차원 평면에서 객체의 회전변환은 기준점을 중심으로 회전하지만 3차원 공간에서 회전변환은 주로 기준축을 중심으로 객체가 놓여 있는 방향을 일정각도만큼 바꾸게 한다. 간단한 형태의 회전변환으로는 *x*, *y*, *z* 좌표축 가운데 하나를 기준축으로 하여 회전하는 경우가 있다. 예를 들어, 공간상의 한 점 $P(x, y, z)$가 *z*축을 중심으로 θ만큼 회전하였을 때 *z*값은 변화가 없고 *x*, *y*값만 회전변환 되므로 변환된 점 $P'(x', y', z')$은 다음과 같이 구한다.

$$P' = \begin{pmatrix} x' \\ y' \\ z' \\ 1 \end{pmatrix} = \begin{pmatrix} \cos\theta & -\sin\theta & 0 & 0 \\ \sin\theta & \cos\theta & 0 & 0 \\ 0 & 0 & 1 & 0 \\ 0 & 0 & 0 & 1 \end{pmatrix} \begin{pmatrix} x \\ y \\ z \\ 1 \end{pmatrix} = R_Z(\theta) \cdot P$$

그림 7-11은 공간상의 객체를 x축을 중심으로 θ만큼 회전한 경우로서, 객체의 꼭짓점 중 점 $P(x, y, z)$가 회전변환한 점 $P'(x', y', z')$은 다음과 같이 표현된다.

$$P' = \begin{pmatrix} x' \\ y' \\ z' \\ 1 \end{pmatrix} = \begin{pmatrix} 1 & 0 & 0 & 0 \\ 0 & \cos\theta & -\sin\theta & 0 \\ 0 & \sin\theta & \cos\theta & 0 \\ 0 & 0 & 0 & 1 \end{pmatrix} \begin{pmatrix} x \\ y \\ z \\ 1 \end{pmatrix} = R_X(\theta) \cdot P$$

y축을 중심으로 θ만큼 회전한 경우는 다음과 같게 된다.

$$P' = \begin{pmatrix} x' \\ y' \\ z' \\ 1 \end{pmatrix} = \begin{pmatrix} 1 & 0 & 0 & 0 \\ 0 & 1 & 0 & 0 \\ 0 & 0 & \cos\theta & -\sin\theta \\ 0 & 0 & \sin\theta & \cos\theta \end{pmatrix} \begin{pmatrix} x \\ y \\ z \\ 1 \end{pmatrix} = R_Y(\theta) \cdot P$$

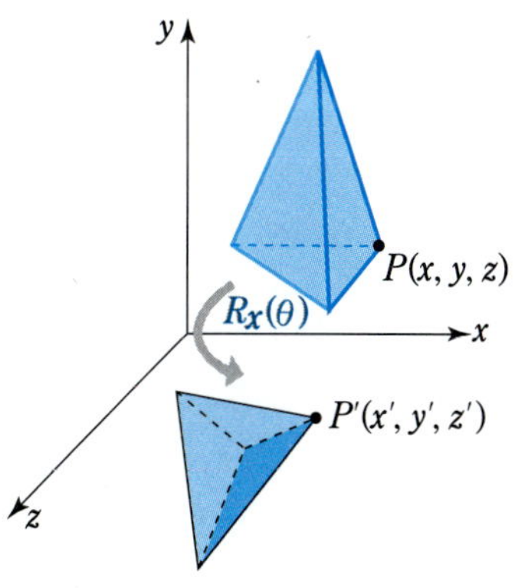

[그림 7-11] 좌표축 x에 대한 객체의 회전

좌표축을 중심으로 한 회전변환은 간단한 변환행렬로 표현이 가능하지만 3차원 공간에서 임의의 축을 기준으로 한 회전변환은 간단히 표현되지 않는다. 이러한 회전변환을 처리하려면 우선 회전 중심축을 하나의 좌표축과 일치하도록 변환한 후, 이 좌표축을 중심으로 회전을 수행시킨다. 그런 다음, 회전 중심축이 원래의 위치와 각도로 돌아가도록 복원시킨다. 그림 7-12(a)에서와 같이 공간 상의 점 $P(x, y, z)$가 임의의 축 $\overline{q_1 q_2}$를 중심으로 θ만큼 회전하였을 때 변환된 점 $P'(x', y', z')$은 다음과 같은 과정으로 구한다.

① 회전축의 이동 : 회전축이 원점을 지나가도록 이동을 하여 객체 상의 점 P가 $P^{(1)}$이 된다(그림 7-12(b)).

② 회전축의 회전 : 회전축이 좌표축 가운데 하나와 일치하도록 회전시킨다. 그림 7-12(c)의 경우 z축과 일치시켜서 $P^{(2)}$를 구하였다.

③ 객체의 회전 : 회전축과 일치된 좌표축인 z축을 중심으로 θ만큼 회전시켜 점 $P^{(3)}$를 구한다(그림 7-12(d)).

④ 회전축의 회전 : 회전축을 원래의 방향을 향하도록 단계 ②에서와 반대방향으로 회전시켜 $P^{(4)}$를 구한다(그림 7-12(e)).

⑤ 회전축의 이동 : 회전축이 원래의 위치로 돌아가도록 단계 ①에서 이동한 반대방향으로 이동시켜 $P'(x', y', z')$을 구한다(그림 7-12(f)).

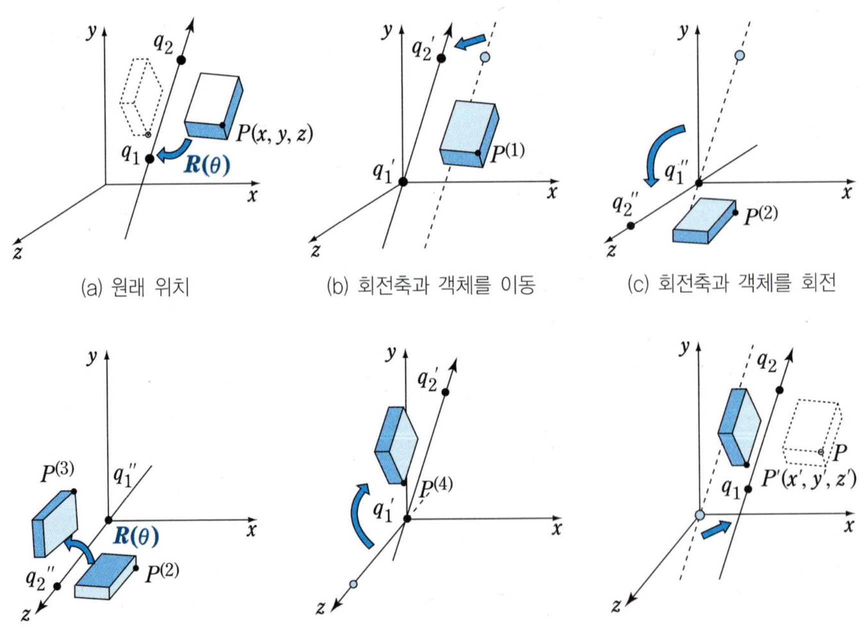

(a) 원래 위치 (b) 회전축과 객체를 이동 (c) 회전축과 객체를 회전

(d) z축 주위로 객체를 회전 (e) 반대 방향으로 회전 (f) 반대 방향으로 이동

[그림 7-12] 임의의 회전축을 중심으로 하는 객체의 회전

3차원 공간에서 임의의 축에 대한 객체의 회전도 다른 변환에서와 마찬가지로 각 꼭짓점에 대하여 회전변환을 한 후 이 꼭짓점들을 연결하여 다시 그리면 회전변환된 객체를 얻을 수 있다.

7.3 기타 3차원 기하변환

2차원 평면에서와 마찬가지로 3차원 공간에서도 이동, 신축, 회전과 같은 기본적인 기하변환 이외에 반사와 밀림 등과 같은 특수한 변환이 적용된다. 또한 좌표계를 변환시킴으로서 객체를 변환시킨 것과 같은 효과를 얻기도 한다. 이 절에서는 이러한 3차원 기하변환에 대하여 알아본다.

7.3.1 반사(Reflection)

2차원 평면에서 객체의 반사변환은 주어진 직선이나 점에 대하여 대칭이 되는 모습을 구하였다. 3차원 공간에서 객체의 반사변환은 주로 평면에 대하여 거울에 반사된 것과 같은 모습을 구하는 경우가 많다.

3차원 공간에서 반사의 기준이 되는 평면은 위치에 따라 매우 다양하므로, 간단한 경우로서 좌표축으로 구성된 평면에 대한 반사변환을 살펴보자. 그림 7-13에서는 객체가 xy평면에 대하여 반사변환하는 경우를 보여준다. 이 때, 3차원 공간의 점 $P(x, y, z)$가 xy평면에 대하여 반사변환을 한 점 $P'(x', y', z')$는 동차좌표계에서 다음과 같이 표현된다.

$$P' = \begin{pmatrix} x' \\ y' \\ z' \\ 1 \end{pmatrix} = \begin{pmatrix} 1 & 0 & 0 & 0 \\ 0 & 1 & 0 & 0 \\ 0 & 0 & -1 & 0 \\ 0 & 0 & 0 & 1 \end{pmatrix} \begin{pmatrix} x \\ y \\ z \\ 1 \end{pmatrix} = RF_Z \cdot P$$

이 경우 x와 y좌표값은 변하지 않고 z값의 부호만 바뀐다. 다른 예로서 yz평면에 대한 반사의 경우 x좌표값의 부호만 바뀌며, xz평면에 대한 반사는 y좌표값의 부호만 바뀐다. 만약 원점에 대하여 반사변환을 하는 경우에는 모든 좌표값의 부호가 바뀌게 된다.

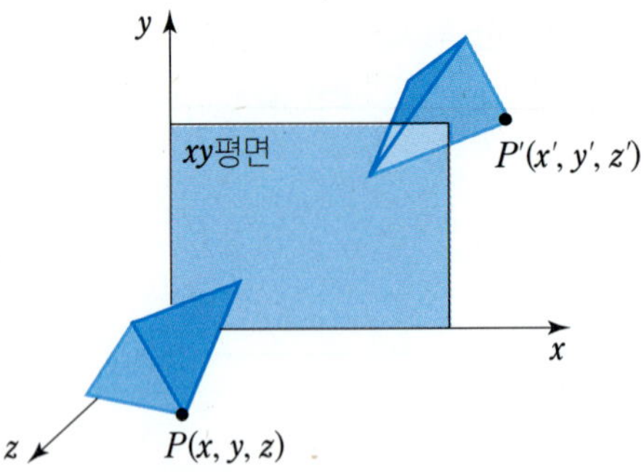

[그림 7-13] xy평면에 대한 반사

7.3.2 밀림(Shearing)

2차원 평면상에서의 밀림변환과 마찬가지로 3차원 공간에서도 밀림변환을 하면 객체의 모습이 기울어지거나 찌그러진다. 밀림변환은 7.6절에서 다루게 될 3차원 객체의 투영과정에서 중요한 역할을 한다.

3차원 공간에서도 객체의 일부분을 고정시키고 일정방향으로 미는 경우 고정된 지점에서 멀수록 밀리는 거리가 커진다. 예를 들어, 3차원 공간에서 한 점 P에 대하여 $z=0$인 평면을 고정하여 이를 기준으로 하고 x방향이나 y방향으로 미는 경우 그림 7-14에서 보듯이 z좌표의 절대값이 클수록 많이 밀린다. 다시 표현하여, z축을 기준으로 할 때 점 $P(x, y, z)$를 x방향으로 a만큼, y방향으로 b만큼 밀림변환을 한 점 $P'(x', y', z')$ 의 좌표는 다음과 같이 구한다.

$$x' = x + az, \quad y' = y + bz, \quad z' = z$$

즉, x와 y좌표값은 각각 z좌표값에 비례하여 증가 또는 감소하며, z좌표값은 변화가 없다. 이를 동차좌표계에서 변환행렬을 사용하여 다음과 같이 표현할 수 있다.

$$P' = \begin{pmatrix} x' \\ y' \\ z' \\ 1 \end{pmatrix} = \begin{pmatrix} 1 & 0 & a & 0 \\ 0 & 1 & b & 0 \\ 0 & 0 & 1 & 0 \\ 0 & 0 & 0 & 1 \end{pmatrix} \begin{pmatrix} x \\ y \\ z \\ 1 \end{pmatrix} = SH_Z(a, b) \cdot P$$

그림 7-14의 경우는 각 변의 길이가 1인 정육면체에 z축을 기준으로 한 밀림변환을 적용한 예를 보여준다. 그림 7-14(b)는 정육면체를 x방향으로 2만큼 밀림변환을 한 결과이며, 그림

7-14(c)는 y방향으로 1만큼 밀림변환을 한 결과이다. 그림 7-14(d)는 x방향으로 2, y방향으로 1만큼 양쪽방향으로 모두 밀림변환을 하였으며, 이 때 원래의 점 $P(x, y, z)$에 밀림변환을 한 결과인 점 $P'(x', y', z')$ 은 다음과 같이 구할 수 있다.

$$P' = \begin{pmatrix} x' \\ y' \\ z' \\ 1 \end{pmatrix} = \begin{pmatrix} 1 & 0 & 2 & 0 \\ 0 & 1 & 1 & 0 \\ 0 & 0 & 1 & 0 \\ 0 & 0 & 0 & 1 \end{pmatrix} \begin{pmatrix} x \\ y \\ z \\ 1 \end{pmatrix} = SH_Z(2, 1) \cdot P$$

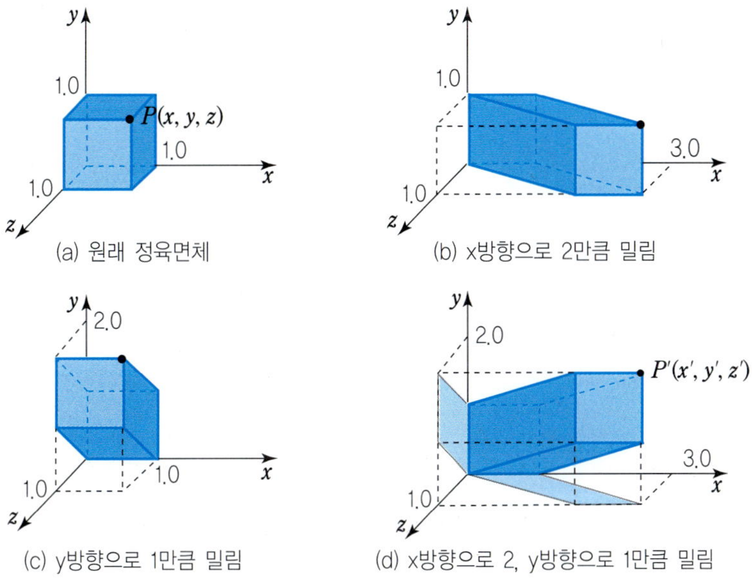

[그림 7-14] z축을 기준으로 하는 밀림변환

7.3.3 좌표계의 변환

앞 절에서 설명한 기하변환에서는 동일한 좌표계 내에서 객체의 위치와 크기, 그리고 방향 등이 변하였다. 좌표계는 고정되어 변화가 없으며 객체를 구성하고 있는 꼭짓점의 좌표값에 해당하는 기하변환을 수행한 것이다. 이와 반대로 객체를 변환하는 대신 좌표계를 변환하여 동일한 효과를 얻을 수 있다. 객체가 포함된 좌표계 전체를 이동하거나 회전시키면 객체를 반대 방향으로 이동 또는 회전시킨 것과 같은 결과가 나타나며, 좌표축의 간격을 늘리면 객체는 축소된 결과로 나타나고 간격을 줄이면 확대된 결과로 나타난다.

예를 들어, 그림 7-15에서와 같이 처음의 검은색 좌표계에서 한 점 P(12.0, 6.0, 3.0)가 주어졌다고 하자. 이 좌표계를 (8.0, 3.0, 2.0)만큼 이동변환을 하면 주어진 점 P는 이와 반대방향으로 (−8.0, −3.0, −2.0)만큼 이동한 결과가 되어 두 번째 좌표계에서 P'(4.0, 3.0, 1.0)이 된다. 그 다음 두 번째 좌표계를 (3.0, 1.0, 0.0)만큼 이동하고 각 좌표축의 간격을 절반으로 줄이면 주어진 점을 (−3.0, −1.0, 0.0) 만큼 이동한 후 각 좌표값을 2배로 확대한 결과가 된다. 즉, 최종적으로 변환된 점은 세 번째의 파란색 좌표계에서 P''(2.0, 4.0, 2.0)이 된다. 이와 같이 객체의 기하변환은 좌표계의 기하변환을 이용하여 표현할 수도 있다.

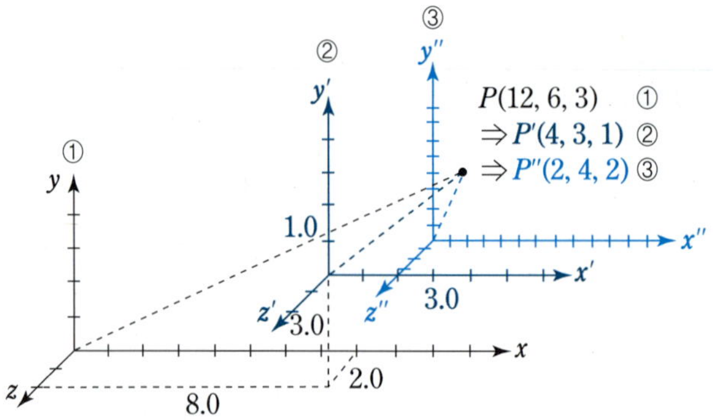

[그림 7-15] 좌표계의 이동과 점의 관계

좌표계의 기하변환으로 객체를 변환시키는 방법은 7.5절에서 설명할 뷰잉과정에서 중요하게 사용된다. 여러 개의 객체를 묶어서 새로운 객체를 만드는 경우, 각각의 객체는 자신의 좌표계에서 설계된 후 전체 그림을 위한 월드좌표계에서 원하는 위치로 배치되도록 좌표계 자체가 이동된다. 이러한 과정에서 각 객체들에 별도의 기하변환을 수행하여 옮기는 것보다 좌표계를 변환하여 한 번에 처리하는 것이 유리하다. 특히, 컴퓨터 애니메이션에서 수많은 객체가 묶여져 만들어진 하나의 객체가 움직일 때 각 객체의 개별적인 변환보다 좌표계변환으로 처리하면 매우 효과적이다.

그림 7-16의 자동차와 같은 경우 차체를 위한 모델좌표계와 바퀴를 위한 모델좌표계를 각각 설정하였다. 그러나 차체와 바퀴가 모여 하나의 자동차를 구성하므로 자동차 전체를 표현하기 위해서는 하나로 통합된 월드좌표계를 사용하였다. 자동차의 경우 바퀴가 회전하면서 자동차가 움직이므로 자동차 움직임에 대한 기하변환과 바퀴의 방향과 회전에 대한 기하변환

은 서로 다르게 적용되어야 한다. 자동차 전체의 움직임은 차체좌표계로 표현하여 좌표계변환을 적용하고, 바퀴의 움직임은 각각의 바퀴좌표계로 표현하여 좌표계변환을 적용하여 처리하면 자동차를 구성하는 각 부분의 움직임을 쉽게 표현할 수 있다.

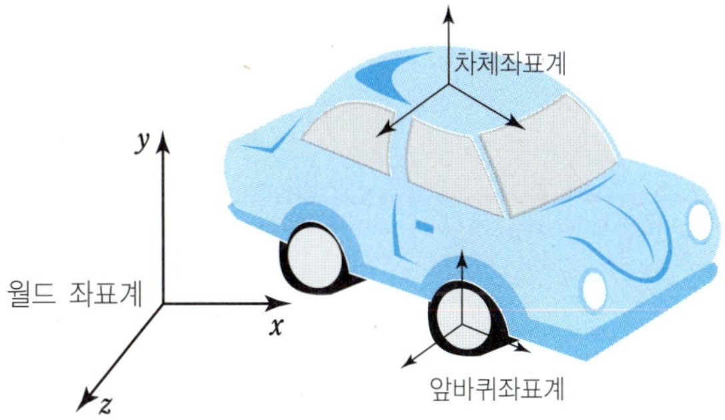

[그림 7-16] 자동차를 표현하기 위한 좌표계

7.4 투영(Projection)의 개념과 종류

3차원 공간에서의 그래픽 장면은 3차원 그래픽 객체들과 이들에 기하변환을 적용하여 작성된 객체들로 구성되어 있다. 일반적으로 3차원 장면이 출력이 되는 공간은 화면이나 프린터와 같은 2차원 평면이므로, 3차원 객체를 2차원 평면으로 투영시키는 과정이 필요하다. 이 절에서는 투영을 위하여 사용되는 좌표계의 설정방법과 투영의 종류에 대하여 알아본다.

7.4.1 3D 좌표계

기본적인 3차원 그래픽스 요소로부터 객체를 모델링하고 이를 투영시켜 2차원 그래픽 장면을 생성하는 과정에서 모델좌표계, 월드좌표계, 뷰잉좌표계 등 여러 가지 좌표계를 설정하여야 한다. 이러한 3차원 공간의 좌표계에는 축의 방향을 설정하는 방법에 따라 오른손 좌표계와 왼손 좌표계의 2가지가 있다. 그림 7-17에서 보듯이 오른손 좌표계와 왼손 좌표계에서 x축의 방향과 y축의 방향은 동일하나 z축은 정반대 방향을 향하고 있다.

컴퓨터 그래픽스에서 3차원 공간에 객체를 표현하고 투영하는데 주로 오른손 좌표계를 많이 사용하고 있지만 경우에 따라서는 투영에서 시점을 나타낼 때 왼손좌표계를 사용하기도 한다. 하지만, 이 책에서는 설명의 일관성을 위하여 3차원 그래픽스의 모델링 및 투영 과정을 표현하는데 오른손 좌표계를 사용하기로 한다.

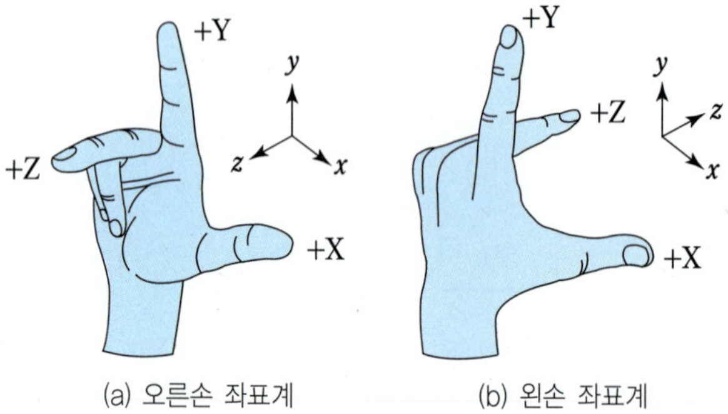

[그림 7-17] 오른손 좌표계와 왼손 좌표계

7.4.2 투영의 종류

3차원 공간에서 작성된 그래픽 객체들을 2차원 평면에 투영하는 방법에는 여러 가지가 있다. 일반적으로 투영방식은 상대적인 크기가 유지되는 평행투영(Parallel Projection)과 거리에 따라 크기가 다르게 투영되는 원근투영(Perspective Projection)으로 구분할 수 있다.

(1) 평행투영(Parallel Projection)

평행투영에서는 3차원 객체를 2차원 평면인 투영면에 일정한 각도로 투영을 시키며, 이 경우 모든 투영선이 평행이므로 원래 객체들 간의 상대적인 크기가 그대로 유지된다. 따라서 투영도에서 객체 간에 크기의 비교가 가능하게 되며, 이러한 이유로 평행투영은 기계나 건축설계의 도면 제도 등 CAD 분야에서 많이 사용되고 있다. 평행투영은 투영되는 각도에 따라 그림 7-18에서와 같이 직각투영, 등축투영, 경사투영으로 분류된다.

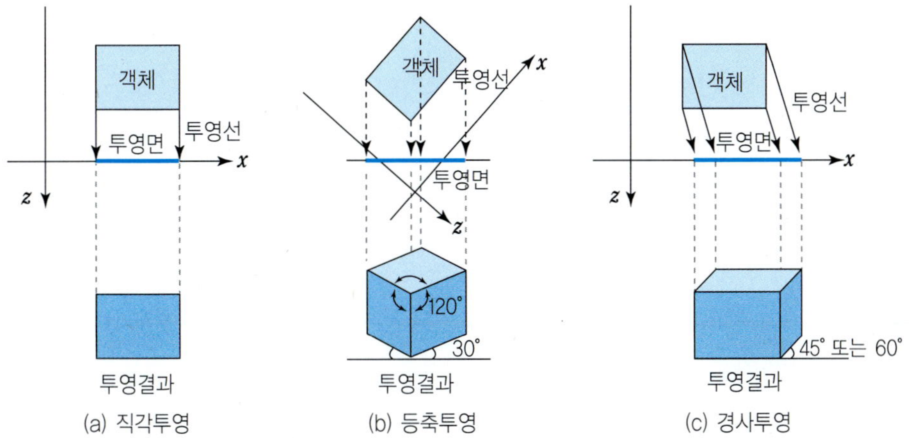

[그림 7-18] 객체의 평행투영

■ 직각투영(Orthographic Projection)

직각투영은 3차원 공간의 좌표계에서 x, y, z축 가운데 한 축과 투영방향이 동일하고 투영면은 이 축과 직각이 되도록 배치하여 투영하는 방법이다. 직각투영에서는 상대적인 크기가 유지되고 직각방향에서 바라본 각도도 유지되면서 객체의 모습이 투영면에 나타나므로 기계나 건축설계에 적절한 투영방식이다. 그러나 1개의 투영도로는 객체의 전체적인 모습을 파악하기 어려우므로 3차원 객체의 설계에는 여러 개의 투영도를 사용한다. 기계설계에서 많이 사용되는 3면도의 경우 앞, 옆, 위에서 각각 z축, x축, y축 방향으로 투영한 정면도, 측면도, 평면도, 그리고 별도로 작성된 조감도(또는 입체도)를 묶어서 같이 사용한다.

직각투영의 처리과정에서 가장 큰 장점은 변환과정의 계산이 매우 간단하다는 것이다. 투영방향이 z축 방향일 때, 즉 그림 7-18(a)와 같이 투영선이 z축과 평행하고 투영면이 $z = 0$인 xy평면인 경우 공간상의 임의의 점 $P(x, y, z)$를 투영시키면 투영된 점 $P'(x_p, y_p, z_p)$는 다음과 같이 z좌표값만 0으로 바꾸면 된다.

$$x_p = x, \quad y_p = y, \quad z_p = 0$$

마찬가지로 x축 방향으로 직각투영을 한 경우는 $x = 0$ 이 되고, y축 방향으로 직각투영을 한 경우는 $y = 0$으로 바꾸면 투영변환이 처리된다.

■ 등축투영(Axonometric Projection)

직각투영에서는 투영선이 축과 평행하고 이에 따라 투영면은 축과 직각방향이었지만, 등축투영에서는 투영면이 축과 직각이 아닌 방향으로 위치하고 있다. 대표적인 등축투영방식인 삼축투영(Isometric Projection)에서는 투영면이 각 축의 방향으로 같은 거리에 위치하고 이 평면에 직각방향으로 투영을 한다. 즉, 투영면은 $x+y+z=c$인 평면이 되며 모든 투영선의 방향은 이 평면에 직각인 $x=y=z$벡터와 평행이 된다. 등축투영은 설계도를 작성할 때 3면도의 조감도 또는 입체도로 많이 사용되며, 직각투영과 마찬가지로 투영결과에서 상대적인 크기는 유지되지만 각도는 유지되지 않는다. 그림 7-18(b)에서 보듯이 삼축투영의 경우 투영결과에서 객체의 수평방향이 화면의 수평선과 30° 각도를 이루게 되며, 원래 90°를 이루고 있던 꼭짓점에서의 세면은 각각 투영되어 120° 각도로 보인다.

■ 경사투영(Oblique Projection)

경사투영은 투영방향과 투영면이 직각방향이 아니고 일정한 다른 각도를 이루고 있는 경우이다. 즉, 그림 7-18(c)에서 보듯이 투영면의 최종결과를 바라보는 시점에서부터의 방향과 투영이 되는 투영선의 방향이 다른 각도를 이루고 있는 특수한 경우이다. 경사투영 방식으로 투영선의 각도가 45° 또는 60°인 경우가 많이 사용되고 있으며, 역시 투영결과에서 객체들의 상대적인 크기는 유지된다.

(2) 원근투영(Perspective Projection)

원근투영에서는 평행투영에서와 달리 투영선들이 평행을 이루지 않으며 따라서 투영면에 직각방향으로 투영이 되지 않는다. 평행투영에서는 투영방향만 설정하지만 원근투영에서는 하나의 시점(View Point)에서 3차원 객체를 바라본 모습이 2차원 투영면에 나타나므로 모든 투영선이 시점에 모이게 된다. 즉, 그림 7-19에서와 같이 3차원 공간의 객체를 구성하는 각 꼭짓점 P와 시점 V_p를 연결하는 직선이 투영면과 만나는 교차점 P'에 투영이 된다.

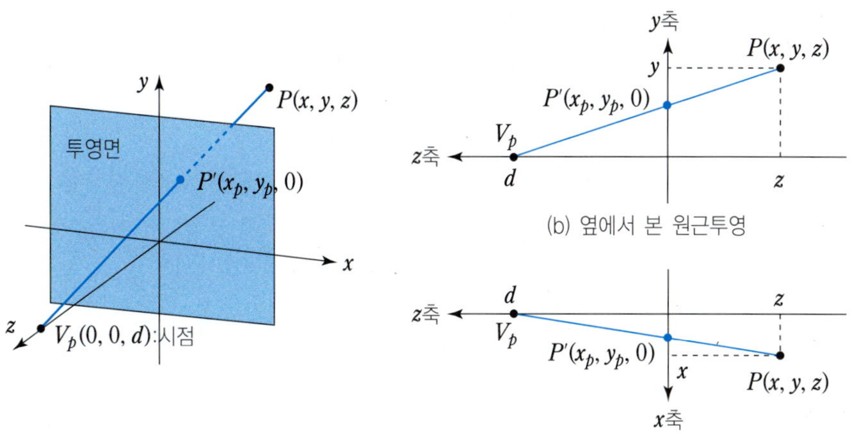

(a) 점의 원근 투영 (b) 옆에서 본 원근투영 (c) 위에서 본 원근투영

[그림 7-19] 공간상의 한 점이 원근투영된 경우

원근투영을 이용하면 시점에서 멀리 떨어져 있는 객체는 작게 투영되고, 가까이 있는 객체는 상대적으로 크게 투영이 되므로, 사람의 눈으로 3차원 사물을 보듯이 보다 현실감 있는 투영결과를 얻을 수 있다. 그림 7-19에서 보듯이 z축 상에 있는 시점 $V_p(0, 0, d)$를 기준으로 임의의 점 $P(x, y, z)$를 원근투영시켰을 때, 투영면(z=0)에 나타나는 투영점 $P'(x_p, y_p, z_p)$의 좌표값 x_p, y_p, z_p는 다음 식과 같이 구할 수 있다.

$$x_p = \frac{d \cdot x}{d - z}, \quad y_p = \frac{d \cdot y}{d - z}, \quad z_p = 0$$

여기서 x와 y의 값이 주어졌을 때, d는 상수이므로 투영된 좌표 x_p와 y_p는 시점으로부터의 거리인 $(d - z)$에 반비례한다. 따라서 공간상의 두 점이 x와 y좌표는 같은 값이고 z좌표값만이 서로 다른 경우, 시점으로부터 멀리 떨어져 있는 점이 가까이 있는 점보다 투영면에서 x와 y의 좌표값이 작게 된다. 즉, 멀리 떨어져 있는 점이 투영면에서 원점에 더 가깝게 투영되어 나타난다.

7.5 뷰잉변환(Viewing Transformation)

앞 절에서 설명한 바와 같이 3차원 공간에서 작성된 객체는 최종적으로 2차원 화면에 투영되어 나타난다. 3차원 공간의 월드좌표계로 표현된 객체는 각종 투영과정이 용이하게 처리되도록 설정된 뷰잉좌표계로 바꾸는 뷰잉변환을 거쳐야 한다. 이와 같이 3차원 공간에서 모델링부터 최종 출력까지 좌표계를 변환하는 일련의 3차원 뷰잉과정에 대하여 알아본다.

7.5.1 뷰잉과정

3차원 그래픽 장면이 2차원 화면에 출력되는 과정을 자세히 살펴보자. 우선 3차원 공간에서 각 객체에 적합한 모델좌표계에서 3차원 객체들이 표현되고, 이들 객체에 모델링변환을 하여 3차원 공간의 월드좌표계에서 통합한다. 이렇게 하나의 좌표계로 표현된 3차원 객체들은 뷰잉변환을 거쳐서 뷰잉좌표계로 표현된 후 설정된 조건에 따라 투영면에 2차원 그림으로 투영변환이 된다. 최종적으로 2차원 그래픽스와 마찬가지로 윈도우-뷰포트 변환이 적용되어 출력장치에 나타난다. 이와 같이 3차원 그래픽 객체의 생성부터 출력까지의 전체 과정을 3차원 그래픽스의 뷰잉과정이라고 한다. 그림 7-20에서는 뷰잉과정의 전체 과정에 대하여 단계별로 좌표계의 변환과정을 보여주고 있다.

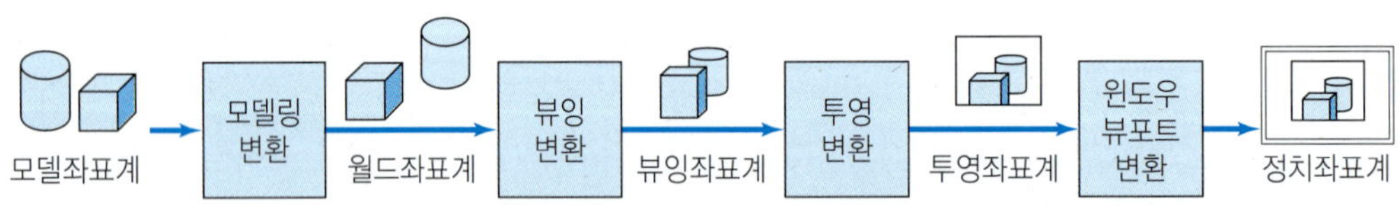

[그림 7-20] 3차원 그래픽스의 뷰잉과정

3차원 뷰잉과정 중에서 뷰잉변환은 월드좌표계로 통합된 3차원 객체들을 투영변환이 쉽게 적용될 수 있도록 뷰잉좌표계로 바꾸어 표현하는 과정이다. 뷰잉변환 단계에서 뷰평면과 뷰잉좌표계를 설정하면 다음 단계인 투영변환에서 사용될 뷰볼륨 및 투영면을 뷰잉좌표계에서 지정할 수 있다. 뷰잉좌표계는 투영변환을 위하여 사용되는 좌표계로서 대개의 경우 투영방향은 z축 방향이고 투영이 되는 뷰평면은 xy평면으로 설정하여 사용한다. 물론 임의의 위치와 방향으로 뷰잉좌표계를 설정할 수 있으며 이에 대해서는 7.5.2절에서 설명한다.

뷰잉좌표계의 설정이 완료되면, 월드좌표계에서 표현된 3차원 객체들을 뷰잉좌표계로 바꾸는 뷰잉변환을 실행한다. 이를 위하여 월드좌표계와 뷰잉좌표계 사이에 실행되는 좌표계변환은 7.5.3절에서 자세히 설명한다. 그림 7-21에서는 월드좌표계에서 표현된 객체가 뷰잉좌표계로 설정된 뷰평면에 투영되어 나타나는 것을 보여준다.

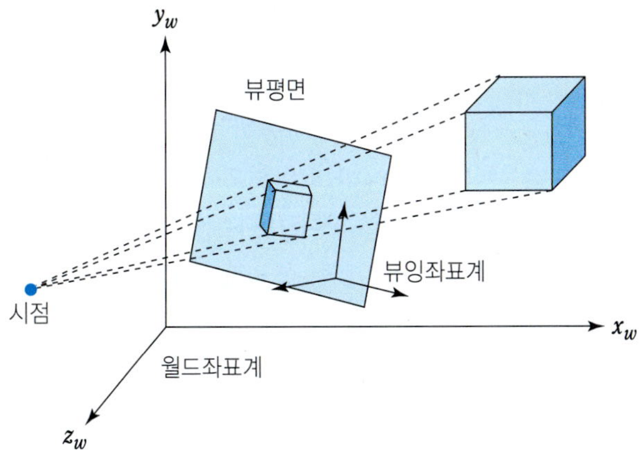

[그림 7-21] 월드좌표계와 뷰잉좌표계

투영변환은 월드좌표계에서 뷰잉좌표계로 변환된 3차원 객체를 2차원 뷰평면에 투영시켜 투영좌표계로 변환시키는 과정이다. 투영의 방식 중에서 평행투영을 적용하면 객체의 상대적인 크기가 유지되며, 원근투영을 적용하면 현실감 있는 장면을 얻을 수 있다. 투영변환의 처리과정 및 변환행렬에 대해서는 7.6절에서 자세히 설명한다. 또한, 투영변환을 수행하고 나면 직각형태의 뷰볼륨이 되므로 클리핑을 쉽게 처리할 수 있다.

투영변환을 거쳐 뷰평면에 투영된 그래픽 장면은 5장의 2차원 그래픽스의 뷰잉과정에서와 마찬가지로 윈도우-뷰포트 변환과정에서 출력장치의 장치좌표계로 표현된다. 요즈음 대부분의 출력장치는 래스터방식이므로 장치좌표가 픽셀단위로 표현되며 이에 따라 장치좌표계로 변환하는 좌표변환에서 정수 값으로 바꾸어 준다. 이러한 일련의 뷰잉과정을 거치면서 3차원 그래픽 장면이 최종적으로 픽셀단위의 장치좌표계로 표현되어 출력장치에 나타난다.

7.5.2 뷰잉좌표계(Viewing Coordinate System)의 설정

투영변환이 실행되기 위해서는 투영면인 뷰평면과 클리핑 공간을 의미하는 뷰볼륨, 그리고 투영의 종류에 따라 투영방향 또는 투영중심점을 지정하여야 한다. 투영에 대한 이러한 조건들을 지정하기 위하여 뷰잉변환 단계에서 설정하는 뷰잉좌표계를 이용하면 조건값의 설정이나 투영변환의 처리과정이 간단해진다. 예를 들어, 7.4절에서 보았듯이 $z = 0$인 면을 뷰평면으로 설정하고 평행투영을 하는 경우 모든 객체의 z좌표값만을 0으로 바꾸면 된다.

뷰잉좌표계의 설정은 우리가 사진을 찍는데 사용하는 카메라에 비유하면 쉽게 설명될 수 있다. 일반적으로 사진을 찍을 때 우선 카메라의 위치와 바라보는 방향을 조정하여 찍을 대상을 결정한다. 이와 동시에 수평 또는 수직 등 어느 각도로 찍을지 결정하기 위하여 카메라 자체의 회전 각도도 조절한다. 카메라로 사진을 찍기 위해서는 카메라 안에 필름이 있어야 하는데 필름이 바로 투영면인 뷰평면에 해당된다. 이 때 카메라의 위치에 따라 필름의 위치가 결정하므로 이는 뷰평면의 기준점(VRP, View Reference Point)을 결정하는 것과 동일하다. 그리고 카메라가 바라보는 방향은 필름과 직각방향이므로 뷰평면의 법선벡터(VPN, View Plane Normal Vector)가 된다. 카메라를 옆으로 돌린 각도는 카메라 위쪽의 방향을 지정하여 각도를 표현할 수 있으며 이는 뷰평면의 위쪽을 지정해주는 뷰업벡터(VUP, View Up Vector)가 된다.

여기에서 설명한 세 가지 요소인 뷰의 기준점(VRP), 그리고 뷰평면의 법선벡터(VPN)와 뷰업벡터(VUP)를 지정함으로서 뷰잉좌표계는 결정된다. 그림 7-22(a)에서 보듯이 뷰의 기준점이 뷰잉좌표계의 원점이 되며, 시선은 $-z$ 방향이므로 법선벡터의 방향이 뷰잉좌표계의 z축이 된다. 그리고 뷰잉좌표계에서 y축은 시선의 위쪽을 향하므로 뷰업벡터의 방향을 y축으

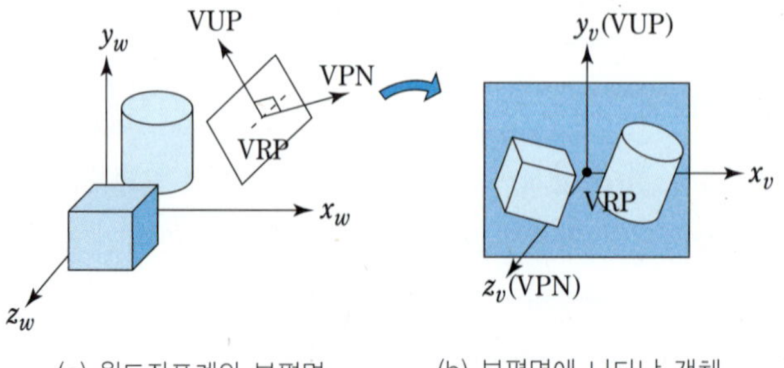

(a) 월드좌표계와 뷰평면 (b) 뷰평면에 나타난 객체

[그림 7-22] 뷰잉좌표계의 설정

로 하면 된다. 이 때, 그림 7-22(b)에서와 같이 y축에서 오른쪽으로 수직인 방향이 자동적으로 x축이 되어 뷰잉좌표계의 모든 축이 결정된다.

7.5.3 월드좌표계에서 뷰잉좌표계로 변환

월드좌표계의 객체들을 투영을 위하여 뷰잉좌표계로 변환시키려면 각 객체들을 기하변환시켜야 한다. 이 때, 객체에 기하변환을 적용하는 대신 월드좌표계와 뷰잉좌표계 간의 좌표계변환을 적용해도 동일한 결과를 얻을 수 있다. 좌표계의 변환은 7.3.3절에서 보았듯이 객체의 기하변환과 반대의 효과가 나타난다. 따라서, 월드좌표계에서 뷰잉좌표계로 객체를 뷰잉변환시키는 것은 뷰잉좌표계를 월드좌표계로 좌표계변환을 시키는 것과 동일하다. 그림 7-23에서는 뷰잉좌표계를 월드좌표계로 옮기는 좌표계변환의 과정을 보여 주는데, 월드좌표계와 뷰잉좌표계가 그림 7-23(a)와 같이 주어졌을 때 변환과정의 각 단계는 다음과 같다.

① 뷰잉좌표계를 이동시켜 월드좌표계와 뷰잉좌표계의 원점을 일치시킨다(그림 7-23(b)).
② 월드좌표계의 x축을 중심으로 뷰잉좌표계를 회전시킨다. 이 때, 뷰잉좌표계의 z축이 월드좌표계의 zx평면에 위치하도록 한다(그림 7-23(c)).
③ 월드좌표계의 y축을 중심으로 뷰잉좌표계를 회전시켜서 두 좌표계의 z축을 일치시킨다(그림 7-23(d)).
④ 월드좌표계의 z축을 중심으로 뷰잉좌표계를 회전시켜서 두 좌표계의 y축을 일치시킨다(그림 7-23(e)).
⑤ x축은 자동적으로 결정되어 그림 7-23(f)와 같이 두 좌표계는 일치된다.

이와 같은 과정을 거쳐 뷰잉좌표계를 월드좌표계로 일치시키는 좌표계변환을 수행하면 모든 객체가 뷰잉좌표계로 변환되어 투영변환을 적용할 준비가 완료된다.

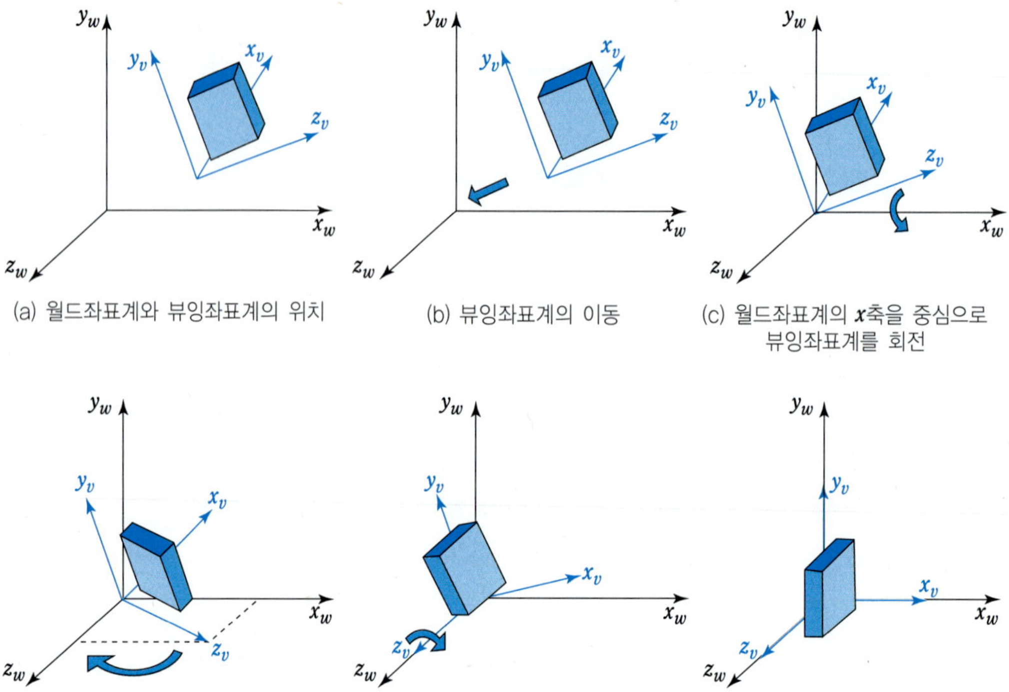

(a) 월드좌표계와 뷰잉좌표계의 위치

(b) 뷰잉좌표계의 이동

(c) 월드좌표계의 x축을 중심으로 뷰잉좌표계를 회전

(d) 월드좌표계의 y축을 중심으로 뷰잉좌표계를 회전

(e) 월드좌표계의 z축을 중심으로 뷰잉좌표계를 회전

(f) 두 좌표계의 일치

[그림 7-23] 월드좌표계에서 뷰잉좌표계로의 변환

7.6 투영을 위한 변환

모델링변환과 뷰잉변환을 거친 3차원 그래픽 객체들은 다음단계로 2차원 뷰평면에 투영된다. 투영변환에서 뷰평면에 투영이 되는 공간영역의 모양은 투영방식에 따라 차이가 있다. 직각투영에서는 직육면체 형태의 공간 내에 있는 객체가 투영되지만, 원근투영이 적용되는 공간은 윗부분이 잘린 사각뿔의 형태이다. 이 절에서는 투영이 적용되는 공간의 모양과 투영방법에 따른 처리과정 및 변환행렬을 알아본다.

7.6.1 뷰볼륨(View Volume)

투영변환에서 뷰평면의 윈도우에 투영되는 객체들은 3차원 공간에서 일정한 영역 내에 존재한다. 이 때 투영변환이 적용되는 3차원 공간의 영역을 뷰볼륨이라고 하며 투영방법에 따라 뷰볼륨의 모양이 다르다. 그림 7-24에서 보듯이 평행투영에서는 직육면체의 형태를 가지는 평행뷰볼륨이며, 원근투영에서는 윗부분이 절단된 사각뿔의 형태인 프러스텀 뷰볼륨(Frustum View Volume)이다. 이들 뷰볼륨은 앞평면, 뒷평면, 그리고 4방향의 옆평면으로 둘러싸인 공간으로 이 영역 내부에 있는 객체만이 뷰평면의 윈도우로 투영되고, 윈도우 내의 그림이 윈도우-뷰포트 변환에 따라 뷰포트로 출력된다.

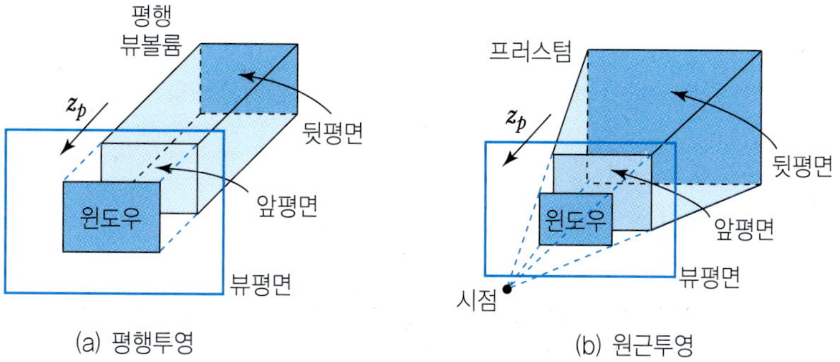

[그림 7-24] 투영방법에 따른 뷰볼륨의 모양

평행투영 중에서 직각투영의 경우에는 평행뷰볼륨이 직육면체로서 투영방향과 수직이므로 7.4.2절에서 보았듯이 투영변환이 매우 간단해진다. 원근투영의 경우 프러스텀 형태의 뷰볼륨에서 직접 투영하는 것은 매우 복잡한 과정이므로 프러스텀 뷰볼륨의 공간과 여기에 포함된 객체들을 평행뷰볼륨 형태의 공간으로 변환시킨다. 원근투영의 뷰볼륨을 평행뷰볼륨으로 변환하는 과정은 7.6.3절에서 설명하며, 그 결과 직각투영이 가능하게 되므로 투영과정이 간단해진다.

또한, 직육면체 모양의 평행뷰볼륨을 크기가 1 또는 2인 정육면체 모양으로 정규화시켜 놓으면 뷰볼륨 안의 모든 객체가 0과 1사이 또는 −1과 1사이의 실수로 표현되므로 일부 처리과정이 간단해진다. 예를 들어, 정규화된 뷰볼륨을 직각투영하면 뷰평면에 나타나는 2차원 윈도우도 정규화되어 있으므로 5.5.2절에서 보았듯이 다양한 장치좌표계로의 좌표변환이 간단해진다. 한편, 투영변환이 수행되기 전에 뷰볼륨에서 벗어난 객체들을 제거하는 클리핑 과정을 수행하여야 한다. 이 때 뷰볼륨이 정규화되어 있으면 뷰볼륨의 경계면을 나타내는 식이 x

$=0$, $x=1$, $y=0$, $y=1$, $z=0$, $z=1$와 같이 단순해지고, 객체의 클리핑은 단순화된 경계면에서 내부에 포함되는지 결정하면 된다. 그림 7-25는 직각투영과 원근투영에서의 뷰볼륨인 평행뷰볼륨과 프러스텀뷰볼륨을 보여주고 있다. 같은 모양의 물체가 각 뷰볼륨 내에서 존재하고 있는데 투영면에 나타나는 그림의 크기와 모양은 서로 다른 것을 볼 수 있다.

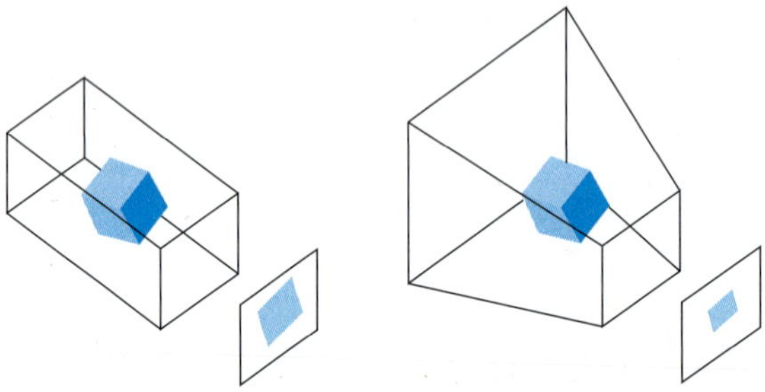

[그림 7-25] 직각투영과 원근투영의 뷰볼륨에서 투영 결과

7.6.2 평행투영(Parallel Projection)의 변환행렬

앞 절에서 보았듯이 직각투영의 경우에는 투영과정과 클리핑의 처리가 간단해진다. 이 절에서는 평행투영 중에서 직각투영과 경사투영에 대한 변환행렬을 알아본다. 경사투영의 경우에는 뷰볼륨의 공간을 밀림변환한 후 직각투영을 적용하여 처리하는 방식으로 변환행렬을 구할 수 있다.

■ 직각투영(Orthographic Projection)

직각투영의 경우 뷰볼륨이 직육면체 형태이며 뷰잉좌표계의 각 축에 수직방향으로 놓여 있다. 따라서 축의 방향으로 직각투영을 하면 7.4.2절에서 설명하였듯이 그 축에 해당하는 좌표값만 0으로 바뀌면 되므로 변환과정이 매우 간단해진다. 투영방향이 z축방향이고 뷰평면이 $z=0$인 xy평면인 경우 공간상의 임의의 점 $P(x, y, z)$가 투영된 점 $P'(x_p, y_p, z_p)$는 $(x, y, 0)$이 되며, 변환행렬로 표현하면 다음과 같다.

$$P' = \begin{pmatrix} x_p \\ y_p \\ z_p \\ 1 \end{pmatrix} = \begin{pmatrix} 1 & 0 & 0 & 0 \\ 0 & 1 & 0 & 0 \\ 0 & 0 & 0 & 0 \\ 0 & 0 & 0 & 1 \end{pmatrix} \begin{pmatrix} x \\ y \\ z \\ 1 \end{pmatrix} = M_{ortho} \cdot P$$

즉, 뷰잉좌표계의 공간에서 임의의 한 점 P가 직각투영이 되어 P'이 되었을 때 직각투영의 변환행렬을 이용하여 $P' = M_{ortho} \cdot P$로 표현된다.

경사투영(Oblique Projection)

그림 7-26(a)는 경사투영의 뷰볼륨을 위에서 바라본 그림으로, 경사투영은 객체의 투영방향이 시점의 방향인 z축과 다르므로 이에 따라 뷰볼륨도 직육면체 형태가 아니다. 경사투영에서 기울어진 형태의 평행뷰볼륨을 그림 7-26(b)와 같이 직육면체 형태로 밀림변환을 한다면 직각투영을 적용할 수 있으므로 투영과정이 간단히 처리된다.

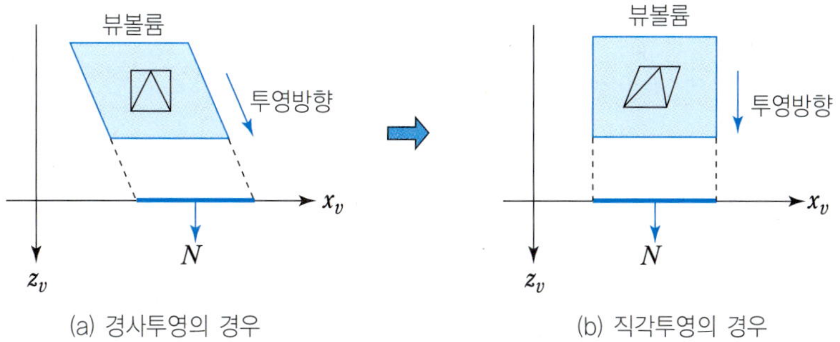

[그림 7-26] 경사투영에 있어서 뷰볼륨의 밀림변환

경사투영의 변환행렬을 구하기 위하여 공간상의 한 점이 경사투영으로 좌표가 변환되는 과정을 그림 7-27에서 보여주고 있다. 뷰평면이 z=0일 때, 임의의 점 $P(x, y, z)$가 α의 각도로 경사투영된 점의 좌표를 $P' = (x_p, y_p, 0)$이라고 하자. 투영선과 뷰평면이 이루는 각도 α는 경사투영의 결과인 그림 7-27(b)에서의 각도 α와도 동일하다. 이 때, 점 P를 직각투영한 점 $(x, y, 0)$과 경사투영한 점 $P' = (x_p, y_p, 0)$사이의 선분의 길이를 L, 이 선분이 x축과 이루는 각도를 ϕ라 하면, 좌표값 x_p와 y_p는 다음과 같이 구할 수 있다.

$$L = z\cot\alpha$$
$$x_p = x + L\cos\phi = x + z\cot\alpha\cos\phi$$
$$y_p = y + L\sin\phi = y + z\cot\alpha\sin\phi$$

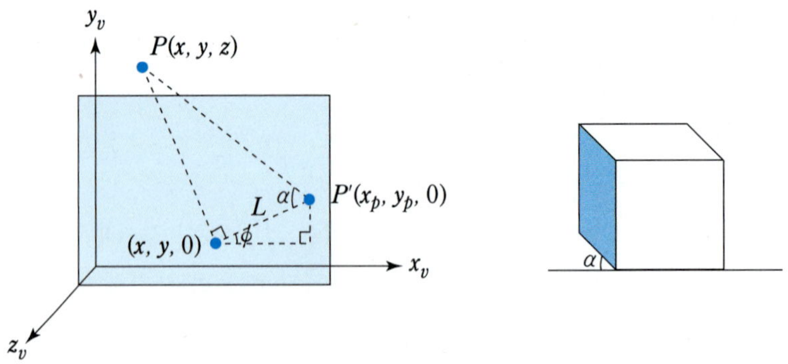

(a) 공간상의 한 점이 경사투영된 경우 (b) 경사투영의 경우

[그림 7-27] 경사투영에서의 좌표변환

위의 식은 밀림변환과 직각투영을 합성한 변환과 동일하며, 이를 변환행렬을 이용하여 표현하면 다음과 같다.

$$P' = \begin{pmatrix} x_p \\ y_p \\ z_p \\ 1 \end{pmatrix} = \begin{pmatrix} 1 & 0 & \cot\alpha\cos\phi & 0 \\ 0 & 1 & \cot\alpha\sin\phi & 0 \\ 0 & 0 & 0 & 0 \\ 0 & 0 & 0 & 1 \end{pmatrix} \begin{pmatrix} x \\ y \\ z \\ 1 \end{pmatrix} = M_{obliq} \cdot P$$

즉, 공간상의 한 점 P가 경사투영이 되어 P'이 되었다면 경사투영의 변환행렬을 이용하여 $P' = M_{obliq} \cdot P$와 같이 표현된다.

7.6.3 원근투영(Perspective Projection)의 변환행렬

원근투영의 경우 투영의 방향이 시선의 방향과 다를 수도 있으므로 모든 경우를 포함하는 일반적인 경사원근투영에 대하여 변환과정을 알아보자. 그림 7-28에서와 같이 경사원근투영의 뷰볼륨은 기울어진 프러스텀의 형태이다. 계산상의 편의를 위해 시점을 뷰잉좌표계의 원점에 위치시키고, 윈도우가 설정되는 뷰평면의 법선벡터는 z축 방향이라고 하자.

이 때 그림 7-28의 프러스텀 뷰볼륨은 다음과 같은 조건 값들이 주어져야 그 모양이 결정된다. 우선 뒷평면과 앞평면의 z좌표인 $-F$와 $-N$의 값이 필요하고 윈도우가 있는 뷰평면의 z 좌표 위치인 $-d$의 값이 필요하다. 그리고 윈도우에서 양 끝점의 좌표값을 지정함으로서 프러스텀에서 4방향의 옆평면을 설정할 수 있다. 즉, 윈도우에서 왼쪽 경계인 최소 x좌표값을 L,

아래쪽 최소 y좌표값을 B라 하고, 오른쪽 경계인 최대 x좌표값을 R, 위쪽 최대 y좌표값을 T라 할 때 이들 좌표값을 지정하면 프러스텀 뷰볼륨의 모양이 결정된다.

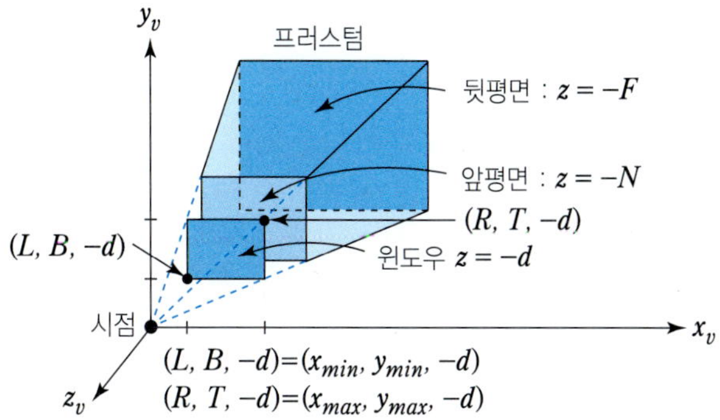

[그림 7-28] 원근투영의 값 설정

프러스텀 뷰볼륨 내의 임의의 객체가 윈도우 평면에 투영되는 과정을 쉽게 계산하기 위해, 원근투영의 프러스텀 뷰볼륨을 직육면체 형태의 뷰볼륨으로 변환시키고 직각투영을 적용한다. 이 과정에서 밀림변환, 신축변환 및 정규화를 적용하게 된다. 뷰볼륨을 정규화시키면 클리핑이 간단히 처리되며, 다양한 크기의 장치좌표계로 객체를 변환시키기 쉽다.

참고 프러스텀 뷰볼륨에서 투영과정의 변환행렬 구하기

프러스텀 뷰볼륨 내의 임의의 객체가 윈도우 평면에 투영되는 과정의 변환행렬을 살펴보자. 원근투영의 프러스텀을 직육면체 형태의 뷰볼륨으로 변환시켜 직각투영을 적용한다면 변환행렬을 쉽게 구할 수 있다. 이를 위하여 그림 7-29에서와 같이 밀림변환과 신축변환, 그리고 정규화를 수행하여 원근투영의 변환행렬을 얻는다. 그림 7-28에서 설정된 프러스텀을 위에서 바라보면 원근투영이 되는 모습이 그림 7-29(a)와 같이 나타난다. 이 때, 뷰볼륨 내의 점 $P(x, y, z)$가 뷰평면 $z=-d$에 원근투영이 된 점 $Q(x_p, y_p)$는 다음의 3단계 과정으로 구할 수 있다.

① 밀림변환 M_{shear} : 경사원근투영의 뷰볼륨을 직각원근투영의 뷰볼륨으로 변환한다. 경사원근투영에서의 점 $P(x, y, z)$를 직각원근투영으로 변환시킨 점 $P'(x', y', z')$을 구한다(그림 7-29(b)).

② 신축변환 M_{scale} : 직각원근투영의 뷰볼륨을 45° 각도의 뷰볼륨으로 신축변환을 한다. 단계 ①에서 구한 점 $P'(x', y', z')$을 기하변환시킨 점 $P''(x'', y'', z'')$를 구한다(그림 7-29(c)).

③ 정규화 M_{normal} : 직각원근투영의 뷰볼륨을 정육면체 형태로 정규화하여 직각투영이 적용되도록 만든다. 앞 단계에서 구한 점 $P''(x'', y'', z'')$을 정규화시킨 점 $P'''(x''', y''', z''')$를 구하고 (그림 7-29(c)), 이를 직각투영시켜 투영점 $Q(x_p, y_p)$를 구한다.

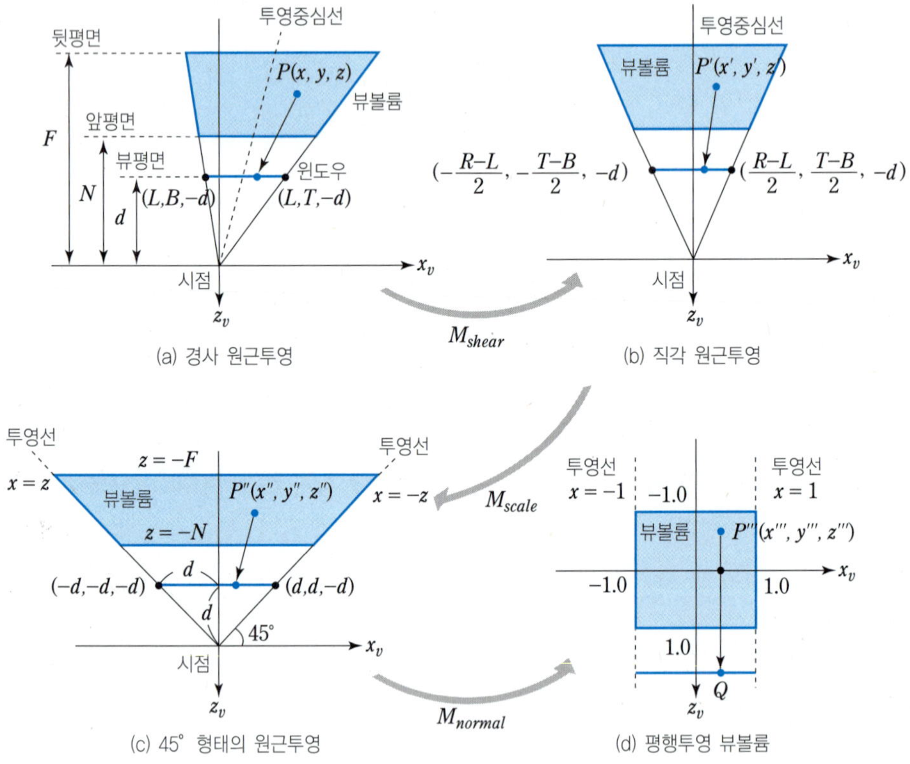

[그림 7-29] 직각투영을 이용하여 원근투영된 점을 구하는 과정

단계 ①은 기울어진 프러스텀 뷰볼륨을 변환시켜 좌우대칭인 수직방향의 프러스텀으로 바꾸는 과정이다. 즉, 프러스텀의 중심축이 되는 투영중심선을 그림 7-29(b)와 같이 z축과 일치하도록 뷰볼륨 내의 객체에 대하여 밀림변환을 적용한다. 이 때, 공간상의 점 P의 x및 y좌표값의 변화량은 시점까지의 거리인 d에 비례하므로, $z=-d$ 위치에 있는 뷰평면에서는 윈도우가 $\left(-\frac{R+L}{2}, -\frac{T+B}{2}\right)$ 만큼 밀리는 결과가 된다. 따라서, 그림 7-28에서 윈도우 양끝 점의 좌표 $(L, B, -d)$와 $(R, T, -d)$는 각각 $\left(-\frac{R-L}{2}, -\frac{T-B}{2}, -d\right)$와 $\left(\frac{R-L}{2}, \frac{T-B}{2}, -d\right)$로 변환된다. 공간상의 점 $P(x, y, z)$가 이와 같이 밀림변환이 적용되어 $P'(x', y', z')$이 되었다면 다음과 같이 변환행렬로 표현할 수 있다.

$$P' = \begin{pmatrix} x' \\ y' \\ z' \\ 1 \end{pmatrix} = \begin{pmatrix} 1 & 0 & \frac{R+L}{2d} & 0 \\ 0 & 1 & \frac{T+B}{2d} & 0 \\ 0 & 0 & 1 & 0 \\ 0 & 0 & 0 & 1 \end{pmatrix} \begin{pmatrix} x \\ y \\ z \\ 1 \end{pmatrix} = M_{shear} \cdot P$$

다음 단계의 변환은 45° 각도의 피라미드 모양을 갖는 뷰볼륨으로 바꾸는 신축변환이다. 그 결과로 그림 7-29(c)에서 보듯이 윈도우 양 끝점의 좌표 $\left(-\frac{R-L}{2}, -\frac{T-B}{2}, -d\right)$와 $\left(\frac{R-L}{2}, \frac{T-B}{2}, -d\right)$는 각각 $(-d, -d, -d)$와 $(d, d, -d)$로 변환된다. 이와 같이 변환되려면 각각 x방향으로 $\frac{2d}{R-L}$, y방향으로 $\frac{2d}{T-B}$만큼 신축하면 된다. 공간상의 점 $P'(x', y', z')$가 단계 ②의 신축변환이 적용되어 $P''(x'', y'', z'')$이 되었다면 동차좌표계로 표현된 변환행렬식은 다음과 같다.

$$P'' = \begin{pmatrix} x'' \\ y'' \\ z'' \\ 1 \end{pmatrix} = \begin{pmatrix} \frac{2d}{R-L} & 0 & 0 & 0 \\ 0 & \frac{2d}{T-B} & 0 & 0 \\ 0 & 0 & 1 & 0 \\ 0 & 0 & 0 & 1 \end{pmatrix} \begin{pmatrix} x' \\ y' \\ z' \\ 1 \end{pmatrix} = M_{scale} \cdot P'$$

단계 ③은 피라미드 모양 내의 뷰볼륨을 그림 7-29(d)와 같이 -1.0에서 1.0사이의 크기를 갖는 정육면체 형태의 정규화 뷰볼륨으로 바꾸는 선형변환 과정이다. 이 과정의 기하변환을 구하기 위하여 우선 x좌표에 대하여 살펴보면, 프러스텀 뷰볼륨에서 경사부분의 공간인 $z'' \le x'' \le -z''$ 범위의 좌표가 $-1 \le x''' \le 1$ 인 공간의 좌표로 변환된다. y좌표에 대해서도 마찬가지로 $z'' \le y'' \le -z''$ 의 범위가 $-1 \le y''' \le 1$ 로 변환된다. 이 과정은 $-z''$ 에 반비례하는 $x''' = -\frac{x''}{z''}$ 이고 $y''' = -\frac{y''}{z''}$ 인 변환이므로, 이를 $h = 1$인 동차좌표계로 표현하면 프러스텀 뷰볼륨의 점 $(x'', y'', z'', 1)$ 이 정규화 평행뷰볼륨의 점 $\left(\frac{x''}{-z''}, \frac{y''}{-z''}, z''', 1\right)$ 로 변환된다.

한편, z좌표값은 $-z$값에 반비례하는 선형변환이므로 $z''' = \frac{az''+b}{-z''}$ 와 같은 방정식으로 표현해 보자. 이 때, $-F \le z'' \le -N$ 인 공간의 좌표가 $-1 \le z''' \le 1$ 로 변환되므로 이 두 개의 조건을 대입하여 방정식을 풀면 $a = -\frac{F+N}{F-N}$ 이 되며, $b = -\frac{2FN}{F-N}$ 이 된다. 따라서, 정규화 뷰볼륨을 구하는 과정을 동차좌표계로 표현하면 $(x'', y'', z'', 1)$ 이 $\left(\frac{x''}{-z''}, \frac{y''}{-z''}, \frac{az''+b}{-z''}, 1\right)$ 로 바뀌는 변환이

된다. 한편, 5.2절에서 언급한 바와 같이 동차좌표계의 점 $P(X, Y, Z, h)$ 에서 h가 다르더라도 $\left(\frac{X}{h}, \frac{Y}{h}, \frac{Z}{h}\right)$의 값이 같으면 3차원 기하공간의 동일한 좌표로 대응된다. 이에 근거하여, $h=-z''$으로 설정하면 변환된 좌표는 동차좌표 $(x'', y'', az''+b, -z'')$와 동등하게 표현할 수 있으며, 단계 3의 결과인 점 $P'''(x''', y''', z''', h)$를 구하는 변환행렬식은 다음과 같이 표현된다. 여기서, $h=-z''$으로 설정하였으므로 변환행렬의 마지막 행은 (0 0 −1 0)이 된다.

$$P''' = \begin{pmatrix} x''' \\ y''' \\ z''' \\ h \end{pmatrix} = \begin{pmatrix} 1 & 0 & 0 & 0 \\ 0 & 1 & 0 & 0 \\ 0 & 0 & -\frac{F+N}{F-N} & -\frac{2FN}{F-N} \\ 0 & 0 & -1 & 0 \end{pmatrix} \begin{pmatrix} x'' \\ y'' \\ z'' \\ 1 \end{pmatrix} = M_{normal} \cdot P''$$

뷰볼륨에 대한 세 단계의 변환행렬식 $M_{normal} \cdot M_{scale} \cdot M_{shear}$을 하나의 행렬식 M_{persp}으로 바꾸면 프러스텀 뷰볼륨 내의 점 P가 평행투영 뷰볼륨의 점 P'''이 되는 전체 변환과정을 다음과 같이 표현할 수 있다.

$$P''' = \begin{pmatrix} x''' \\ y''' \\ z''' \\ h \end{pmatrix} = \begin{pmatrix} \frac{2d}{R-L} & 0 & \frac{R+L}{R-L} & 0 \\ 0 & \frac{2d}{T-B} & \frac{T+B}{T-B} & 0 \\ 0 & 0 & -\frac{F+N}{F-N} & -\frac{2FN}{F-N} \\ 0 & 0 & -1 & 0 \end{pmatrix} \begin{pmatrix} x \\ y \\ z \\ 1 \end{pmatrix} = M_{persp} \cdot P$$

$$= M_{normal} \cdot M_{scale} \cdot M_{shear} \cdot P$$

마지막으로 정규화 뷰볼륨에서 직각투영을 적용하여 최종 결과로 투영되는 점 $Q(x_p, y_p)$의 좌표는 $x_p = \frac{x'''}{h}$, $y_p = \frac{y'''}{h}$ 로 구할 수 있다. 즉, 이 값은 $x_p = \frac{x'''}{-z''}$, $y_p = \frac{y'''}{-z''}$ 와 같다. 이와 같이 공간상의 점을 원근투영시키는 과정에서는 프러스텀을 정육면체 모양으로 변환시킨 후 직각투영을 이용하는 방법으로 투영점을 쉽게 구하도록 한다.

연습문제 EXERCISE

7-1 다음의 3차원 기하변환을 나타내는 행렬식에 대하여 교환법칙이 성립함을 증명하라.

(1) 연속적인 이동, 즉, $T(dx_1, dy_1, dz_1) \cdot T(dx_2, dy_2, dz_2) = T(dx_2, dy_2, dz_2) \cdot T(dx_1, dy_1, dz_1)$

(2) 연속적인 신축, 즉, $S(sx_1, sy_1, sz_1) \cdot S(sx_2, sy_2, sz_2) = S(sx_2, sy_2, sz_2) \cdot S(sx_1, sy_1, sz_1)$

(3) 연속적인 회전, 즉, $R_z(\theta_1) \cdot R_z(\theta_2) = R_z(\theta_2) \cdot R_z(\theta_1)$

7-2 공간상의 4개의 점 $A(0, 0, 0)$, $B(1.5, 0, 0)$, $C(0, 2, 0)$, $D(0, 0, 1)$를 꼭짓점으로 하는 4각뿔에 대하여 다음과 같은 변환을 실행하였을 때 변환 후의 꼭짓점의 좌표를 구하라.

(1) x축 방향으로 2배, y축 방향으로 1.5배, z축 방향으로 2배만큼 확대시켰을 때

(2) z축 주위로 반시계 방향으로 90° 만큼 회전시켰을 때

(3) x=2 인 평면에 대하여 반사시켰을 때

(4) x축을 기준으로 y방향으로 0.5만큼, z방향으로 0.3만큼 밀림변환을 하였을 때

7-3 위의 문제 7-2에서 주어진 각각의 변환에 대하여 해당하는 변환 행렬을 구하라.

7-4 점 (0, 0, 0)과 (1, 1, 1)을 꼭짓점으로 하는 단위 정육면체가 있다. 점 (1, 1, 1)에서 점 (0, 0, 0)을 향하고 있는 직선을 회전축으로 했을 때, 이 정육면체를 θ만큼 회전시키기 위한 변환행렬을 구하라.

7-5 다음 그림과 같이 2개의 좌표계가 주어져 있다. 축의 이름이 x, y, z인 좌표계가 기준이 되며, 2번째 좌표계가 u, v, w축으로 구성된다. 2번째 좌표계의 원점이 기준 좌표계에서 (−2, 4, 0)지점에 위치하며 u, v, w축의 단위벡터가 기준 좌표계에서 $u = \left(\frac{2}{3}, \frac{1}{3}, \frac{2}{3}\right)$, $v = \left(-\frac{2}{3}, \frac{2}{3}, \frac{1}{3}\right)$, $w = \left(-\frac{1}{3}, -\frac{2}{3}, \frac{2}{3}\right)$ 와 같이 주어져 있다. 2번째 좌표계를 원래의 기준 좌표계로 되돌리는 변환행렬을 구하라.

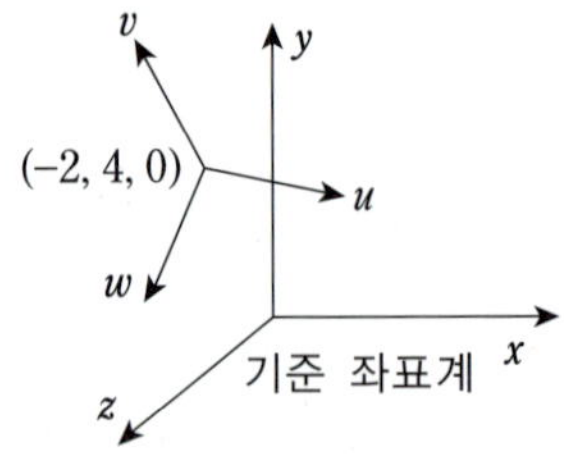

7-6 다음의 예제는 3차원 집 모양의 그림을 직각투영을 한 경우이다. 뷰잉좌표계 및 뷰볼륨이 아래의 사양과 같이 주어졌을 때 뷰잉변환을 실행한 결과의 모양은 오른쪽 그림과 같다. 아래의 3차원 집 모양의 그림에 대하여 뷰잉변환이 각 문항에서와 같이 설정되었을 때 화면상에 보이는 대강의 모양을 그려라.

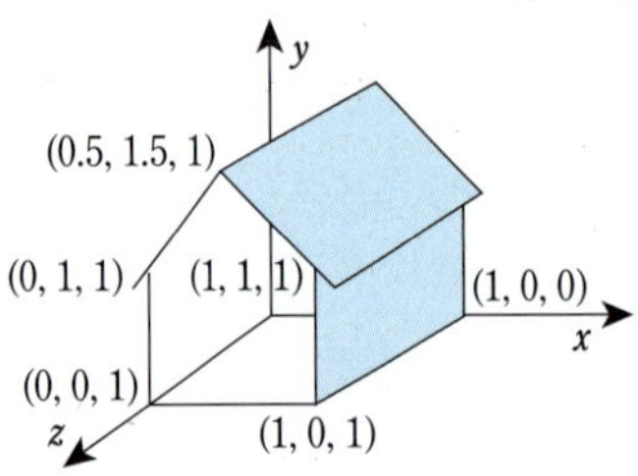

[예제]

시점 = (0, 0, 5)

뷰평면 기준점(원점)=(0, 0, 0),
뷰업벡터=(0, 1, 0),
법선벡터=(0, 0, 1)

뷰볼륨 left=−2, right=2,
bottom=−2, top=2,
near=4, far=0

뷰포트 = (0, 0)×(1, 1)

뷰잉변환 결과

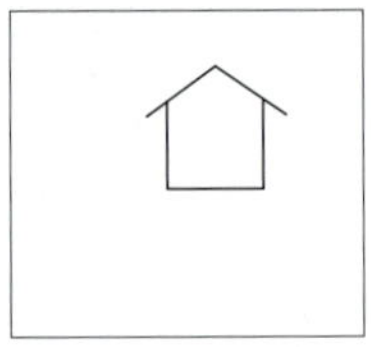

(1) 예제의 사양 중 뷰볼륨이 left=0, right=2, bottom=0, top=2 인 경우

(2) 예제의 사양 중 직각 투영의 시점이 (−5, 0, 5) 인 경우

(3) 예제의 사양 중 뷰평면의 법선벡터가 (−1, 0, 1)인 경우

(4) 예제의 사양 중 뷰평면의 뷰업벡터가 (−1, 1, 0)인 경우

7-7 앞의 문제 7-6에서 주어진 3차원 집 모양의 그림에 대하여 각 항목과 같이 투영변환을 하였다. 사각형의 그림은 투영변환을 한 결과가 화면에 보이는 모양이다. 각 문항에 대하여 이와 같은 결과가 나오려면 뷰잉변환의 사양이 어떻게 설정되어야 하는가 답하라. 단, 뷰포트는 (0, 0)×(1, 1)로 고정되어 있다.

(1) 4/3배 크기이며, 중앙에 위치

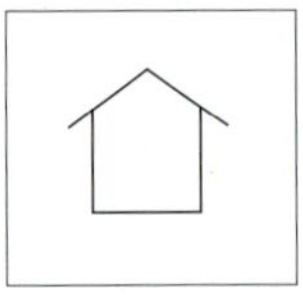

(2) 오른쪽에서 바라본모습

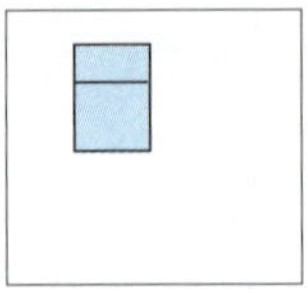

(3) 오른쪽 45° 각도에서 관측

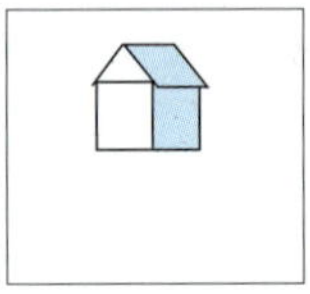

(4) 오른쪽 위에서 관측 (isometric 투영)

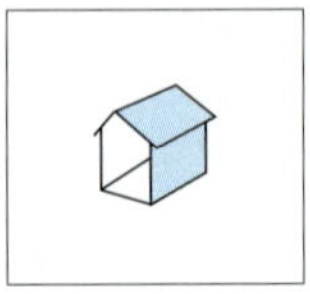

7-8 다음 그림은 점 (0, 0, 0)과 (1, 1, 1)을 꼭짓점으로 하는 단위 정육면체를 각각 직각투영, 경사투영 및 원근투영을 한 결과이다. 각 항목과 같은 결과가 그려지려면 뷰잉변환이 어떻게 설정되어야 하는가? 뷰평면과 뷰볼륨에 대하여 적당한 설정값을 예시하라.

(1) 직각투영의 결과

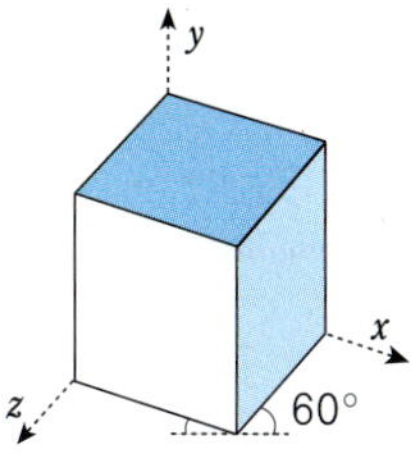

(2) 경사투영의 결과

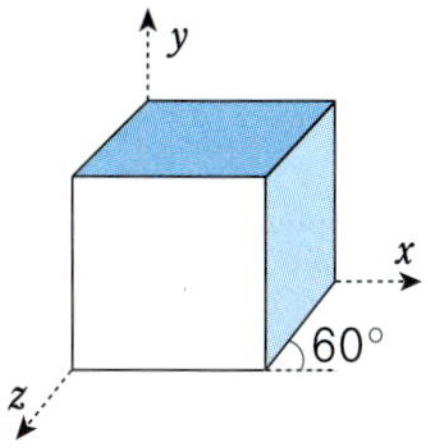

(3) 원근투영의 결과

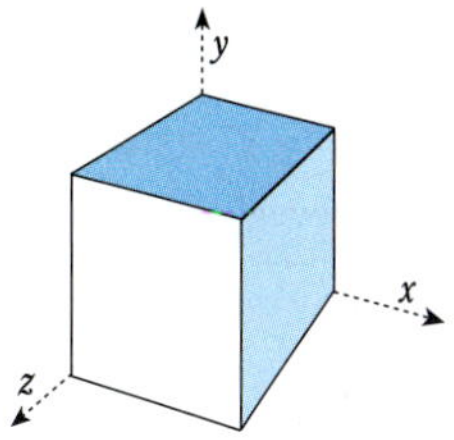

7-9 원근투영에는 시점의 개수에 따라 1점 원근투영, 2점 원근투영, 3점 원근투영이 있다. 이에 대하여 조사하여 설명하고, 단위 정육면체가 각각의 방법으로 투영된 대강의 모양을 그려라.

08 3차원 객체의 모델링

CHAPTER

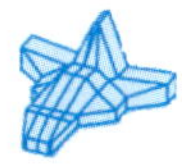

Three-Dimensional
Obect Modeling

7.1절에서 3차원 그래픽스의 일반적인 처리과정에 대하여 알아보았다. 그 첫 과정은 3차원 객체의 형태를 모델링하는 과정으로, 3차원 물체의 특성에 따라 여러 가지 모델링 기법을 이용하여 모양을 나타낸다. 이 장에서는 구, 타원체, 포물면 등과 같이 기하적으로 정형화 되어있는 객체들을 모델링하기 위해서 2차곡면이나 수퍼2차곡면과 같은 간단한 수식으로 표현하고, 사람이나 동물과 같은 임의의 곡면을 나타내기 위해서는 다각형 메쉬로 그 형태를 표현한다. 자동차나 비행기와 같이 표면이 부드러운 곡면을 표현하기 위해서는 흔히 베지어 곡면이나 스플라인 곡면, 또는 NURBS와 같은 다항식을 이용하면 매우 효과적이다. 한편, 평면도형을 이동시키거나 회전시켜 기계부품이나 대칭적인 물체를 나타내는 방법을 스위핑 기법이라 부르며 CAD/CAM 분야에서 자주 쓰이고 있다. 이외에도, 솔리드 모델링 기법이나 4진트리와 8진트리와 같은 모델링 기법도 활용 분야에 맞게 적용될 수 있다.

그러나, 나무, 구름, 산과 같은 자연물이나 불꽃, 폭발 등과 같은 자연현상을 나타내기 위해서는 앞에서 기술한 전통적인 모델링 기법으로는 어렵다. 따라서, 이러한 자연물과 자연현상을 효과적으로 표현하기 위한 특수 기법에 대하여 11장에서 설명하기로 한다.

8.1 객체 모델링의 개요

3차원 공간은 사람, 동물, 건물, 기계, 기타 자연물 등 매우 다양한 물체들로 구성되어 있다. 이들을 표현하는 방법도 여러 가지가 존재하여 예를 들면, 다각형 메쉬를 이용하거나 베지어 곡면이나 NURBS와 같은 다항식을 써서 표현하거나 기본적인 객체들을 결합하여 보다 복잡한 형태를 표현하기도 한다. 실세계나 가상세계에 존재하는 객체들은 매우 다양한 모습을 가지고 있어 적절한 모델링 기법이나 방법을 선택해야 한다.

우리가 표현하고 싶은 형태를 크게 2차원 객체와 3차원 객체로 구분할 수 있다. 2차원 객체는 평면상에서 점, 선, 2차곡선, 다각형 등으로 표현되고 대체적으로 간단하게 표현될 수 있으나, 3차원 객체는 공간상에서 보다 복잡한 기법들을 이용하여 그 형태를 표현하게 된다. 2차원 객체나 3차원 객체 모두 가장 적절한 기법을 이용하여야만 데이터 양이 적게되고 거리, 크기, 부피와 같은 기하적 정보를 쉽게 계산할 수 있으며 외형적이나 미적으로도 표현하고자 하는 객체에 가장 근접하게 나타낼 수 있다. 따라서, 그래픽스 전문가는 존재하는 모델링 기법들 중에서 가장 적합한 기법을 선정하여 사용하는 능력과 경험이 요구된다.

이제, 가장 대표적인 객체 모델링 기법들에 관하여 여기서 간단히 소개하고자 한다. 원, 구, 원기둥, 다면체, 타원, 타원체, 포물면, 토러스 등과 같은 정형화 된 형태의 객체를 표현하려면 다각형면이나 2차곡선, 2차곡면 들을 이용하면 된다. 또한, 이러한 기본 객체들을 적절히 조합하면 보다 복잡한 형태를 표현할 수 있게 된다. 예를 들면, 의자, 책상, 건물들은 기본 객체들을 결합하여 간단히 모델링할 수 있다. 그림 8-1은 구, 원뿔, 육면체, 벽면과 같은 간단한 기본 객체들을 보여주고 있다.

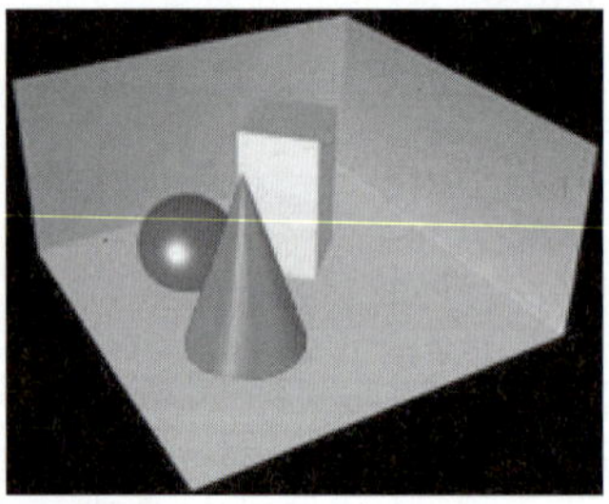

[그림 8-1] 기본적인 객체로 구성한 그래픽 장면

작은 크기의 다각형을 이용하여 모델링하면 다면체뿐만 아니라 부드러운 곡면이나 사람의 얼굴과 같은 임의의 형태를 표현하는데도 적용할 수 있다. 이때 주로 3각형이나 4각형과 같은 간단한 다각형을 이용하는데, 여러 가지 크기와 모양의 다각형들이 그물 모양으로 연결된 것을 다각형 메쉬(Polygon Mesh)라고 부른다. 크기가 작은 다각형을 많이 사용하여 메쉬를 구성하면 부드러운 표면을 가지는 3차원 객체를 어느정도 사실감 있게 표현할 수 있으며, 적은 수의 다각형으로 메쉬를 구성하면 다각형의 크기가 커지고 객체가 거칠게 표현된다. 또 메쉬를 이용하여 객체를 다각형 단위로 렌더링을 하는데, 다각형 수가 적으면 빠른 속도로 렌더링 할 수 있으나 다각형 수가 많으면 부드럽게 표현할 수 있는 반면 렌더링 속도는 떨어진다. 그림 8-2는 다각형 메쉬를 이용하여 펭귄을 모델링하고 렌더링한 모습을 보여주고 있다.

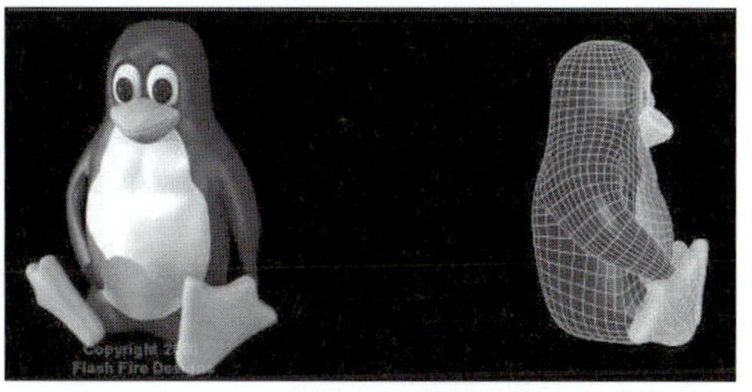

[그림 8-2] 메쉬를 이용하여 표현한 물체
(http://www.flashfire.com/3Dmodels/Charctrs/PengC1.htm)

부드러운 곡면을 모델링하기 위하여 작은 삼각형 또는 사각형에 기반한 다각형 메쉬를 이용하면 원하는 객체를 매우 근사적으로 표현할 수 있다. 그러나, 객체의 형태가 복잡할 수록, 객체의 모양에 더 근사하게 표현할 수록 다각형 메쉬를 구성하는 삼각형의 수가 증가하게 된다. 즉, 다각형 메쉬를 표현하기위한 데이터 양이 너무 크고 그래픽 처리속도도 떨어지게 된다. 이에 비하여, 수학 함수를 이용하여 곡면의 형태를 표현하면 데이터 양도 훨씬 줄어들고 수학 함수의 특성을 활용할 수 있는 장점이 있다. 부드러운 곡면을 표현하기 위하여 항상 이러한 수학 함수를 적용할 수 있는 것은 아니지만 자동차나 비행기의 표면과 같은 부드러운 곡면을 설계할 때 수학함수를 이용하면 매우 효과적으로 설계를 수행하고 공학적 성질을 테스트할 수 있는 장점이 있다. 8.4, 8.5, 8.6절에서 대표적인 수학 함수인 베지어(Bezier)곡면,

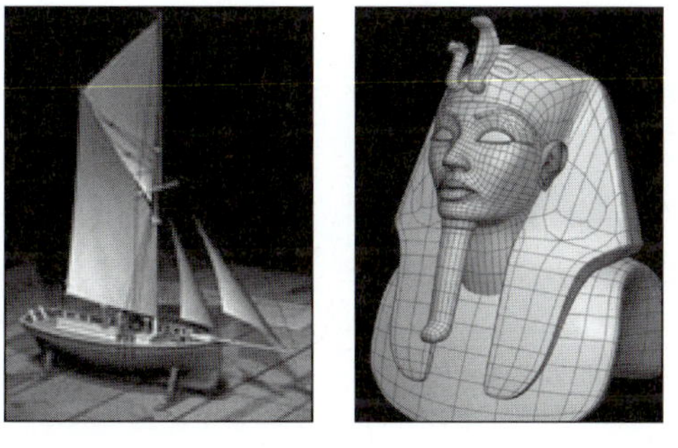

[그림 8-3] NURBS를 이용하여 만들어진 3차원 물체
(http://rhino3d.com/gallery/marine/bawley.htm,
https://etereaestudios.com/works/oldies-curiosities/)

스플라인 곡면 및 NURBS 곡면에 대하여 공부한다. 그림 8-3은 NURBS를 이용하여 3차원 물체를 표현한 것으로 곡면을 실제와 매우 근사적으로 나타낼 수 있음을 보여주고 있다.

3차원 객체를 표현하는 또 하나의 방법은 스위핑(Sweeping) 기법을 이용하는 것이다. 스위핑 기법은 공간상에서 평면도형을 밀거나 회전시킴으로써 대칭적인 물체를 생성한다. 그림 8-4는 원을 밀어서 원기둥을 만들고나 원을 회전시켜 도넛 형태를 만들 수 있음을 보여주고 있다.

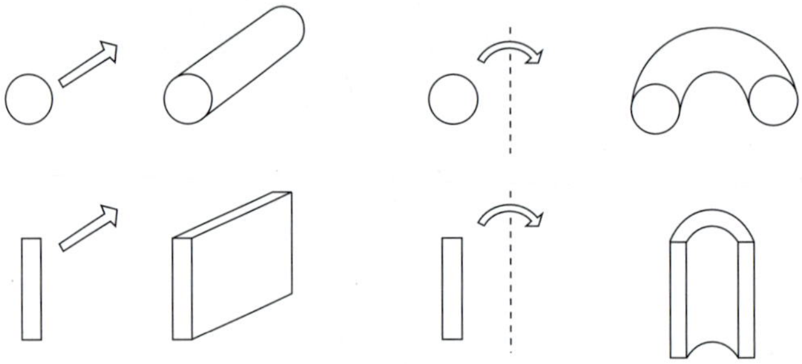

[그림 8-4] 스위핑 기법을 이용하여 만들어진 3차원 물체

육면체, 구, 원기둥과 같은 간단한 공간 객체들을 결합하고나 조합시켜 보다 복잡한 형태의 물체를 만들어가는 기법을 CSG(Constructive Solid Geometry: 조립적 입체기하학)기법이라 부른다. CSG 기법은 이러한 기본적인 공간객체들에 집합연산을 가하여 원하는 물체를 생성한다. 그림 8-5에서 육면체에서 두 개의 원기둥을 제거하고 또 하나의 육면체를 결합하면 왼쪽편의 물체를 생성하게 된다.

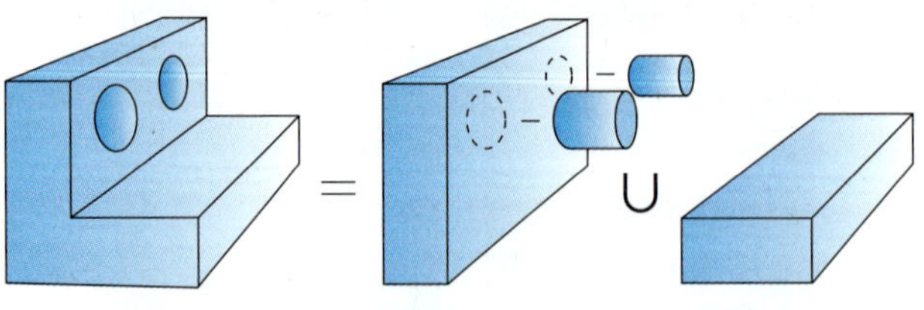

[그림 8-5] CSG 방식으로 표현한 물체

자연물이나 자연현상을 효과적으로 나타내기 위하여 프랙탈 기하학과 입자시스템을 적용한다. 이러한 특수 기법은 미리 정해 놓은 절차를 반복적으로 적용하여 결과물을 얻을 수 있

기 때문에 절차적 그래픽스 기법이라 부른다. 그림 8-6은 프랙탈 기법에 의거하여 어떤 규칙이나 절차를 반복적으로 적용하여 산과 강의 지형을 생성한 그림이다.

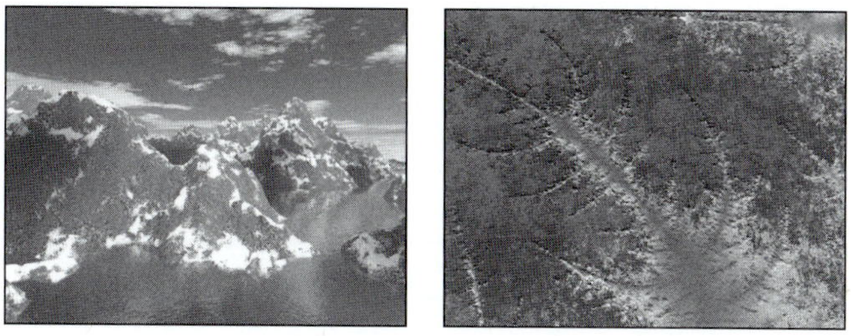

[그림 8-6] 프랙탈 방식으로 제작한 자연물
(https://en.wikipedia.org/wiki/Fractal_landscape#/media/File:Fractal_terrain_texture.jpg, https://commons.wikimedia.org/wiki/File:Mandelriver.jpg)

불꽃이나 연기가 피어오르는 장면은 작은 입자들의 모임이 외부 환경에 따라 움직이는 자연 현상으로 이해할 수 있다. 각 입자들은 시간이 경과함에 따라 동적으로 움직이되 자연 현상의 지배를 받는다. 또한 각 입자들은 시간이 흐름에 따라 그 모양도 변할 수 있다. 그림 8-7은 물체가 폭발하는 장면과 물이 분수대에서 솟아오르는 모습을 입자시스템 기법을 적용하여 표현한 것이다.

[그림 8-7] 입자시스템으로 제작한 자연물
(http://208.55.221.133/scrshots/normandy2.jpg, http://www.cs.unc.edu/~davemc/Particle)

프랙탈 기법과 입자시스템은 특수 그래픽스 기법이므로 11장에서 다루기로 하고, 이 장에서는 다각형면을 이용한 다각형 메쉬, 2차곡선(곡면)을 적용한 객체의 모델링, 베지어 곡선

(곡면), 스플라인 곡선(곡면) 및 NURBS 곡선(곡면)과 같이 매개변수를 이용한 수학적 함수, 그리고 스위핑 기법과 CSG 기법에 대하여 설명한다. 이외에도, 부드러운 모양의 3차원 객체를 하나의 함수로 표현하는 블러비 객체(Blobby Object), 겉모양뿐 만 아니라 내부의 모양과 특성을 나타내기 위하여 사용하는 4진트리와 8진트리 등이 존재하지만 이 책에서는 생략하기로 한다.

8.2 다각형면(Polygon Surface) 모델링

3차원 객체를 모델링하는 기법중 가장 기본적인 기법은 다각형을 이용하여 모델링하는 방법이다. 다각형을 이용하여 모델링하면 원칙적으로 모든 3차원 객체를 표현할 수 있으나 현실적으로는 사람, 동물 등 임의적 형태를 가진 객체에 가장 적합하다. 삼각형이나 사각형들의 그물 형태로 3차원 물체를 표현하는 것을 다각형 메쉬(Polygon Mesh) 또는 다각형면 모델이라 부른다.

8.2.1 다각형 메쉬(Polygon Mesh) 표현

사람의 얼굴과 같은 임의적 형태의 객체를 삼각형이나 사각형으로 구성된 그물 형태로 표현한 그림을 종종 볼 수 있는데, 이것을 다각형 메쉬 기법이라 부른다. 삼각형이나 사각형의 크기, 모양과 연결하는 방법에 따라 임의의 3차원 객체를 근사적으로 표현할 수 있다. 이때, 삼각형을 이용하여 다각형 메쉬를 구성한 것을 삼각메쉬법(Triangular Mesh), 사각형을 이용한 것을 사각메쉬법(Quadrilateral Mesh)이라 한다. 오각형 이상의 다각형을 이용하면 다

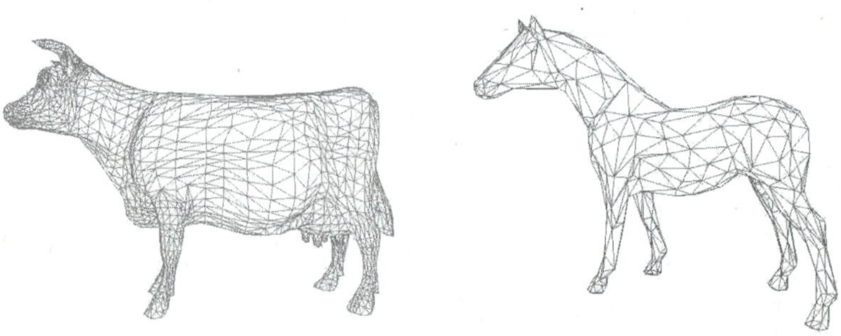

[그림 8-8] 삼각형 메쉬로 표현한 동물

각형 메쉬를 구성하는데 어려움이 따르고, 특히 다각형 수를 줄이는 다각형 간략화(Polygon Simplification)에서 불리하기 때문에 원칙적으로 사용하지 않는다. 다각형 간략화 기술은 많은 연구가 이루어지고 있는 분야이다. 그림 8-8은 동물들을 삼각형을 이용하여 모델링한 것이다.

특히, 삼각형은 가장 간단한 다각형이고 공간상에 임의의 세 점의 좌표가 주어지면 항상 하나의 삼각형이 유일하게 형성되므로 삼각메쉬법이 자주 이용된다. 3차원 객체를 다각형 메쉬로 표현하면 각 다각형 단위로 렌더링을 수행한다. 현실적으로는 3차원 객체를 8.4 ~ 8.6절에서 설명할 베지어 곡면이나 스플라인 곡면과 같은 수학 함수로 모델링 한 경우에도 궁극적으로는 다각형 메쉬 형태로 변환하여 렌더링 과정을 수행한다. 따라서, 컴퓨터에 내장된 그래픽 가속기의 처리 속도를 비교하기 위하여 흔히 1초당 렌더링 할 수 있는 삼각형의 개수를 통하여 가속기의 성능을 나타낸다.

사각형 메쉬를 사용하여 곡면 객체를 표현하는 경우도 있다. 그러나, 사각형 메쉬를 사용하면 메쉬를 구성하는 4점은 일반적으로 한 평면 위에 놓이지 않는다. 따라서, 사각형을 2개의 삼각형으로 분할하여 각각의 평면 방정식을 구한다. 다른 방법으로는 평면의 방정식을 근사적으로 구하여 이를 활용하기도 한다. 사각형 메쉬를 이용하면 이와 같이 계산상의 어려움이 있기 때문에 컴퓨터 그래픽스에서는 삼각형 메쉬를 많이 사용한다. 그림 8-9는 사각형 메쉬를 이용하여 'Killeroo'(호주의 만화에 등장하는 가상동물로 캥거루와 공룡의 특징을 혼합한 동물)를 표현한 것이다.

[그림 8-9] 사각형 메쉬로 표현한 'Killeroo'
(http://www.headus.com/au/samples/killeroo)

8.2.2 기하적 데이터 표(Geometric Data Table)

3차원 그래픽 객체들 중 다면체는 다각형면 기법으로 가장 용이하게 모델링 될 수 있다. 다면체를 표현하기 위한 데이터는 공간적 형태를 나타내는 기하적 정보와 다각형면의 성질을 나타내는 속성 정보로 구분할 수 있다. 다면체 속성 정보의 예로는 다각형면의 투명도, 색상 및 빛의 반사율 등을 생각할 수 있다. 그러나, 모델링 과정에서는 다면체의 공간적 형태만 상관하므로 기하적 정보만 표현하면 된다.

다면체의 기하적 정보를 나타내는 기하적 데이터 표는 꼭짓점 표, 모서리 표 및 다각형 표를 포함한다. 다각형 표는 다면체를 구성하는 다각형들의 모서리에 관한 데이터를, 모서리 표는 모서리를 구성하고 있는 꼭짓점에 관한 데이터를, 꼭짓점 표는 각 꼭짓점의 좌표값을 포함하고 있다. 다면체의 형태가 변화하는 경우에는 기하적 데이터 표의 해당 값들이 적절히 수정되어야 한다. 이때, 기하적 데이터 표의 데이터들 간에 항상 일관성과 완전성이 유지되어야 한다. 그림 8-10은 다섯 개의 다각형으로 구성되어 있는 다면체의 예에서 기하적 데이터 표를 보여주고 있다.

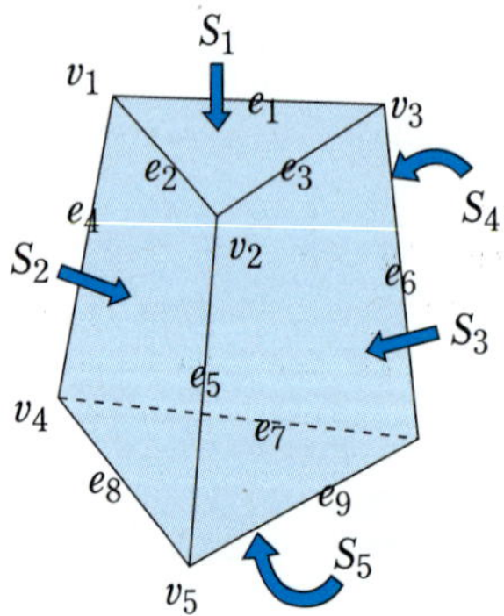

꼭지점표	
v_1	x_1, y_1, z_1
v_2	x_2, y_2, z_2
v_3	x_3, y_3, z_3
v_4	x_4, y_4, z_4
v_5	x_5, y_5, z_5
v_6	x_7, y_7, z_6

모서리표	
e_1	v_1, v_3
e_2	v_2, v_3
e_3	v_2, v_3
e_4	v_1, v_4
e_5	v_2, v_5
e_6	v_3, v_6
e_7	v_4, v_6
e_8	v_4, v_5
e_9	v_5, v_6

다각형 표	
S_1	e_1, e_2, e_3
S_2	e_3, e_4, e_8, e_5
S_3	e_3, e_5, e_9, e_6
S_4	e_1, e_6, e_7, e_4
S_5	e_9, e_8, e_7

[그림 8-10] 기하적 데이터 표

8.2.3 평면 방정식(Plane Equation)

다면체는 다각형면들로 구성되어 있고 각 다각형은 공간상의 평면상에 위치한다. 따라서,

3차원 공간에서 평면에 관한 기하학을 3차원 그래픽스에 유용하게 적용할 수 있다. 공간에 존재하며 일직선상에 위치하지 않는 임의의 세 점은 하나의 평면을 유일하게 형성하며, 평면의 방정식은 다음과 같이 표현된다.

$$Ax + By + Cz + D = 0$$

즉, 공간상에서 세 점 $P_1(x_1, y_1, z_1)$, $P_2(x_2, y_2, z_2)$, $P_3(x_3, y_3, z_3)$의 좌표가 주어지면 위의 방정식을 만족하는 평면을 구할 수 있다. 여기서 D=1로 놓으면, Cramer 법칙에 의해 평면방정식의 계수 A, B, C를 구할 수 있다. 그림 8-11은 세 점의 좌표 P_1, P_2, P_3가 주어졌을 때, 이 세 점을 관통하는 평면을 보여주고 있고 평면에 수직인 법선벡터(Normal Vector)가 N=(A, B, C)로 표현됨을 나타내고 있다. 다각형의 법선벡터는 관측자(시점)가 다면체를 바라볼 때 다면체의 앞면, 뒷면을 판정할 수 있는 정보로 이용되며, 이 정보는 9장의 은면 제거에서 매우 중요하다.

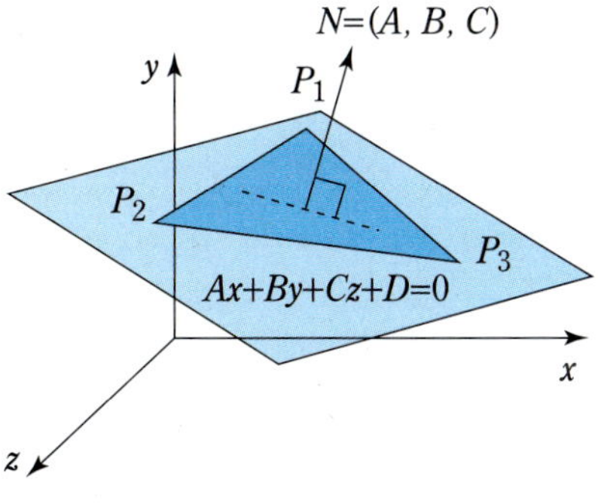

[그림 8-11] 평면과 법선벡터

평면은 3차원 공간을 평면의 바깥쪽과 안쪽의 두 영역으로 나눈다. 여기서, 공간 상의 한 점 $P(x, y, z)$가 $Ax + By + Cz < 0$를 만족하면 그 점은 평면의 안쪽(inside)에 존재하며 $Ax + By + Cz > 0$를 만족하면 그 점은 평면의 바깥쪽(outside)에 존재한다. 공간상에서 한 점이 임의 평면의 바깥에 위치하는지 안쪽에 위치하는지를 판단하는 방법은 9장에서 다루는 은면제거 기법 가운데 하나인 깊이정렬 기법에서 유용하게 이용된다.

8.3 2차곡선과 곡면 모델링

원, 타원, 쌍곡선, 포물선과 같은 곡선은 기하학에서 쉽게 접할 수 있는 2차곡선으로 간단한 2차식으로 표현된다. 평면상의 원, 타원, 포물선 등이 3차원 공간에서 z 성분이 확장되면 구, 타원체, 포물면과 같은 2차곡면이 된다. 2차곡선이나 2차곡면에 매개변수를 추가하면 그 형태가 더욱 다양하게 표현될 수 있고, 이들을 수퍼2차곡선(곡면)이라 부른다.

8.3.1 2차곡선과 곡면(Quadrics and Quadric Surface)

원, 타원, 쌍곡선, 포물선 등과 같은 곡선은 x 또는 y에 대한 2차식으로 표현되므로 2차곡선이라 하며, 원뿔과 평면이 교차할 때 얻어질 수 있는 곡선이기 때문에 원뿔곡선(Conic Section)이라고도 부른다.

그림 8-12에서 보듯이 서로 마주보고 있는 두 개의 원뿔을 평면으로 절단하면 쌍곡선이 생성되고, 원뿔의 경사선과 평행한 평면으로 절단하면 포물선이 생성된다. 또한, 원뿔의 밑면과 평행한 평면으로 원뿔을 절단하면 원이 얻어지고, 원뿔의 밑면과 평행하지 않은 평면으로 원뿔을 자르면 타원이 얻어진다는 사실을 관찰할 수 있다.

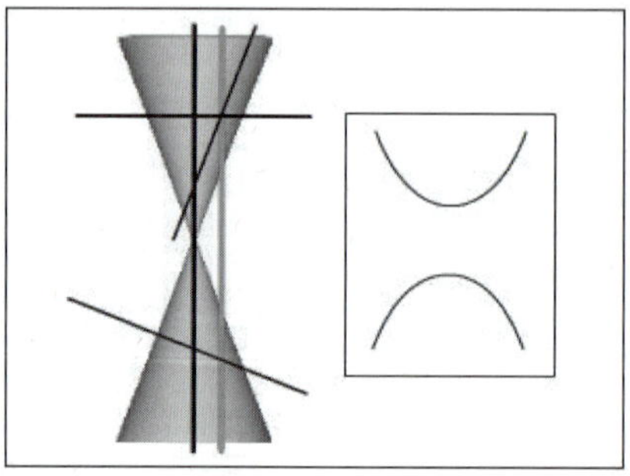

[그림 8-12] 원뿔이 절단되어 생성되는 원뿔곡선

■ 원(Circle)과 구(Sphere)

원과 구는 가장 간단한 2차곡선(곡면)으로, 반지름이 r 인 원과 구의 식을 아래와 같이 표현할 수 있다(그림 8-13 참조). 구는 원에 차원을 하나 증가시켜 얻을 수 있는 객체로도 이해할 수 있다.

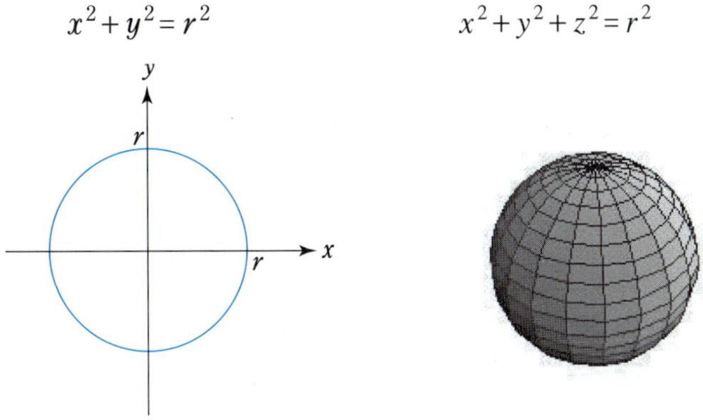

[그림 8-13] 원과 구

타원(Ellipse)과 타원체(Ellipsoid)

타원과 타원체는 원과 구에서 한 좌표축의 방향으로 신축하여 얻을 수 있는 객체로 그림 8-14와 같은 모양을 갖고 있다. 타원이나 타원체의 x, y, z 방향으로의 반지름을 각각 r_x, r_y, r_z 라고 하면, 타원과 타원체는 다음 식으로 표현된다.

$$\left(\frac{x}{r_x}\right)^2+\left(\frac{y}{r_y}\right)^2=1 \qquad \left(\frac{x}{r_x}\right)^2+\left(\frac{y}{r_y}\right)^2+\left(\frac{z}{r_z}\right)^2=1$$

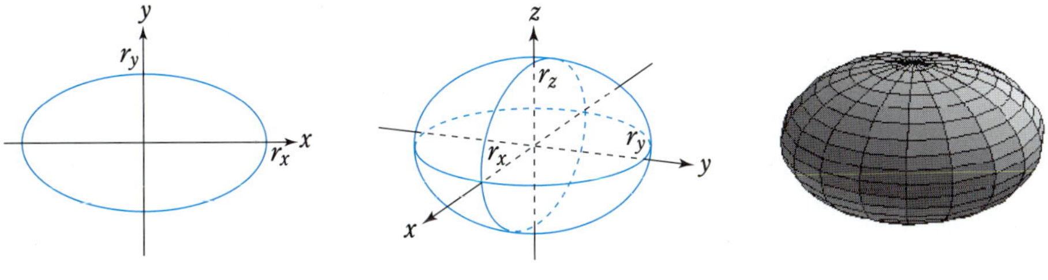

[그림 8-14] 타원과 타원체

포물선(Parabola)과 포물면(Paraboloid)

포물선은 원뿔의 경사선과 평행한 평면으로 원뿔을 절단할 생겨나는 곡선으로 아래 식으로 표현되며, 포물면은 포물선을 x 축을 중심으로 회전시켰을 때 생성되는 3차원 객체이다. 그림

8-15에서 보듯이 매개변수 a와 b에 따라 포물선과 포물면의 위로 벌어진 정도가 정해진다.

$$\frac{x}{a} = \left(\frac{y}{b}\right)^2, \qquad \frac{z}{c} = \left(\frac{x}{a}\right)^2 + \left(\frac{y}{b}\right)^2$$

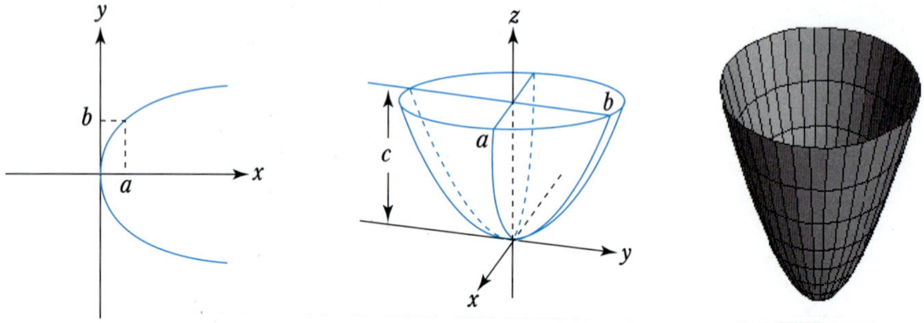

[그림 8-15] 포물선과 포물면

토러스(Torus)

3차원 객체인 토러스는 원이나 타원을 지정된 축 중심으로 회전시켜 얻어지는 도넛 형태의 객체이다. 여기서, 토러스의 수평 방향의 굵기(x축 및 y축 방향)를 r_a, 수직 방향의 굵기(z축 방향)를 r_b, 토러스의 반지름을 R이라 하면 토러스는 다음 식으로 표현된다(그림 8-16 참조).

$$\left(R - \sqrt{\left(\frac{x}{r_a}\right)^2 + \left(\frac{y}{r_a}\right)^2}\right)^2 + \left(\frac{z}{r_b}\right)^2 = 1$$

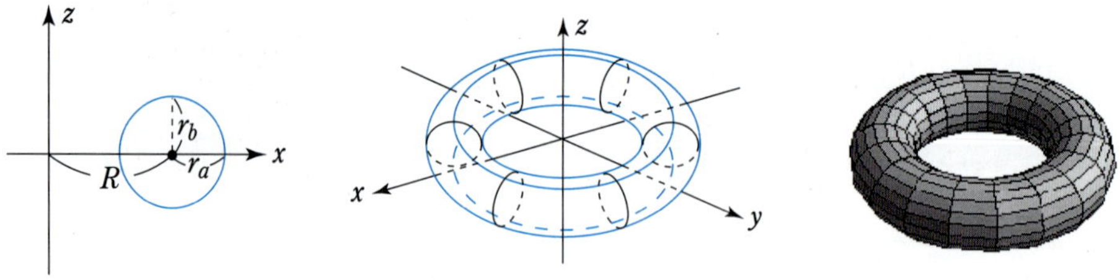

[그림 8-16] 토러스

8.3.2 수퍼2차 곡선과 곡면(Superquadrics)

2차곡선의 차수를 조절하면 원, 타원, 포물선과 같은 기본적인 2차곡선으로부터 유래한 다양한 모양의 곡선을 생성할 수 있고 이를 수퍼2차곡선이라 부른다. 마찬가지 방법으로 구, 타원체, 포물면과 같은 2차곡면으로부터 유래되는 다양한 곡면을 수퍼2차곡면이라 한다.

■ 수퍼타원(Superellipse)

타원에서는 차수가 2이었으나 수퍼타원에서는 차수가 $2/s$이며 아래와 같은 식으로 표현된다.

$$\left(\frac{x}{r_x}\right)^{2/s} + \left(\frac{y}{r_y}\right)^{2/s} = 1$$

여기서 매개변수의 값을 조정하면 여러 가지 형태의 평면 도형을 얻을 수 있는데, $r_x = r_y$이면 원이 변형된 도형, $r_x \neq r_y$이면 타원이 변형된 도형이 생성된다. 또한, $r_x \neq r_y$인 경우 매개변수 s가 0에 가까워지면 직사각형 모양이 되고, 1이면 타원 모양이 되며, s의 값이 1보다 큰 경우에는 s의 값이 커질수록 네 꼭짓점 방향으로 뾰족한 모양을 가지게 된다. 그림 8-17은 $r_x = 1.0$, $r_y = 1.5$인 경우, 매개변수 s값에 따라 변하는 여러 가지 모양의 수퍼타원을 보여주고 있다.

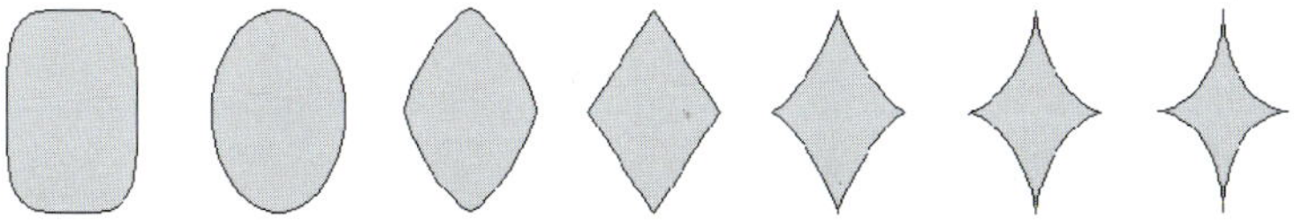

[그림 8-17] 매개변수 s값에 따른 수퍼타원의 모양 ($r_x = 1.0$ $r_y = 1.5$인 경우)

■ 수퍼타원체(Superellipsoid)

수퍼타원에서와 마찬가지로 타원체를 나타내는 식의 차수인 2대신에 매개변수 s1과 s2를 이용하여 차수를 표현하면 아래 식과 같은 수퍼타원체를 얻게 된다.

$$\left(\left(\frac{x}{r_x}\right)^{2/s_2}+\left(\frac{y}{r_y}\right)^{2/s_2}\right)^{s_2/s_1}+\left(\frac{z}{r_z}\right)^{2/s_1}=1$$

위 식에서 매개변수 s_1과 s_2의 값을 조절하면 여러 모양의 3차원 객체를 얻을 수 있다. 매개변수 s_1과 s_2의 값이 0에 가까워지면 육면체 모양을 가지고, 1 이면 타원체 모양을, 1보다 큰 값을 가지면 뾰족한 모양으로 변한다. 그림 8-18은 $r_x = r_y = r_z$인 경우, 매개변수 s_1과 s_2의 변화에 따른 수퍼타원체를 보여주고 있다. 즉, s_1과 s_2가 0에 가까워지면 정육면체 모양, $s_1 = s_2 = 1$ 이면 구 모양, s_1과 s_2가 1보다 큰 값을 가지면 6개의 모서리 방향으로 뾰족한 모양을 가진다.

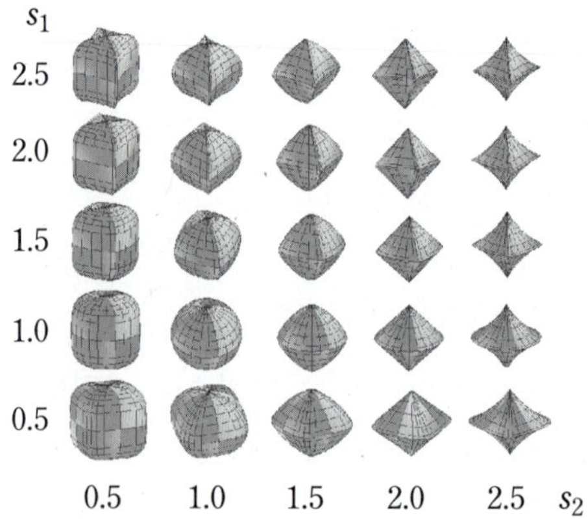

[그림 8-18] 매개변수 s_1, s_2의 변화에 따른 수퍼타원체의 모양($r_x = r_y = r_z$)

8.4 스플라인(Spline) 곡선

컴퓨터 그래픽스에서는 다항식으로 표현되는 스플라인 곡선을 이용하여 부드러운 곡선이나 곡면을 가진 여러가지 객체를 설계한다. 이 절에서는 다항식을 이용하여 곡선을 표현하는 방법과 스플라인 곡선의 종류 및 성질, 그리고 곡선의 연속성과 3차 스플라인 곡선에 대하여 공부한다.

8.4.1 스플라인 곡선의 종류와 성질

일반적으로 2차원 객체는 선이나 도형 또는 곡선으로 구성되어 있다. 이 가운데 부드러운 곡선은 주로 계산과 표현이 간단한 다항식(Polynomial)을 이용하여 표현하는데, 이 다항식을 스플라인이라 한다. 다항식으로 표현되는 스플라인 곡선에는 베지어 곡선, B-스플라인 곡선, NURBS 곡선, 일반 스플라인 곡선 등 다양하다. 이 절에서는 일반 스플라인 곡선, 8.5절에서는 베지어 곡선, 8.6절에서는 B-스플라인 곡선과 NURBS 곡선에 대하여 설명한다.

2차원 평면이나 3차원 공간에서 객체를 표현하는 부드러운 곡선을 그리려면 곡선의 중요한 위치를 나타내는 제어점을 지정하여 곡선의 형태를 만들 수 있다. 따라서, 제어점의 위치가 바뀌거나 제어점이 추가 또는 삭제되면 곡선의 모양이 바뀐다. 그림 8-19는 제어점이 주어지면 이에 따라 곡선 $P(t)$의 모양이 정해지고, 매개변수 t값에 해당하는 곡선상의 점이 구해지는 것을 보여주고 있다.

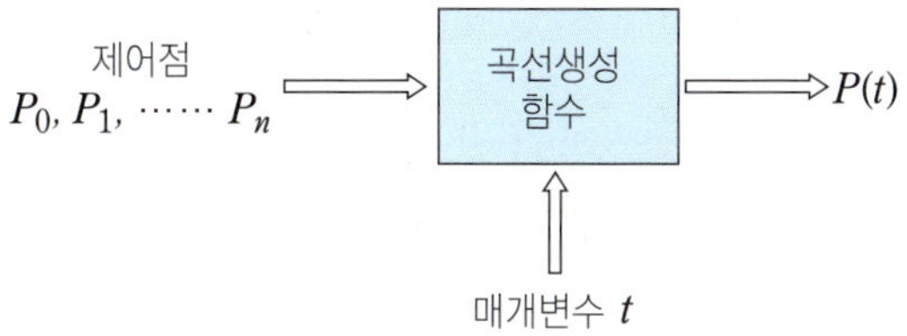

[그림 8-19] 곡선 생성의 개념

공간상에 주어진 제어점들로부터 곡선을 생성하는 방법에는 보간(Interpolation)곡선과 근사(Approximation)곡선의 두 가지 방법이 있다. 보간곡선은 그림 8-20(a)에서와 같이 주어진 제어점들을 모두 통과하는 곡선을 말하고, 근사곡선은 그림 8-20(b)에서 보듯이 주어진 제어점들을 필수적으로 통과하지는 않지만 제어점들을 근사적으로 지나가는 부드러운 곡선이다. 보간곡선으로는 일반 3차 스플라인 곡선이 많이 이용되며, 근사곡선으로는 베지어 곡선, B-스플라인 곡선 및 NURBS 곡선이 자주 이용된다.

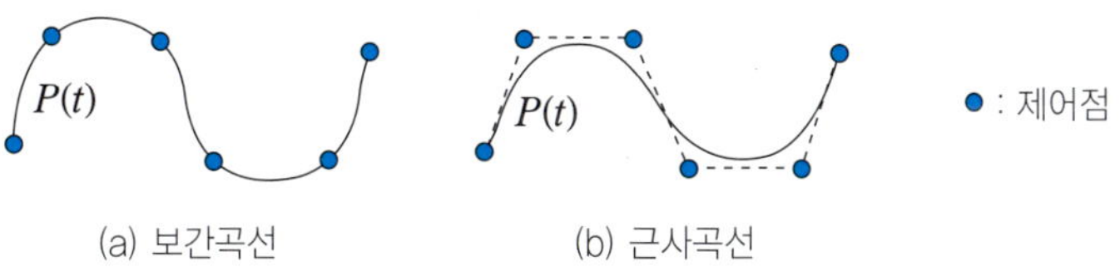

[그림 8-20] 보간곡선과 근사곡선

보간곡선이나 근사곡선에서 제어점의 위치가 바뀌면 모양도 변한다. 제어점 하나를 이동시켰을 때, 곡선에서 이 제어점과 인접한 일부분의 모양만 바뀌면 그 곡선은 국부제어가 가능하다고 말한다. 만일, 제어점 하나가 변하는데 곡선 전체의 모양이 바뀌면 그 곡선은 국부제어가 되지 않아서 곡선 설계에 어려움이 따른다. 벡터 그래픽스 응용 소프트웨어들은 사용자의 필요에 따라 제어점을 추가 또는 제거하거나 위치를 변경할 수 있도록 하여 곡선의 모양을 편집하는 기능을 제공한다. 그림 8-21에서 보듯이, 곡선의 국부제어가 적용되는 (a)에서는 제어점 P_4가 P_4' 으로 변경되어도 그 부근의 모양만 변한다. 반면 (b)의 예는 국부제어가 불가능한 경우로서 제어점 P_4 하나의 변경이 곡선 전체에 영향을 미치는 것을 볼 수 있다.

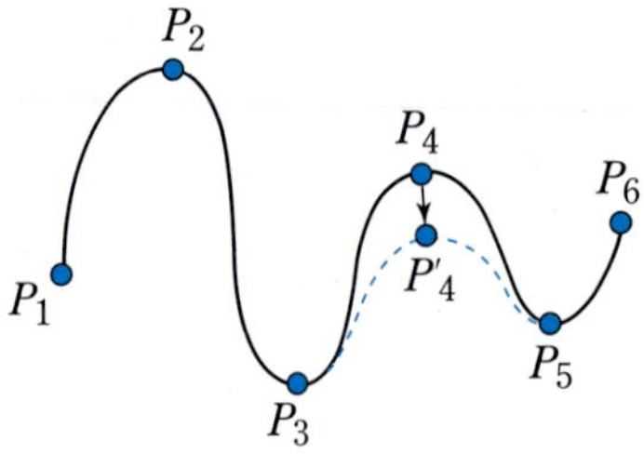

(a) 국부제어가 되는 경우

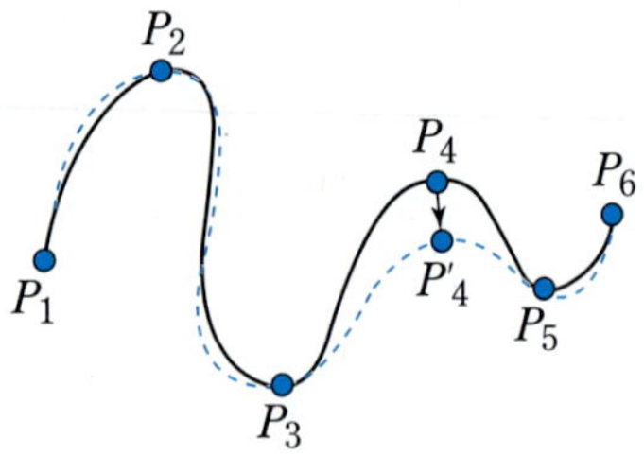

(b) 국부제어가 되지 않는 경우

[그림 8-21] 곡선의 국부제어

하나의 곡선을 그리기 위한 제어점들을 연결하면 다각형을 구할 수 있다. 그 중에서 제어점들을 모두 둘러싸고 있는 최소 면적의 볼록한 형태의 경계를 볼록다각형(Convex Hull)이라고 한다. 스플라인 곡선의 중요한 특성 중 하나는 이 곡선이 항상 볼록다각형 내부에 있다는 것이다. 따라서, 그림 8-22에서 보듯이 볼록다각형은 곡선의 개괄적인 모양을 어느정도 파악할 수 있게 해준다. 주어진 곡선이 볼록다각형 안에 포함된다는 볼록다각형 내포성은 곡선을 클리핑할 때에도 곧잘 이용된다. 곡선을 클리핑하는 것은 어렵고 시간 소모적인 작업이므로, 곡선을 클리핑하기 전에 볼록다각형이 윈도우의 내부 또는 외부에 완전히 포함되는지를 판단하면 곡선 클리핑에 소요되는 시간을 줄일 수 있다.

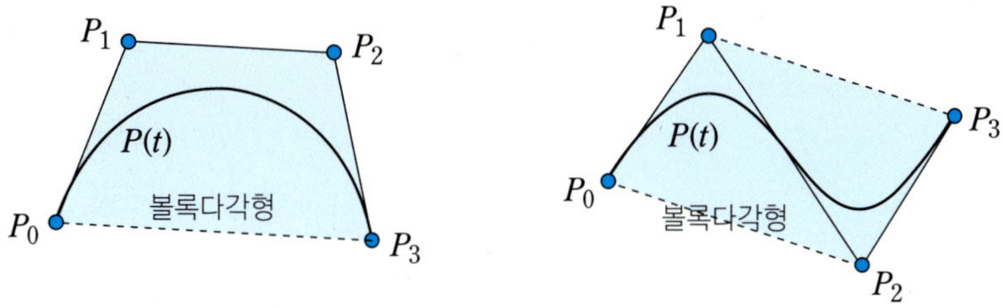

[그림 8-22] 곡선과 볼록다각형

8.4.2. 스플라인 곡선과 연속성

스플라인 곡선은 주어진 일련의 제어점에 의해 곡선의 형태가 결정되는 부드러운 곡선이다. 스플라인 곡선 $P(x, y, z)$는 다음과 같이 매개변수 형태로 표현된다. n차 스플라인이란 변수 x, y, z가 매개변수 u의 n차식으로 표현되는 스플라인을 말한다.

$$x = x(u), \quad y = y(u), \quad z = z(u), \quad 0 \le u \le 1$$

스플라인 곡선 가운데 B-스플라인 곡선과 NURBS 곡선은 근사곡선으로 국부제어가 가능하나, 베지어 곡선이나 3차 스플라인 곡선은 국부제어가 불가능하다. 즉, 베지어 곡선이나 3차 스플라인 곡선은 제어점이 수정되면 전체 곡선의 모양이 바뀐다. 따라서, 긴 곡선을 설계할 때에는 분할된 곡선을 서로 연결하여 하나의 긴 곡선을 만드는 방법이 일반적이다. 이때 연결점에서 곡선이 부드럽게 이어지려면, 두 곡선이 연결되는 지점에 다양한 연결조건을 부여해야 한다.

서로 연결된 두 곡선이 C^0 연속성을 만족한다는 것은 두 곡선이 단순히 연결되어 있는 것이다. 즉, 연결점에서 양쪽 곡선의 좌표값만이 동일한 것을 의미한다. 두 곡선이 C^1 연속성을 만족하면 양쪽 곡선이 만나는 점의 기울기가 같게된다. 즉, 연결점에서 양쪽 곡선의 1차 도함수가 동일하며, 이는 접선 벡터의 방향이 동일하다는 것을 의미한다. 연결점에서 C^2 연속성을 만족하면 양쪽곡선의 곡률이 같게 되어 연결된 곡선이 매우 부드러운 모양을 가진다. 이 경우 연결점에서 양쪽 곡선의 1차 도함수와 2차 도함수가 같게 된다.

그림 8-23(a)는 곡선이 연결된 점 P_1과 P_2에서 C^0 연속성만을 만족하는 것을 보여주고 있다. 그림 8-23(b)는 연결점 P_1과 P_2에서 C^1 연속성을 만족하므로 기울기는 연속이지만 연결점에서 기울기가 급격히 변하는 것을 보여준다. 그림 8-23(c)는 C^2 연속성을 만족하여 곡선 전체가 매우 부드러운 모양을 가지고 있다.

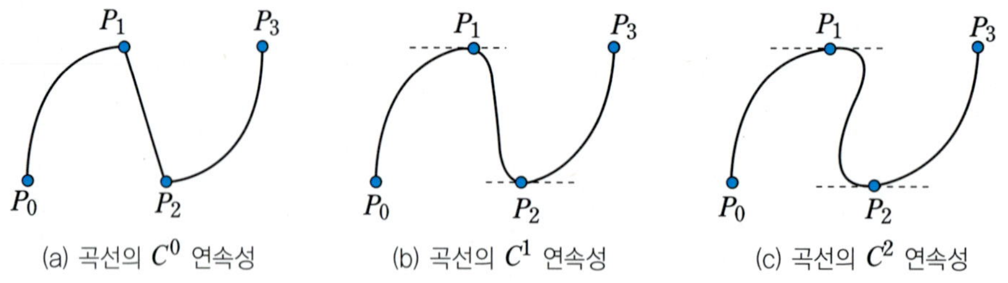

[그림 8-23] 곡선의 연속성

8.4.3 3차 스플라인(Cubic Spline)곡선

스플라인 곡선은 많은 종류가 존재하며 각 스플라인 곡선은 특성이 상이하고 활용 영역에도 차이가 있다. 여기서는 변수 x, y, z 가 매개변수 u 의 3차식으로 표현되는 스플라인 곡선을 소개한다. 이러한 스플라인을 일반 3차 스플라인 곡선이라 하며 그래픽 객체를 설계할 때 자주 이용된다. 3차 스플라인 곡선은 그림 8-24에서 보듯이 n+1개의 제어점이 주어지면 각 제어점을 연결하는 n개의 곡선이 제어점을 보간하며, 제어점에서 C^1 연속성과 C^2 연속성을 만족하는 부드러운 곡선이다. 즉, 3차 스플라인 곡선은 n+1개의 제어점 $P_k(x_k, y_k, z_k)$이 주어졌을 때 (k=0, 1, 2, ⋯, n), 다음의 다항식을 만족하는 곡선이다.

$$
\begin{aligned}
x(u) &= a_x u^3 + b_x u^2 + c_x u + d_x \\
y(u) &= a_y u^3 + b_y u^2 + c_y u + d_y \qquad (0 \leqq u \leqq 1) \\
z(u) &= a_z u^3 + b_z u^2 + c_z u + d_z
\end{aligned}
$$

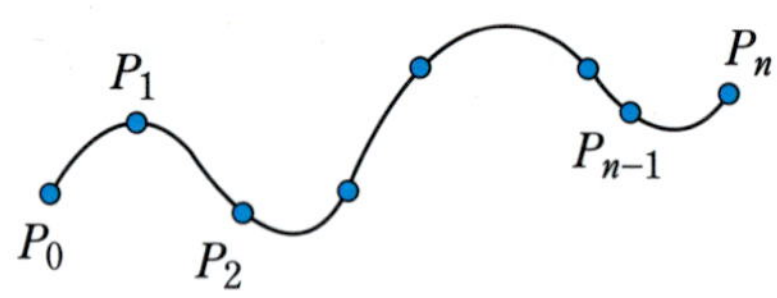

[그림 8-24] 3차 스플라인 곡선

이와 같이, 3차 스플라인 곡선은 보간곡선의 한 종류로 주어진 제어점들을 필히 통과하면서도 부드러운 곡선을 생성할 수 있어 자동차, 항공기, 선박 등과 같은 CAD 설계 분야에서 폭넓게 이용되고 있다. 그림 8-25는 3차 스플라인 곡선을 이용하여 공룡의 등뼈와 몸체를 설계하거나 자전거의 이동경로를 그린 그림이다.

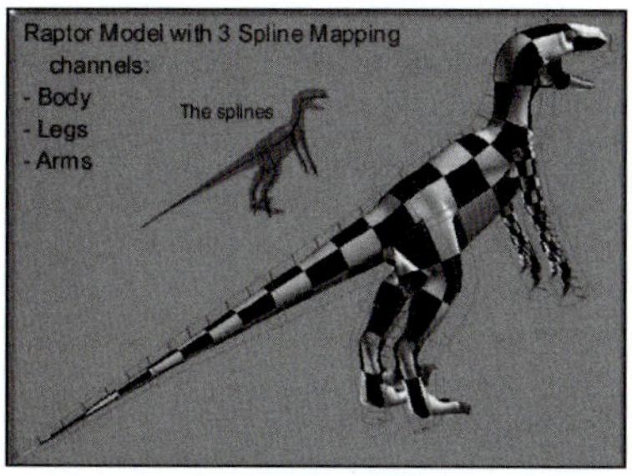

(a) 공룡의 설계

(b) 자전거의 경로

[그림 8-25] 3차 스플라인 곡선의 활용 예
(http://www.mankua.com/images/raptor.jpg,
http://www.etc.cmu.edu/projects/eroshambo/mound2001/techhiboy5.gif)

8.5 베지어 곡선과 곡면 모델링

베지어곡선은 1962년 프랑스 르노 자동차의 엔지니어인 Pierre Bezier가 자동차의 외형을 설계하기 위해 개발한 모델링 기법으로 그 동안 가장 많이 사용되어왔던 기술이다. 베지어 곡선은 구현이 간단하고 많은 활용 분야에서 이용되어 왔으며, 특히 모든 CAD 시스템과 그리기 소프트웨어에서 필수적으로 제공하는 기법이다.

8.5.1 베지어 곡선(Bezier Curve)

베지어 곡선은 주어진 제어점들의 위치에 따라 이 제어점들을 근사하는 곡선을 생성시키는 근사곡선 기법이다. 사용자는 제어점들을 지정하고 필요에 따라 제어점들을 이동시킴으로써 원하는 베지어 곡선을 생성할 수 있다. 베지어 곡선을 이용하면 부드러운 곡선을 용이하게 만들 수 있기 때문에 Adobe Illustrator와 같은 그리기 소프트웨어에서 기본기능으로 제공하고 있다.

베지어 곡선은 다항식으로 표현되며 제어점의 수는 베지어 다항식(Bezier Polynomial)의 차수를 결정한다. n 차 베지어 곡선은 $n+1$ 개의 제어점을 가지며, 베지어 곡선의 값은 제어점들의 좌표값에 해당 배합함수인 Bernstein 다항식 $B_{k,n}$을 곱해 얻을 수 있다. 즉, $n+1$개의 제어점 $P=(x_k, y_k, z_k)$, $k=0, 1, 2, \cdots, n$이 주어졌을 때, 베지어 곡선 $P(u)$는 다음과 같이 매개변수 u에 관한 다항식으로 표현된다.

$$P(u) = \sum_{k=0}^{n} P_k B_{k,n}(u), \quad 0 \leqq u \leqq 1$$

$$B_{k,n}(u) = C(n, k)\, u^k (1-u)^{n-k}$$

$$C(n, k) = \frac{n!}{k!\,(n-k)!}$$

배합함수(Blending Function)의 의미는 곡선상의 어느 한 점에서 각 제어점이 미치는 영향(Weight)의 비율을 표현한 것이다. 그림 8-26의 경우는 그리기 소프트웨어에서 많이 사용되는 3차 베지어 곡선의 배합함수 $B_{0,3}(u) = (1-u)^3$, $B_{1,3}(u) = 3u(1-u)^2$, $B_{2,3}(u) = 3u^2(1-u)$, $B_{3,3}(u) = u^3$의 모양을 나타낸 것이다. 이들 배합함수는 각각 4개의 제어점 P_0, P_1, P_2, P_3이 곡선의 모양을 결정하는데 미치는 영향력 비율을 의미하며, 임의의 u값에 대하여 이들 배합함수의 합은 항상 1이다.

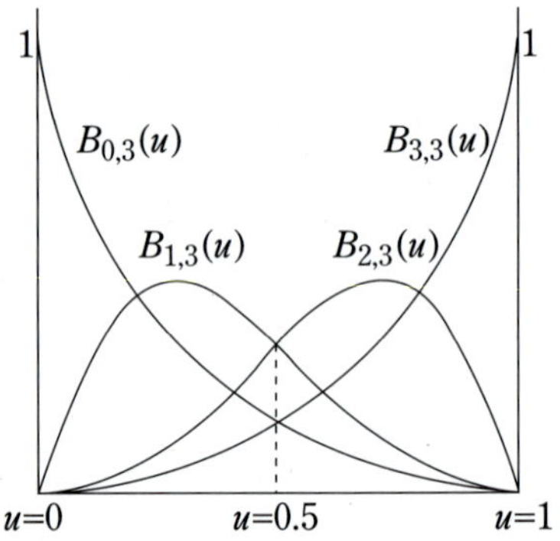

[그림 8-26] 3차 베지어 곡선의 배합함수

베지어곡선은 제어점들로 구성된 볼록다각형의 안에 항상 위치한다. 또한, 베지어곡선은 첫 번째 제어점과 마지막 제어점을 통과하며, 중간 제어점의 위치 및 순서는 곡선의 형태를 조절하는 데 사용된다. 베지어 곡선은 Bernstein 다항식을 배합함수로 사용하므로 생성되는 곡선의 모양이 매우 부드럽다.

그림 8-27에서는 3차 베지어 곡선의 예를 통하여, 곡선의 모양을 제어점들로 조절할 수 있으며 또한 생성되는 베지어 곡선이 어떤 경우에든지 항상 제어점들로 구성된 볼록다각형

(Convex Hull)내에 위치함을 보여주고 있다. 베지어 곡선의 양 끝점에서의 접선의 기울기는 이웃한 제어점과 연결하는 직선의 기울기와 동일하다. 그림 8-27의 예에서 첫번째 제어점 P_0에서의 접선의 기울기는 직선 $\overline{P_0P_1}$의 기울기와 동일하며 P_3에서는 $\overline{P_2P_3}$의 기울기와 동일하다.

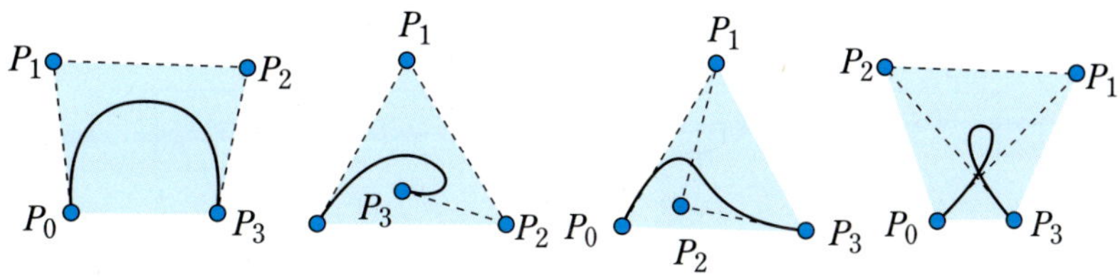

[그림 8-27] 볼록다각형 내의 베지어 곡선

한편, 두 개의 제어점을 동일한 위치에서 중첩시키면 곡선의 모양이 중첩된 제어점에 가까워지며, 첫 번째 제어점과 마지막 제어점을 같은 위치에 중첩시키면 폐곡선을 얻을 수 있다. 그림 8-28(a)는 시작 제어점 P_0와 끝 제어점 P_5를 같은 위치에 지정함으로써 폐곡선을 얻었으며 구체적인 모양은 이웃하는 제어점들과의 상호 위치에 따라 결정된다. 또한, 그림 8-28(b)에서는 제어점 P_1과 P_2를 같은 위치에 지정함으로써 곡선의 모양이 중첩된 제어점 쪽으로 편향되는 것을 보여주고 있다.

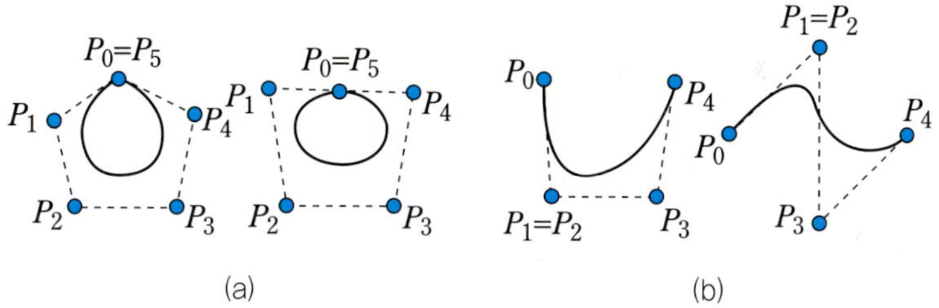

[그림 8-28] 베지어 곡선을 이용한 곡선의 설계

베지어 곡선은 제어점의 수에 의해 배합함수의 차수가 결정되므로 제어점의 수가 많아지면 계산량이 늘어난다. 이를 극복하기 위하여 복잡한 모양의 곡선을 설계할 때에는 곡선을 여러 부분으로 분할하여 낮은 차수의 베지어 곡선을 연결하여 사용한다. 곡선 세그먼트의 연결점에서는 C^1 연속성 또는 C^2 연속성을 유지하도록 제어점을 조절함으로써 전체 곡선을 부드럽게 설계할 수 있다. 일반적으로 그래픽스 응용소프트웨어에서 각 곡선 세그먼트는 3차 베지어 곡선을 주로 사용하고 있다. 이때 곡선을 각 세그먼트 단위로 수정할 수 있으며 곡선의 다른 세그먼트에는 영향을 미치지 않으므로 제한적 의미의 국부제어가 가능하다. 그림 8-29는 3차 베지어곡선 세그먼트를 이용하여 설계한 벡터폰트의 예이며, 그림 8-30은 베지어 곡선을 이용하여 그린 그림이다.

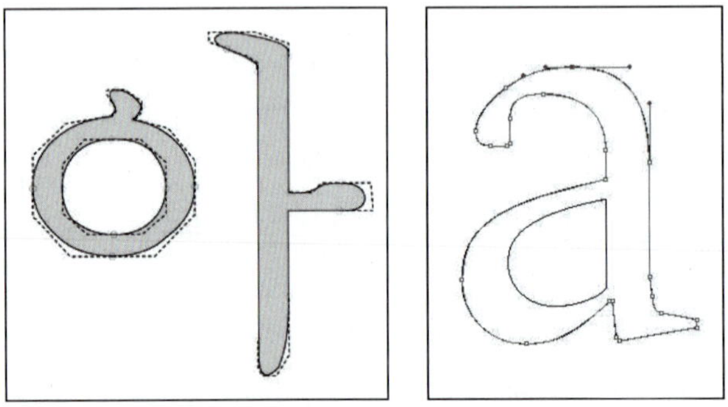

[그림 8-29] 베지어 곡선 세그먼트를 이용한 벡터 폰트의 예
(http://www.typofonderie.com/Gazette/ImagesGazette/FormatBezierCourbes.gif)

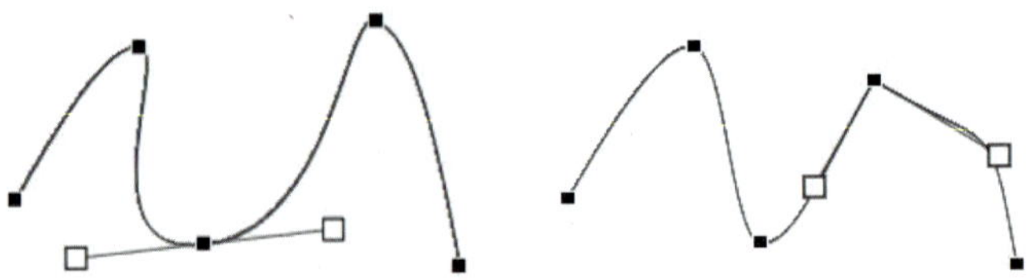

[그림 8-30] 베지어 곡선을 편집하는 과정

8.5.2 베지어 곡면(Bezier Surface)

그림 8-31에서 보듯이 베지어 곡선들이 공간상에서 서로 교차하도록 구성하면 제어점들을 근사하는 하나의 곡면이 생성된다. 서로 교차하는 베지어 곡선들을 각각 u, v 방향이라 하면 u와 v는 서로 다른 두 방향의 베지어 곡선의 매개변수 역할을 담당한다. 양방향의 제어점들을 지정할 때 u와 v 방향의 제어점들을 서로 일치시키며, 제어점들의 위치를 이동시킴으로써 원하는 베지어 곡면을 얻는다.

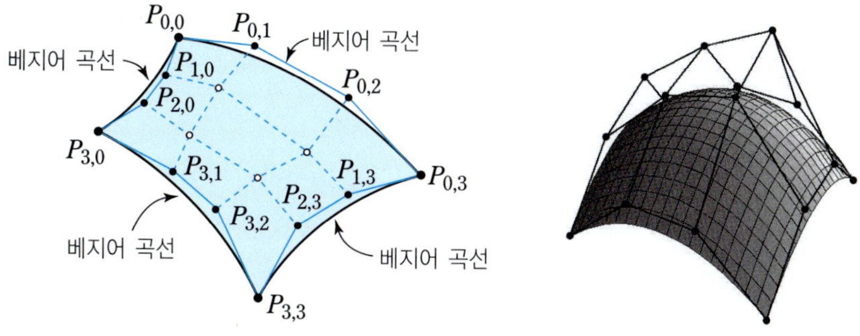

[그림 8-31] 매개변수를 이용한 곡면 설계

공간상에서 교차하는 $(m+1)\times(n+1)$개의 제어점들이 주어졌을 때, 베지어 곡면은 아래 식과 같이 u, v방향의 배합함수를 사용하여 표현할 수 있다. $P_{j,k}$는 각 제어점의 좌표를 나타내며, 매개변수 u와 v는 0과 1사이의 값을 가진다.

$$P(u, v) = \sum_{j=0}^{m} \sum_{k=0}^{n} P_{j,k} B_{j,m}(v) B_{k,n}(u)$$

베지어 곡면을 이용하면 매우 부드러운 곡면을 만들 수 있으며, 공간상에 제어점들의 위치를 조절함으로써 실시간에 원하는 곡면의 모양을 생성할 수 있다. 베지어 곡면은 이론적으로 베지어 곡선에 기반하고 있으므로 베지어 곡선의 모든 특성과 성질을 지닌다. 베지어 곡선에서와 마찬가지로 낮은 차수(2 또는 3)의 베지어 곡선들을 몇 개 연결하여 베지어 곡면을 생성하면 상당히 복잡한 모양의 곡면도 생성할 수 있고 곡면의 국부제어도 가능하게 된다. 또한, 베지어 곡면도 연결점에서 제어점의 위치를 적절히 조절하면 C^1 연속성과 C^2 연속성을 유지할 수 있다. 그림 8-32는 베지어 곡면을 이용하여 설계한 곡면과 주전자의 예를 보여주고 있다.

[그림 8-32] 베지어 곡선으로 설계한 곡면
(https://3dwarehouse.sketchup.com/warehouse/v1.0/publiccontent/b1a4889d-9e9a-44a1-a3c4-26c4d634af5b, http://www.nondot.org/~sabre/Projects/Raytracer)

8.6 B-스플라인 모델링

앞 절에서 설명한 베지어 곡선의 배합함수인 Bernstein 다항식의 차수는 제어점의 개수에 의해 결정되었으나, B-스플라인의 배합함수는 곡선 설계자가 차수를 결정할 수 있다. 또한, B-스플라인은 임의의 곡선을 설계하는 데 사용되며 국부제어가 가능한 곡선이다. 그러나, B-스플라인은 베지어 곡선에 비해 더 복잡한 공식에 의해 표현된다. B-스플라인은 가장 자주 이용되는 스플라인의 형태로, B-스플라인은 CAD 소프트웨어와 대부분의 그래픽스 소프트웨어에서 지원하고 있다.

8.6.1 B-스플라인(Bell-Shaped Spline) 곡선 및 곡면

베지어 곡선은 제어점의 개수에 의해 차수가 결정되는 Bernstein 다항식을 배합함수로 사용하였다. 그러나, B-스플라인 곡선의 배합함수는 제어점의 수와 독립적이며 배합함수의 차수와 적용구간을 곡선 설계자가 결정한다.

n+1개의 제어점 $P_k(x_k, y_k, z_k)$가 주어졌을 때($0 \le k \le n$), 이 제어점들을 근사시키는 B-스플라인 곡선은 다음과 같이 제어점의 좌표값 P_k에 배합함수 $N_{k,d}$를 곱한 형태로 표현된다.

$$P(u) = \sum_{k=0}^{n} P_k N_{k,d}(u), \quad u_{\min} \le u \le u_{\max}, \quad 2 \le d \le n+1$$

이 공식으로 표현된 B-스플라인 곡선은 $d-1$차 다항식이며, d는 2와 제어점의 수인 n+1 사이의 정수값에서 임의로 선택할 수 있다. 이 때, B-스플라인 곡선의 배합함수 $N_{k,d}(u)$, $k=0, 1, 2, \cdots, n$는 다음과 같은 점화식의 형태로 주어진다.

$$N_{k,1} = \begin{cases} 1, & \text{if} \quad u_k \le u < u_{k+1} \\ 0, & \text{otherwise} \end{cases}$$

$$N_{k,d}(u) = \frac{u - u_k}{u_{k+d-1} - u_k} N_{k,d-1}(u) + \frac{u_{k+d} - u}{u_{k+d} - u_{k+1}} N_{k+1,d-1}(u)$$

B-스플라인 곡선의 배합함수에서 매개변수 u의 범위는 0과 1사이로 고정되지 않고, u의 범위가 $n+d$개의 구간으로 나뉘어 곡선 설계자가 각 구간점의 값을 결정하면 된다. 배합함수

$N_{k,d}(u)$는 제어점 P_k에 가중치로 작용하며, 이 배합함수는 d개의 구간에서 정의된다. 즉, 배합함수 $N_{k,d}(u)$가 매개변수 u의 범위를 분할하는 구간 중에서 k번째부터 $k+d$번째 구간점 사이의 d개의 구간에서 정의되는 것을 의미한다. 따라서, 하나의 제어점이 곡선의 전체범위 중 d개의 분할구간에서만 영향을 미치므로 곡선의 국부제어가 가능해진다.

이때, 매개변수 u의 범위에서 $n+d$개의 구간에 대한 $n+d+1$개 구간점들의 집합을 매듭벡터(Knot Vector)라고 한다. 그림 8-33의 예에서 보듯이 각 배합함수는 매개변수 u의 전체 범위 중에서 곡선의 차수에 따라 매듭벡터의 일부 구간(즉, d개 구간)에만 정의되어 있다. 따라서, 배합함수는 구간 u_{d-1}과 u_{n+1}사이에서만 d개의 배합함수가 존재하며, 이 구간 내에서 배합함수를 합하면 항상 $\sum_{k=0}^{n} N_{k,d}(u) = 1$ 이다. 그림 8-33에서 점선으로 표시된 구간 u_2와 u_5사이에서 d=3개의 배합함수가 존재하며, u는 이 구간 사이에서만 정의된다. 따라서, B-스플라인 곡선 P(u)에서 $u\text{min} = u_2$, $u\text{max} = u_5$이다.

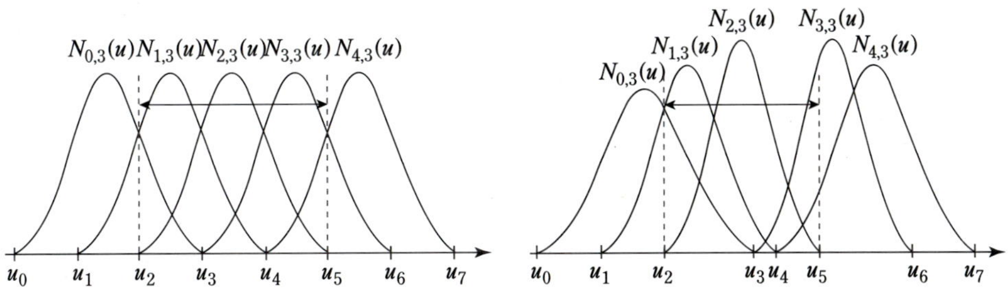

(a) 균일 B-스플라인 곡선의 배합함수 (b) 비균일 B-스플라인 곡선의 배합함수

[그림 8-33] B-스플라인 곡선의 배합함수 예(n = 4, d = 3인 경우)

매듭벡터는 $n+d+1$개 구간점의 값이므로 $u_k \leq u_{k+1}$만 만족하면 곡선 설계자가 어느값이든 선택이 가능하다. 따라서, 매듭벡터의 설정에 의하여 배합함수의 영향이 바뀌므로 같은 제어점이더라도 곡선의 모양이 바뀌게 된다. 그림 8-33(a)의 경우 매듭벡터는 4+3+1=8개의 구간점에 대해 {0, 1, 2, 3, 4, 5, 6, 7}과 같이 정의되었고, (b)의 경우 {0, 1, 2, 3.5, 4, 4.8, 6, 7}로 정의되어 있다. 따라서, 그림 8-33(a)의 경우에는 구간 간격이 일정하므로 균일(Uniform) B-스플라인 곡선에 해당하며, 그림 8-33(b)의 경우에는 구간의 간격이 일정하지 않으므로 비균일(Non-Uniform) B-스플라인 곡선에 해당한다.

비균일 B-스플라인을 적용하면 제어점들로부터 보다 유연성 있는 곡선을 생성할 수 있는 장점이 있다. 그림 8-34는 제어점들을 이용하여 B-스플라인 곡선을 생성하는 모습을 보여주며, 그림 8-34(a)에서 하나의 제어점을 변화시키면 그림 8-34(b)에서 보듯이 이 제어점 부근에서만 곡선의 모양이 변하는 것을 알 수 있다(즉, 곡선의 국부제어가 가능함).

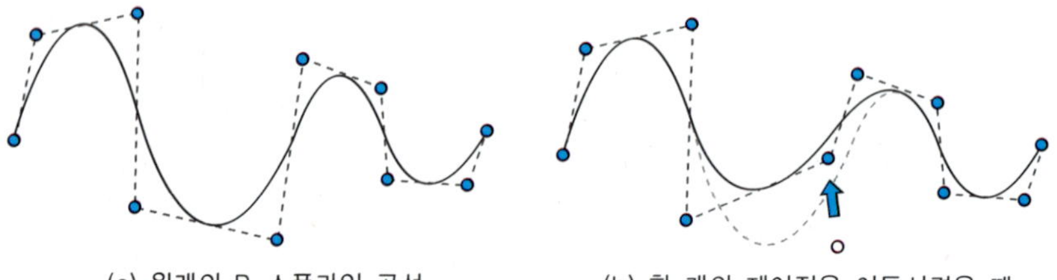

[그림 8-34] 균일 및 비균일 B-스플라인 곡선

B-스플라인 곡면은 베지어 곡면과 마찬가지로 B-스플라인 배합함수의 곱으로 표현되며, B-스플라인 곡선과 같은 성질을 지닌다. 다음 식은 B-스플라인 곡면을 나타낸 것으로 P_{k_1, k_2}는 $(n_1+1) \times (n_2+1)$개의 제어점의 위치를 나타내며, N_{k_1, d_1}과 N_{k_2, d_2}는 각각 u와 v방향의 배합함수이다.

$$P(u, v) = \sum_{k_1=0}^{n_1} \sum_{k_2=0}^{n_2} P_{k_1, k_2} N_{k_1, d_1}(u) N_{k_2, d_2}(v)$$

3차 B-스플라인 곡선이나 곡면은 C^2 연속이다. 따라서, 부드러운 곡선모양이 필요한 자유

[그림 8-35] B-스플라인 곡면을 이용하여 그린 바다 속 풍경
(http://www.mindspring.com/~rob.brown/microstation/img/fishpstr.jpeg)

곡선설계와 같은 응용분야에서는 B-스플라인 곡선을 많이 사용한다. 그림 8-35에서는 B-스플라인 곡면을 이용하여 여러가지 객체의 표면이 부드럽게 표현되어 있다.

8.6.2 NURBS(Non-Uniform Rational B-Spline) 곡선 및 곡면

앞에서 설명한 B-스플라인 곡선을 사용하면 곡선의 국부제어가 가능하고 매듭벡터를 적절히 이용하면 보다 유연성있는 곡선의 부분설계도 가능해 진다. 이제, B-스플라인을 생성하는 제어점들에 가중치를 부여하는 개념으로 확장한 것이 NURBS 곡선이다. 컴퓨터 그래픽스에서는 이러한 NURBS가 매우 바람직한 성질을 가진 곡선 및 곡면을 생성하므로 객체 모델링에서 자주 사용되고 있다. 그림 8-36의 NURBS 곡선과 곡면에서 보듯이 NURBS는 근사곡선임을 알 수 있다.

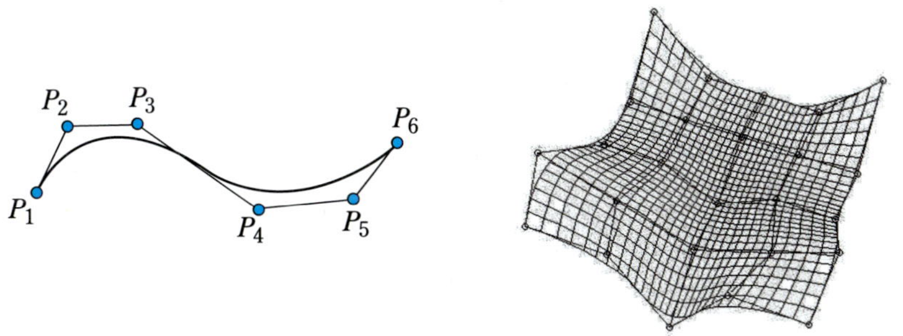

[그림 8-36] NURBS 곡선과 NURBS 곡면

NURBS 곡선은 비균일 유리 B-스플라인이다. 즉, NURBS는 매듭벡터가 비균일한 B-스플라인 곡선으로, 제어점에 가중치를 부여하여 스플라인 함수를 만들고 이를 배합함수에 가중치를 곱한 유리수로 나눔으로 그 값을 정규화한 것으로 아래와 같은 식으로 표현된다. 여기서 P_k는 n+1개의 제어점이고, w_k는 제어점 P_k에 대한 가중치를 나타낸다.

$$P(u) = \frac{\sum_{k=0}^{n} w_k P_k N_{k,d}(u)}{\sum_{k=0}^{n} w_k N_{k,d}(u)}$$

이 식에서 모든 가중치 w_k가 1이면, 분모는 $\sum_{k=0}^{n} N_{k,d}(u)$이고 분자는 $\sum_{k=0}^{n} P_k N_{k,d}(u)$가 된

다. 이 때, 배합함수를 Bernstein 다항식으로 정하면 NURBS곡선은 베지어 곡선이 되고, B-스플라인에서 사용하는 배합함수를 사용하면 B-스플라인 곡선이 되며, 모든 u의 값에 대하여 항상 $\sum_{k=0}^{n} N_{k,d}(u) = 1$이 된다. 이외에도, NURBS 곡선은 가중치와 배합함수를 적절히 조정함으로서 설계자가 원하는 여러 가지 곡선을 만들 수 있다.

NURBS 곡선은 제어점으로 구성되는 볼록다각형의 안에 위치한다. NURBS는 매듭벡터의 간격이 균일하지 않으며, 가중치의 값을 조절하면 곡선의 형태를 변화시킬 수 있다. 그림 8-37은 5개의 제어점으로 만들어진 NURBS 곡선이 가중치에 영향을 받고 있음을 보이고 있다. 즉, 제어점 P_3에 대한 가중치를 1.0에서 3.0으로 변경시키면 곡선이 제어점 P_3에 가까워짐을 알 수 있다.

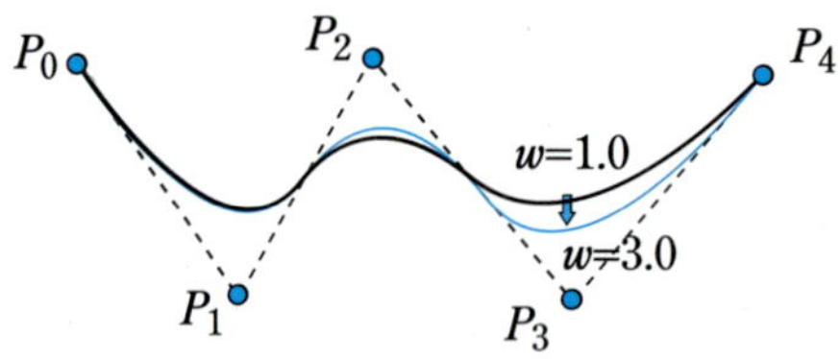

[그림 8-37] NURBS 곡선에서 가중치의 영향

NURBS 곡선이 다른곡선과 차별되는 가장 큰 특징은 다음의 두가지이다. 우선, 원근투영에 대하여 변하지 않는(Perspective Invariant) 성질이 있다. 공간상의 NURBS 곡선을 원근투영시키면 투영면에 나타나는 곡선도 NURBS 곡선이다. 한편, NURBS 곡선의 제어점을 먼저 원근투영시키고, 이 투영된 제어점을 이용하여 그린 NURBS 곡선은 직접 투영한 곡선과 동일하다. 이러한 특성 때문에 3차원 그래픽스 응용 소프트웨어는 NURBS 곡선을 많이 사용한다.

다음으로, NURBS 곡선을 이용하면 원뿔곡선도 생성할 수 있다는 점이다. NURBS로 원뿔곡선을 그리기 위해서는 2차 스플라인 함수(d=3)와 3개의 제어점(n=2)을 이용한다. 여기서 매듭벡터는 {0, 0, 0, 1, 1, 1}로, 3개의 제어점 P_0, P_1, P_2가운데 P_0와 P_2에 대한 가중치는 $w_0=w_2=1$로, P_1에 대한 가중치는 $w_1 = \frac{r}{1-r}$로 정하고, r값을 조절하면 원뿔곡선을 만들 수 있다. 이 때, r=0 (w_1=0)이면 직선, $r < \frac{1}{2}$ ($w_1 < 1$)이면 타원, $r = \frac{1}{2}$ ($w_1 = 1$)이면 포물선, $r > \frac{1}{2}$ ($w_1 > 1$)이면 쌍곡선이 생성된다. 따라서, 타원, 구, 원통과 같은 객체를 설계하고자하는 경우에는 NURBS를 이용하는 것이 보다 바람직하다.

B-스플라인에서와 마찬가지로 NURBS를 이용하면 곡면도 표현할 수 있다. 곡면을 나타내기 위해 NURBS곡면 식은 배합함수의 곱의 형태로 표현되고 매듭벡터는 비균일하게 정해진다. NURBS 곡면의 경우에도 모든 제어점에 대한 가중치가 1이면 일반 B-스플라인 곡면이 된다. 그림 3-38은 NURBS 곡면을 이용한 설계의 결과물로 매우 부드러운 곡면을 표현할 수 있음을 보여주고 있다. 또한, NURBS곡면을 평면에 투영시킬 때 투영불변성이 유지되므로 3차원 그래픽스 응용프로그램에서 곡면 설계를 위해 NURBS 기법을 자주 사용한다.

[그림 8-38] NURBS를 이용한 곡면의 설계
(https://www.researchgate.net/figure/NURBS-models-on-the-left-and-Subdivision-Surface-mesh-on-the-right_fig1_255650048)

8.7 모델링 곡선/곡면의 비교

앞에서 주어진 제어점들에 대한 근사곡선을 구하는 기법으로 베지어 곡선, B-스프라인 곡선 및 NURBS 곡선에 대하여 공부하였다. 이제, 표 8-1에서 이렇게 매개변수(Parameter)를 이용하여 표현되는 곡선들의 주요 성질을 상호 비교하였다.

[표 8-1] 모델링 곡선/곡면의 성질 비교

	베지어 곡선/곡면	B-스플라인 곡선/곡면	NURBS 곡선/곡면
곡선의 부드러움	O	O	O
볼록다각형 내포성	O	O	O
국부제어	△	O	O
2차곡선의 재현	X	X	O
투영불변성	X	X	O

부드러운 물체를 표현하기 위하여, 베지어 곡선, B-스플라인 곡선, 그리고 NURBS 곡선이 일반적으로 많이 이용된다. 이러한 모델링 기법들의 공통적인 특성은 모델링 곡선이 제어점들로 구성된 볼록다각형 내부에 항상 위치한다는 사실이다.

B-스플라인 곡선이나 NURBS 곡선의 경우에는 제어점의 위치를 수정할 때 그 제어점 주위의 곡선 모양만 변하는 국부제어성을 가지나 베지어 곡선은 일반적으로 국부제어성을 가지고 있지 않다. 그러나 짧은 베지어 곡선 세그먼트를 여러개 연결하여 사용하면 각 곡선 단위별로 수정이 가능하다. 즉, 베지어 곡선은 제한적 국부제어성 성질을 가진다.

베지어 곡선이나 B-스플라인 곡선으로는 원이나 타원과 같은 2차곡선(또는 원뿔곡선)을 만들 수 없으나, NURBS 곡선은 2차곡선을 표현할 수 있다. 또한, NURBS 곡선의 가중치를 적절히 조절하면 여러 가지 2차곡선을 그릴 수 있다. 즉, 2차곡선은 NURBS 곡선의 특별한 경우로 이해될 수 있다.

3차원 공간에서 주어진 제어점들을 근사하는 곡선은 2차원 평면에 디스플레이 되어야 한다. 일반적으로 공간상의 곡선을 투영면에 디스플레이 한 결과(그림 8-39(a))와 제어점들을 평면에 투영한 후 투영된 제어점들로부터 얻은 근사곡선의 결과(그림 8-39(a))가 일치하는 것이 바람직하다. 모델링 곡선이 이러한 성질을 만족할 경우 그 곡선은 투영불변성을 가진다고 한다. 표 8-1에서 보듯이 베지어 곡선이나 B-스플라인은 투영불변성을 보장하지 않지만, NURBS 곡선은 항상 투영불변성을 가진다.

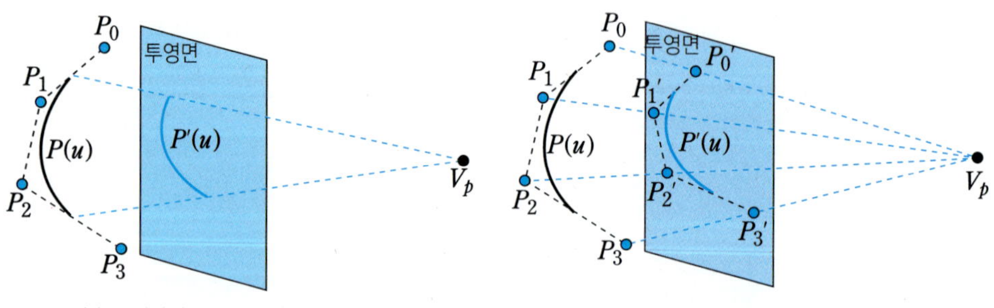

(a) 공간상의 곡선을 투영시킨 경우 (b) 제어점을 투영시킨 뒤 투영면에서 곡선을 그린 경우

[그림 8-39] 곡선의 투영불변성

8.8 기타 모델링 기법

지금까지 다각형면 모델링, 2차곡선(곡면) 모델링, 그리고 스플라인 개념에 입각한 베지어 곡선(곡면), B-스플라인 곡선(곡면) 및 NURBS 곡선(곡면)에 대하여 비교적 자세히 알아보았다. 이 절에서는 이외에도 평면도형의 이동이나 회전을 이용한 스위핑(Sweeping)과 3차원 기본 객체의 집합연산에 기반한 솔리드 모델링(Solid Modeling)과 같이 자주 사용되는 3차원 모델링기법에 관하여 간단히 설명한다.

8.8.1 스위핑(Sweeping)

3차원 공간에서 원이나 다각형과 같은 평면도형을 지정된 경로를 따라 이동시키거나 하나의 축을 중심으로 회전시키면 새로운 3차원 객체가 생성되며, 이러한 모델링 기법을 스위핑이라 부른다. 예를 들어, 그림 8-40(a)에서 보듯이 간단한 평면도형을 주어진 직선경로를 따라 일정거리 만큼 이동시키면 그림과 같은 건축자재가 생성된다. 또한, 그림 8-40(b)는 파이프의 단면도를 180° 회전시킬 때 만들어지는 객체이고, 그림 8-40(c)에서와 같이 평면도형을 360° 회전시키면 하나의 유리잔이 얻어진다.

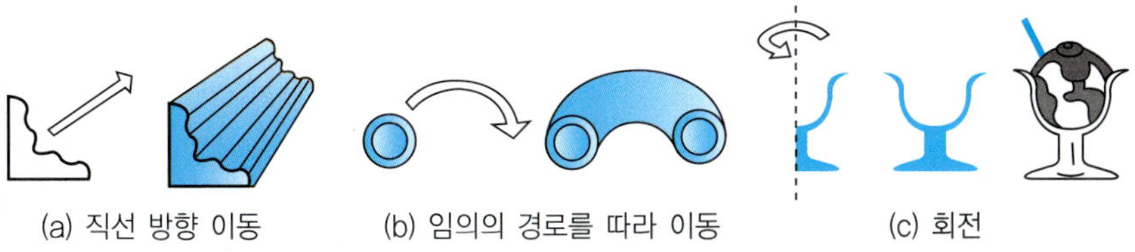

[그림 8-40] 스위핑 기법으로 만든 물체

평면도형을 주어진 경로를 따라 이동시키거나 하나의 축을 중심으로 회전시킬 때 평면도형의 모양을 일정한 규칙을 따라 지속적으로 변화시키면 보다 다양한 형태의 3차원 객체가 생성될 수 있다. 스위핑기법을 이용한 3차원 객체의 생성은 특히 수치제어(NC: Numerical Control)나 CAD/CAM 분야에서 기계 부품의 설계를 위해 자주 이용되고 있고, 많은 3차원 그래픽스 응용소프트웨어가 스위핑 기법을 지원하고 있다.

8.8.2 솔리드 모델링(Solid Modeling)

솔리드 모델링 기법은 CSG(Constructive Solid Geometry : 조립적 입체기하학) 방식이라고도 불리며, 사면체, 육면체, 구, 원기둥, 원뿔 등과 같은 3차원 기본객체들에 집합연산(Union, Difference, Intersection 등)을 적용함으로써 새로운 객체를 만드는 방법이다. 그림 8-41은 솔리드 모델링을 위해 사용되는 집합연산을 육면체와 구를 이용하여 설명한 것이다. 집합연산의 종류에 따라 여러 가지 객체를 만들 수 있음을 알 수 있다. 그림 8-41에서도 알 수 있듯이 합집합이나 교집합의 결과는 피연산자의 순서가 바뀌어도 동일하나 교환법칙이 성립하지 않는 차집합의 경우에는 피연산자의 순서가 바뀌면 다른 객체가 만들어진다.

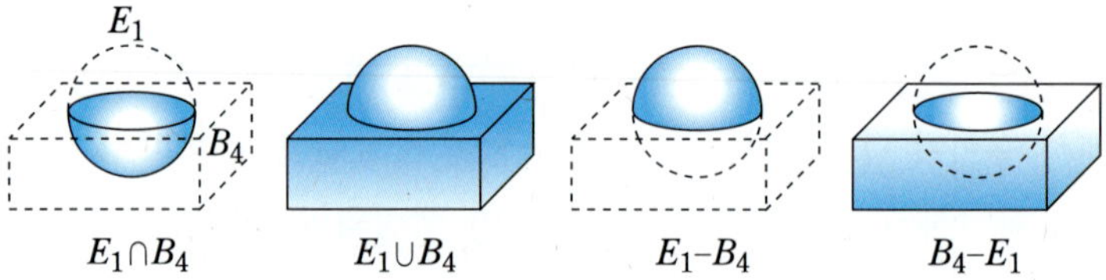

[그림 8-41] 솔리드 모델링 방법으로 생성한 3차원 물체

솔리드 모델링에서 사용되는 기본객체들은 그래픽스 응용소프트웨어가 제공하는 2차곡면이나 다면체를 이용하거나 스위핑이나 스플라인 모델링기법을 사용하여 설계자가 직접 생성할 수 있다. 그림 8-42는 두 개의 육면체와 두 개의 원기둥의 기본객체에 주어진 순서를 따라 집합연산을 수행한 결과물을 보여주고 있다.

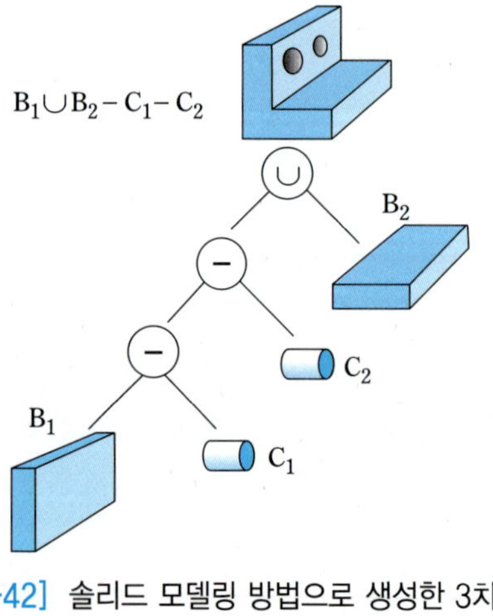

[그림 8-42] 솔리드 모델링 방법으로 생성한 3차원 물체

연습문제 EXERCISE

8-1 꼭짓점 (0, 0, 0), (2, 0, 0), (0, 3, 0), (0, 0, 4)로 구성된 사면체를 다각형면으로 모델링할 때 꼭짓점표, 모서리표 및 다각형표를 구하라.

8-2 3차원 객체를 표현하기 위한 기법으로 다각형 메쉬 모델링이 자주 이용된다. 이 때, 곡면을 표현하기 위하여 가장 간단한 다각형 형태인 삼각형이 자주 이용되는데, 그 이유를 설명하라.

8-3 공간상의 임의의 세 점의 좌표값을 입력 받아 이 세 점을 지나는 평면의 방정식을 구하고 법선벡터 N을 구하는 프로그램을 작성하라. 이 평면을 연장시키면 3차원 공간 전체가 두 부분으로 나누어진다. 또한, 공간상의 임의의 점이 평면의 안쪽 또는 바깥쪽에 위치하는지를 판단하라.

8-4 Bezier 곡선은 아래의 공식으로 표현된다. n=3인 경우, 배합함수들을 모두 그래프로 그리고 배합함수의 성질을 설명하라. 이러한 배합함수들을 각 제어점들에 적용할 때 알 수 있는 Bezier 곡선의 특성이 무엇인지 설명하라(배합함수의 그림에 근거하여 설명하라).

$$P(u) = \sum_{k=0}^{n} P_k B_{k,n}(u), \qquad 0 \le u \le 1$$

8-5 n+1개의 제어점이 주어졌을 때 베지어 곡선은 다음과 같이 표현된다.

$$P(u) = \sum_{k=0}^{n} P_k B_{k,n}(u), \qquad 0 \le u \le 1$$

이제, 4개의 제어점 P_0, P_1, P_2, P_3 가 주어질 때 위의 공식에 n=3을 대입하면 Cubic Bezier Curve가 얻어지며 그 식은 아래와 같다.

$$P(u) = [u^3 \ \ u^2 \ \ u \ \ 1]\, M_{Bez} \begin{bmatrix} P_0 \\ P_1 \\ P_2 \\ P_3 \end{bmatrix}$$

(a) M_{Bez} 를 구하라.

(b) 베지어 곡선의 특성을 간단히 설명하라.

8-6 B-스플라인 곡선의 매개함수는 아래 식과 같이 표현된다. 이 공식에서 $N_{k,d}(u)$는 배합함수이다. 이제, d=4이고 제어점의 수 n=4인 경우를 생각하자.

$$P(u) = \sum_{k=0}^{n} P_k N_{k,d}(u), \qquad 0 \le u \le 1, \quad 2 \le d \le n+1$$

(a) 균일 B-스플라인 곡선의 배합함수를 개략적으로 그리고, 제어점 P_k, k=0, 1, 2, 3, 4 가 영향 받는 매개변수 u의 범위를 그림상에 표시하라.

(b) B-스플라인 곡선/곡면에서 국부제어가 가능한 이유를 (a)의 그림에 근거하여 설명하라.

8-7 B-Spline 곡선 중 NURBS(Non-Uniform Rational S-Spline) 곡선의 "Non-Uniform" 및 "Rational"의 의미를 설명하고, B-Spline 곡선에 비해 어떤 장점이 있는지 서술하라.

8-8 C^0 연속성, C^1 연속성, C^2 연속성에 대하여 설명하고, 3차 스플라인 곡선, 베지어 곡선 및 B-스플라인 곡선이 각각 어떤 연속성을 가지는지 설명하라.

8-9 Bezier curve 자체가 C^1 연속성과 C^2 연속성을 보장하지는 않지만 이웃하는 곡선 세그먼트들 간의 제어점을 적절히 조절함으로써 이러한 연속성을 보장할 수 있다. 또한, Bezier curve는 항상 제어점들로 구성된 볼록다각형(Convex hull) 내에 위치한다. 베지어곡선에서 C^1 연속성을 보장할 수 있는 조건을 제시하고, 언제나 Convex Hull 안에 위치하는 이유(근거)를 설명하라.

8-10 다음의 객체 모델링 기법을 간단히 설명하고, 그 특징과 적용분야를 논하라.

(a) 다각형면 모델링

(b) 베지어 곡선과 곡면

8-11 3차원 그래픽스 응용 소프트웨어는 NURBS 곡선/곡면을 이용하여 곡선/곡면을 설계하는 기능을 제공한다. 그 이유는 무엇인가? 또 3차원 그래픽스 응용 소프트웨어 가운데 하나를 선택하여 NURBS 곡선이나 NURBS 곡면을 설계하는 방법을 조사해 보라.

09 CHAPTER 은면의 제거

Hidden-Surface Removal

8장에서 설명한 모델링 기법들을 이용하여 3차원 공간에서 다양한 객체들을 구성한 후 이 객체들을 2차원 투영면에 디스플레이 한다. 이 때, 관측자의 시점에서 볼 때 이러한 객체들이 시점 방향으로 중첩되어 존재하고, 시점에 가장 가까운 객체들만 투영면에 디스플레이 된다. 뿐만 아니라, 하나의 객체에 속한 모든 면이 다 보이는 것이 아니고 면들의 일부만이 디스플레이 된다. 따라서, 다른 객체나 면들에 가려져 보이지 않는 면들을 제거하는(은면제거) 효과적인 알고리즘이 필요하다. 은면을 제거한 후 보이는 면(Visible Surface)을 렌더링하면 현실감 있는 그래픽 화면을 얻게 되며, 렌더링하는 면의 수가 줄어들어 렌더링 시간도 줄일 수 있게 된다.

은면을 제거하는 방법은 여러 가지가 존재하는데 그 용도에 따라 은면제거 속도가 빠른 것, 기억 용량을 적게 사용하는 기법 등이 존재한다. 또한, 처리할 3차원 공간과 객체들의 복잡도, 객체의 종류나 특성, 그리고 애니메이션의 존재 여부를 고려하여 적용할 은면제거 알고리즘이 결정된다. 이 장에서는 은면제거 알고리즘 중 가장 대표적인 몇 가지를 선정하여 소개한다.

9.1 은면제거(Hidden Surface Removal)의 개념

일반적으로 3차원 공간상에는 매우 많은 객체들이 존재할 수 있고, 또 각 객체는 많은 면들로 구성되어 있으므로 효율적인 은면제거 알고리즘을 적용하는 것이 무엇보다 중요하다. 이 절에서는 9장에서 공부할 은면제거 알고리즘들을 개념과 종류에 따라 분류하고 그 특성을 비교한다. 또한, 은면제거 알고리즘에서 공통적으로 이용하는 원리와 객체가 지닌 성질에 대하여 알아본다.

9.1.1 은면제거 알고리즘의 종류

3차원 공간에서 객체가 투영면에 투영될 때 보이지 않는 모서리나 면을 제거해줌으로써 그 객체의 입체감과 현실감(Realism)을 증가시킬 수 있다. 이것은 한 객체 내에서도 그러하고 객체와 객체 간에도 가려져 보이지 않는 면을 제거함으로써 현실감을 살릴 수 있다. 간단한 예로서, 그림 9-1의 왼쪽 그림에서 보듯이 육면체의 모든 모서리를 실선으로 표현하면 이 객체 면들 간의 위치관계를 파악하기 어렵게 된다. 이제, 오른쪽 두 그림에서와 같이, 보이는 모서리를 실선으로 나타내고 보이지 않는 모서리를 점선으로 나타내면 육면체의 면들이 놓인 위치 관계를 쉽게 파악할 수 있다. 이와 같이, 3차원 객체를 투영면에 나타낼 때 제거해야 할 은면을 결정하는 것을 은면제거(Hidden Surface Removal)라 한다. 은면제거가 면과 면간에 가려져 보이지 않는 면을 제거하는 데 비해, 은선제거(Hidden Line Removal)는 선과 면간에 보이지 않는 선의 부분을 제거하는 기법이다.

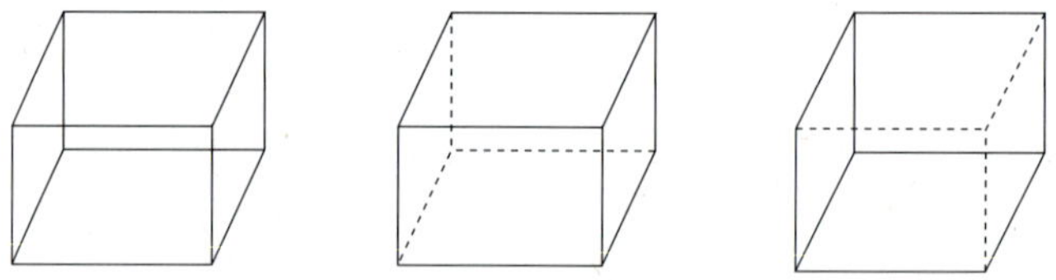

[그림 9-1] 육면체의 은선제거 효과

은면제거나 은선제거는 객체가 놓여있는 상태를 이해하기 위해서도 필요하나, 두 객체 간의 상대적 위치를 나타내기 위해서도 필요하다. 그림 9-2에서 보듯이 직선과 평면 간에 보이는 선은 실선으로 나타내고, 가려져 보이지 않는 선은 점선으로 표현한다고 하자. 은선처리의 결과에 따라 3차원 공간에서 두 객체 간에 놓인 상대적 위치가 다르게 표현된다. 즉, 그림 9-2(a)에서는 직선이 사각형 뒤에 위치함을 보여주고 있고, 그림 9-2(b)는 직선이 사각형을 관통하고 있음을 보여주고 있다.

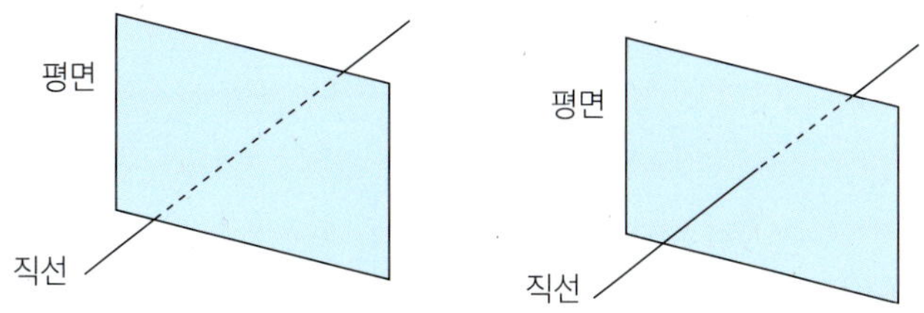

(a) 직선이 평면 뒤에 있는 경우 (b) 직선이 평면을 통과하는 경우

[그림 9-2] 은선제거에 따른 평면과 직선의 위치관계

은면제거 알고리즘은 3차원 공간에서 객체들 간의 공간적 앞뒤 관계에 따라 은면을 제거하는 객체공간법과 투영면의 각 픽셀로부터 객체를 바라볼 때 투영면에 노출된 객체상의 점들을 찾는 이미지공간법으로 나눌 수 있다.

객체공간법(Object Space Method)은 공간상에 존재하는 객체들 간의 위치관계를 논리적인 방법이나 계산을 통해서 어떤 객체나 면이 가려져 보이지 않는지를 발견한다. 따라서, 이 방법은 3차원 공간상에 존재하는 객체의 수가 많지 않거나 객체들이 서로 분산되어 존재하는 경우에는 효율적인 은면제거 방법이지만, 위치적 관계를 상호 비교해야 할 객체들의 수가 과다한 경우에는 많은 처리 시간이 소요되는 단점이 있다. 일반적으로 객체공간법에서의 처리 시간은 객체들의 모든 면 수의 제곱에 비례한다. 그림 9-3(a)에서 공간상에 육면체와 사면체가 존재할 때, 공간적으로 육면체가 앞에 위치함을 알 수 있고 사면체을 구성하는 면들의 일부가 은면이 된다. 따라서, 관측자 입장에서 객체들을 바라볼 때 각 객체의 뒷면과 객체공간법을 적용하여 찾아낸 은면을 제외한 면들이 투영면상에 나타난다. 은면제거 알고리즘 가운데 깊이정렬 알고리즘(Depth Sorting 또는 Painter' s Algorithm)이 개념적으로 객체공간법에 해당한다.

이미지공간법(Image Space Method)은 투영면을 구성하는 각 픽셀로부터 객체들로 향한 직선(투영선)을 그었을 때 처음 관통('Hit')하는 객체 면이 투영면에 보이게 된다는 사실을 이용한다. 이러한 개념에 입각하여 투영면상의 모든 픽셀들로부터 나오는 투영선들이 가장 먼저 'Hit' 하는 모든 점들의 모임을 투영면에 그리게 된다. 그림 9-3(b)의 예에서 보듯이 공간상에 육면체와 사면체가 존재할 때, 투영면상의 한 픽셀 (x, y)로부터 나오는 투영선이 이 두 객체와 만난다. 이때, 이 투영선이 객체 S_1을 먼저 관통하므로 투영면상에 객체 S_1의 면의 색상값이 투영면에 나타난다. 따라서, 이미지공간법의 처리시간은 투영면의 픽셀해상도와 공간상에 존재하는 객체 수에 비례한다. 이 장에서 소개하는 z-버퍼 알고리즘(z-Buffer 또는

Depth Buffer Algorithm)이 가장 대표적인 이미지공간법이다.

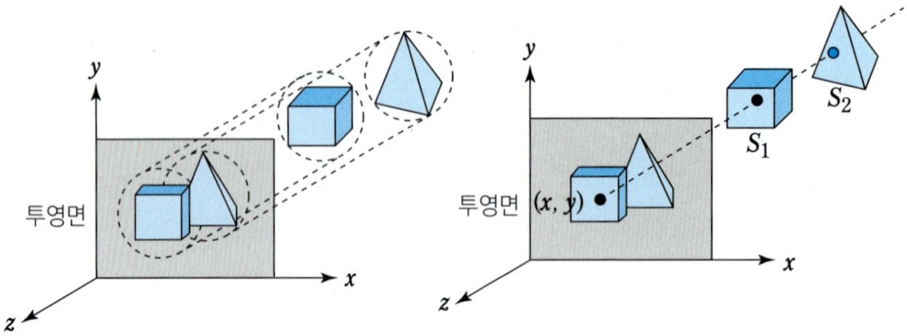

(a) 객체 공간법 (b) 이미지 공간법

[그림 9-3] 은면제거 기법의 분류

현실적으로 사용되고 있는 은면제거 알고리즘의 대부분은 이미지공간법에 기반하고 있다. 그 이유는 일반적으로 공간상에 매우 많은 객체들이 존재하고 있어, 객체들 간에 상호 앞뒤 관계를 일일이 계산하는 것보다는 투영면으로부터 나오는 투영선이 처음 관통하는 객체 면을 발견하는 것이 보다 효율적이기 때문이다. 여기서는 객체공간법과 이미지공간법 중 가장 대표적인 몇 가지만을 골라 그림 9-4와 같이 분류하고 이 장에서 소개하도록 한다.

[그림 9-4] 은면제거 알고리즘의 유형

9.1.2 은면제거의 처리 개념

대부분의 은면제거 알고리즘은 처리의 효율성을 높이기 위하여 은면제거할 객체들에 적용되는 몇 가지 일반적인 원리 및 성질을 이용한다. 여기서, 가장 자주 이용할 수 있는 성질 세 가지를 소개한다.

첫째, 가장 자주 이용하는 원리는 은면처리할 객체나 객체를 구성하는 면들을 정해진 원칙에 따라 정렬(Sorting)하는 것이다. 즉, 투영면으로부터 가장 가까이 위치한 객체 순(즉, z 방향)으로 정렬하거나, 수평 방향(x 방향) 또는 수직 방향(y 방향)으로 객체들을 정렬한다. 객체들을 z 방향의 깊이 순으로 정렬하면 은면을 쉽게 찾아낼 수 있다. 또한, 객체들을 x 방향이나 y 방향으로 정렬함으로써 수평방향 또는 수직방향으로 두 객체가 겹치는지 여부를 용이하게 판단할 수 있게 된다. 깊이정렬법은 이러한 접근 방법을 이용하는 가장 대표적인 알고리즘이다. 그림 9-5의 간단한 예에서 두 객체를 z 방향의 깊이 순으로 정렬할 때, 그림 9-5(a)의 경우에는 두 객체의 앞뒤 관계가 명확히 판단되나 그림 9-5(b)에서는 두 면이 서로 교차하고 있어 은면제거를 위해 별도의 처리과정이 필요하다.

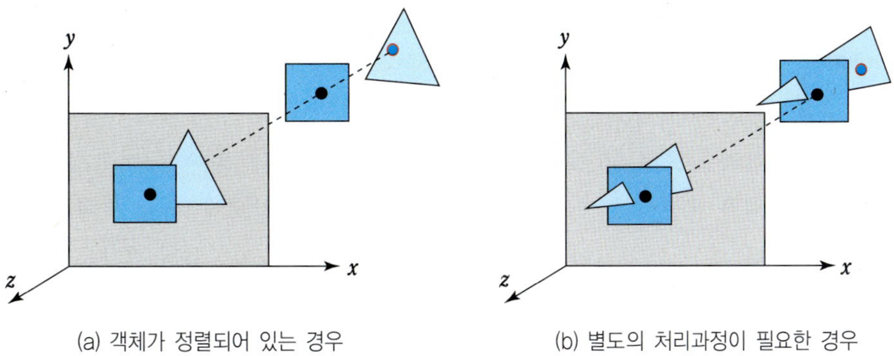

[그림 9-5] 객체의 정렬을 이용한 은면제거

둘째, 객체의 공간적 또는 시간적 일관성(Coherence)을 이용하는 것이다. 객체의 공간적 일관성(Spatial Coherence)이란 한 객체에서 공간적으로 인접한 부분은 은면제거 관점에서 유사한 성질을 갖는다는 것이다. 그림 9-6에서 보듯이 공간상에 사각형 면과 삼각형 면의 두 객체가 존재할 때, 사각형 점선 내에 위치한 객체의 인접한 부분은 일관되게 은면제거의 필요성이 없는 영역이다. 이에 비해서, 빨간 원 내에 위치한 객체 부분은 두 객체(즉, 사각형 면과 삼각형 면)간에 은면제거를 위해 앞뒤 관계를 계산해 보아야하는 부분이다.

시간적 일관성(Temporal Coherence)을 이용하는 경우는 애니메이션과 같이 그림이 시간의 흐름에 따라 변하는 경우이다. 애니메이션은 1/30초 간격으로 생성된 프레임(Frame)들로 구성되어 있고, 이웃하는 프레임들 간에 그림의 차이는 미세한 경우가 대부분이다. 따라서, 하나의 프레임에서 정지된 객체들 간에 존재하는 앞뒤 관계는 다음 프레임에서도 그대로 유지되고, 움직이는 객체들 간에는 앞뒤 관계가 변할 수 있으나 이것도 움직이는 물체의 경계선 부근에서만 은면의 변화가 일어나게 된다.

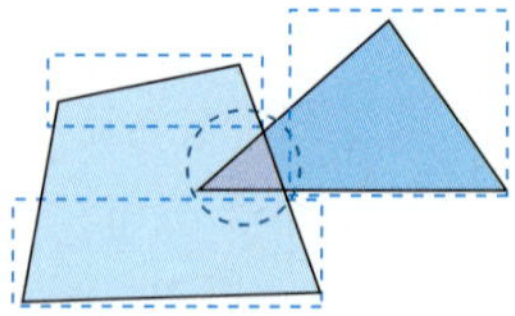

[그림 9-6] 공간적 유사성의 예

셋째, 객체의 포함영역(Extent) 개념을 도입함으로써 객체 간에 깊이(z 방향), 수평 방향(x 방향), 또는 수직 방향(y 향)으로 겹치는지 여부를 용이하게 판단할 수 있게 된다. 일반적으로 객체는 다양한 모양을 가지므로 하나의 객체가 다른 객체와 공간적으로 중첩되는지를 판단하는 것은 어려운 작업이 될 수 있다. 따라서, 하나의 객체를 포함하는 최소 크기의 간단한 영역(이것을 포함영역이라 부르고 일반적으로 구나 직육면체로 나타낸다)을 구하고, 이 포함영역 간에 중첩의 가능성을 계산한다. 만일, 두 포함영역이 겹치지 않으면 이 두 객체는 투영면에서도 겹치지 않으나, 두 포함영역이 중첩되는 경우에는 두 객체의 투영된 결과가 투영면상에서 겹칠 가능성이 있다.

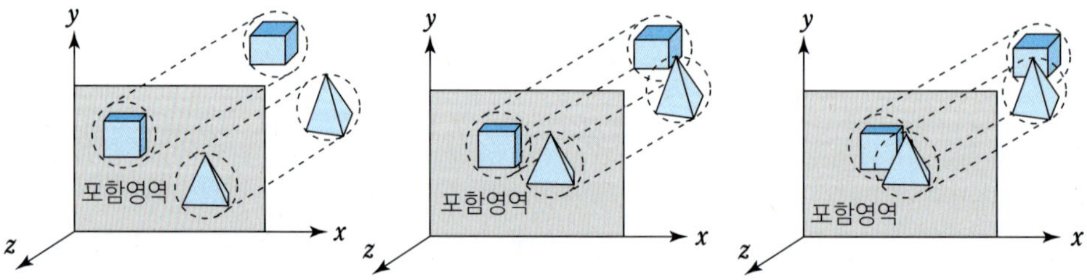

(a) 전혀 중첩되지 않은 경우 (b) 투영면상의 포함영역만 중첩되는 경우 (c) 투영면과 공간의 포함영역이 모두 중첩되는 경우

[그림 9-7] 공간객체와 포함영역(Extent)과의 관계

그림 9-7은 앞에서 설명한 포함영역을 이용하여 두 객체 간의 중첩 가능성을 보다 효율적으로 판단할 수 있음을 보여주고 있다. 그림 9-7(a)의 경우에 공간상에서 두 객체의 포함영역이 중첩되지 않으므로 이 두 객체는 투영면에서도 절대 겹치지 않는다. 이에 비해, 그림

9-7(b)와 (c)의 경우에는 두 객체의 포함영역이 중첩되며, 따라서 추가적인 연산을 통해서 두 객체가 실제 투영면상에서 겹치는지 여부를 판단해야 한다. 그림 9-7(b)는 두 객체가 투영면에서 겹치지 않는 경우이고, 그림 9-7(c)에서는 두 객체가 실제로 투영면상에서 겹치는 경우이다.

은면제거 알고리즘은 접근 방법과 기법에 따라 매우 다양하고 적용 분야와 환경에 따라 사용할 알고리즘이 달라진다. 따라서, 적용할 은면제거 알고리즘을 선정할 때는 객체의 종류, 장면의 복잡도 및 적용 분야의 특성을 고려하여 선택해야 한다.

9.2 다면체 뒷면의 제거(Back-Face Removal)

다면체는 컴퓨터 그래픽스에서 가장 기본적으로 사용되는 객체 모델로, 다면체는 일반적으로 많은 면들로 구성되어 있다. 관측자가 다면체를 바라보았을 때 일부 면은 보이나 일부 면은 객체 자신에 의해 가려져 보이지 않는다. 이때 가려져 보이지 않는 면들을 뒷면(Back Face)라 부르며 이러한 뒷면들은 투영면에 나타낼 필요가 없다. 다면체에서 뒷면을 판단하는 방법은 매우 간단하고 구현이 용이하여 은면제거에서 첫 단계로 쉽게 적용된다.

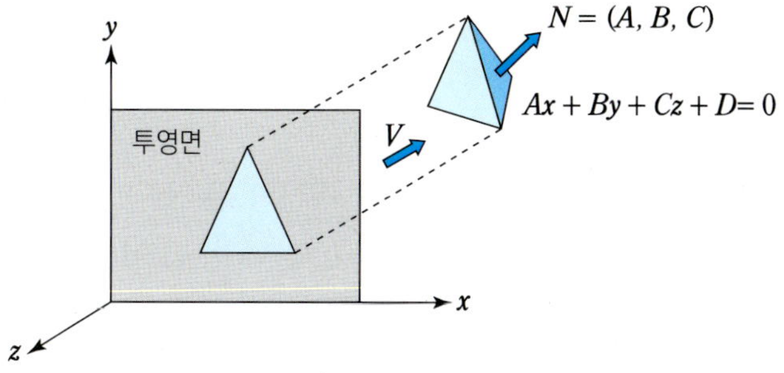

[그림 9-8] 다면체 뒷면의 결정

이제, 평면의 방정식($A_x + B_y + C_z + D = 0$)을 이용하여 다면체의 뒷면을 손쉽게 알아내는 방법을 알아보자. 그림 9-8에서와 같이 다면체를 구성하고 있는 평면의 법선벡터를 $N=(A, B, C)$라 하자. 그리고, 관측자의 시선 방향을 V라하면 V는 z축의 음의 방향과 일치한다. 다면체를 구성하는 한 평면이 관측자의 시점으로부터 보이는지 여부를 결정하려면 이 평면의 법선벡터와 시선방향 벡터의 내적을 구하여 양이면 보이지 않는 뒷면, 음이면 보이는 앞면으로 판단할 수 있다. 즉, $V \cdot N > 0$이면 이 평면은 시점에서 보이지 않는 뒷면이 되고, $V \cdot N < 0$이면 이 평면은 시점에서 보이는 앞면이 된다. 시선방향 벡터 V는 z축의 음의 방향과 일치하므로, $V = (0, 0, V_z)$로 표현하면 $V \cdot N = V_z C$이 된다. 여기서 $V_z < 0$이므로, $C < 0$이면 이 평면은 뒷면이 되고 $C > 0$이면 앞면이 된다.

이와 같이, 평면의 법선벡터를 이용하면 한 다면체에서 관측자의 시점에서 바라본 뒷면을 쉽게 제거할 수 있다. 일반적으로 뒷면제거 알고리즘은 은면제거 과정에서 맨 처음 단계로 적용하며, 이러한 뒷면 제거를 통해 3차원 공간내의 객체 면들 중 약 50% 정도를 제거할 수 있다.

9.3 z-버퍼(z-Buffer) 기법

3차원 공간에 존재하는 객체들을 투영면에 투영시키면 객체의 z 방향의 정보는 사라지고 객체의 색상값만 투영면에 기록된다. 이 때, 관측자의 시점과 투영면의 각 픽셀 위치을 연결하는 직선이 관통하는 객체들 중 투영면에서 가장 가까운 객체의 색상값이 투영면에 나타난다. 이러한 사실에 기반하여 제안된 z-버퍼 알고리즘에 대하여 알아보자.

9.3.1 z-버퍼 알고리즘의 개념

z-버퍼 알고리즘은 객체의 z 방향의 위치, 즉 객체의 깊이를 비교하여 은면을 제거하는 방식을 따르므로 깊이버퍼 알고리즘(Depth Buffer Algorithm)이라고도 부른다. z-버퍼 알고리즘은 잘 알려진 알고리즘으로 현실 세계에서 가장 자주 이용되는 은면제거 기법이다. 그림 9-9(a)에서 보듯이 3차원 공간에서 객체들이 z 축의 음의 공간($z < 0$)에 위치하고 투영면을 $z = 0$이라 하며 관측자 시선의 방향을 z축의 음의 방향이라 하자. 그러면, 투영면의 한 픽셀 (x, y)로부터 투영면에서 수직하게 나오는 직선이 관통하는 면들 중 투영면에서 가장 가까운 거리에 위치한 면의 색상값이 투영면에 나타난다. 그림 9-9(a)경우에는 투영면상의 픽셀점 (x, y)로부터 방사된 직선이 3차원 공간상의 평면 S_1, S_2 및 S_3를 관통하고 이들 중 가장 가까운 거리에 위치한 면 S_2의 표면 색상값이 투영면에 디스플레이 된다. z-버퍼 알고리즘의 처리과

정에서 픽셀점 (x, y)로부터 방사되는 직선이 임의의 면과 만날 때, 투영면으로부터 이 면까지의 z 방향의 깊이를 저장하기 위하여 그림 9-9(b)와 같이 z-버퍼를 사용하고, 이 면의 색상값을 저장하기 위하여 프레임버퍼를 이용한다.

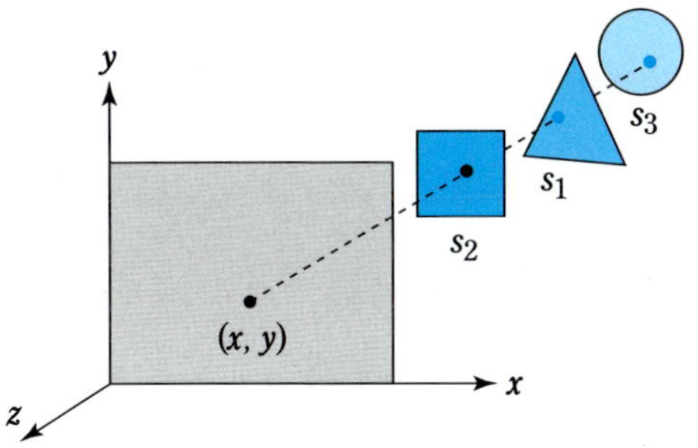

(a) z-버퍼 알고리즘의 개념

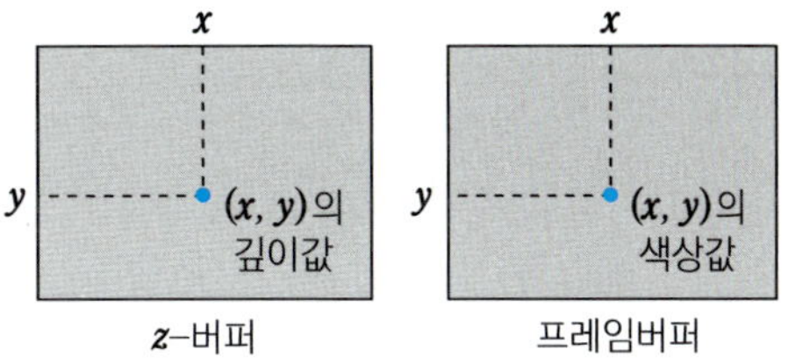

(b) z-버퍼와 프레임버퍼

[그림 9-9] z-버퍼 알고리즘

9.3.2 수행 과정

z-버퍼 알고리즘의 처리과정을 3차원 공간의 모든 객체에 차례로 적용하고, 각 객체를 구성하는 모든 면들에 차례로 적용하며, 또한 각 면상의 모든 점들에도 차례로 적용해 나간다. 이를 위하여 먼저 z-버퍼와 프레임버퍼에 초기값을 부여한다. 아래의 z-버퍼 알고리즘 Step 1에서 보듯이, z-버퍼의 (x, y)위치에 해당하는 값은 투영면의 (x, y)위치에서 방사되는 직선이 관통하는 객체상의 한 점 P의 깊이(Depth) 값을 가지므로, 초기값을 z 방향으로 가장 먼 거리인 $-\infty$로 설정한다. 또한 이 점 P의 초기값은 이 장면의 배경의 색상값(Intensity)으로 설정한다. Step 2에서는 앞에서 설명하였듯이 3차원 공간의 각 객체, 객체의 각 면, 면의 각 점에 대하여 차례로 적용해 나간다. 즉, z-버퍼 알고리즘의 적용과정에서 현재까지 투영면에 가장 가까운 점의 z 좌표값 Depth(x, y)보다 더 가까운 점이 발견되면 이 점의 좌표값 z-coord(P)을 새로운 Depth(x, y)로 수정하고, 그렇지 않은 경우에는 이 점의 좌표값을 무시한다. 마찬가지로 더 가까운 점이 발견되면 이 점의 색상값 Intensity(P)을 새로운 Frame(x, y)로 수정한다.

Step 1. 모든 픽셀 (x, y)에 대해 Depth$(x, y) = -\infty$,

Frame(x, y) = 배경의 색상값(Intensity)으로 초기값을 설정

```
Step 2. for each polyhedron do
            for each surface S of the polyhedron do
                for each point P of the surface S do
                    if |z-coord(P)| > Depth(x, y) {
                        Depth(x, y) ← |z-coord(P)|
                        Frame(x, y) ← Intensity(P)
                    }
```

위 알고리즘을 수행하면, *z*-버퍼에는 최종적으로 투영면에서 가장 가까운 객체상의 점 *P*의 값이 기록되어 남으며, 프레임버퍼에는 이 점 *P*의 색상값이 기록된다.

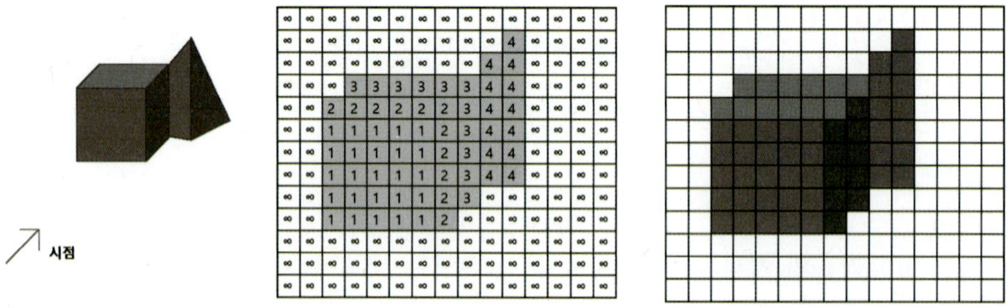

(a) 공간객체와 시점 (b) z-버퍼 (c)프레임버퍼

[그림 9-10] z-버퍼 알고리즘의 수행 예시

9.4 깊이정렬(Depth Sorting) 기법

이 알고리즘은 마치 화가가 물감을 이용하여 그림을 그리듯이 배경색을 먼저 칠하고 멀리 있는 객체를 그리고 점진적으로 가까에 있는 객체를 그려나가는 방식이다. 그러면 결국에는 감추어진 은면이 모두 제거되는 결과를 얻을 수 있다. 이 절에서는 이와 유사한 방법으로 은면을 제거하는 기법을 공부한다. 이러한 이유로 깊이정렬법을 화가 알고리즘(Painter' s Algorithm)이라고도 부른다.

9.4.1 깊이정렬법의 개념

물감을 이용하여 유화를 그리는 화가는 우선 배경을 그린 뒤 그 위에 건물이나 사람을 그리고 다시 물감으로 이미 그려진 그림 위에 다른 물체를 덧칠한다. 이 때, 이전에 그려졌던 부분은 가려지고 가장 나중에 그린 물체가 캔버스에 남게 된다. 이러한 개념을 그림 9-11의 예로 설명하면, 3차원 공간상에 존재하는 3개의 객체들을 (1), (2), (3)의 순서로 그리면 투영면상에 객체 (1)과 (2)는 은면처리 되고 가장 나중에 그린 객체 (3)은 전부 나타나 보이게 된다.

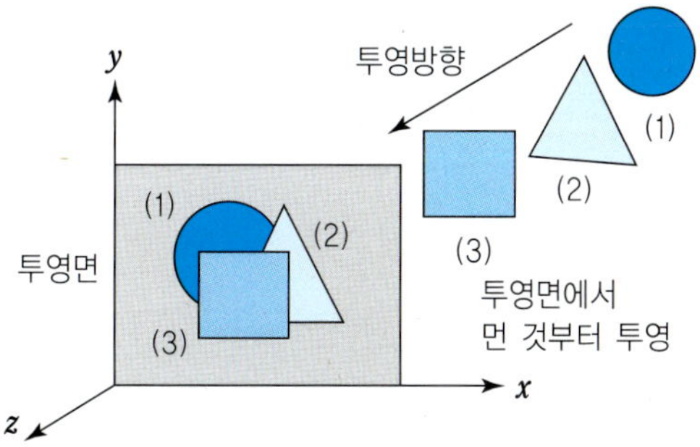

[그림 9-11] 깊이정렬 기법

깊이정렬 알고리즘은 앞에서 설명한 것과 유사하게 다면체를 구성하고 있는 다각형 면들을 z 방향의 거리 순으로 정렬한 후, 투영면으로부터 가장 멀리 떨어진 면을 먼저 나타내고 차례로 멀리 떨어진 순서대로 면들을 디스플레이 해 나간다. 그러면 먼저 투영된 다각형 면은 가려져 보이지 않거나 일부분만 보이게 되어 나중에 투영된 면이 먼저 투영된 면을 가리게 된다. 따라서, 깊이정렬법에서는 공간에 존재하는 모든 객체들을 구성하는 다각형 면들을 투영면에 멀리있는 순서대로 정렬하여 그 순서대로 출력화면에 그려 나가는 기법으로 객체공간법의 한 종류이다.

9.4.2 수행 과정

깊이정렬법은 아래에 설명한 과정에 따라 수행된다. 여기서, 모든 객체들은 3차원 공간의 음의 영역($z < 0$)에 위치하고, 투영면은 $z = 0$ 이며, 관측자의 시선은 z축 음의 방향으로 향하고 있다고 하자. 다음에 나오는 그림들은 모든 객체를 위에서 바라본 그림으로, S_1, S_2, S_3는 각각 다면체의 다각형면들을 나타내고, 다각형면이 차지하는 z-영역의 최소치의 절대값을

구하고 이 값의 큰 순서대로 S_1, S_2, S_3를 정한다. 즉, 3차원 공간에서 S_1이 투영면에서 가장 멀리 떨어져 있고, 그 다음 S_2, S_3 순서로 떨어져 있다. 이제, 객체를 구성하는 다각형면들을 투영면에서 멀리 떨어져 있는 것부터 순서대로 정렬하고 아래에 제시한 과정을 따라 처리한다.

1) 투영하려는 다각형면이 차지하는 z-영역이 다른 면의 z-영역과 겹치지 않으면, 투영면으로부터 가장 멀리 떨어져 있는 다각형면부터 투영한다. 그림 9-12(a)의 예에서 면 S_1을 투영면에 그리고 나서 S_2를 그린다.

2) 투영하려는 다각형면이 차지하는 x-영역(또는 y-영역)이 다른 다각형면의 x-영역(또는 y-영역)과 겹치지 않으면, 이 다각형면이 공간상의 다른 면들과 실제로 겹치지 않는다. 그림 9-12(b)의 예에서 면 S_1과 면 S_2의 x-영역이 겹치지 않으므로 순서에 상관 없이 투영면에 그려주면 된다.

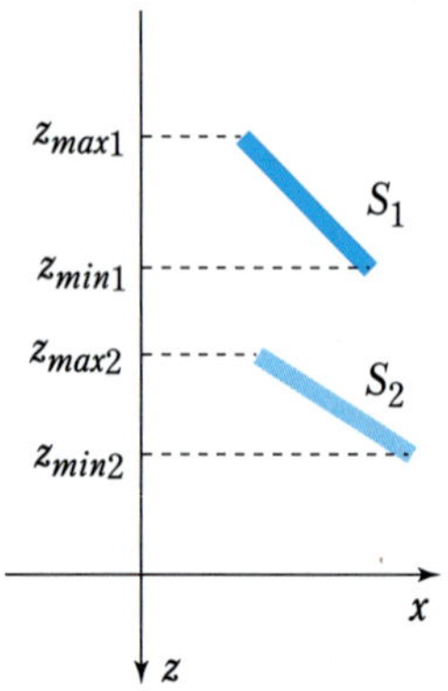

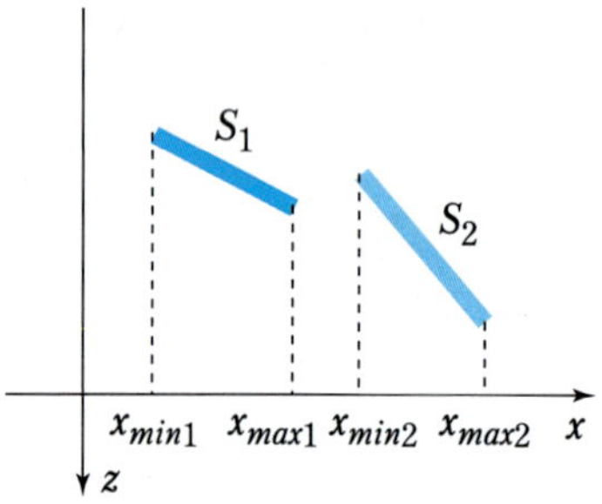

[그림 9-12] 두 면의 영역이 겹치지 않는 경우

3) 다각형면 S_1과 S_2의 z-영역이 중첩되고 투영하려는 다각형면 $S_1(A_1x + B_1y + C_1z + D_1 = 0)$이 다른 다각형면 $S_2(A_2x + B_2y + C_2z + D_2 = 0)$의 안쪽(즉, 뒤쪽)에 위치하는 경우에는(다각형면의 바깥쪽은 시점을 향한다고 가정), 다각형면 S_1의 모든 꼭짓점 (x, y, z)에 대해 $A_2x + B_2y + C_2z + D_2 < 0$을 만족하며 이 때 S_1은 S_2의 뒤에 있음을 알 수 있다(그림 9-13(a)의 경우). 따라서, 이러한 경우에는 S_1과 S_2의 z-영역의 일부가 겹치더라도 S_1부터 투영하면 된다.

4) 다각형면 S_1과 S_2의 z-영역이 중첩되고 다각형면 $S_2(A_2x + B_2y + C_2z + D_2 = 0)$가 투영

하려는 $S_1(A_1x + B_1y + C_1z + D_1 = 0)$면 의 바깥쪽(즉, 앞쪽)에 위치하는 경우에는, S_2의 모든 꼭짓점 (x, y, z)에 대해 $A_1x + B_1y + C_1z + D_1 > 0$을 만족하며 이 때 S_2는 S_1의 앞에 있음을 알 수 있다(그림 9-13(b)의 경우). 따라서, 이러한 경우에는 S_1과 S_2의 z-영역의 일부가 겹치더라도 S_1부터 투영하면 된다.

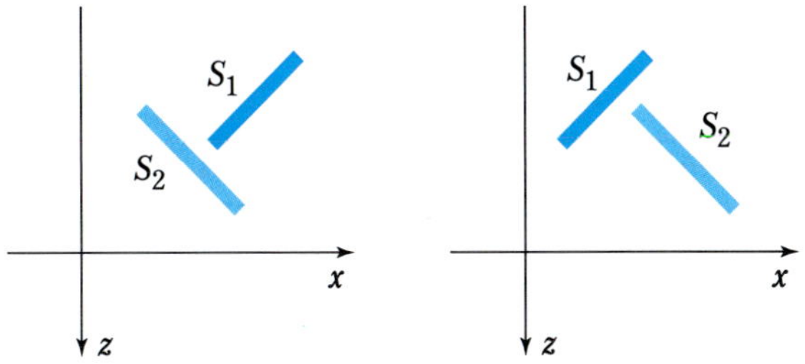

(a) S_1이 S_2 뒤에 위치 (b) S_1의 앞에 S_2가 위치

[그림 9-13] 다각형면 S_1와 면 S_2의 위치 관계

5) 투영하려는 다각형면 S_1의 일부가 다른 다각형면 S_2보다 투영면으로부터 멀리 떨어져 있으면 원래 S_1, S_2 순서로 정렬되었더라도 S_2가 S_1의 뒤에 위치하는 경우에는 (그림 9-14(a)의 경우), S_1과 S_2의 그리는 순서를 교환하여 S_2, S_1 순서로 투영면에 그린다.

6) 그림 9-14(b)와 같이 공간상에 3개의 다각형면 S_1, S_2, S_3이 존재할 경우, 각 다각형면 z-영역의 최소값의 절대값에 따라 S_1, S_2, S_3 순서로 정렬한다. 이 경우에 S_1, S_2, S_3 순서로 투영면에 그리면 은면제거가 제대로 수행되지 않는다. 따라서, 그릴 다각형면의 순서를 교환하여 S_2, S_3, S_1 순서로 투영면에 그리면 은면제거가 올바르게 수행됨을 알 수 있다.

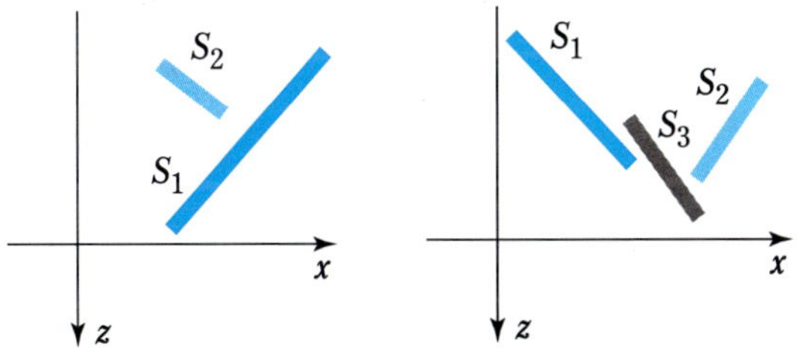

(a) $S_1 \rightarrow S_2$, $S_2 \rightarrow S_1$ 으로 재배치 (b) $S_1 \rightarrow S_3$, $S_2 \rightarrow S_1$, $S_3 \rightarrow S_1 \rightarrow S_2$ 으로 재배치

[그림 9-14] 다각형면들의 그리는 순서를 교환하는 경우

7) 위의 경우에 해당하지 않으면 다른 방법을 이용한다. 예를 들어, 두 다각형면이 서로 교차하는 경우에는 상호 교차하는 다각형면들을 교차선을 따라 절단한 뒤 생성되는 면들에 다시 깊이정렬 알고리즘을 적용한다.

9.5 레이캐스팅(Ray-Casting) 기법

레이캐스팅 기법은 용어가 의미하듯이 관측자의 시점으로부터 투영면의 픽셀을 통과하는 광선(Ray)이 공간상의 객체들과 만나는(Hit) 점들을 구하고, 이 중 처음 만나는 점의 색상값을 투영면의 픽셀값으로 정한다. 이 과정에서 모든 은면들이 자연스럽게 제거된다. 레이캐스팅 기법은 z-버퍼 알고리즘의 변형된 형태로도 이해될 수 있으며, 이 기법은 10.4절에서 소개할 광선추적법(Ray Tracing)의 기본 개념으로 사용된다.

9.5.1 레이캐스팅 기법의 개요

레이캐스팅 기법은 은면제거에서 자주 이용되는 기법으로, 관측자의 시점으로부터 투영면상의 각 픽셀로 광선을 투사하여 처음 관통하는 면의 색상값을 해당 픽셀값으로 설정하는 방법이다. 그림 9-15에서 보듯이 시점과 투영면상의 픽셀을 연결하는 광선(Ray)이 공간상에서 사면체와 육면체를 관통하고 있다. 그림에서 이 광선은 사면체 표면과 두 점에서 만나고 육면체 표면과도 두 점에서 만난다. 그리고, 이 광선이 만나는 4개의 점 중에서 가장 앞에 위치한 사면체상의 점의 색상값이 투영면의 픽셀값으로 주어진다. 이러한 과정에서 나머지 3개의 점은 자동적으로 가려지게(은면처리)됨을 알 수 있다.

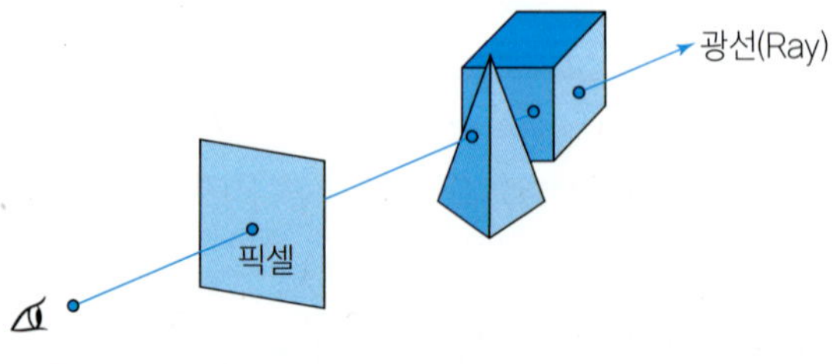

[그림 9-15] 픽셀을 통과하는 광선과 물체의 교점

레이캐스팅 기법은 픽셀 단위로 3차원 객체의 가시성을 결정하며 시점에서 나온 광선이 객체를 만나는 점들 중 가장 앞에 위치한 점의 색상값을 취한다는 점에서 9.3절의 z-버퍼 알고리즘의 변형이라 할 수 있다. *z*-버퍼 알고리즘은 객체를 구성하는 다각형면이나 곡면 별로 깊이를 비교하여 가장 가까운 점들의 색상값을 취하는 데 비하여, 레이캐스팅 기법에서는 광선이 객체들을 관통하는 점들을 직접 구함으로써 투영면의 픽셀값을 얻는다는 점에서 차이가 있다.

따라서 레이캐스팅 기법에서는 광선과 3차원 객체가 서로 만나는 점들을 효과적으로 구하는 방법이 가장 중요한 요점이다. 객체가 구, 육면체, 사면체, 원통 등과 같이 간단한 수식으로 표현되는 객체일 경우에는 광선과 이 객체가 만나는 점을 계산하는 것이 비교적 간단한 일이다. 이에 비하여, 임의의 곡면으로 구성된 객체에서는 광선과 객체가 만나는 점을 구하는 일이 매우 어려울 수 있다. 이러한 이유로 레이캐스팅 기법을 8.8절에서 소개한 CSG 기법으로 모델링한 객체의 은면을 제거하는데 적용하면 매우 효과적이다. 또한 10장에서 공부할 렌더링 알고리즘 가운데 가장 유명한 기법의 하나인 광선추적법(Ray Tracing)에서는 레이캐스팅 기법을 이용하여 은면을 제거하고 있다.

9.5.2 수행 과정

앞에서 설명한대로, 레이캐스팅 기법에서는 광선과 객체가 만나는 점을 구하는 것이 가장 중요한 계산과정이다. 이제, 광선의 방정식을 구한 후 이 광선과 객체가 만나는 점을 찾아보자. 그림 9-16에서 관측자의 시점을 P_0라 하고 u를 광선 방향의 단위벡터라 하고, 광선의 방정식 P를 벡터식으로 나타내면 $P = P_0 + su$(s는 실수)로 표현된다. 단위벡터 u는 시점 P_0와 투영면상의 픽셀의 좌표로부터 계산할 수 있다. 즉, 광선이 통과하는 투영면상의 픽셀 위치를 P_{pix} 라 하면, 단위벡터는 아래와 같이 구할 수 있다.

$$u = \frac{P_{pix} - P_0}{|P_{pix} - P_0|}$$

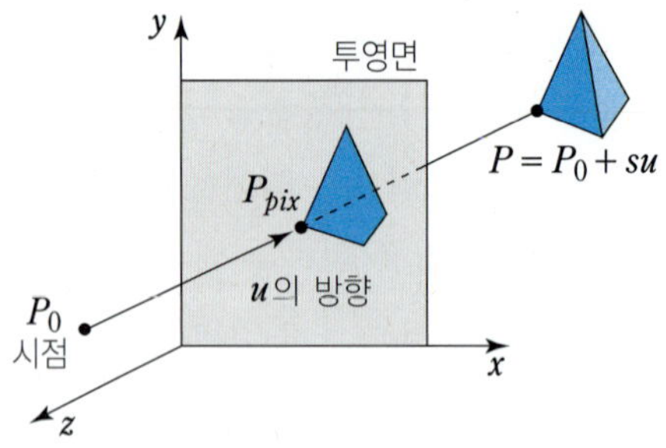

[그림 9-16] 시점으로부터 투영면상의 한점을 지나는 광선

이제, 앞에서 제시한 광선의 방정식이 3차원 공간의 임의의 객체를 만나는 점을 구하면 매개변수 s의 값을 구할 수 있다. 광선이 객체와 만나지 않으면 s의 값은 존재하지 않고, 객체와 만나는 경우에는 s의 값이 실수가 된다. 하나의 광선이 여러 개의 객체나 면과 만날 수 있으므로, 다수의 s값을 얻을 수 있는 경우가 발생한다. 이러한 경우, 가장 작은 s의 값이 광선이 처음 관통하는 점이 되고, 다른 s값을 모두 버림으로써 자연스럽게 은면제거가 처리된다.

특히, 객체가 구, 육면체, 사면체 등과 같이 간단한 모양일 경우에는 레이캐스팅 기법을 이용하여 광선과 객체가 만나는 점을 구하는 것이 용이하다. 그러나, 객체가 복잡한 모양을 하고 있거나 곡면일 경우에는 광선과 객체가 만나는 점을 구하는 계산이 매우 복잡해진다. 따라서, 구나 육면체를 이용하여 임의의 객체를 포함하는 포함영역(Extent)을 설정한 뒤, 먼저 광선이 이 포함영역을 관통하는지 계산한다. 대부분의 경우에는 광선이 포함영역을 지나지 않으므로, 따라서 포함영역 안에 들어있는 객체와도 만나지 않는다. 광선이 포함영역을 관통하는 경우에 한해서 실제로 광선과 객체가 만나는지 여부를 계산한다. 이와 같이, 포함영역 개념을 이용함으로써 레이캐스팅 기법의 처리속도를 획기적으로 향상시킬 수 있다.

연습문제 EXERCISE

9-1 은면제거 알고리즘은 크게 객체공간법과 이미지공간법으로 구분된다. 이제, 3차원 공간 내에 총 N개의 객체들이 존재하고 투영면의 크기가 $m \times m$ 픽셀이라 하자. 이 경우, 객체공간법과 이미지공간법의 알고리즘 처리시간(Time Complexity)을 N과 m의 Order function으로 비교하라.

9-2 공간상의 네 점 (0, 2, 0), (−1, 0, 0), (2, 1, −1), (0, −1, −2)로 구성된 사면체를 z-축의 음의 방향으로 바라본다. 이 때, 시선 방향벡터 V와 각 변의 법선벡터 N을 구하고 사면체의 앞면과 뒷면을 결정하라.

9-3 z-버퍼 기법과 깊이정렬 기법을 설명하고, 이 두 가지 은면제거 기법이 3차원 공간상에서 어떠한 경우에 객체들의 은면제거에 적합한지 비교, 설명하라. 객체들의 수와 3차원 공간에서의 객체 배치(즉, x, y, z 방향에 따라 겹치는 정도)에 따라 어떠한 알고리즘이 바람직한가?

9-4 공간상의 3점 (1, 1, −3), (0, 0, −2),(−1, 2, −4)로 구성되는 삼각형을 S_1, (1, 1, −4), (−1, 1, −5), (0, −2, −7)로 구성되는 삼각형을 S_2, (0, −1, −5), (1, −2, −2), (−1, −2, −1)로 구성되는 삼각형을 S_3라 하자. 또 삼각형 S_1, S_2, S_3의 표면의 색상값은 각각 빨강(R=255), 녹색(G=255), 청색(B=255)라고 가정하자. 또 투영면은 z=0, 평면상의 두 점 (−2, −1.5, 0)와 (2, 1.5, 0)을 대각 꼭짓점으로 하는 정사각형 영역이며, 투영면의 해상도는 40×30라고 가정한다. 이 때 공간상의 삼각형이 $S_1 \rightarrow S_2 \rightarrow S_3$의 순서로 평행투영될 때 프레임버퍼의 내용이 변화하는 과정을 설명하라.

9-5 9.4절의 깊이정렬 기법의 수행과정은 7 과정을 거쳐 수행된다. 각 과정을 교과서에서 제시한 순서대로 수행하는 이유는 무엇인가?

9-6 문제 9-4에서와 같이 3개의 삼각형과 투영면이 정의되어 있다고 할 때, 레이캐스팅 기법에 의해 은면이 제거되는 과정을 설명하라.

10 CHAPTER 조명모델과 곡면의 렌더링

Illuminaton Model and Surface Rendering

8장과 9장에서 3차원 객체의 형태를 모델링하는 기법과 관측자로부터 감추어져 보이지 않는 면들을 제거하는 기법에 대하여 공부하였다. 이제, 모델링된 3차원 객체들이 실감(Realism)나게 보이기 위해서는 3차원 객체의 각 면에 색상과 명암을 부여해야 한다. 사람이 3차원 물체로부터 입체감을 느끼는 가장 큰 이유는 빛이 물체에 반사되어 사람 눈에 들어올 때 물체 표면의 형태, 위치, 방향에 따라 반사하는 빛의 성분과 양을 다르게 인식하기 때문이다.

이 장에서는 빛을 발하는 광원의 종류를 이해하고 빛이 3차원 객체의 면에 닿았을 때 어떻게 사람의 눈에 빛을 반사하는지 설명한다. 3차원 객체가 다각형 메쉬(Polygon Mesh)로 모델링 되었을 때 수많은 다각형들의 각 점에서 반사되는 빛을 일일이 계산하는 것은 바람직하지 않다. 다각형 셰이딩 기법은 효율적인 방법으로 다각형의 면들에 색상과 명암을 부여한다. 보다 우수한 3차원 객체의 렌더링을 위해서 광선추적법이 이용된다. 또한, 이미지나 사진을 3차원 객체의 표면에 입히기 위한 텍스처 매핑 기법을 설명한다. 마지막으로, 빛의 특성을 이해하고 컴퓨터 그래픽스에서 색상이 표현되는 원리를 소개한다.

10.1 곡면 렌더링(Surface Rendering)의 과정

모델링된 3차원 객체가 사람에게 실감나게 보이도록 처리하는 모든 과정을 렌더링(Rendering)이라 부른다. 우선, 보이지 않는 면들을 제거하고 각 면에 투사된 빛이 반사되어 사람의 눈에 들어오는 양과 성분을 계산한다. 만일, 어떤 객체가 투명하다면 이 객체 뒤에 위치한 물체로부터 반사된 빛도 관측자의 눈에 들어오기 때문에 투과된 빛의 양도 계산해야 한다. 또한, 실감나는 장면을 표현하기 위해서는 그림자도 나타낼 수 있어야 한다.

원래부터 각이 있는 물체의 경우에는 물체를 다각형 면(Polygon Surface)들의 형태로 모델링하지만, 물체의 면이 곡면인 경우에는 베지어 곡면이나 B-스플라인과 같은 기법을 이용하여 모델링한 후 다시 다각형 메쉬로 나타낸다. 다각형 메쉬에서 다각형 크기가 작을수록 실제 물체에 가까운 정교함과 해상도를 얻을 수 있다.

이제, 렌더링 과정의 전반적인 흐름에 대하여 알아보자. 원뿔, 구, 직육면체를 3차원 공간에서 모델링하여 와이어프레임 형태로 표현한 것이 아래 그림 10-1에 나타나 있다. 렌더링이란 3차원 모델링기법을 이용하여 만들어진 객체들에 은면제거를 통하여 감추어진 면을 제거한 후, 객체의 각 면이 빛을 받을 때 반사하는 색상과 명암을 부여하는 셰이딩 과정, 투명한 물체의 처리 과정, 텍스처 매핑 과정 및 그림자를 생성하는 과정을 모두 포함한다. 그림 10-1에서 모델링 된 객체들이 렌더링 되는 과정을 아래의 그림들을 통해 간단히 설명한다.

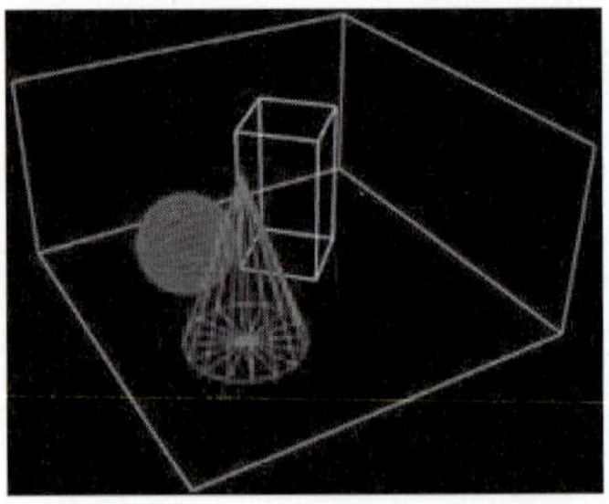

[그림 10-1] 와이어프레임으로 표현된 3차원 모델

(1) 은면의 제거

3차원 객체들이 여러가지 기법을 통해 모델링 된 후에, 관찰자로부터 보이지 않는 면(은면)들을 제거함으로써 보다 현실감있는 그림을 구할 수 있다(그림 10-2 참조). 넓은 의미에서는 은면제거가 렌더링 과정에 속하고 좁은 의미에서는 렌더링 과정에 포함되지 않을 수도 있다. 은면제거에 관해서는 이미 9장에서 여러가지 대표적인 기법들을 소개하였다. 먼저 은면제거를 수행한다는 것은 객체 면들에 불필요한 렌더링을 피함으로써 계산량을 줄일 수 있는 장점이 된다. 즉, 감추어진 면들의 색상과 명암을 계산한다는 것은 아무런 의미가 없기 때문에 은면제거를 먼저 수행함으로써 상당한 계산량이 줄어들 수 있게 된다.

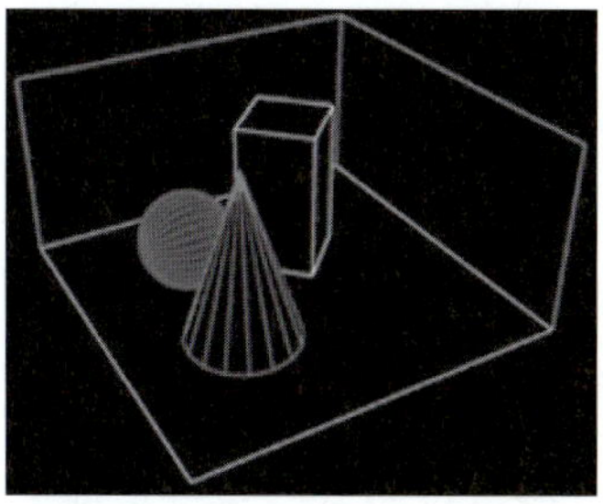

[그림 10-2] 은면이 제거된 객체

(2) 면의 셰이딩(Surface Shading)

객체 모델의 다각형면이나 다각형 메쉬상의 각 점의 위치에서 관찰자의 눈에 들어오는 빛의 반사량과 성분을 계산하는 과정을 다각형 셰이딩(Polygon Shading)이라 한다. 그림 10-3(a)는 셰이딩이 적용된 후의 객체들의 모습을 보여주고 있다. 셰이딩은 어떤 물체가 입체감있게 보이게 하는 가장 중요한 요소이다. 따라서, 셰이딩은 렌더링 과정에서 가장 핵심적인 과정이며 처리시간이 가장 많이 소요되는 부분이기도 하다. 모든 3차원 객체들의 형태는 결국에는 삼각형이나 사각형들로 표현되기 때문에 삼각형(또는 사각형)의 셰이딩 기법에 관하여 설명한다. 그래픽스 가속기의 성능을 비교할 때, 흔히 초당 렌더링할 수 있는 삼각형의 수로 표시하는 경우가 많다. 예를 들어, 그래픽스 가속칩의 사양에서 삼각형 렌더링 수가 초당 10M로 표시되어 있다면 이것은 1초에 셰이딩할 수 있는 삼각형의 수가 천만 개임을 의미한다. 가장 대표적인 셰이딩 기법에는 균일 셰이딩, Gouraud 셰이딩 및 Phong 셰이딩 기법이 있다. 균일 셰이딩(Constant Shading)이 가장 계산이 간단하나 보다 실감있는 결과를 얻기 위해서는 보간법을 적용하여 다각형 메쉬의 각진 부분을 부드럽게 처리하는 기법인 Gouraud 셰이딩이나 Phong 셰이딩을 적용한다. 이러한 기법들에 관해서는 10.3절에서 자세히 설명하도록 한다.

(3) 투명한 물체의 표현

우리 주변에는 때로는 투명한 물체들도 존재한다. 투명한 물체는 관찰자에게 자신뿐만 아니라 뒤에 위치한 물체의 모습도 어느 정도 겹쳐서 보이게 해 준다. 이것은 빛이 뒤에 위치한 물체에 반사되어 그 앞에 위치한 물체를 투과하여 관찰자의 눈에 들어오기 때문이다. 따라서, 실감있는 결과를 위해서는 앞에 위치한 물체의 투명도에 따른 빛의 투과량을 계산하여 반영해 주어야 한다. 그림 10-3(b)에서 앞에 위치한 원뿔이 투명한 물체이기 때문에 가려져 보이지 않는 구와 직육면체의 모습도 보이게 되고 뒤에 위치한 직육면체도 뒤의 벽면을 어느 정도 보이게 해 준다.

(4) 텍스처 매핑(Texture Mapping)

이미지나 사진을 3차원 물체의 표면에 입히는 과정을 텍스처 매핑이라 한다. 객체상에 입히는 텍스처는 반복적인 무늬를 가진 패턴일 수도 있고 사진 이미지일 경우도 있다. 이러한 텍스처를 객체에 입힘으로써 객체가 훨씬 실감 있게 보이는 경우가 많다. 관찰자의 눈에서 멀리 있는 물체는 작게 보이기 때문에 텍스처 매핑을 수행할 때 이 점을 고려해야 한다. 그림 10-3(c)는 객체에 간단한 무늬로 텍스처 매핑을 실행한 모습을 보여주고 있다.

(5) 그림자(Shadow)의 생성

우리가 물체의 형태와 색상을 인지할 수 있다는 것은 광원이 존재한다는 것을 의미한다. 광원은 태양이 될 수도 있고 전구와 같은 점광원일 수도 있다. 빛이 모든 방향으로 균일하게 비추는 경우에는 그림자가 생겨날 수 없다. 그러나 전구와 같은 점광원이 존재하는 경우에는 모든 위치에 같은 양의 빛이 도달하는 것이 아니므로 그림자가 생겨나게 된다. 그림자도 그래픽

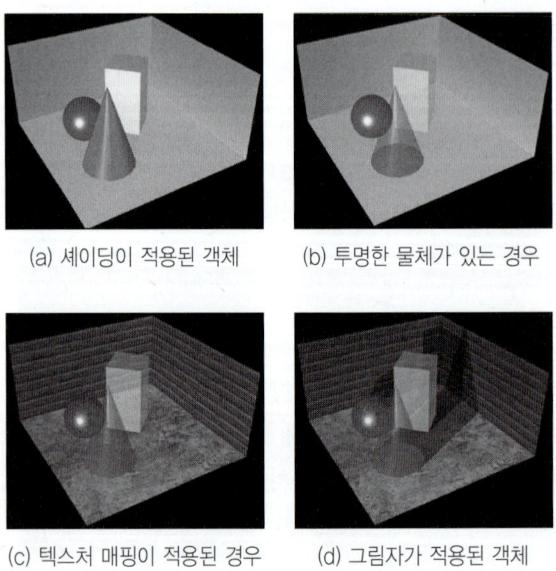

(a) 셰이딩이 적용된 객체 (b) 투명한 물체가 있는 경우

(c) 텍스처 매핑이 적용된 경우 (d) 그림자가 적용된 객체

[그림 10-3] 객체의 렌더링 과정

스에서 현실감 있는 그림을 표현하기 위한 필수적인 요소이다. 그래픽스에서 그림자를 추가하는 과정은 9장에서 소개한 은면제거 과정과 매우 유사함으로 이 장에서는 생략한다. 그림 10-3(d)는 객체들에 그림자가 적용된 모습을 보여주고 있다.

10.2 조명 모델(Illumination Model)

3차원 객체 표면상의 한 점에서의 색상과 명암은 그 점의 위치, 방향 및 면의 재질에 따라 결정된다. 한 점에서의 명암과 색상을 정하는 광학적 모델을 조명모델 또는 밝기모델(Lighting Model)이라 부른다. 조명의 원천(Source)으로는 주변조명과 점광원이 있으며, 객체 표면의 성질과 재질에 따라 산란반사와 거울반사 현상이 정해지며 투명한 물체의 경우에는 투과광과 굴절광을 계산하여야 한다.

우리가 실세계에서 물체를 볼 수 있으려면 광원(빛의 발광체: Light-emitting Source)과 반사체(Light-reflecting Source)가 있어야한다. 그림 10-4에서 보듯이 광원이 없다면 물체가 있어도 사람이 인식할 수 없으며, 빛이 존재하더라도 이 빛이 물체에 반사되어 사람 눈에 들어오지 않는다면 역시 물체를 볼 수 없게 된다. 이러한 사실은 3차원 그래픽스에서도 마찬가지로, 실감나는 3차원 객체의 표현을 위해서는 광원의 종류를 이해하고 광원이 어떻게 객체에 빛을 반사하고 빛의 반사량은 얼마인지를 올바르게 기술해 주는 좋은 모델이 필요하다.

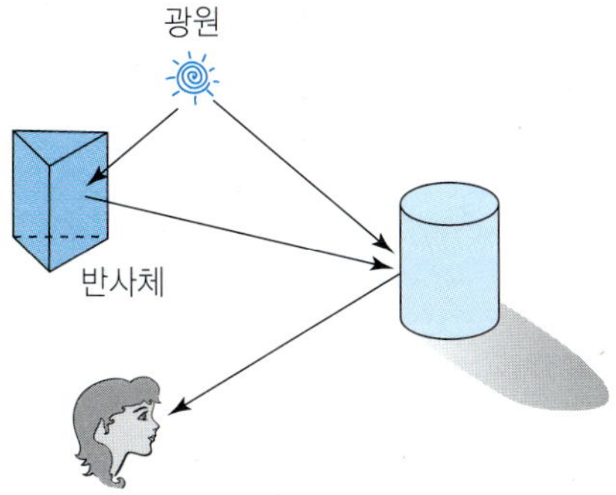

[그림 10-4] 조명 모델의 개념

10.2.1 조명의 종류

조명 모델에서 포함하는 조명의 종류에는 주변조명과 점광원에 의한 조명의 두 가지가 있다. 주변조명 또는 배경조명(Ambient Light 또는 Background Light)이란 물체가 놓인 위치에 상관 없이 모든 물체에 균일하게 비추어지는 조명을 의미한다. 빛은 물체에 닿아 반사하고 반사된 빛은 다시 다른 물체에 닿게 된다. 이러한 과정이 되풀이되면서 광원의 위치나 밝기 또는 광원의 수에 관계 없이 모든 곳이 어느 정도 균일하게 조명된다. 이 것은 빛의 산란현상(Diffusion)에 의하여 발생하는 자연현상이다. 이러한 현상을 주변조명에 의한 산란이라 부른다.

그러나, 언제나 모든 객체가 동일한 빛을 받는 것은 아니다. 주변조명에 의한 산란이 항상 존재하지만, 또한 점광원(Point Light Source)이 존재할 때 점광원에 노출되어 있는 객체는 그렇지 않은 객체보다 더 많은 빛을 반사하게 된다. 점광원이 있으므로 어떤 면은 밝게 보이고 어떤 면은 어둡게 보이므로 사람이 물체의 입체감을 느끼게 된다. 우리 주변에 모든 광원이 어느 정도 주변조명의 영향을 미치면서 동시에 점광원의 역할도 한다. 예를 들어, 우리가 살아가는 환경에 존재하는 태양, 전구, 플래시 라이트, 형광등 등은 모두 점광원의 역할을 하고 있다. 점광원은 위치와 방향을 가진 광원으로 산란반사(Diffuse Reflection)현상과 동시에 거울반사(Specular Reflection)현상을 야기 시킨다. 점광원의 산란반사란 빛을 받아 반사하는 표면의 거칢에서 야기되는 빛의 산란현상으로 빛이 모든 방향으로 고르게 반사되는 것을 의미한다. 따라서, 반사되는 빛의 양은 관찰자의 위치에 무관하고 물체의 표면이 점광원을 향하고 있는 방향과 점광원까지의 거리에 의해서만 영향을 받는다. 그림 10-5는 점광원이 표면에 닿을 때 빛이 모든 방향으로 골고루 산란됨을 보여주고 있다. 즉, 관찰자의 위치에 관계없이 동일하게 반사되는 빛을 점광원에 의한 산란반사라 한다.

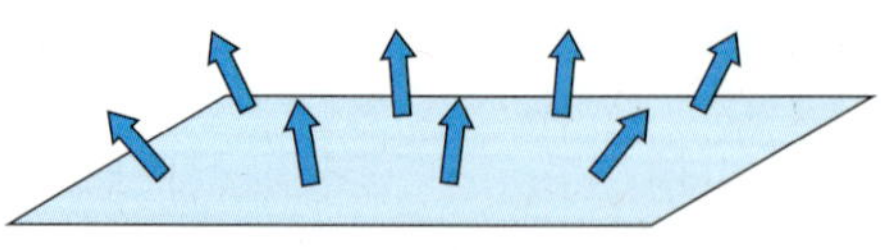

[그림 10-5] 점광원에 의한 산란반사

점광원에 의한 반사현상은 산란반사 외에도 거울반사 현상이 존재한다. 거울반사란 그림 10-6에서 보듯이 물체의 표면이 놓인 방향과 점광원으로부터 빛을 받는 방향에 따라 한 방향으로 많은 빛을 반사하는 현상을 의미한다. 이 때 관찰자의 눈이 이 방향과 일치하게 되면 빛이 많이 반사된 표면의 부분이 매우 밝게 보인다. 따라서, 거울반사 현상을 하이라이트(Highlight)라고도 부른다. 맑은 날 반짝거리게 닦아 놓은 자동차를 바라보면 자동차의 한 부위가 매우 환하게 밝아 보이는데 이러한 현상이 거울반사이다. 조명모델에서는 앞에서 설명한 주변조명과 점광원에 의한 산란반사는 물론 거울반사 현상을 잘 나타낼 수 있어야 바람직하다. 또한, 그림자(Shadow)도 점광원에 의해 발생하는 현상이다.

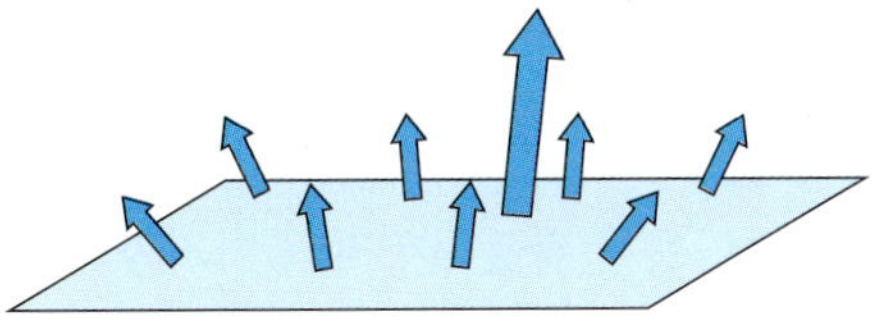

[그림 10-6] 산란반사와 중첩된 거울반사

10.2.2 표면의 성질

물체의 표면이 광원으로부터 빛을 받았을 때 반사하는 빛의 양과 성분이 명암과 색상을 결정하게 된다. 반사하는 양과 성분은 광원의 밝기와 위치, 물체 표면이 놓인 방향에도 영향을 받지만, 이외에도 표면의 고유 색상과 재질 및 광택의 정도(Shinning or Dull)에 따라서도 결정된다. 또한, 물체 표면의 투명도와 빛의 반사도와 같은 표면의 성질도 반사되는 빛에 영향을 주고 있다. 따라서, 그래픽스 패키지에서 3차원 객체의 한 점에서의 밝기나 색상을 구하기 위해서는 광원에 관한 데이터와 3차원 객체 표면의 재질과 특성에 관한 테이터를 지정해 주어야 한다. 즉, 광원에 관한 데이터로 주변조명의 밝기, 산란반사와 거울반사를 야기하는 점광원의 밝기를 지정한다. 또한 빛을 반사하는 표면에 관한 데이터로 표면의 주변조명 반사계수, 산란반사 반사계수, 거울반사를 일으키는 표면 물질의 특성 및 광택의 정도 등을 지정해 주어야 한다.

10.2.3 산란반사(Diffuse Reflection)

산란반사는 주변조명에 의한 산란반사와 점광원에 의한 산란반사가 있다. 따라서, 총 산란 반사량 = (주변조명에 의한 산란 반사량) + (점광원에 의한 산란 반사량) 이다. 산란반사의 특징은 광원에 의한 빛의 반사량이 관찰자의 위치에 상관 없다는 사실이다. 주변조명에 의한 산란반사는 물체가 놓인 위치에 상관 없이 모든 물체에 균일하게 비추어지는 조명을 의미한다.

주변조명에 의한 산란 반사량은 아래의 공식에 의해 표현된다.

$$I = K_a I_a, \quad 0 < K_a < 1$$

여기서 I_a 는 주변조명의 밝기(Intensity)를 의미하며, K_a는 주변조명 반사계수(Ambient Reflection Coefficient)로서 물체의 표면이 입사된 빛을 반사하는 정도를 뜻하며 표면을 이루는 고유 물질에 따라 결정된다. K_a는 $0 < K_a < 1$ 의 값을 가지는 데, 이것은 빛의 반사 강도가 입사된 빛의 강도보다 클 수 없음을 의미한다. 일반적으로 주변조명에 의한 산란반사를 간단히 주변조명이라 하며, 뒤에서 설명할 점광원에 위한 산란반사와 구분하기로 한다.

점광원에 의한 산란반사는 표면에서 점광원까지의 거리와 빛의 투사각에 영향을 받는다. 그림 10-7에서 알 수 있듯이 물체의 표면이 광원을 향하여 정면으로 향하고 있을 때 가장 많은 빛을 받게 되고 비스듬하게 놓인 경우에는 상대적으로 적은 양의 빛을 받게 된다.

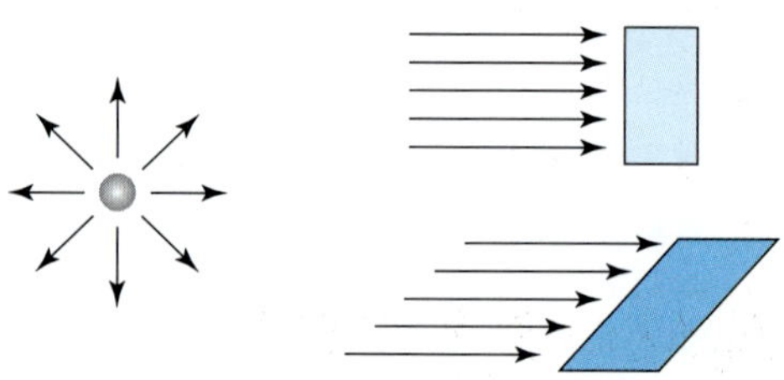

[그림 10-7] 표면이 놓인 방향에 따른 빛의 밝기

이제, 빛의 투사각을 θ라 할때 'Lambert의 Cosine 법칙' 에 의하면 표면이 받는 빛의 양은 $\cos\theta$ 에 비례하고, 그림 10-8에서 보듯이 다음의 관계가 성립한다.

$$\cos\theta = N \cdot L$$

여기서, N은 표면의 법선벡터이고 L은 광원의 방향벡터로, 두 벡터는 모두 길이가 1인 정규화 벡터이다. 또한, 내적 벡터 $a \cdot b = |a||b|\cos\theta$ (a, b는 각각 정규화 벡터)로 정의된다.

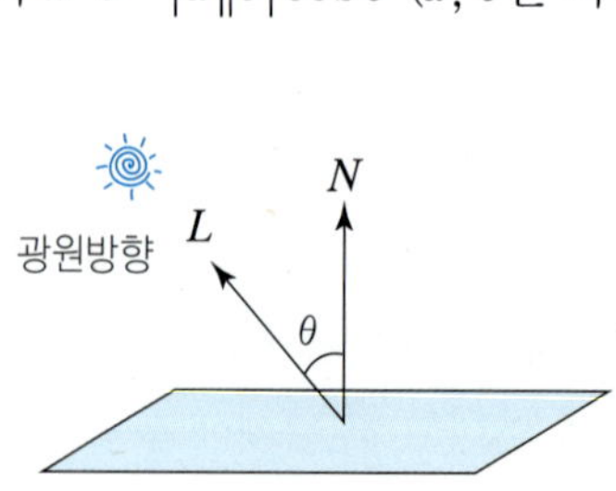

[그림 10-8] 빛의 투사각과 벡터 L 및 N

또한, 점광원의 산란반사에 의한 표면의 밝기는 광원까지의 거리의 제곱에 반비례 한다. 그 이유는 빛은 모든 방향으로 발산하고 반지름이 r인 구의 겉넓이 $S = 4\pi r^2$이 받는 빛의 양은 항상 일정하므로, 표면의 밝기는 광원까지의 거리의 제곱에 반비례하기 때문이다. 따라서, 점광원에 의한 산란 반사량 I는 다음과 같이 표현된다.

$$I = \frac{K_d I_p}{d + d_0} \cos\theta = \frac{K_d I_p}{d + d_0}(N \cdot L)$$

위의 공식에서 I_p는 광원의 밝기, K_d는 표면의 산란반사 계수, d는 표면에서 광원까지의 거리이고, d_0는 일정값을 가지는 상수이다. 이론적으로 I는 I/d^2에 비례하나 광원이 일반적으로 작은 점이 아니고 d가 0에 가까우면 분모가 0에 접근하는 문제점이 발생하므로 이러한 문제점을 보완하기 위하여 공식에서는 I 가 $1/(d + d_0)$에 비례하도록 하였다. 산란반사에서 위의 공식을 적용할 때, 실제 빛은 R, G, B의 3가지 색상요소를 가지고 있으므로 광원을 이 3가지 요소로 나누어 생각하고 산란반사 계수 K_d를 세 가지 요소 (K_{dr}, K_{dg}, K_{db}) 로 나누어 적용한다.

10.2.4 거울반사(Specular Reflection 또는 Highlighting)

거울반사는 점광원에 의해 발생하는 현상으로, 빛이 광택이 나는 표면에 입사될 때 만일 관찰자가 빛의 입사각과 거의 같은 반사각 부근에 위치할 경우에 입사된 빛의 전부를 인식하게 된다. 그림 10-9에서 보듯이 L 방향에서 입사된 빛은 R 방향으로 반사되고 관찰자는 V 방향에 위치하고 있다. 여기서, V와 R 사이의 각도를 ϕ라 하면 ϕ가 0° 에 가까울수록 거울반사량이 증가하고, θ가 90° 에 가까울수록 거울반사량이 증가한다.

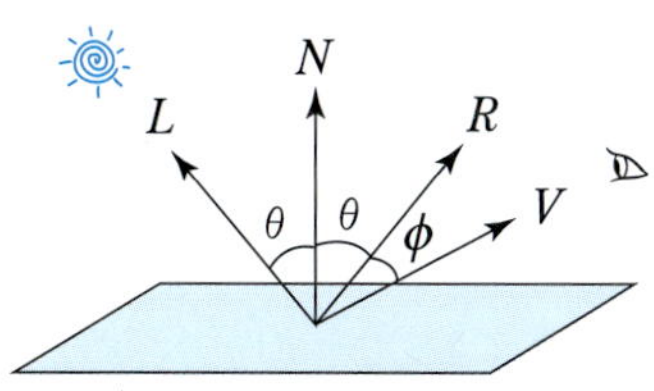

[그림 10-9] 거울반사량과 ϕ의 관계

거울반사 현상은 모든 표면에서 발생하지만 특히 반짝거리는 표면 일수록 더 많이 발생한다. 또한, 빛의 반사방향 R과 관찰자 위치방향인 V의 사이각 ϕ가 0°에 가까울수록 거울반사 현상이 더 많이 발생하고, 반짝이는 표면일수록 거울반사가 일어나는 반사 범위가 좁다. 즉, 그림 10-10에서 보듯이 반짝거리는 표면일수록 거울반사가 일어날 수 있는 반사의 범위가 좁음을 알 수 있다.

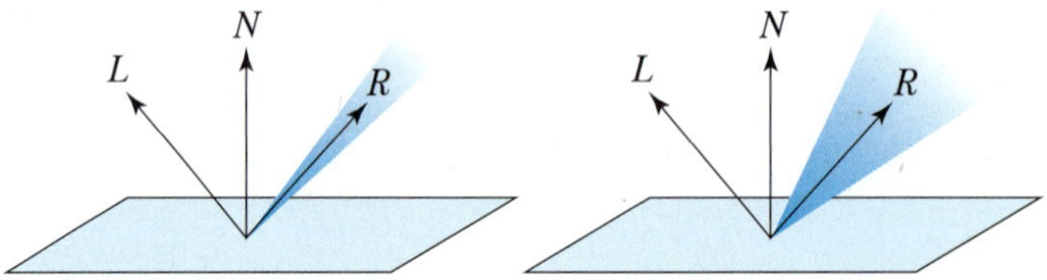

(a) 반짝거리는 표면의 반사범위　　(b) 반짝거리지 않는 표면의 반사범위

[그림 10-10] 거울반사가 일어나는 반사범위의 비교

(a) 주변조명　　(b) 산란반사　　(c) 거울반사　　(d) 혼합

[그림 10-11] 조명 모델의 특성
(https://clara.io/learn/user-uide/lighting_shading/materials/material_types/webgl_materials)

■ Phong이 제안한 거울반사

앞에서 설명한 원리에 입각하여 Phong은 빛을 받는 표면의 거울반사량을 계산할 수 있는 경험적 모델(Empirical Model)공식을 아래와 같이 제안하였다. 이 공식을 적용하면 현실적으로 매우 훌륭한 거울반사 결과를 얻을 수 있음이 검증되었다.

$$I = \frac{I_p}{d + d_0} W(\theta) \cos^n \phi$$

위의 공식에서 I_p 는 광원의 밝기, d는 광원에서 표면 까지의 거리, $W(\theta)$는 표면물질의 특성과 빛의 입사각 θ에 의해 결정되는 거울반사 계수를 의미하는 함수이다. 반짝거리는 물질일수록 거울반사 계수의 값이 크며, 금, 은 및 유리물질의 거울반사 계수의 예가 그림 10-12에 나타나 있다. 이 그림에서 알 수 있듯이 입사각 θ가 90° 에 가까우면 모든 물질의 거울반사 계수 $W(\theta)$의 값이 1에 접근함을 알 수 있다.

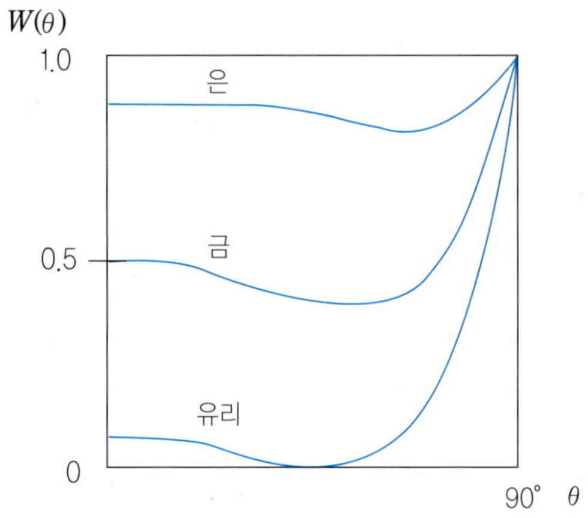

[그림 10-12] 물질과 입사각에 따른 거울반사 계수의 변화

또한, 거울반사량 I는 $cos^n\,\phi$에 비례하는 데, n은 표면의 광택 정도에 따라 정해지는 값으로 광택이 많이 있는 표면의 경우는 n의 값이 크고($100 < n < 200$) 광택이 전혀 없는 표면은 n의 값이 적다(n은 최하 1의 값을 가짐). 따라서, $\cos^n\phi$은 0과 1 사이 값을 가지므로 n의 값이 클 경우 $\cos^n\phi$의 값은 급격히 줄어들게 된다. $n = 8$인 경우와 $n = 256$인 경우의 $\cos^n\phi$ 값의 변화가 그림 10-13에 나타나 있다.

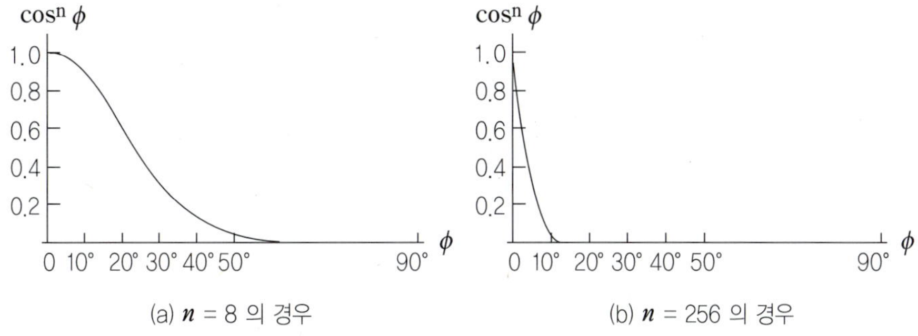

[그림 10-13] n의 값에 따른 $cos^n\,\phi$ 값의 변화

■ Phong의 조명모델

앞에서 설명한 Phong의 거울반사 공식에서 $\cos\phi = V \cdot R$ 이고(그림 10-9 참조), 여기서 $W(\theta) = K_s$, 즉 일정값을 가진다고 가정하자. 이제, 주변조명 및 점광원에 의한 산란반사와 거울반사를 모두 합하면, 표면의 한 점에서의 총 밝기는 다음의 식에 의해 정해진다.

$$I = K_a I_a + \frac{I_p}{d + d_0}[K_d(N \cdot L) + K_s(V \cdot R)^n]$$

이 공식을 Phong의 조명모델이라 부르고, 조명모델로서 매우 좋은 명암과 색상의 결과를 생성하는 것으로 알려져 있다. 여기서, 광원까지의 거리가 멀면 $\cos\theta = N \cdot L$은 표면의 위치에 상관없이 일정값을 가지게 되고, 관측자의 위치가 멀면 $\cos\phi = V \cdot R$은 일정값을 가지게 되어 Phong의 조명모델이 더욱 간단히 표현된다. 그림 10-14는 조명모델에서 산란반사만 포함시킬 경우(그림 10-14(a)에서 K_a와 K_d의 값을 변경)와 Phong의 거울반사를 포함시킬 경우(그림 10-14(b)에서 K_s와 n의 값을 변경)에 구의 렌더링 결과를 보여주고 있다.

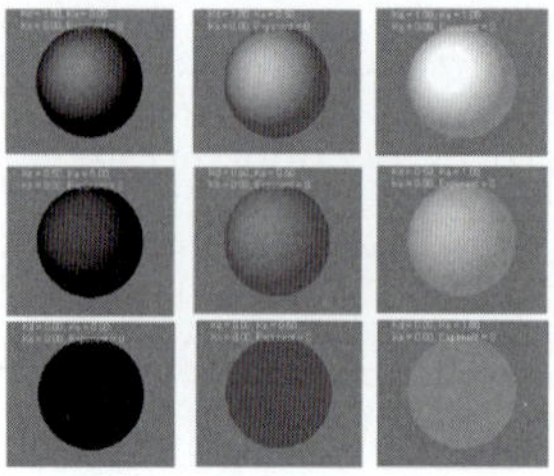

(a) 산란반사만 포함할 때

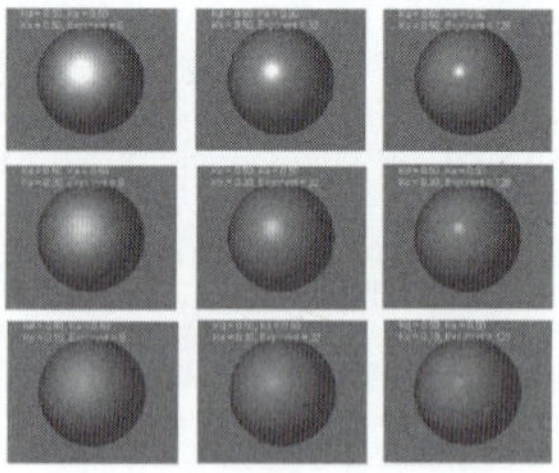

(b) 거울반사를 포함할 때

[그림 10-14] 조명모델에서 구의 렌더링 결과

10.2.5 빛의 굴절(Refraction) 및 투과

투명한 표면에 빛이 투사될 때 투사광의 일부는 표면에서 반사되고 나머지는 물체를 투과하게 된다. 이때 물체의 표면을 투과하는 빛은 일반적으로 굴절되어 물체를 투과한다. 투명한 물체에서 반사하는 빛을 반사광(Reflected Light)이라하고, 굴절되어 투과하는 빛을 굴절광(Refracted Light)라 부른다. 그림 10-15에서 보듯이, 빛 L이 물체의 표면에 투사될 때 빛 R은 반사광이고 빛 T는 굴절된 투과광이며 반사각(θ_1)은 항상 입사각(θ_1)과 같다. 또한, 빛 L이 투과계수가 n_1인 물질(일반적으로 공기)로부터 시작하여 투과계수가 n_2인 물질로 진행하는 경우 입사각(θ_1)과 굴절각(θ_2) 사이에는 아래의 법칙이 성립하고 이것을 Snell의 법칙이라고 부른다.

$$n_1 \sin\theta_1 = n_2 \sin\theta_2$$

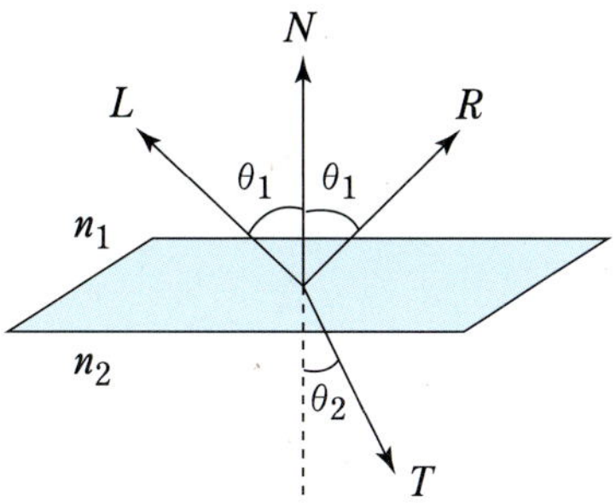

[그림 10-15] 입사광에 대한 빛의 반사와 굴절

따라서, 투명한 물체 표면의 밝기를 구하기 위해서는 투명한 물체의 뒤에 위치한 물체로부터 굴절되어 들어오는 투과광의 값과 투명한 물체의 표면에서 반사되어 들어오는 빛의 밝기를 더한다. 그림 10-16에서 가운데 있는 둥근 구는 빛을 반사(Reflection)하고 있고 구의 가장자리를 둘러싸고 있는 원통형의 투명한 두 개의 테두리에서는 빛의 굴절(Refraction)현상을 보여주고 있다.

[그림 10-16] 빛의 굴절 현상의 예
(http://www.math.ubc.ca/~cass/courses/m309-04a/LightIssues.ppt)

10.3 다각형 셰이딩(Polygon Shading) 기법

3차원 객체는 다각형 면이나 다각형 메쉬로 모델링 된다는 사실을 8장에서 설명하였다. 10.2절에서 설명한 조명모델이 3차원 객체의 각 면에 적용될 때 다각형 셰이딩 기법이 필요하다. 다각형 면의 각 점에서 일일이 Phong 의 조명모델 공식을 직접 적용하는 것은 계산시간이 너무 오래 걸려 매우 비효율적인 방법이다. 따라서 보다 효율적인 적용 방법이 필요하고 다각형 셰이딩 기법이 이 문제를 해결해 준다. 이 절에서는 균일 셰이딩, Gouraud 셰이딩, Phong 셰이딩의 세 가지 다각형 셰이딩 기법을 소개한다. 균일 셰이딩에서는 3차원 객체의 한 면을 일정한 색상이나 명암으로 표현한다. 균일 셰이딩은 계산은 간단하지만 물체의 현실감이 떨어져 보이는 단점이 있다. 이에 비해, Gouraud 셰이딩과 Phong 셰이딩의 경우에는 선형보간법(Linear Interpolation)을 적용함으로써 다각형 면이나 다각형 메시의 한 면의 점들의 색상을 점진적으로 변화시킴으로써 이웃하는 면사이의 급격한 색상이나 명암의 변화를 피할 수 있다.

10.3.1 균일 셰이딩(Constant Shading 또는 Flat Shading)

균일 셰이딩에서는 다면체의 각 면이 일정한 밝기를 갖도록 처리한다. 따라서 셰이딩 연산 속도가 매우 빨라지는 장점이 있는 반면 이웃하는 다각형 간의 밝기에 현저한 차이가 있으므로 객체를 렌더링한 결과에서 점진적인 색상이나 명암의 변화를 기대할 수 없다. 3차원 객체 자체가 원래부터 다면체인 경우에는 이 기법을 적용해도 대체적으로 양호한 결과를 얻을 수 있지만, 그렇지 않은 경우에는 객체가 각이 져 보여서 원하는 결과를 얻을 수 없다. 균일 셰이딩을 적용할 경우 Phong의 조명모델 공식에서 3차원 객체에서 광원까지의 거리와 관측자의 거리가 아주 멀다고 가정하면 $N \cdot L$과 $V \cdot R$는 일정한 값을 가지게 되어 계산이 매우 간단해진다.

그림 10-17은 집, 구, 원통/원뿔의 조합체, 밑바닥의 4개의 객체로 구성된 그래픽에서 균일조명 기법을 적용하여 렌더링한 결과를 보여주고 있다. 집과 밑바닥은 대체로 양호한 렌더링 결과를 보여주고 있으나, 그 외의 객체들은 각이 져 보임으로써 원하는 렌더링 결과를 보여주지 못하고 있다. 이것은 다면체의 한 면을 동일한 밝기와 색상으로 렌더링하기 때문에 발생하는 현상이다.

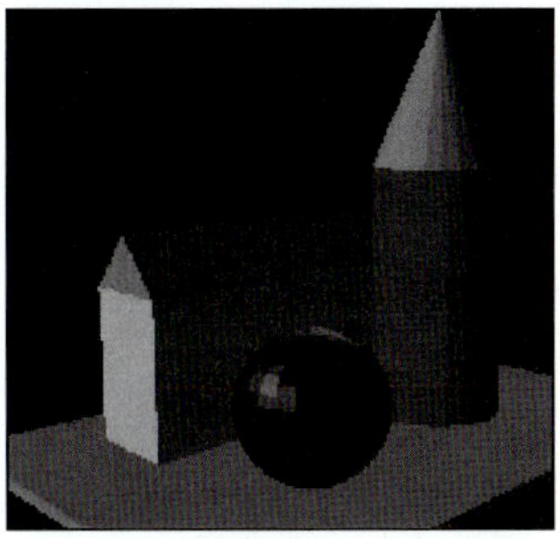

[그림 10-17] 균일 셰이딩의 예 (http://www.mad3d.net)

10.3.2 Gouraud 셰이딩

Gouraud 셰이딩은 앞에서 설명한 균일셰이딩의 문제점을 개선하기 위하여 선형보간법을 적용하여 표면의 밝기와 색상을 계산한다. 즉, 균일 셰이딩에서 곡면이 각져 보이는 현상을 제거하기 위하여 다각형의 꼭짓점들에서의 밝기를 계산한 후, 임의의 점에서의 밝기는 꼭짓점들의 밝기로부터 선형보간법을 적용하여 구한다. 그림 10-18의 예에서 꼭짓점 1, 2, 3으로 이루어진 다각형과 스캔라인이 만나는 점을 각각 점 4와 점 5라 하자. 먼저 조명모델의 Phong 공식을 적용하여 꼭짓점 1의 밝기 I_1과 꼭짓점 3의 밝기 I_2를 구한 후, 다각형상의 점 4의 밝기 I_4를 I_1과 I_2로부터 아래의 선형보간법을 이용하여 구할 수 있다. 여기서, y_1, y_2, y_4는 각각 점 1, 2, 4의 Y좌표이다.

$$I_4 = \frac{y_4 - y_2}{y_1 - y_2} I_1 + \frac{y_1 - y_4}{y_1 - y_2} I_2$$

같은 방법으로 점 5의 밝기 I_5를 꼭짓점 1과 꼭짓점 3의 밝기 I_1과 I_3로부터 구할 수 있다. 최종적으로 다각형상의 한 점 P의 밝기는 점 4와 점 5의 밝기로부터 아래의 선형보간식을 이용하여 거리에 비례하여 구한다. 여기서, x_4, x_5, x_p는 각각 점 4, 5, P의 X좌표이다. 따라서, 다각형 상의 모든 점의 밝기는 꼭짓점 1, 2, 3의 밝기로부터 선형보간법을 적용하여 쉽게 구할 수 있다.

$$I_p = \frac{x_5 - x_p}{x_5 - x_4} I_4 + \frac{x_p - x_4}{x_5 - x_4} I_5$$

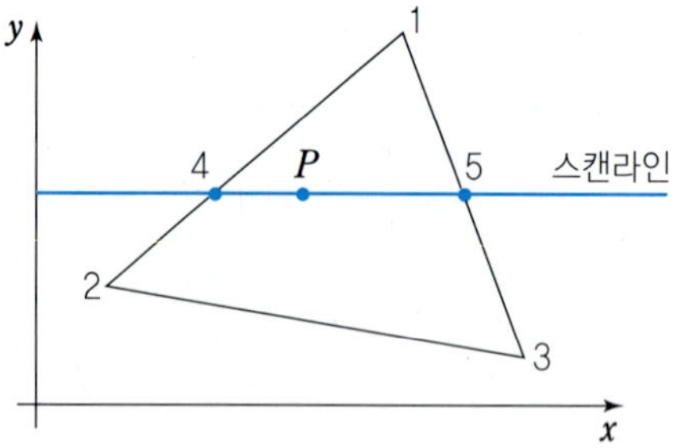

[그림 10-18] Gouraud 셰이딩의 개념

다각형 면의 각 꼭짓점에서의 밝기를 구하기 위해서는 이 점에서의 법선벡터(Normal Vector) 값이 필요한데, 각 꼭짓점은 그림 10-19의 예에서 보듯이 이웃하는 다각형들의 공유 꼭짓점이기 때문에 하나의 값으로 얻을 수 없는 문제점이 있다. 따라서 한 꼭짓점에서의 법선 벡터는 이 꼭짓점을 공유하고 있는 면들의 법선벡터들의 평균값으로 구한다. 즉, 꼭짓점 V 에서의 법선벡터는 $\sum_{k=1}^{n} N_k/n$ (단, n은 꼭짓점 V에서 이웃하는 면의 수로, 그림10-19의 경우에는 n=4)로 표현할 수 있다. 그림 10-20은 소파를 균일 셰이딩과 Gouraud 셰이딩 기법으로 처리했을 때 셰이딩 결과의 차이점을 보여주고 있다.

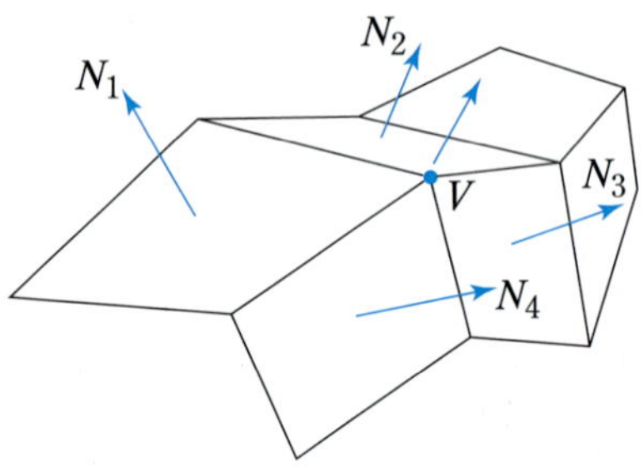

[그림 10-19] Gouraud 셰이딩에서 꼭짓점 V에서의 법선벡터

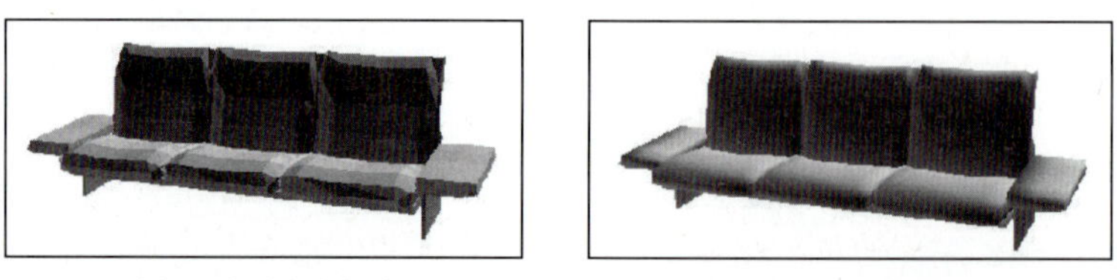

(a) 균일 셰이딩의 예 (b) Gouraud 셰이딩의 예

[그림 10-20] 균일 셰이딩과 Gouraud 셰이딩의 결과 비교
(https://www.cs.princeton.edu/courses/archive/fall99/cs426/lectures/shade/sld029.htm)

Gouraud 셰이딩에서는 그림 10-21에서 보듯이 대체적으로 만족스러운 렌더링 결과를 얻을 수 있으나, 때로는 밝고 어두운 띠 모양의 조명이 변칙적으로 나타나는 경우가 있다. 이러한 띠 모양의 현상을 마하밴드(Mach Band)라고 한다. 이러한 문제점을 해결하고 보다 나은 다각형 셰이딩 결과를 얻기 위하여 Phong 셰이딩이 제안되었다.

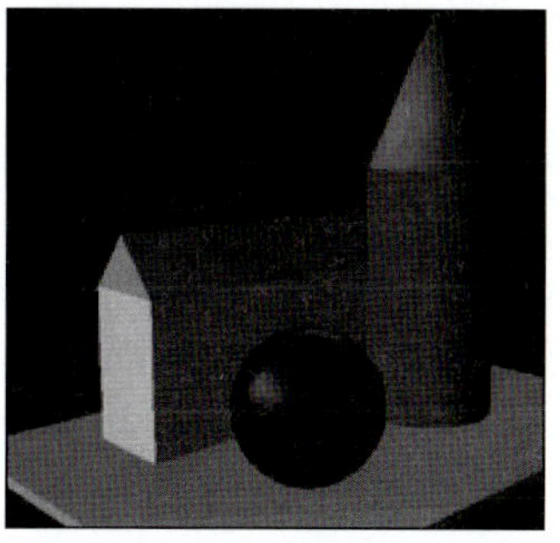

[그림 10-21] Gouraud 셰이딩의 예 (http://www.mad3d.net)

10.3.3 Phong 셰이딩

Gouraud 셰이딩에서 다각형의 각 꼭짓점에서의 밝기를 구하고 다각형상의 한 점의 밝기를 선형보간법을 적용하여 계산하였으며, 다각형상의 각 점에서의 법선벡터가 점진적으로 변하는 것은 아니었다. 이러한 이유에서 밝고 어두운 띠 모양의 마하밴드 현상이 발생하였다.

Phong 셰이딩에서는 다각형 내의 한 점에서의 법선벡터를 이웃하는 꼭짓점에서의 법선벡터들로부터 선형보간법을 적용하여 구한다. 그런 후, 이 점에서의 법선벡터를 이용하여 그 점의 밝기를 구한다. 예를 들어, 그림 10-22에서 보듯이 스캔라인 위의 점 4에서의 법선벡터 N_4는 꼭짓점 1에서의 법선벡터 N_1과 꼭짓점 2에서의 법선벡터 N_2로부터, 점 5에서의 법선벡터 N_5는 법선벡터 N_1과 법선벡터 N_3로부터 선형보간법을 적용하여 구한다. 그러면, 다각형상의 점 P의 법선벡터를 점 4와 점 5에서의 법선벡터로부터 아래의 선형보간식을 이용하여 거리에 비례하여 구할 수 있다. 따라서 다각형 상의 각 점의 법선벡터는 꼭짓점 1, 2, 3의 법선벡터로부터 선형보간법을 적용하여 쉽게 계산할 수 있다. 이와 같이, 다각형상의 각 점에서 법선벡터의 근사치를 선형보간법을 통해서 계산한 후, Phong의 조명모델 공식을 적용하면 그 점에서의 밝기를 얻을 수 있다.

$$N_p = \frac{x_5 - x_p}{x_5 - x_4} N_4 + \frac{x_p - x_4}{x_5 - x_4} N_5$$

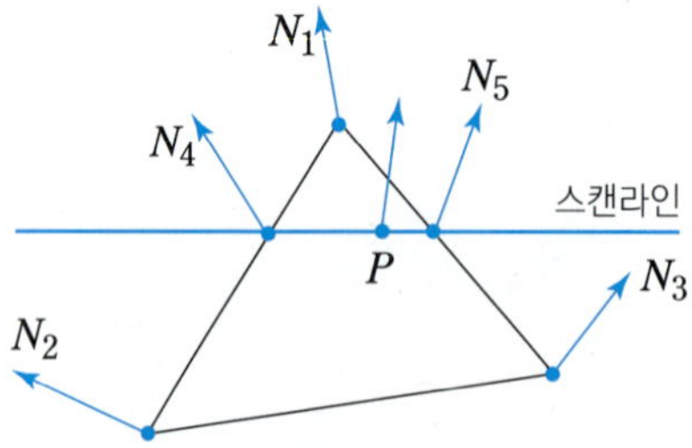

[그림 10-22] Phong 셰이딩에서 한 점 P에서의 법선벡터

Phong 셰이딩은 앞의 Gouraud 셰이딩에 비하여 계산 시간이 오래 걸리는 문제점이 있으나 셰이딩 결과는 우수하다. 특히, 마하밴드 현상이 거의 사라지고 거울반사 효과가 실감나게 나타나는 장점이 있다. 그림 10-23에서 보듯이 구와 원통/원뿔의 조합체에 거울반사 현상인 하이라이트가 보다 분명하게 나타남을 알 수 있다.

[그림 10-23] Phong 쉐이딩의 예 (http://www.mad3d.net)

10.4 광선추적법(Ray Tracing)

다각형 메쉬에 Phong 셰이딩 기법을 적용해도 좋은 렌더링 효과를 얻을 수 있으나 광선추적법을 적용하면 매우 놀라운 렌더링 결과를 기대할 수 있다. 특히, 반짝거리는 표면에서

매우 우수한 거울반사 효과를 원하거나, 다수의 광원이 존재하고 빛을 잘 반사하는 물체나 투명한 물체들이 있는 경우에는 광선추적법의 효과가 매우 크다. 광선추적법은 9장의 레이캐스팅(Ray Casting)에서와 같이 관측자의 시점에서 물체 방향으로 광선을 역추적해 나가는 방법을 적용하기 때문에 은면제거나 그림자 생성을 동시에 처리할 수 있다.

광선추적법을 적용하여 렌더링한 그래픽은 매우 현실감있게 보이지만, 우수한 결과를 얻기 위해서는 많은 계산 시간이 요구된다. 따라서 실세계에서 광선추적법을 적용하기 위해서는 계산 시간을 줄이기 위한 기법들을 사용해야 한다. 그림 10-24는 광선추적법을 적용하여 생성한 그래픽의 예이다.

[그림 10-24] 광선추적법을 적용하여 생성된 그래픽에서의 렌더링 효과
(http://www.math.ubc.ca/~cass/courses/m309-04a/LightIssues.ppt)

10.4.1 광선추적법의 원리

3차원 공간에 몇 개의 광원과 다수의 물체들이 존재하는 경우, 광원에서 나온 빛이 빛을 반사하는 물체에 투사되면 이 빛은 다시 반사되고 투명한 물체를 투과할 때는 빛이 굴절되어 진행한다. 광원들로부터 나온 빛은 수많은 반사와 굴절 과정을 거쳐 관측자의 눈에 들어오게 된다. 이러한 과정을 통해 투영면의 각 픽셀 위치에 도달하는 모든 빛이 합해져서 최종적인 빛의 밝기를 결정하게 된다. 이것은 기하적 광학(Geometric Optics) 원리에 기초하는데, 이 때 물체의 표면에 닿는 수많은 반사광과 굴절광을 일일이 다 계산하여 투영면상의 각 픽셀에 들어오는 빛의 양을 구하는 것은 너무나 많은 복잡한 계산을 요구한다. 따라서 광선추적법에서는 투영면의 각 픽셀에서 나온 광선(Ray)을 역으로 추적하여 물체의 표면에 미치는 모든 빛의 양을 계산한다. 그림 10-25는 은면제거 기법인 레이캐스팅 기법을 확장한 그림으로 투영면의 각 픽셀로부터 나온 광선(Ray)이 제일 가까이 위치한 가시적 물체에 부딪히고 다시 이

광선이 역으로 반사되어 다른 물체에 부딪히는 과정을 보여주고 있다. 또한 이 그림에서 보듯이 광선이 투명한 물체에 부딪치면 이 물체를 투과하여 진행하게 된다.

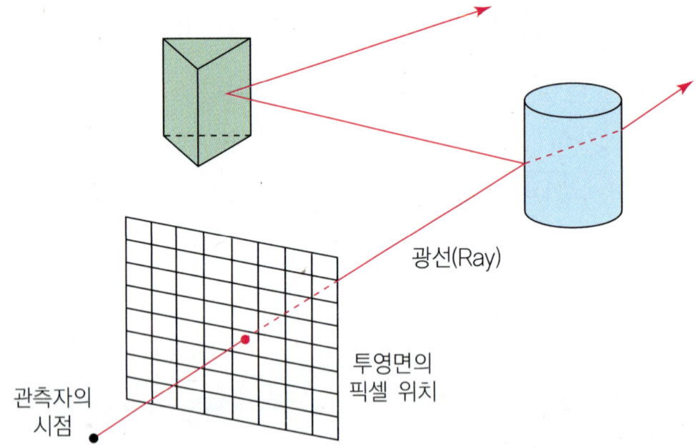

[그림 10-25] 시점에서 나온 광선이 반사와 투과를 거쳐 추적되는 모습

투영면상의 한 픽셀에서의 빛의 밝기는 광선추적법에 의하여 광선과 처음 만나는 표면의 밝기와 같다. 그림 10-26으로 설명하면 관측자의 눈에 들어오는 빛의 밝기 I는 물체표면의 점 P의 밝기와 동일하며, 점 P에서의 밝기 I는 아래의 5가지 빛의 합으로 표현된다.

$$I = I_{amb} + I_{diff} + I_{spec} + I_{refl} + I_{refr}$$

10.2절의 Phong의 조명모델에서 설명한 바와 같이, 위 식의 I_{amb}는 점 P에서의 주변조명이고, I_{diff} 와 I_{spec} 점 P에서 점광원 L에 의한 산란반사와 거울반사를 의미한다. 그리고 I_{refl}은 빛 I_R로부터 야기되는 반사광 성분이고 I_{refr}은 빛 I_r로부터 야기되는 굴절광 성분이다. I_R과 I_r

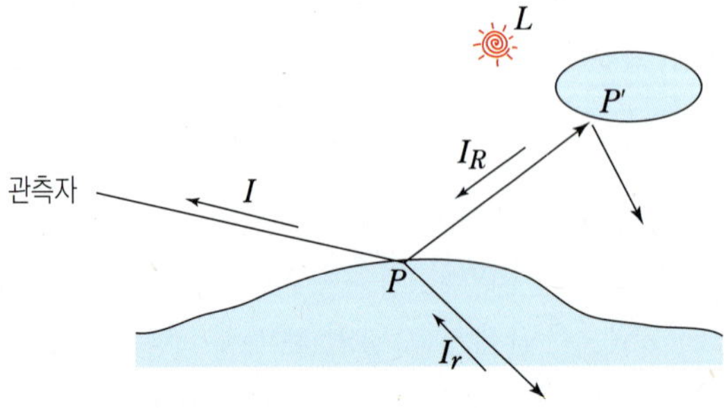

[그림 10-26] 반사광과 굴절광 성분을 포함한 점 P에서의 빛의 밝기

을 구하기 위해서는 광선 I_R과 I_r을 각각 역추적하여 처음 만나는 물체표면의 점에서 I_{amb}, I_{diff}, I_{spec}, I_{refl}, I_{refr} 성분으로 구하여 합한다. 예를 들어, 그림 10-26에서 광선 I_R을 역추적하면 어떤 물체와 점 P'에서 만나므로, 이 점 P'에서 I_{amb}, I_{diff}, I_{spec}, I_{refl}, I_{refr} 성분을 구하면 된다. 이러한 이유에서 I_R과 I_r을 2차광선(Secondary Ray)이라고도 부른다.

이러한 광선추적 과정의 예가 그림 10-27(a)에 나타나 있다. 이 그림에서 보듯이 물체 O_1 상의 점 P_h에서 빛의 밝기 I는 이 점에서의 주변조명, 점광원에 의한 산란반사 및 거울반사의 합, 그리고 반사광(Reflected Light) R_1과 굴절광(Refracted Light 또는 Transmitted Light) T_1에 의해 야기되는 빛의 성분을 합한 것과 같다. 또한 빛 R_1은 광선 R_1이 물체 O_2를 만나는 점에서의 주변조명, 산란반사 및 거울반사를 합한 값에 반사광 R_3와 굴절광 T_3에 의해 야기되는 빛의 성분을 더한 값이다. 이러한 광선추적 과정은 그림 10-27(b)의 이진트리인 광선추적 트리(Ray Tracing Tree)로 표현할 수 있다. 광선추적 과정을 무한히 수행할 수 없으므로 다음의 조건 중 하나를 만족 시킬 때 종료된다.

① 광선이 어떤 물체와도 만나지 않는 경우(이 경우 배경의 밝기를 취함)
② 광선이 광원과 만나는 경우(이 경우 광원의 밝기를 취함)
③ 반사와 굴절의 횟수가 지정횟수보다 많아 질 경우
④ 반사 및 굴절에 의한 빛의 세기가 임계 값(Threshold Value) 이하가 될 경우

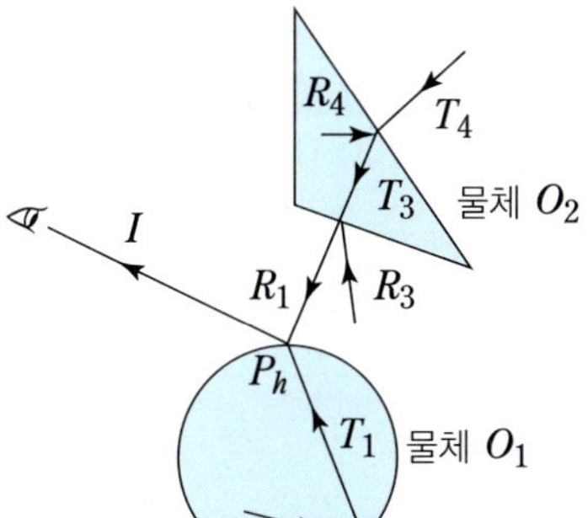

(a) 빛의 반사와 굴절

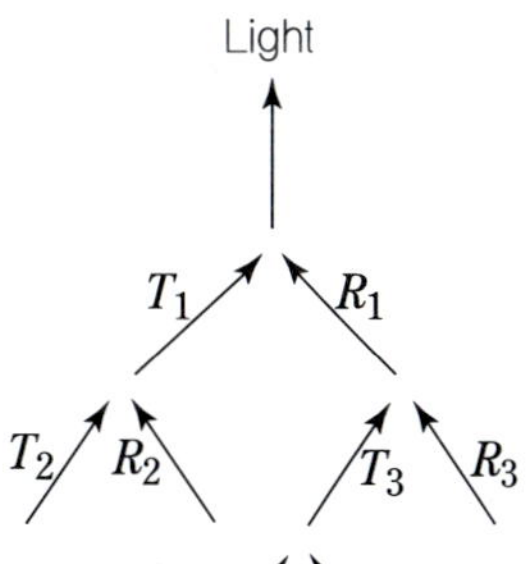

(b) 광선추적 트리

[그림 10-27] 반사광 및 굴절광의 추적

광선추적 과정에서 광선이 만나는 표면의 한 지점이 그림자(Shadow) 내에 위치하는 경우, 그 점에서의 점광원에 의한 산란반사(I_{diff})와 거울반사(I_{spec})는 더 이상 존재하지 않게 된다. 표

면의 어떤 점이 그림자인지 여부는 광원에 직접 노출되어 있느냐에 따라 쉽게 결정될 수 있다. 그림 10-28에서 보듯이, 물체 S상의 한 점 P는 광원 L_1에는 노출되어 있으나 광원 L_2와 광원 L_3에는 노출되어 있지 않다. 즉, 점 P는 광원 L_2에 의한 그림자 내에 위치하고 광원 L_3에 대해서는 뒷면에 위치하므로 점광원 L_2와 L_3의 영향을 받지 않는다.

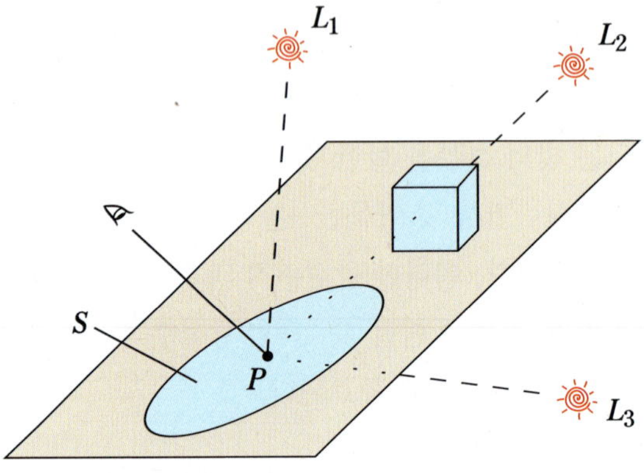

[그림 10-28] 광원의 위치에 따른 물체의 그림자

10.4.2 광선과 물체의 교차점 구하기

투영면상의 한 픽셀로부터 나온 광선이 물체와 만나는 교차점을 구하는 것은 광선추적법 알고리즘에서 가장 중요한 과정이다. 일반적으로 광선추적법을 적용하기 위해 물체들을 면, 직육면체, 사면체, 구, 원통, 원뿔 등과 같은 기본적인 객체를 사용하여 모델링하는 경우가 많다. 물체를 베지어 곡면이나 B-스플라인 곡면 등의 매개변수 함수로 표현할 경우, 광선과 곡면과의 교차점을 구하기 위해서는 곡면을 다각형들로 근사한 후 교차점을 구하는 것이 보다 효율적이다. 여기서는 하나의 예로써 광선과 구의 교차점을 구하는 방법에 대하여 설명한다.

그림 10-29에서 관측자의 시점을 V, 시선의 단위벡터를 E, 구의 중심을 $S(x_s, y_s, z_s)$, 구의 반지름을 r이라 하자. 구 표면상의 점을 P라 하면 다음 식을 만족시킨다. 여기서 점 P의 좌표를 (x, y, z)라 하자.

$$(P - S)(P - S) = r^2$$

즉, $(x - x_s)^2 + (y - y_s)^2 + (z - z_s)^2 = r^2$

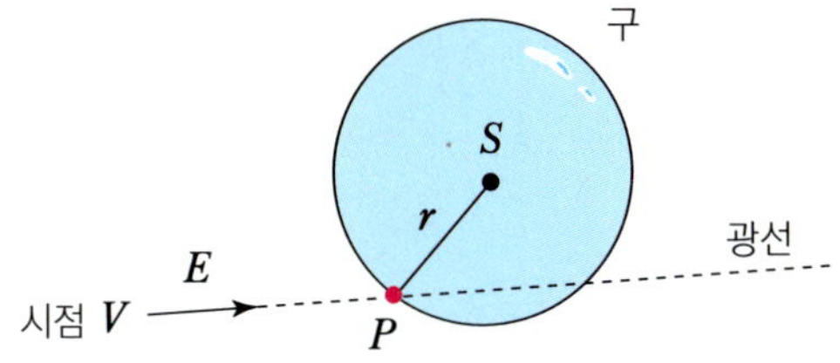

[그림 10-29] 광선과 구의 교차점 구하기

그림 10-29의 광선에서 광선상의 점을 P, 시점 V로 부터의 거리를 매개변수 t로 나타내면 다음의 방정식이 성립한다.

$$P = Et + V$$

이 식을 구의 방정식에 대입하면 다음의 관계를 구할 수 있다.

$$At^2 + 2Bt + C = 0,$$
$$A=1,\ B=E \cdot (V - S),\ C=|V - S|^2 - r^2$$

이제, 광선이 구를 관통하는지를 판별하기 위하여 위 2차방정식의 판별식을 구한다. 만일, 판별식 $D= B^2 - AC \geqq 0$이면 t가 실수 값을 가지며, 교점에 해당하는 t는 두 개의 값 중 작은 값(시점에 가까운 점)을 가지며 아래와 같다.

$$t = -B - \sqrt{D}$$

광선추적 알고리즘에서 투영면상의 한 픽셀로부터 나오는 광선이 객체를 만나는 지를 계산하는 것이 전체 알고리즘 처리시간의 95% 정도를 차지하므로, 광선과 객체간의 교차점을 가급적 효율적으로 계산하는 것은 매우 중요하다. 그런데, 현실적으로는 픽셀로부터 나오는 광선이 특정한 객체와 만날 확률이 매우 낮으므로 광선이 객체와 만나는 경우에 한해서 교차점을 계산하는 것이 보다 효율적이다. 따라서, 교차점 계산을 줄이기 위하여 내포볼륨(Bounding Volume) 기법과 공간분할법 등이 제안되었다.

내포볼륨 기법은 그림 10-30의 예에서 보듯이 광선과 객체들의 모든 면과의 교차점을 구하는 계산이 복잡하므로 대신 객체들을 포함하는 구(Bounding Sphere)나 직육면체(Bounding Box)를 구하고 광선과 내포볼륨 간의 교차 관계를 구한다. 만일, 이들이 서로 교차하지 않는다면 이 광선은 내포볼륨 내의 어떠한 객체와도 서로 만나지 않는다. 광선이 내포볼륨과 만나는 경우에 한해서 광선과 내포볼륨 내부의 모든 면과의 교차 여부를 다시 계산한다.

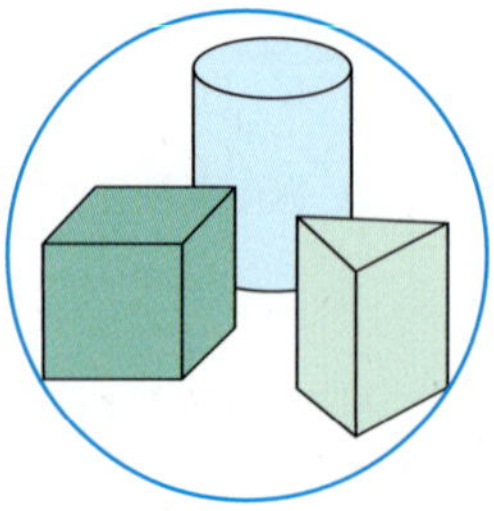

[그림 10-30] 구 내에 포함된 객체들

공간분할법은 객체들이 존재하는 3차원 공간을 같은 크기의 격자 모양으로 분할하고, 광선이 통과하는 격자 내에 위치한 객체들과의 교차 관계만을 계산하는 기법이다. 따라서, 한 광선이 통과하는 격자 내에 위치하지 않은 대부분의 객체와는 교차관계를 계산하지 않으므로 전체 계산 시간이 크게 줄어든다.

광선추적법에서는 투영면의 각 픽셀로부터 나오는 광선에 대하여 일일이 광선추적 계산을 수행하므로 많은 시간이 소요된다. 따라서, 복수의 프로세서를 장착한 컴퓨터에서는 이들 계산을 병렬로 처리할 수 있으므로 광선추적 알고리즘의 수행시간을 대폭 줄일 수 있다.

10.5 텍스처 매핑(Texture Mapping)

텍스처 매핑은 사진으로부터 스캐닝하거나 이미지나 디지털 카메라로 획득한 이미지, 또는 컴퓨터 그래픽스 기법에 의해 생성된 그림을 3차원 물체의 표면에 입히는 기법이다. 텍스처 매핑은 복잡한 모양의 3차원 객체를 자세히 모델링하고 렌더링하는 대신, 비교적 간단하게 모델링한 후 텍스처 매핑 과정을 통해 원래의 복잡한 모양의 표면을 묘사할 수 있는 장점이 있다. 그리고, 일일이 렌더링하는 것에 비해 보다 사실적인 재질의 3차원 표면을 나타낼 수 있다. 반사나 복잡한 조명효과 같이 실제 계산하기에 복잡한 장면도 반사나 조명이 미리 적용된 이미지를 텍스처로 사용하여 비교적 간단하게 묘사할 수 있다. 한편, 같은 모양의 객체에 다른 텍스처를 사용하면 전혀 다른 객체로 보일 수 있다.

10.5.1 텍스처 매핑의 원리

텍스처는 재질이나 질감을 가지고 있는 2차원 이미지이며, 텍스처를 3차원 객체의 표면에 입히는 작업을 텍스처 매핑이라 한다. 그림 10-31은 사진으로부터 스캐닝 받은 이미지를 직육면체에 텍스처 매핑한 예로, 결과물은 마치 3차원 책을 렌더링한 것 같이 보인다.

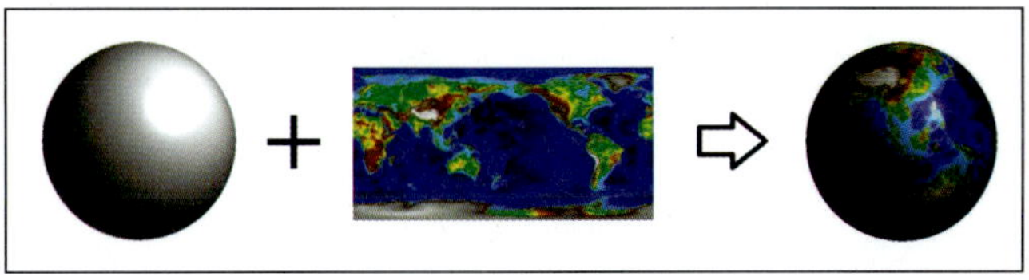

[그림 10-31] 텍스처 매핑의 적용 예
(https://upload.wikimedia.org/wikipedia/commons/5/5a/Texture%2BMapping.jpg)

텍스처 매핑에서 중요한 사항은 이미지나 그림을 어떻게 3차원 평면이나 곡면에 매핑시키느냐 하는 문제이다. 텍스처를 3차원 평면에 매핑시키는 것은 대체적으로 간단하나 곡면에의 매핑을 위해서는 다소 복잡한 방법이 요구된다. 2차원 평면의 텍스처와 3차원 물체의 곡면 간의 대응 관계를 구하는 방법에는 투영에 의한 방법, 극좌표 변환을 이용하는 방법, 그리고 매핑 파라미터를 곡면 데이터에 적용하는 방법 등이 있다. 여기서는 매개변수를 통해서 정의된 곡면에 매핑 파라미터를 이용하여 대응관계를 구하는 방법을 소개한다.

3차원 그래픽스에서 자주 사용하는 곡면은 구, 원통, 베지어 곡면 등과 같이 매개변수를 이용하여 정의되는 경우가 많다. 매개변수를 이용한 곡면에서는 (X, Y, Z) 좌표계에서 곡면상의 점이 파라미터를 이용하여 표현된다. 예를 들어, 아래의 베지어 곡면에서 u와 v는 파라미터들로 각각 $0 \le u \le 1$, $0 \le v \le 1$ 범위에서 변화하는 변수로서 곡면상의 점의 좌표값을 정의하기 위하여 이용된다(8.5절 참조).

$$S(u, v) = \sum_{i=0}^{m} \sum_{j=0}^{n} P_{ij} B_i(v) B_j(u)$$

위의 베지어 곡면 함수에서 P_{ij}는 베지어 곡면의 제어점들이고, $B_i(v)$와 $B_j(u)$는 Bernstein 다항식이다. 그림 10-32(b)에서 보듯이 베지어 곡면상의 한 점 $P(x, y)$에서 텍스처 값을 구하기 위해서 먼저 앞의 베지어 곡면 함수 $S(u, v)$에서 (x, y)에 대응하는 (u, v) 값을 구한다(그림 10-32(b)참조). 그리고 텍스처 패턴의 단위 면적에서 (u, v)에 해당하는 텍스처 값 Q를 구하면 이 값이 베지어 곡면상의 점 P의 색상값이 된다(그림 10-32(a) 참조).

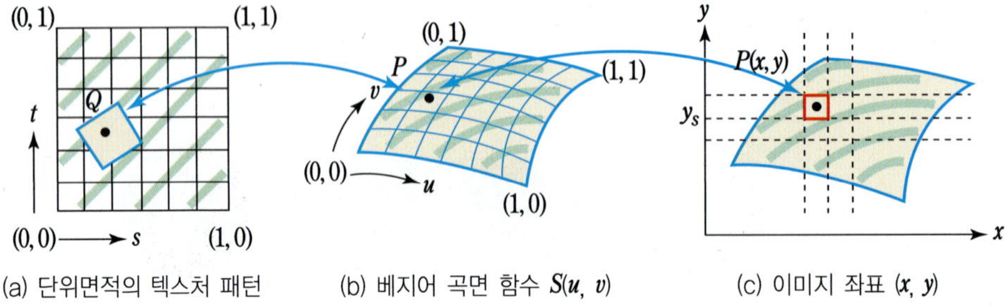

[그림 10-32] 텍스쳐 매핑에서 좌표의 대응

여기서, 텍스처 매핑의 기본 알고리즘을 아래와 같이 요약할 수 있다.

■ 곡면에서의 텍스처 매핑 알고리즘

- 텍스처 패턴을 준비한다.
- 주사선 $(y = y_s)$를 위에서 아래로 이동한다.
- 좌표 x를 범위 내에서 변화시킨다.
- 곡면 상의 점 $P(x, y_s)$에 대응하는 파라미터 좌표 (u, v)를 구한다.
- 좌표(u, v)에 대응하는 단위크기(크기가 1×1)의 텍스처 패턴의 좌표(s, t)를 구한다.
- 텍스처 패턴의 좌표 (s, t) 위치에 해당하는 픽셀값 Q를 구한다.
- 점 $P(x, y_s)$에 값 Q를 할당한다.

그림 10-33은 텍스처 매핑 기법을 적용하여 얻은 그림의 결과를 보여주고 있다. 그림 10-33(a)는 타워를 찍은 사진 이미지이고, (b)는 타워를 그래픽스 기술로 3차원 모델링한 그림이며, (c)는 텍스처 매핑을 위해 (a)의 이미지를 분할한 그림이고, (b)의 3차원 모델에 텍스처 매핑을 수행한 그림이 (d)에 나타나 있다.

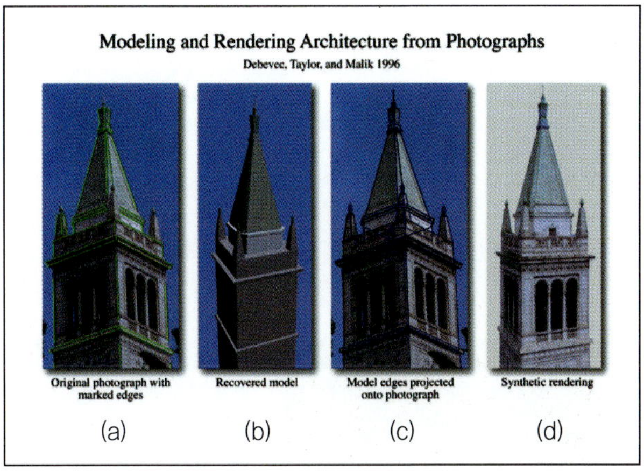

[그림 10-33] 텍스처 매핑을 적용한 결과 그림
(http://www.pauldbevel.com/Research Pcampanile-reconstruction.jpg)

10.5.2 텍스처 매핑 기법

앞에서 일반적인 텍스처 매핑에 대하여 알아보았다. 그러나, 매핑시킬 3차원 곡면이 매우 울툭불툭하거나 복잡한 형태를 가지는 경우나 특별한 효과를 원할 때는 기본적인 텍스처 매핑 기법으로는 원하는 효과를 기대할 수 없다. 여기서는 다양한 매핑 기법 중에서 범프 매핑, 절차적 텍스처링 기법, 환경 매핑, 빌보드 기법에 대하여 간단히 설명한다.

(1) 범프 매핑(Bump Mapping)

텍스처 매핑이 물체 표면을 사실감 있는 텍스처로 덮을 수 있는 장점이 있으나 표면이 부드럽지 않은 물체에 이 기법을 그대로 적용하면 만족스러운 결과를 얻지 못한다. 예를 들어, 오렌지, 딸기, 건포도와 같이 표면에 요철이 있는 물체에 단순히 텍스처 매핑시키면 텍스처의 빛의 조명이 실제 장면에서 울퉁불퉁한 3차원 물체의 빛의 조명과 큰 차이가 발생한다. 표면의 울퉁불퉁함을 표현하기 위해서는 그림 10-34와 같이 표면의 법선벡터에 잡음을 넣어(Perturbed Normal) 표면에서의 빛의 밝기를 계산하면 매우 현실감 있는 결과를 얻을 수 있다. 이러한 매핑 기법을 범프 매핑이라 부르며, 범프 매핑의 적용 예가 그림 10-35에 나타나 있다.

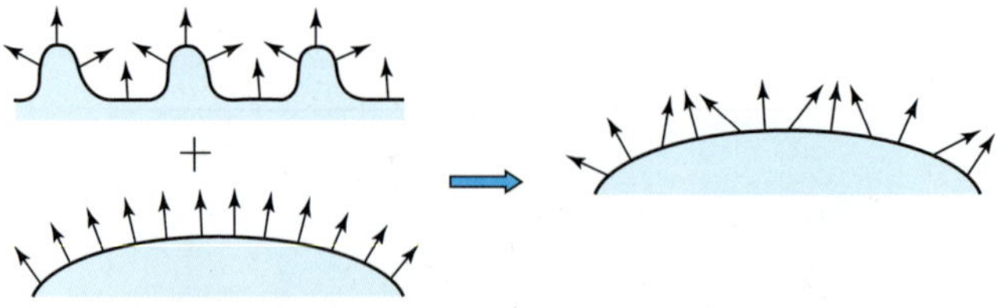

[그림 10-34] 범프 매핑에서 표면의 법선벡터

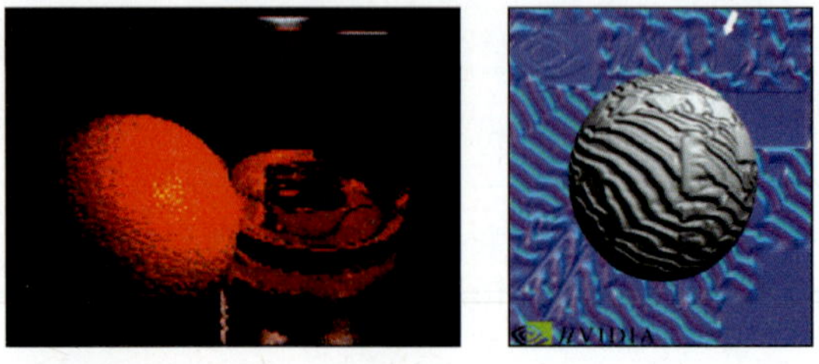

[그림 10-35] 범프 매핑 기법으로 렌더링한 표면의 결과 (http://www.nvidia.com)

(2) 절차적 텍스처링 기법(Procedural Texturing Method)

물체의 표면에 텍스처를 입히는 다른 방법의 하나는 텍스처를 절차(Procedure)에 의하여 생성하는 것이다. 이러한 절차는 일반적으로 수리함수나 알고리즘으로 표현되며, 이 함수를 이용하여 물체 표면의 좌표에 따라 입혀야 할 색상값 또는 밝기를 계산한다. 절차적 텍스처 기법을 이용하면 텍스처 매핑에서 처럼 2차원 텍스처로 부터 3차원 물체로의 매핑 변환 계산을 피할 수 있다. 절차에 의해 생성되는 텍스처를 솔리드 텍스처(Solid Texture)라 부르고 솔리드 텍스처는 원하는 3차원 물체에 광범위하게 적용될 수 있다. 특히, 이 기법은 목재의 표면이나 대리석과 벽돌의 표면 등과 같은 자연물에 텍스처를 입힐 경우에 자연스러운 무늬를 기대할 수 있다. 그림 10-36에서 텍스처 매핑과 절차적 텍스처링을 적용하여 얻은 목재 표면의 결과를 비교할 수 있다. 그림10-36(a)에서 보듯이 단순한 텍스처 매핑 기법을 적용하면 목재면의 경계 부분 무늬가 불연속적이 됨을 알 수 있다. 또한 절차적 텍스처링 기법을 적용하면 그림 10-37과 같이 기하학적으로 복잡한 3차원 물체에 텍스처 매핑할 때도 매우 자연스러운 결과를 얻을 수 있다.

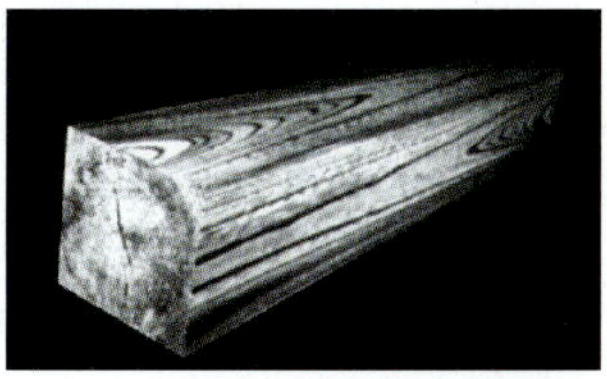

(a) 텍스처 매핑의 결과

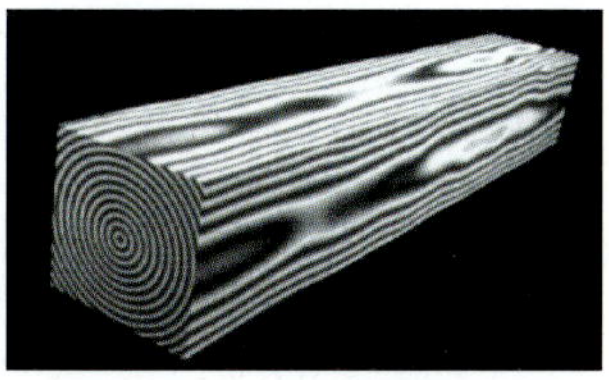

(b) 절차적 매핑의 결과

[그림 10-36] 텍스처 매핑과 절차적 텍스처 매핑의 비교

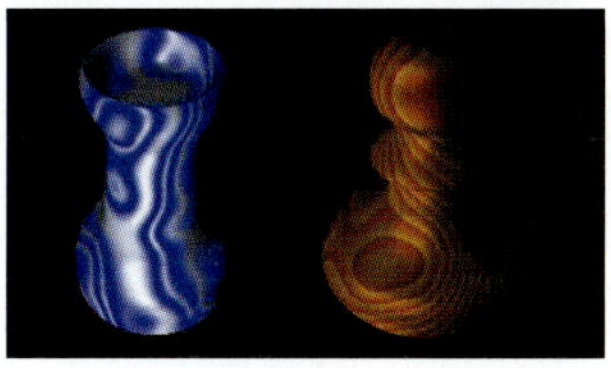

[그림 10-37] 절차적 텍스처링 기법을 적용하여 얻은 결과
(http://www.cs.purdue.edu/homes/sun/Teach/535/StudentGallery/studentGallery.html)

(3) 환경 매핑(Environment Mapping)

3차원 공간에서 어떤 물체를 둘러싸고 있는 주위 환경이 이 물체에 반사되는 결과를 얻고 싶을 때가 있다. 예를 들어, 영화에서 사람이 선글라스를 끼고 움직이는 경우에 주위의 환경이 이 선글라스 상에 반사되어 나타난다. 이때, 주위 환경이 이 물체에 어떻게 반사되는지 알기 위해서 3차원 공간의 물체들 간에 총체적인 빛의 반사현상을 모두 계산하는 광선추적법과 같은 계산시간이 많이 소요되는 기법을 적용하는 것은 현실적으로 어렵다. 특히, 환경의 중심에 놓인 물체가 지속적으로 움직이고 있는 경우는 더욱 그러하다. 환경 매핑 기법은 물체가 존재하는 3차원 공간이 매우 큰 가상적 구, 원통 또는 육면체에 의해 둘러싸였다고 생각하고, 이러한 구나 원통의 내부의 텍스처를 물체에 매핑시키는 기법이다. 그림 10-38은 구 모양의 환경 맵이 물체들을 둘러싸고 있는 그림이다.

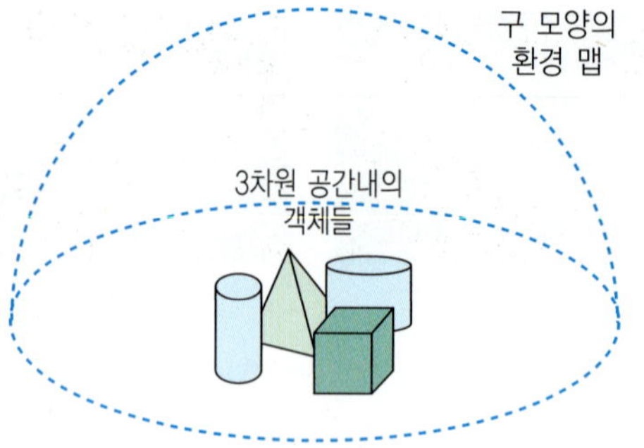

[그림 10-38] 구 모양의 환경 맵에 둘러 싸인 3차원 공간

환경 맵의 텍스처가 내부의 물체에 반사되어 관측자의 눈에 들어오는 이미지를 구하는 방법을 그림 10-39를 통하여 설명한다. 이 그림에서 보듯이, 물체의 표면을 렌더링하기 위하여 투영면의 픽셀영역을 반사물체의 표면에 투영하고, 물체의 표면 영역에서 다시 환경 맵으로 투영한다. 이 때, 환경 맵에 투영된 영역의 평균 색상이나 밝기가 결과적으로 투영면상의 픽셀값이 된다.

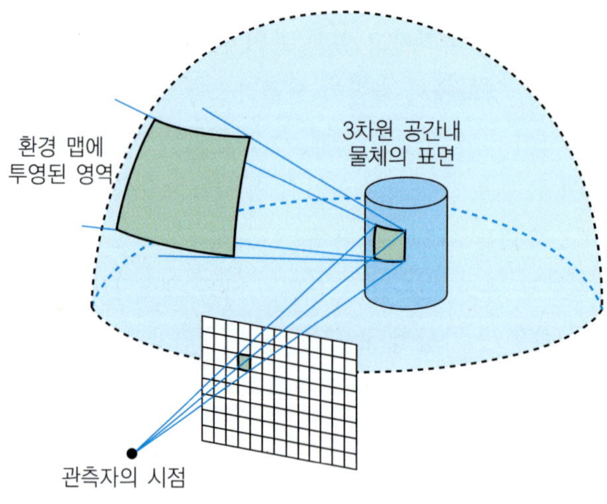

[그림 10-39] 픽셀영역이 환경 맵에 투영되는 과정

[그림 10-40] 환경 매핑의 예
(http://www.c-jump.com/bcc/common/Talk3/OpenGL/Wk13_skybox/W01_0070_further_reading.htm)

10.6 컬러 모델

컴퓨터 그래픽스에서 색상을 표현하는 것은 매우 중요하다. 뿐만 아니라, 3차원 그래픽스에서 입체감을 나타내기 위해서 색상의 표현이 필수적이다. 4.6절에서는 그래픽스에서 색상을 표현하기 위하여 RGB 컬러모델을 소개하였으나 RGB 컬러모델만으로 모든 경우의 컬러 표현을 설명할 수 있는 것은 아니다.

이 절에서는 빛의 세 가지 속성인 색상(Color), 명도(Luminance)와 채도(Purity)를 설명하고, 빛을 정량적으로 분석하고 표현하기 위하여 제정된 CIE 색채도라는 국제 표준을 소개한다. 컴퓨터 그래픽스에서 색상을 표현하는 모델로는 RGB 모델, CMY 모델 및 HSV 모델이 가장 자주 이용된다. RGB 모델외에, CMY 모델은 컬러 프린터와 같은 하드카피 장치에 가장 적합한 모델이고, HSV 모델은 인간이 자연스럽게 컬러를 이해하기 위한 바람직한 모델이다. 서로 다른 컬러 모델 간에 간단한 공식을 이용하면 상호변환이 가능하다.

10.6.1 빛의 성질

빛은 색상(Color 또는 Hue), 명도(Brightness 또는 Luminance), 채도(Purity 또는 Saturation)의 세 가지 성질을 가지고 있다. 우리가 말하는 빛은 가시광선을 뜻하며 4.3×

10^{14}Hz(빨간색) ~ 7.5×10^{14}Hz(보라색)의 주파수를 가지고 있다. 일반적으로 태양 빛이라 불리는 백색광(White Light)은 그림 10-41과 같은 에너지 분포곡선에서 보듯이 빨간색에서 보라색 주파수 대역에 걸쳐 에너지를 갖고 있다. 색상이란 빨간색, 파란색, 노란색 등과 같이 고유의 주파수를 가지며, 명도란 빛이 가지고 있는 에너지의 양을 의미하며, 빛이 좁은 주파수 범위로 집중될 때 채도가 높다고 한다.

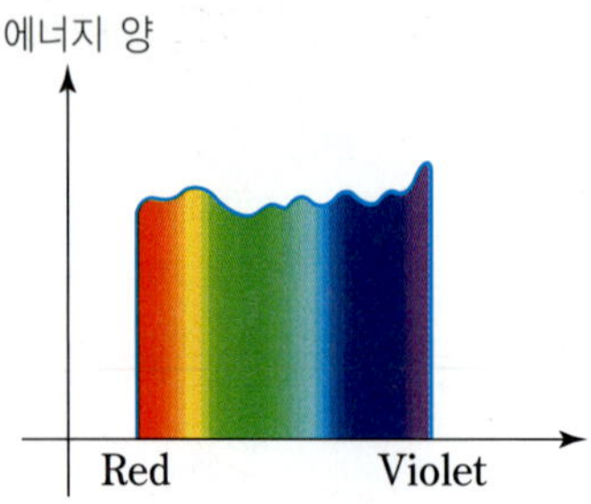

[그림 10-41] 백색광의 에너지 분포

색채(Chromaticity)란 빛의 색상과 채도를 통합적으로 표현하기 위해 사용되는 용어이다. 빛의 에너지 분포곡선에서 우세주파수(Dominant Frequency)에 해당하는 주파수가 색상(Color)을 나타낸다(그림 10-42 참조). 그림 10-42에서 보듯이 백색광 성분의 에너지 양 E_W에 비해 우세주파수의 에너지 양 E_D가 클수록 더 순수한 색상이 된다. 두 빛이 혼합되어 백색광이 될 때, 두 색은 보색(Complementary Color)관계에 있다고 한다. 예를 들어, Red와 Cyan, Green과 Magenta, Blue와 Yellow는 모두 보색 관계에 있다. 주요한 색상 2~3가지

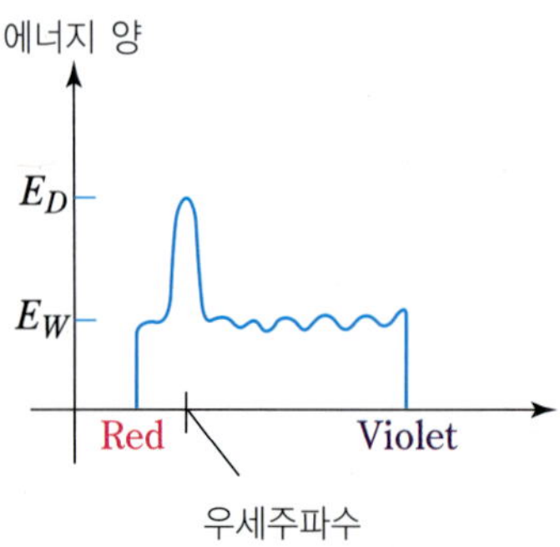

[그림 10-42] 우세주파수를 가지는 에너지 분포곡선

가 적절히 혼합하여 거의 모든 색을 나타낼 수 있을 때, 이 들을 주색상(Primary Colors)이라 하고 주색상들이 표현할 수 있는 색들의 집합을 컬러영역(Color Gamut)이라 부른다. 컬러모델에서는 2~3가지 색상이 컬러영역을 구성한다.

10.6.2 CIE 색채도(CIE Chromaticity Diagram)

현실적으로 몇 가지 주색상으로 부터 모든 색을 다 표현한다는 것은 불가능하다. 따라서, 1931년 CIE(Commission Internationale de I' Eclairage)라 불리는 국제표준기구에서 주색상 역할을 할 수 있는 3가지 색을 지정하였다. 이 3가지 주색상(A, B, C)는 어디까지나 가상의 색들로 그들의 에너지 분포곡선이 그림 10-43에 나타나 있다.

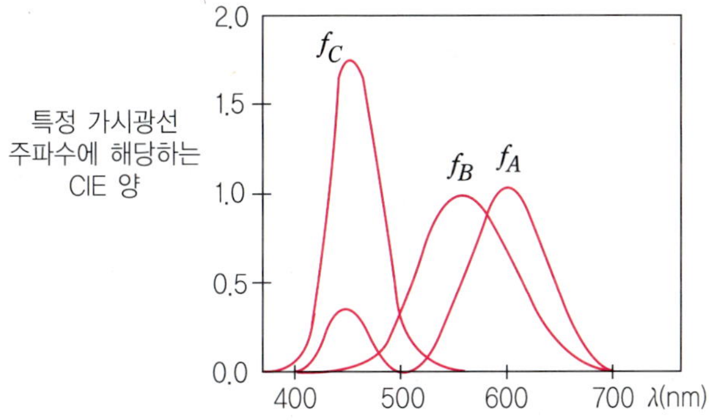

[그림 10-43] 모든 색을 표현할 수 있는 가상의 CIE 주색상

이 3가지 가상의 주색상을 CIE 색원소(CIE Primaries)라 부르고, 이들로부터 우리가 원하는 임의의 색을 표현할 수 있다. 이제 임의의 색이 가지는 CIE 색원소 3가지의 양을 (A, B, C)라 하고, 이 값을 정규화(Normalized) 하여 (x, y, z) 로 나타내면,

$$x = \frac{A}{A+B+C},\ y = \frac{B}{A+B+C},\ z = \frac{C}{A+B+C}$$

가 되어 항상 $x + y + z = 1$이 성립한다. 따라서, 임의의 색을 CIE 색원소의 성분비인 (x, y, z)로 나타낼 수 있다. $x + y + z = 1$이므로 실제로는 (x, y)만 가지고도 임의의 색을 표현할 수 있게 된다. (x, y)로 색채(즉, 색상과 채도)를 표현한 도형을 CIE 색채도라 하고 이것이 그림 10-44에 나타나 있다. 그림에서 알 수 있듯이 CIE 색채도는 x좌표와 y좌표가 각각 정규화된

CIE 색원소 (A, B)의 성분비를 나타내고 있다. 예를 들어, 보라색의 CIE 색원소 (A, B)의 성분비는 (0.18, 0)이므로 (A, B, C)의 값은 (0.18, 0, 0.82)가 된다. CIE 색채도의 가장자리에 위치한 색은 모두 순수한 색상을 의미하며 점 옆에 적힌 숫자는 색상의 파장을 나노미터(nm)로 나타낸 것이다. CIE 색채도 내에 위치한 임의의 색은 가장자리의 색상들의 조합으로 표현할 수 있다. 또한, 점 C는 "보통"의 태양 빛에 해당하는 백색광을 나타낸다. 백색광이란 여러 가지 빛이 모두 혼합되어 아무런 색깔이 없는 빛을 의미한다.

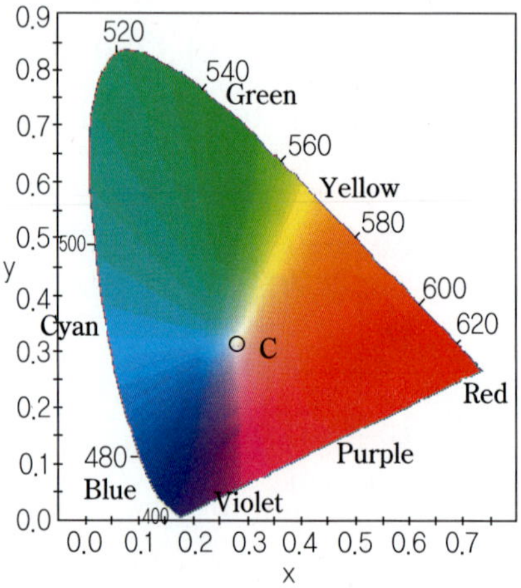

[그림 10-44] CIE 색채도

10.6.3 RGB, CMY, HSV 컬러모델

컴퓨터 그래픽스에서 컬러를 적용하고 이해하기 위하여 RGB 모델, YIQ 모델, CMY 모델, HSV 모델, HLS 모델 등 몇 가지 컬러모델이 존재한다. 이 컬러모델들은 활용 영역에 따라 사용자가 선택하여 적용할 수 있고, 이 컬러모델 간에 간단한 공식을 적용하면 상호 변환이 가능하다. 일반적으로 그래픽스 소프트웨어들은 2가지 이상의 컬러모델을 지원하고 있다.

■ RGB 컬러모델

RGB 컬러모델은 4.6절에서 소개한 대로 세 가지 색상 (R, G, B)를 주색상으로 정하여 놓았다. 따라서, 임의의 모든 색은 (R, G, B)의 구성 성분으로 나타낸다. 즉, R, G 및 B의 3가지 색상이 그림 10-45에서 보듯이 RGB 정육면체 내의 색을 생성한다. 따라서, (R, G, B)의 3가지 주색상이 (X, Y, Z) 좌표상에서 각각 (1, 0, 0), (0, 1, 0), (0, 0, 1)의 위치를 가지고, 노란색(Y)은 성분 R과 G가 1대 1로 혼합되어 좌표(1, 1, 0)상에 나타나 있다. 또한, 검은색(Black)은 (R, G, B)성분이 전혀 없는 경우이고, 흰색(White)은 (R, G, B)성분이 동일하게 혼합되어 (1, 1, 1) 좌표를 나타내고 있다.

RGB 컬러모델은 이와 같이 3가지 주색상 (R, G, B)를 더하여 원하는 색을 표현하므로 가산모델(Additive Model)이라고 한다. RGB 모델은 색을 표현하는 방식이 (R, G, B) 세 가지 색상의 가산 방식을 따르므로 디스플레이 모니터상의 색상을 표현하기 위해 가장 적절한 모델이다. 사람의 눈도 망막에 (R, G, B)의 세 가지 색상을 인식할 수 있는 색소(Visual Pigment)를 가지고 있어 임의의 색상을 인식하게 된다. 따라서, 눈에 빛이 들어오면 빛의 성분 중 (R, G, B)성분이 강도에 따라 망막의 색소가 다른 감도(Sensitivity)로 자극을 받게 되어 색상을 인식하게 된다.

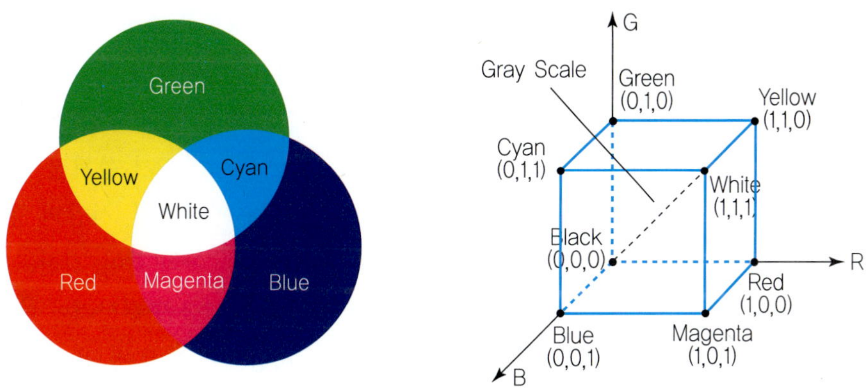

[그림 10-45] RGB 컬러모델

CMY 컬러모델

CMY 컬러모델은 C(Cyan), M(Magenta), Y(Yellow)의 3가지 색상을 주색상으로 지정하여 각각 (X, Y, Z)좌표상의 (1, 0, 0), (0, 1, 0), (0, 0, 1)에 위치 시켜 놓았다. 그림 10-46에서 보듯이 CMY 모델에서 C와 M을 1 대 1로 합하면 B가 되고, 흰색(W)은 (C, M, Y)성분이 전혀 없는 것을 의미하며 (C, M, Y)성분이 똑같이 합해지면 검은색(B)으로 나타난다.

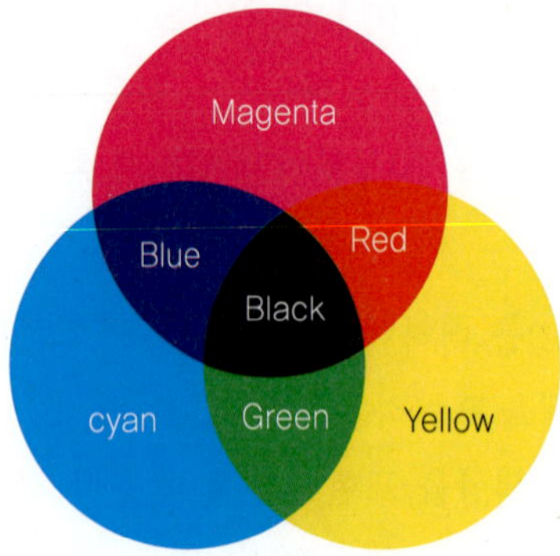

(a) 감산모델

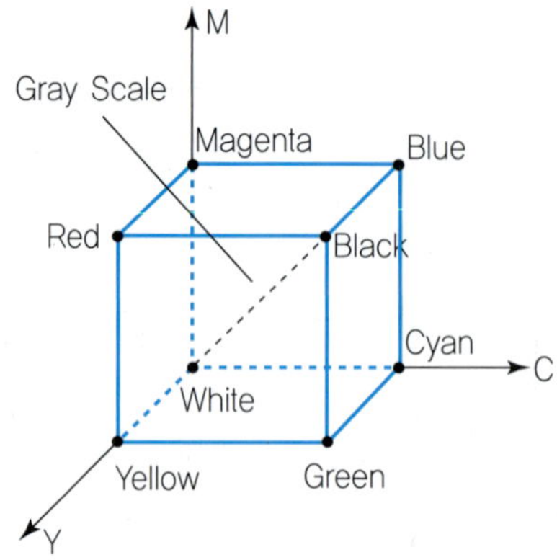

(b) 색 공간

[그림 10-46] CMY 컬러모델

RGB 컬러모델이 가산모델인 데 비하여 CMY 컬러모델을 감산모델(Subtractive Model)이다. 빛이 물체에 닿으면 물체의 고유한 색상에 해당하는 빛의 성분은 반사되고 나머지 부분은 흡수되므로 CMY 컬러모델을 감산모델이라 부른다. 이 때, 사람의 눈은 반사되는 빛만을 인식하게 된다. 그림 10-47에서 백색광이 Cyan 색을 가지고 있는 물체에 닿았다고 하자. 백색광은 태양 빛이므로 (R, G, B)성분을 가지고 있고 Cyan 색은 G와 B가 합쳐진 색이므로, 백색광이 물체에 닿았을 때 성분 R은 흡수되고 G와 B만 반사된다. 따라서, 사람의 망막은 G와 B을 인식하게 되므로 Cyan 즉, (G+B = C) 색을 감지하게 된다. 이와 같이, 감산모델에 의한 색상의 인식과정은 잉크젯 프린터와 같은 하드카피 장치의 원리를 구현하기에 매우 적절한 컬러모델이다. 현실에서는, 프린터에서 검은색을 많이 사용하기 때문에 Black의 'K'를 포함한 CMYK 컬러모델을 사용한다. C, M, Y를 혼합해서도 검은색을 인쇄할 수 있으나 검은색이 깨끗하게 나오지 않으므로 검은색 잉크를 직접 사용하여 인쇄하는 것이 바람직하다.

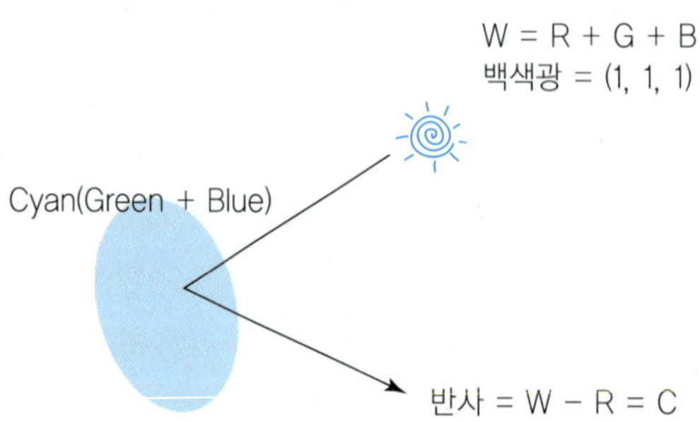

[그림 10-47] CMY 컬러모델에서 감산모델의 개념

HSV 컬러모델

HSV 컬러모델은 현실적으로 인간이 색을 사용하는 방식과 가장 근접한 모델이다. 인간은 색상(H: Hue), 채도(S: Saturation) 및 밝기(V: Value) 값을 지정해서 원하는 색을 선택하는 것이 자연스럽게 느껴진다. RGB 컬러모델의 정육면체를 White(1, 1, 1)의 위치에서 바라보면 그림 10-48(b)와 같은 정육각형을 얻을 수 있다. 여기서, 정육각형의 꼭짓점들에 해당하는 위치가 R, G, B 및 C, M, Y가 되고, 정육각형의 주위에 해당하는 색상들은 순수한 색들을 의미한다. 이제, 정육각형으로부터 그림 10-49와 같은 육각뿔을 얻을 수 있고, 이것을 HSV 육각뿔이라 한다. HSV 컬러모델의 이용자는 정육각형의 둘레로부터 색상(H: $0° \le H \le 360°$)을 선택하고, 정육각형의 중심으로부터 둘레사이의 채도(S: $0 \le S \le 1$)를 지정한다.

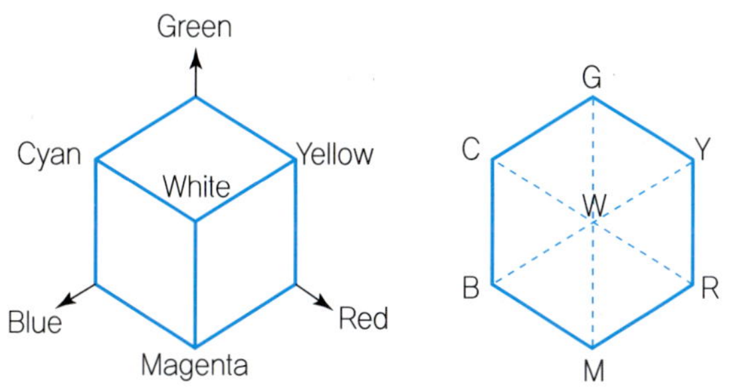

(a) RGB 정육면체　(b) 컬러 정육각형

[그림 10-48] RGB 컬러모델로부터 얻어진 정육각형

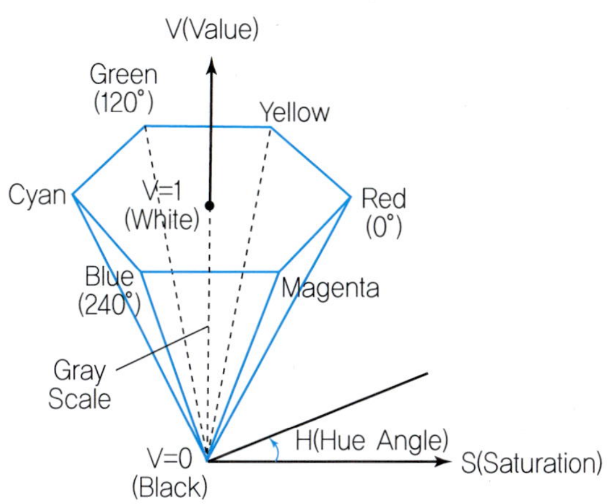

[그림 10-49] HSV 육각뿔

정육각형의 중심의 위치는 White(S=0)이고 둘레의 위치가 색상의 채도가 1.0(S=1)인 점이다. 또한, 색의 원하는 밝기(V: 0 ≤ V ≤ 1)를 정하는 데, V=1 인 경우는 가장 밝은 색이고 V=0인 경우는 가장 어두운 색이 된다. 예를 들어, V=1, S=1인 경우는 순수한 색상이 되고, V=1, S=0인 경우는 백색광이 된다.

이제, HSV 육각뿔(HSV Hexacone)의 단면을 자르면 그림 10-50과 같은 삼각형을 얻을 수 있는 데, White에서 순수 색상 간의 선분을 옅은 색(Tint)이라 부르며 순수한 색상에 흰색을 섞음으로서 얻을 수 있고, 순수 색상과 Black 간의 선분을 어두운 색(Shade)이라 부르며 순수한 색상에 검은색을 섞음으로서 얻을 수 있다. 또한, 이 삼각형 내부의 색을 색조(Tone)이라 부르며 검은색과 흰색을 섞어서 얻을 수 있다. 이와 같이 (Shade, Tint, Tone) 개념에 의한 색의 선택이 사람에게 매우 자연스러운 방식이라 하겠다. 사람은 일반적으로 128(Hue)×130(Saturation)×23(Value) = 382,720가지의 서로 다른 색을 구분할 수 있는 능력을 가지고 있다.

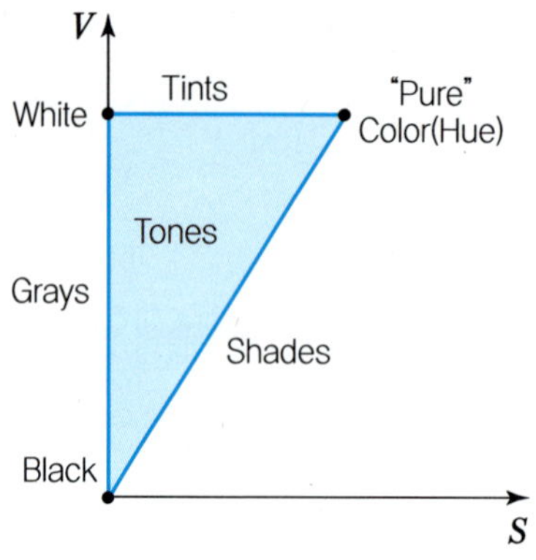

[그림 10-50] HSV 육각뿔의 단면

연습문제 EXERCISE

10-1 Phong의 조명모델 공식을 그림을 이용하여 제시하고, 이 공식의 의미를 구체적으로 설명하라. 또한 Phong의 조명모델에서 거울반사량(Highlighting)이 어떤 요소에 의하여 결정되는지 설명하라.

10-2 Gouraud shading과 Phong shading의 차이점을 그림을 그려 기술하고, Phong shading의 결과가 Gouraud shading의 결과보다 우수한 렌더링 효과를 생성하는 이유를 설명하라. 특히, Gouraud shading에서 마하밴드(Mach Band)현상이 발생할 수 있는 이유를 제시하라.

10-3 아래 그림과 같이 3차원 공간에 2개의 구와 육면체가 서로 가까운 위치에서 존재한다. 이 경우 두 개의 구가 육면체에 미치는 반사광과 굴절광을 광선추적 트리로 표현하라.

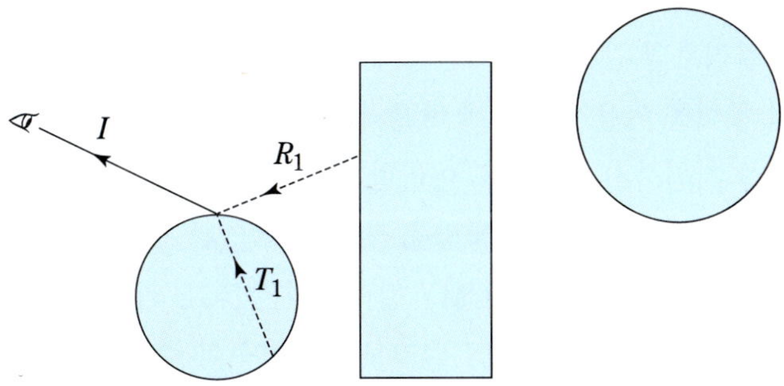

10-4 아래 그림(a)와 같은 텍스처 패턴을 그림(b)의 원통 부분에 텍스처 매핑하려 한다. 반지름이 r인 원통 표면상 한 점의 좌표는 파라미터 (u, v)에 의해 결정되고, $u=\theta$, $v=z$, $0 \leq \theta \leq \pi/2$, $0 \leq z \leq 2$로 나타낼 수 있다. 이제, 원통상의 한 점 (u, v)에 할당할 패턴값은 그림(a)에 보여진 텍스처 패턴값 (s, t)의 패턴으로 정해진다. 곡면에서의 텍스처 매핑 알고리즘을 적용하여 원통상의 한 점 (u, v)에 해당하는 텍스처 패턴값 (s, t)를 구하라.

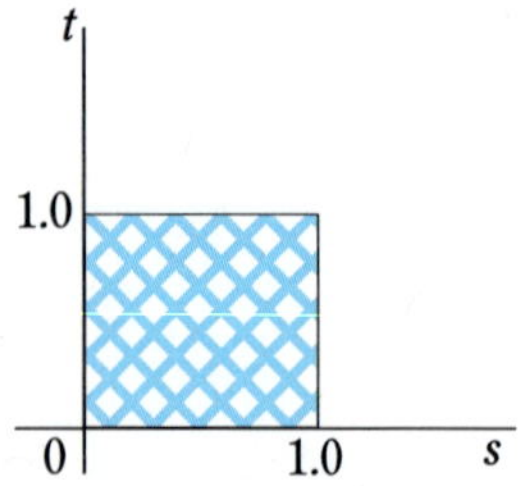

(a) 텍스처 패턴

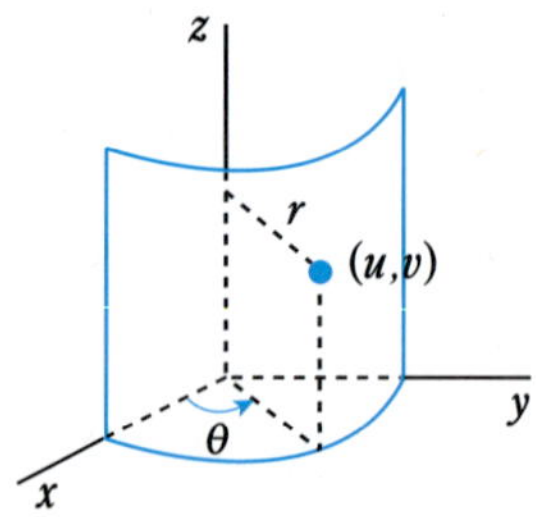

(b) 원통 표면

10-5 범프 매핑에서는 표면의 법선벡터에 잡음을 넣어 법선벡터의 방향을 임의적으로 변경하면서 텍스처 매핑시키므로 표면이 마치 울퉁불퉁한 것처럼 보이게 할 수 있다. 그 이유를 구체적으로 설명하고, 범프 매핑 개념을 적용하여 가장 효과적인 결과를 얻을 수 있는 활용분야를 논하라.

10-6 CMY 컬러모델을 감산모델이라 부르는 이유를 설명하고, CMY 컬러모델이 컬러 프린터와 같은 하드카피 출력장치에서 색상을 구현하기에 가장 적절한 모델이 되는 이유를 설명하라.

10-7 일반적으로 컬러모델 간에는 상호변환이 가능하다. 즉, 하나의 컬러모델을 다른 컬러모델로 변환 공식을 이용하여 쉽게 바꿀 수 있기 때문에, 그래픽스 라이브러리가 원하는 컬러모델을 지원하지 않더라도 이러한 변환 공식을 이용하면 프로그래머에게 편리한 컬러모델로 그래픽스 프로그래밍을 작성할 수 있다. RGB 컬러모델은 개념적으로 가산모델에 기반하고 있는 반면 CMY 컬러모델은 RGB 와는 반대로 감산모델에 기반하고 있다. RGB 컬러모델을 CMY 컬러모델로 바꾸어 주는 변환 공식을 구하라.

PART

04

그래픽스 특수기법과 애니메이션

Procedural Gaphics Techniques

Computer Animation

11 CHAPTER 절차적 그래픽스 기법

Procedural Gaphics Techniques

8장에서 설명한 여러가지 3차원 객체의 모델링 기법들은 기계부품, 자동차, 가구, 건물등과 같이 정형화된 형태의 인공적인 물체들을 표현하기에는 매우 적합하다. 일단 모델링 된 3차원 객체들은 10장에서 설명한 기법을 적용하여 렌더링된다. 그러나 8장의 모델링 기법으로 구름, 산, 나무, 머리카락 등과 같은 자연물이나 불꽃, 폭발, 눈, 흐르는 물과 같은 자연 현상을 표현하기에는 부적합하다. 자연물이나 자연 현상은 매우 복잡하고 임의적(Random) 요소를 내포하기 때문에 정형화된 형태를 기술하는 모델링 기법으로 이들을 표현하는 것은 매우 어려운 일이다.

절차적 그래픽스 기법(Procedural Graphics Method)은 이와 같은 자연적 현상의 복잡성을 표현하기 위해 일련의 절차적 모델을 사용한다. 이 장에서는 절차적 그래픽스 기법들 중 가장 자주 쓰이는 프랙탈 기하 모델과 입자시스템, 그리고 물리기반 모델링에 대하여 설명한다.

11.1 프랙탈 기하(Fractal Geometry) 모델

산, 구름, 해안선, 나무 등의 자연물이나, 태풍, 해일 등의 급속한 일기변화 등은 기존의 전통과학으로는 그 해석이 불가능한 무질서와 혼돈의 영역이었다. Mandelbrot은 1974년 프랙탈 기하이론을 통해 이러한 혼돈현상을 해석하려 하였다. 프랙탈/카오스(Fractal/Chaos) 이론은 현재 컴퓨터 그래픽스는 물론 생물학, 지리학, 경제학, 사회심리학, 인체생리학, 지구물리학 등 많은 분야에 적용되고 있다. 특히, 컴퓨터 그래픽스에서는 지형, 구름, 나무, 식물, 깃털, 물의 흐름 등과 같이 불규칙해 보이는 자연물을 묘사하기 위한 좋은 수단이 된다.

11.1.1 프랙탈 기하학의 특성

우리가 익숙한 유클리드 기하학에서는 1차원, 2차원, 3차원과 같이 차원이 항상 정수이다. 그러나, 프랙탈 기하학은 유클리드 기하학과 다르게 비정수 차원을 지원한다. 프랙탈(Fractal)이라는 용어는 비정수 차원(Fractional Dimensional)이라는 용어에서 유래된 합성어로 유클리드 기하학에서 볼 수 없는 몇 가지 성질을 갖는다. 첫째, 앞에서 언급한 바와 같이 프랙탈 기하학에서는 유클리드 기하학과는 다르게 비정수 차원이 존재한다. 예를 들어, 1.5차원이나 2.3차원이 프랙탈 기하학에서는 가능하다. 둘째, 프랙탈 기하학은 자기복제의 성질(Self-similarity Property)을 가진다. 자기복제란 어떤 형태가 순환적으로 반복되어 전체 형상과 유사한 형태를 국부적인 부분에서도 발견할 수 있다는 것을 의미한다. 예를 들어, 그림 11-1(a)는 프랙탈 기하학을 적용하여 생성한 간단한 나무로, 나무의 큰 줄기가 작은 줄기를, 작은 줄기가 다시 작은 가지를 생성해 가는 자기복제적 특성을 보여주고 있다. 셋째, 프랙탈 기하학을 적용하여 생성된 그림의 한 작은 부분을 확대하면 새로운 그림이 생성되고, 이 그림의 한 작은 부분을 다시 확대하면 또 다른 그림이 생성되며 이와 같은 과정이 무한대로 순환 반복되는 성질을 가지고 있다(Infinite detail at every point). 그림 11-1(b)는 프랙탈 기하학의 특성을 가진 Mandelbrot 집합의 생성 결과를 보여주고 있다. Mandelbrot 집합이 생성한 그림(그림(b)의 왼쪽)의 작은 부분을 확대하면 다른 그림(그림(b)의 오른쪽)이 생성되며 이러한 과정을 무한히 반복할 수 있다.

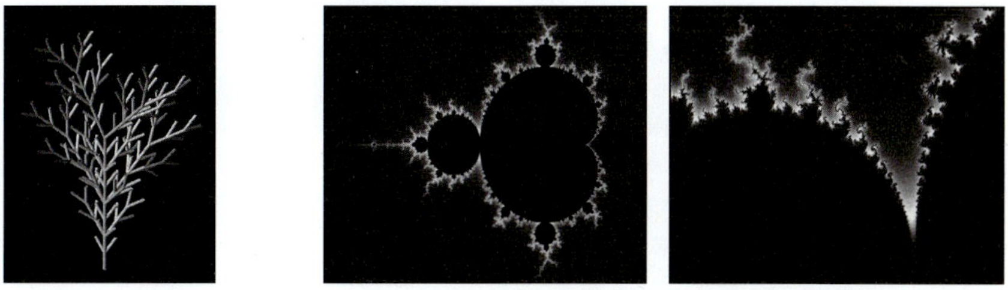

(a) 나무의 자기복제적 특성 (b) 무한대로 순환 반복하는 Mandelbrot 집합

[그림 11-1] 프랙탈 기하학의 특성을 나타낸 그림
(By Wolfgang Beyer, https://commons.wikimedia.org/w/index.php?curid=321973)

프랙탈 기하학은 이러한 성질로 인하여 복잡하고 무질서해 보이지만 자기 반복적인 성질을 가지고 있는 대상물을 묘사하는 데 매우 바람직한 모델링 방법이다. 예를 들어, 나무는 매우

무질서하고 임의적인 형태를 가지고 있으나, 동시에 유사한 형태가 반복되는 모습으로 나타난다. 나무는 큰 가지들로 구성되어 있고 큰 가지는 중간 크기의 가지들로 구성되어 있으며 중간크기의 가지는 다시 작은 가지들로 이루어져 있다. 이러한 방식으로 반복되어 하나의 나무가 만들어지며 어떤 가지나 잎도 완전히 똑같은 모양으로는 존재하지 않고 과학적으로 설명할 수 없는 임의적 요소를 가지고 있다(그림 11-2(a)와 (b) 참조). 나무의 모양을 정형적인 모델링 기법으로 묘사한다는 것은 불가능할 뿐 아니라 모델링 및 렌더링 속도 측면에서도 전혀 바람직하지 않다. 해안선의 예를 들어 보자. 해안선의 모양은 매우 불규칙한 형태를 가지고 있다. 뿐만 아니라, 해안선의 길이를 잰다는 것은 불가능하다. 멀리서 바라보는 해안선과 조금 가까이 다가갔을 때의 해안선의 모습이 다르며 아주 세밀한 잣대로 해안선을 측정하면 길이가 또 달라진다. 가까이서 바라보는 해안선의 모양은 멀리서 바라본 해안선의 일부분을 그대로 확대한 모양과는 다르다. 해안선의 형태를 그릴 때 프랙탈 기하학을 사용하는 이유는 앞에서 설명한 자기복제 성질과 무한 순환 성질을 이용할 수 있기 때문이다. 그림 11-2의 (c)와 (d)는 프랙탈 기하학을 적용하여 생성한 산과 해안선의 그림으로, 산과 해안선은 멀리서 바라볼 때와 가까이 다가갔을 때의 모습이 전혀 다르며 또한 매우 임의적인 모양을 갖고 있다.

(a) 반복적인 나무가지 (b) 꽃 나무

(c) 산의 지형 (d) 해안선의 모습

[그림 11-2] 프랙탈 기하학을 이용하여 생성한 몇 가지 예
(http://www.lactamme.polytechnique.fr/Mosaic/images/PAYS.F1.M.D/display.html, http://www.lactamme.polytechnique.fr/Mosaic/images/COT2.N5.3.M.D/display.html)

11.1.2 프랙탈의 생성 원리

임의적 반복 알고리즘(Random Iteration Algorithm)이란 원칙 또는 규칙을 몇 가지 정한 후 무작위로 규칙을 되풀이하다 보면 프랙탈이 만들어지는 현상을 뜻하며, 이것을 Barnsley는 처음 카오스 게임(Chaos Game)이라는 용어를 사용하여 설명하였다. 만일, 규칙에 임의적(Random)요소가 전혀 없다면 매번 동일한 형태가 생성되지만, 임의적 요소가 내재된 규칙이나 절차인 경우에는 반복할 때마다 생겨나는 형태는 이전 것과 유사하지만 완전히 동일할 수는 없다. 이러한 이유에서 프랙탈 기법을 절차적 그래픽스 기법이라고도 한다. 카오스 게임에서 몇 가지 규칙을 정한 뒤 임의의 시작점에서 시작하여 무작위적으로 반복하면 일정한 형상이 나타나며, 이는 프랙탈 기하학의 특징인 자기 순환적 복제를 의미한다.

프랙탈 기하학은 간단한 절차나 규칙(Fractal Generation Procedure)에 의해서 정량적으로 다음과 같이 표현할 수 있다.

$$P_1 = F(P_0),\ P_2 = F(P_1),\ P_3 = F(P_2),\ \cdots$$

여기서, F는 변환함수로 경우에 따라서는 임의적으로 변화할 수 있는 프랙탈 함수이고, P_0는 초기 프랙탈의 형태이고 P_1은 P_0에 프랙탈 함수 F를 적용했을 때 생성되는 프랙탈이며 P_2는 P_1에 프랙탈 함수 F를 적용했을 때 생성되는 프랙탈을 의미한다. 이와 같은 과정이 무한대로 적용되면서 매우 복잡한 자기 복제적 형태가 생성되게 된다.

프랙탈의 생성기법은 여러 가지 방법이 있으나 이 중 가장 잘 알려진 기법으로 IFS (Iterated Function System), 생성문법(Production Grammar)을 이용하는 방법, 중점변위법(Midpoint Displacement Method)이 있다. 여기서는 이러한 생성 기법들의 개념을 예를 통해 간단히 소개하기로 하자.

IFS 기법은 가장 많이 이용되는 기법으로 Barnsley가 고사리를 모델링하기 위하여 처음 사용되었다. Barnsley가 발견한 'Barnsley 고사리'는 임의의 시작점에서 특정한 규칙의 2차원 선형변환을 반복하여 나타나는 형태로, 반복되어 나타나는 형태를 그림 11-3에서 볼 수 있다. IFS 기법은 자기복제적 성질을 가지는 함수나 기하변환을 통하여 초기 객체의 형태와 유사한 객체들을 반복적으로 복제해 나간다. 즉, 초기 객체에 자기복제적 함수를 적용하여 새로운 객체를 생성하고, 이 객체에 다시 자기복제적 함수를 적용하여 또 하나의 객체를 생성하는 등 이러한 과정을 무한히 반복할 수 있다. IFS 기법에서는 일반적으로 일련의 아핀변환(Affine Transformation)을 통하여 새로운 객체들을 반복적으로 생성한다. 공식적으로 정의하면 IFS는 n개의 아핀 변환 T_i, I=1, 2, … n의 집합이라 할 수 있다. 즉, 이 기법에서는 초기 객체 O_0 에 대하여 n개의 아핀변환 T_1, T_2, … T_n을 수행하여 새로운 객체 O_1을 구한다. 그리고, 객체 O_1으로부터 다시 n개의 아핀변환을 적용하여 또 다른 새로운 객체 O_2를 구한다. 이러한 과정을 통해 객체 O_1, O_2, O_3, … 를 구할 수 있다.

아핀 변환을 2차원 공간의 경우에 수학적으로 정의하면, 동차좌표계에서 점 $P(P_x, P_y)$와 점 $Q(Q_x, Q_y)$간에 아래의 관계가 성립할 때 점 Q를 점 P의 아핀변환이라 한다.

$$\begin{bmatrix} Q_x \\ Q_y \\ 1 \end{bmatrix} = \begin{bmatrix} m_{11} & m_{12} & m_{13} \\ m_{21} & m_{22} & m_{23} \\ 0 & 0 & 1 \end{bmatrix} \begin{bmatrix} P_x \\ P_y \\ 1 \end{bmatrix}$$

즉, $Q_x = m_{11}P_x + m_{12}P_y + m_{13}$, $Q_y = m_{21}P_x + m_{22}P_y + m_{23}$

따라서, 점 Q의 좌표는 점 P좌표의 선형적 조합으로 표현된다.

Barnsley의 고사리를 IFS로 표현하면 아래 같이 4개의 아핀변환으로 나타낼 수 있다. 여기서 아핀변환 T_1, T_2, T_3, T_4는 객체를 축소, 회전, 이동하는 기하적 변환을 수행하여 자기복제적 방법으로 고사리의 형태를 만들어 간다. 편의상 아핀변환 행렬을 $T = \{m_{11}, m_{21}, m_{12}, m_{22}, m_{13}, m_{23}\}$ 로 표현한다.

$T_1 = \{0, 0, 0, .16, 0, 0\}$

$T_2 = \{.2, .23, -.26, .22, 0, 1.6\}$

$T_3 = \{-.15, .26, .28, .24, 0, .44\}$

$T_4 = \{.85, -.04, .04, .85, 0, 1.6\}$

이와같이, 초기 데이터 P_0에 아핀변환 T_1, T_2, T_3, T_4를 수행하여 P_1을 구하고, P_1에 아핀변환 T_1, T_2, T_3, T_4를 수행하여 P_2를 구하고, 이러한 과정을 반복하여 P_3, P_4, P_5, … 를 구한다. 그림 11-3은 이러한 아핀변환을 반복적으로 적용하여 얻어진 고사리의 그림이다. 이 경우 선형변환 함수가 프랙탈 함수 역할을 하나 항상 동일한 함수를 적용하므로 고사리의 모양에 임의적 요소는 전혀 발견할 수 없다.

[그림 11-3] Barnsley의 고사리
(https://en.wikipedia.org/wiki/Barnsley_fern#/media/File:Barnsley_fern_1024x1024.png)

프랙탈 기하학의 특성을 가지는 Dragon Curve는 매우 잘 알려진 그림으로 Curve의 생성 과정을 아래와 같은 생성문법(Production Grammar)을 이용하여 정의 한다.

$$V = \{a, b\}$$
$$\omega = a$$
$$p_1: \ a \rightarrow ab$$
$$p_2: \ b \rightarrow ab$$

이 생성문법에서 원소의 집합 V는 원소 a와 b를 가지고 있고 초기 원소 ω는 a이며, 이 문법은 두 개의 생성규칙 p_1과 p_2를 가지고 있다. 원소 a와 b가 각각 단위거리를 그림 11-4(a)와 같이 이동하는 속성을 가지고 있다고 하자. 그러면, 규칙 $p_1(a \rightarrow ab)$과 $p_2(b \rightarrow ab)$ 는 각각 그림 11-4(b)와 같은 결과를 낳는다. 즉, 원래 선분의 진행 방향인 중심선(그림 11-4(b)에서의 점선)에 대해 a는 오른쪽에서 왼쪽으로 꺾이는 중심선을 따라가는 선분 ab가 되고, b는 왼쪽에서 오른쪽으로 꺾이는 중심선을 따라가는 선분 ab가 된다. 이와 같이 생성 규칙을 반복적으로 적용하면, 그림 11-4(c)와 (d)의 결과를 얻게 되어 점진적으로 용(Dragon)과 같은 모양이 되어 간다.

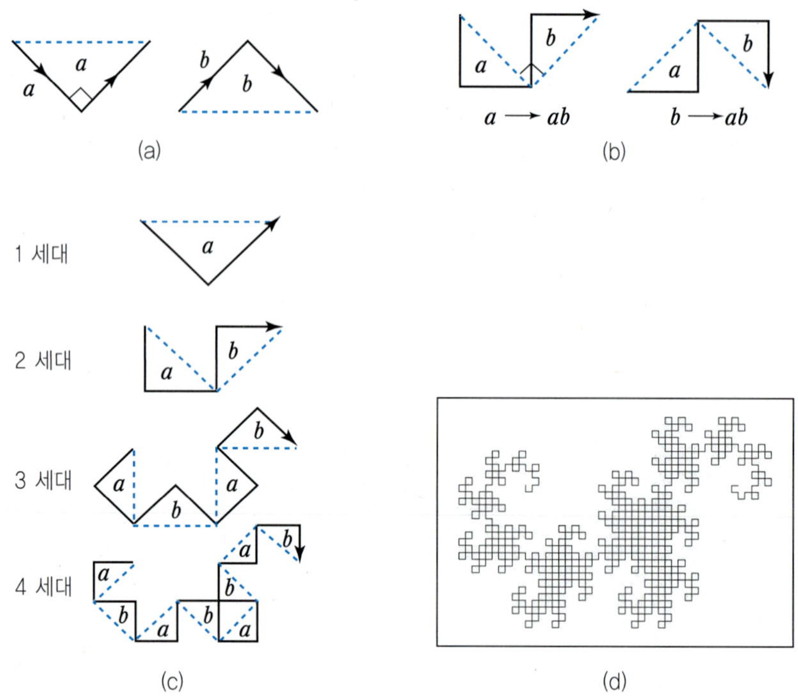

[그림 11-4] Dragon Curve의 생성 규칙(그림 a, b)과 생성 결과(그림 c, d)

이제, 마지막으로 중점변위법(Midpoint Displacement Method)에 대하여 알아보자. 이 기법은 그림 11-5에 나타나 있는 것 같이 주어진 변(그림 11-5(a))의 중점을 정규분포로부터 생성된 난수 만큼의 거리로 변위시켜 두 개의 변을 만들고(그림 11-5(b)), 다시 각 변의 중점을 정규분포(처음보다 작은 표준편차를 가지는)로부터 생성된 난수 만큼의 거리로 변위시켜 새로운 변들을 만든다. 이러한 과정을 재귀적으로 반복한다.

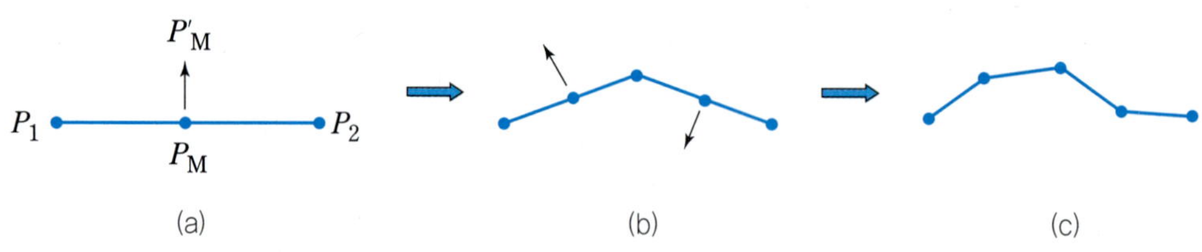

[그림 11-5] 중점변위법의 개념

중점변위법을 그림 11-6과 같이 삼각형에 적용시킨다. 즉, 삼각형 각 변의 중점을 정규분포로부터 얻어진 난수(Random Number) 만큼의 높이로 변위시킨다. 이러한 과정을 재귀적

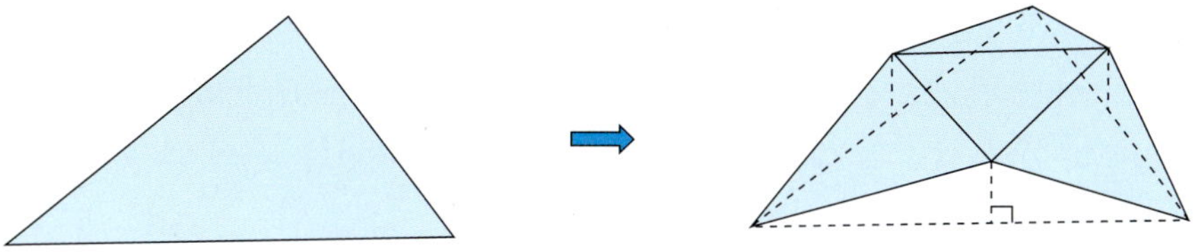

[그림 11-6] 삼각형의 재귀적 분할

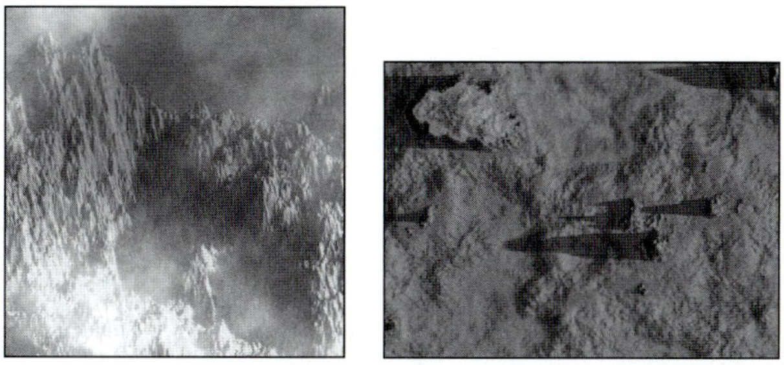

[그림 11-7] 중점변위법을 적용하여 생성한 산의 지형
(http://www.lactamme.polytechnique.fr/Mosaic/images/PAYSAGE.B3.M.D/display.html,
http://www.lactamme.polytechnique.fr/Mosaic/images/PAYS.P1.m.D/display.html)

으로 반복하면 더 많은 삼각형으로 분할되어 결과적으로 그림 11-7과 같은 산의 지형을 표현하기에 매우 적합함을 알 수 있다.

11.1.3 프랙탈 기하학의 예

프랙탈 기하학을 적용하여 생성할 수 있는 그림은 무수히 많다. 여기서는 비교적 간단하면서 잘 알려진 C Curve와 Dragon Curve의 예를 소개한다. 먼저, C Curve의 생성 원리에 대하여 설명한다. 길이가 1인 선분이 있다고 할 때, 선분의 시작점에서 진행방향으로 바라보고 오른쪽으로 $45°$ 꺾어 $1/\sqrt{2}$ 길이 만큼 진행하고, 다시 그 점에서 왼쪽으로 $90°$ 꺾어 $1/\sqrt{2}$ 길이 만큼 진행하면 원래 선분의 끝점에 도달한다. 그러면, C Curve의 첫 단계에서 2개의 선분이 생성된다. 이제, C Curve의 두 번째 단계를 구하려면 시작점에서부터 동일한 방식으로 진행을 반복한다. 즉, 첫 선분의 시작점에서 오른쪽으로 $45°$ 꺾어서 $1/\sqrt{2} \times 1/\sqrt{2}$ 길이 만큼 진행하고 다시 왼쪽으로 $90°$ 꺾어 $1/\sqrt{2} \times 1/\sqrt{2}$ 길이 만큼 진행한다. 또한, 두 번째 선분에서도 첫 선분에서와 동일하게 진행한다. 그러면, 두 번째 단계에서 4개의 선분이 생성된다. 이와 같은 방법을 재귀적으로 적용하면 원하는 단계의 C Curve를 구하게 된다. 이에 비하여, Dragon

Curve는 C Curve와 유사하게 첫 선분에서는 C Curve와 동일하게 진행하나, 두 번째 선분에서는 C Curve와 반대로 진행한다. 즉, 두 번째 선분의 시작점에서 오른쪽 대신 왼쪽으로 45° 꺾어 진행하고, 다시 왼쪽 대신 오른쪽으로 90° 꺾어 진행한다. 이와 같은 진행을 재귀적으로 적용하면 Dragon Curve가 생성된다.

다음의 그림 11-8에서 C Curve와 Dragon Curve에서 반복적으로 생성되는 그림의 형태를 관찰 할 수 있다.

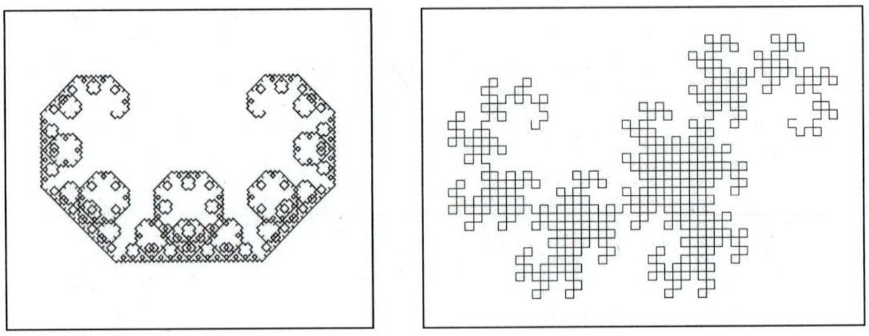

(a) C Curve의 예 (b) Dragon Curve의 예

[그림 11-8] 프랙탈 기하학을 적용하여 생성한 그림의 예

이진트리(Binary Tree)는 하나의 직선에서 출발하여 그 직선의 끝에서 처음 직선보다 짧은 직선으로 두 갈래로 나누는 작업을 재귀적으로 반복하면 나무와 같은 형상이 나타난다. 이 때, 이런 과정에서 약간의 임의적 변화를 주면 실제 나무와 비슷한 형태를 얻을 수 있다. 그림 11-9(a)는 임의적 요소가 없는 이진트리의 모습을 보여 주고, 그림 11-9(b)는 임의적 요소가 존재하는 이진트리의 모습을 보여 준다. 이런 과정을 통해 프랙탈 기하학을 이용하면 나무와 같은 자연물을 묘사하는 데 매우 바람직함을 알 수 있다. 그림 11-10은 프랙탈 기하학에 기반한 L-시스템 기법을 이용하여 생성한 나무의 예를 보여주고 있다.

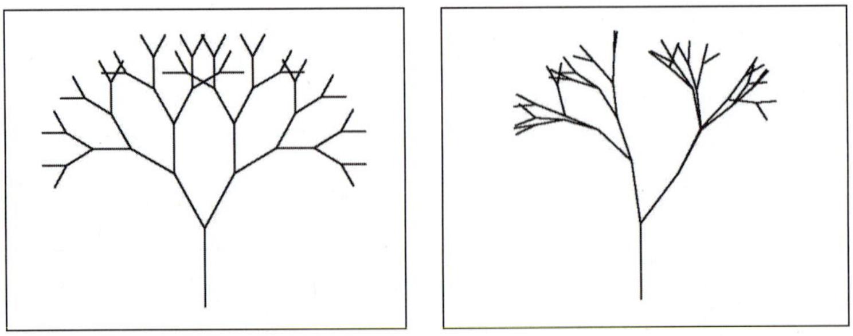

(a) (b)

[그림 11-9] 프랙탈 기하학으로 생성한 이진트리의 예

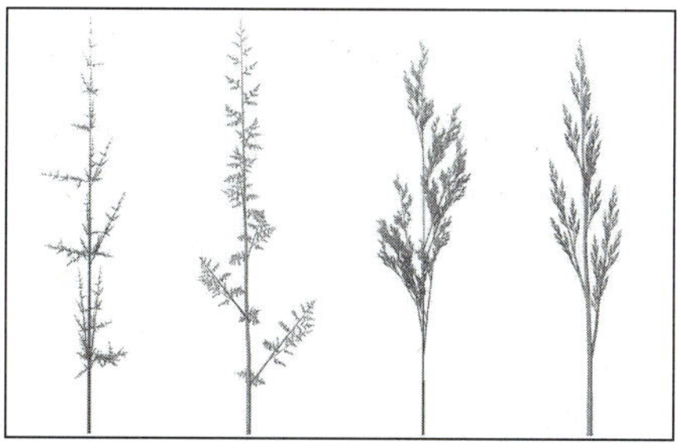

[그림 11-10] L-시스템 기법을 이용하여 생성한 나무의 예
(https://upload.wikimedia.org/wikipedia/commons/a/af/Fractal_weeds.jpg)

프랙탈 기하학의 적용 예로 가장 유명한 것이 Mandelbrot 집합이다. 이것은 1970대 Mandelbrot이 처음 발견한 가장 대표적인 프랙탈 기하학의 적용 예로, 복소수 평면상의 특정한 범위에서 생성되는 프랙탈이다. 복소수 $z = x + yi$라 하고, 복소수 상수 $c = c_1 + c_2 i$ 라 하자. 이제, 복소수의 점화식을 $z_{n+1} = z_n^2 + c$ ($n = 0, 1, 2, 3, \cdots, z_0 = 0 + 0i$)이라 정의하면, Mandelbrot 집합은 점화식 $z_{n+1} = z_n^2 + c$를 발산시키지 않는 복소수 c들의 집합이다. 실제로 $z_{n+1} = z_n^2 + c$를 반복 적용하면 복소수 z_{n+1}은 복소수 평면상에서 발산하거나 수렴하거나 또는 무작위적으로 혼돈적인 값을 반복 생성하여 여러 값 사이를 진동하기도 한다. 이 때, 복소수 평면에서 점화식이 발산하지 않도록 하는 복소수 상수 c들을 검은색으로 칠한 것이 그림 11-11(a)의 결과이다. 이 그림의 일부분을 확대하면 유사한 그림을 반복적으로 생성할 수 있다(그림 11-11(b) 참조). 이 결과를 볼 때 Mandelbrot 집합에서 자기 순환적인 복제가 무한히 반복됨을 관찰할 수 있다.

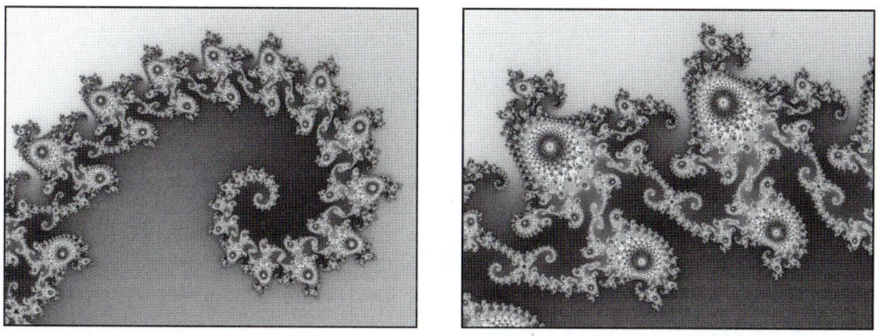

(a) (b)

[그림 11-11] Mandelbrot 집합의 자기순환적 복제 성질
(By Wolfgang Beyer, https://commons.wikimedia.org/w/index.php?curid=321973)

Julia 집합은 Mandelbrot 집합과 기본적으로 개념은 같지만, 이번엔 특정한 c값을 미리 정해주고 점화식 $z_{n+1} = z_n^2 + c$를 적용할 때 발산되지 않는 z의 값에서 (x, y)의 범위를 복소수 평면상에서 표시한 것이다. Julia 집합은 c값에 따라 여러 가지가 존재하며 존재하지 않는 경우도 있다. 그림 11-12는 Julia 집합으로 생성한 그림의 자기순환적 복제 성질을 보여 준다.

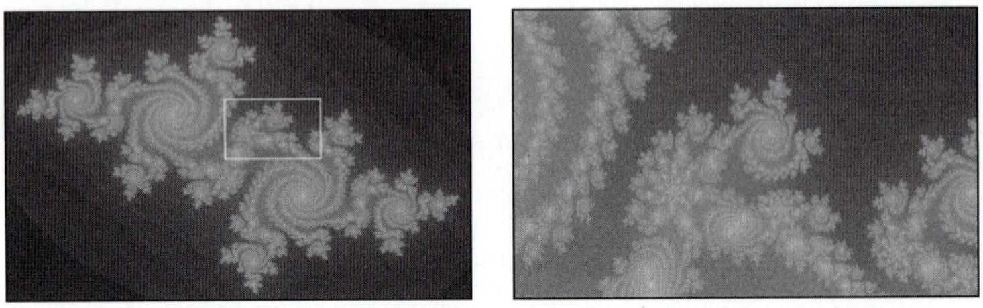

[그림 11-12] Julia 집합의 자기순환적 복제 성질
(https://commons.wikimedia.org/wiki/File:Julia_set,_plotted_with_Matplotlib.svg)

11.1.4 프랙탈 기하학의 차원

앞에서 프랙탈 기하학은 비정수 차원을 가지는 성질이 있다고 하였다. 프랙탈은 반복적인 절차를 적용하여 점점 복잡한 형상을 생성한다. 형상의 복잡도가 증가할수록 프랙탈의 차원(Dimension)이 커진다. 여기서, 프랙탈의 차원에 대하여 설명하기로 한다. 프랙탈 기하학의 각 변화과정에서 생성되는 객체의 크기 S(Scaling Factor)와 개수 N(Number of Subparts)으로부터 프랙탈기하의 차원(D)을 다음과 같이 정의 한다.

$$NS^D = 1$$

따라서, $$D = \frac{ln\,(1/N)}{ln\,S} = \frac{ln\,N}{ln\,(1/S)}$$

위의 정의를 유클리드 기하학에 적용하면 그림 11-13에서와 같이 이해될 수 있다. 그림 11-13(a)의 경우에는 원래 선의 길이가 1이고 변환과정을 한 번 거치면 S=1/2, N=2가 되므로 D=ln 2/ ln (1/(1/2))=ln 2/ ln 2=1이 되어 1차원을 의미한다. 그림 11-13(b)의 경우에는 원래 정사각형의 한 변의 길이가 1이고 변환과정을 한 번 거치면 S=1/2, N=4가 되므로 D = ln 4/ ln(1/(1/2))=ln 4/ ln 2=2가 되어 2차원을 의미한다. 그림 11-13(c)에서는 원래 정육면체의 한 변의 길이가 1이고 변환과정을 한 번 거치면 S=1/2, N=8이 되므로 D=ln 8/

ln(1/(1/2))=*ln* 8/ *ln* 2=3가 되어 3차원을 의미한다. 이와 같이 프랙탈 기하학에서 정의한 차원은 프래탈 기하학에서는 물론 기존의 유클리드 기하학에서도 통용될 수 있음을 알 수 있다.

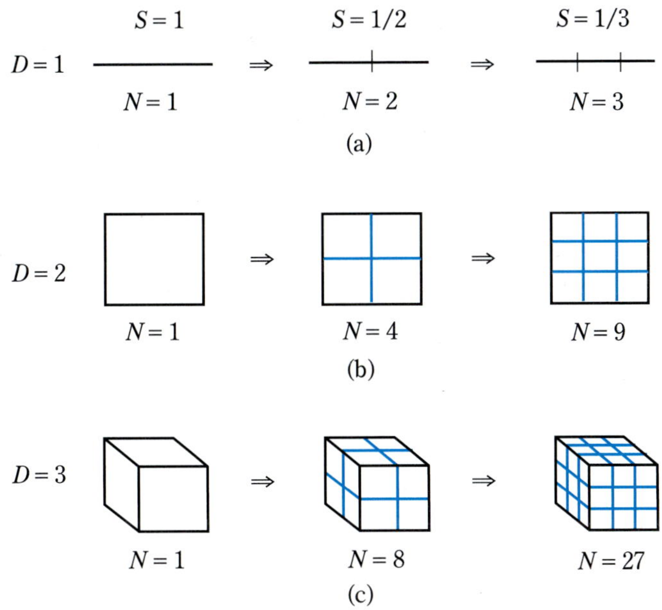

[그림 11-13] 유클리트 기하에서 프팩탈 차원의 적용

이제, 프랙탈 기하학의 차원을 프랙탈 변환과정에 적용시켜 보기로 한다. 'Koch의 Snowflake' 는 그림 11-14(a)에서 보듯이 간단한 변환과정을 거쳐 반복적으로 생성되는 그림이다. 그림11-14(b)와 같이 변하는 눈꽃송이(Snowflake)의 각 변화과정에서, 크기는 1/3로 줄어들기 때문에 *S*=1/3이고, 생성되는 부분은 4개이므로 *N*=4이다. 따라서 이 "Koch Snowflake"의 차원 *D*=*ln* 4/ *ln* (1/(1/3))=1.26이 되어 'Koch Snowflake' 의 차원은 1.26이다. 즉, 'Koch Snowflake' 의 경우, 2차원은 아니지만 1차원도 아닌 비정수 차원을 갖는다.

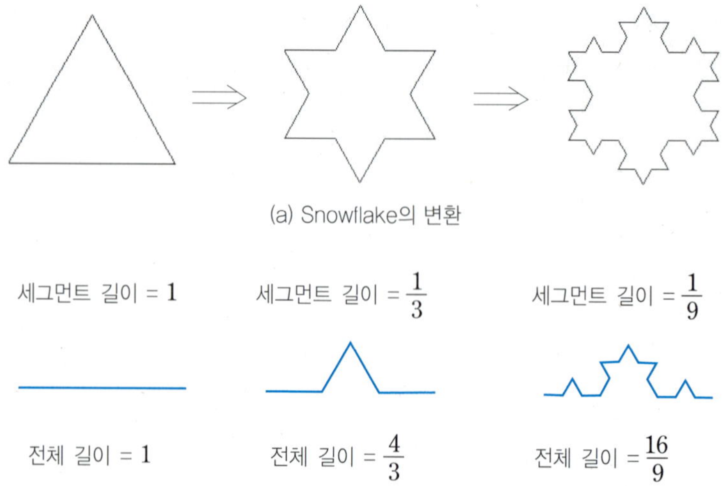

(a) Snowflake의 변환

(b) Snowflake 세그먼트의 길이 변화

[그림 11-14] Koch의 Snowflake

2차원 및 3차원 공간에서 프랙탈은 다음과 같은 차원을 가진다. 2차원 공간에서 프랙탈 곡선의 차원(D)은 $1 \leq D \leq 2$, 3차원 공간에서 프랙탈 곡선의 차원(D)은 $1 \leq D \leq 3$ 이고 프랙탈 곡면의 차원(D)은 $2 \leq D \leq 3$이다. 프랙탈 기하학에서는 보다 굴곡이 많은 곡선이나 곡면일수록 차원이 커진다. 2차원 공간에서 프랙탈 차원은 1에 가까울수록 선에 가깝고, 2에 가까울수록 굴곡이 심하며 평면의 많은 곳을 채우는 면에 가까운 특성을 갖는다. 차원이 2인 경우는 평면 전체를 채우는 경우다. 예를 들어, 가장 복잡한 해안선인 노르웨이의 피요르드와 같이 굴곡이 심한 해안선을 프래탈 차원으로 계산하면 1.52 차원 정도가 되며, 굴곡이 거의 없는 해안선을 가진 남아프리카 해안은 1.03 차원 정도인 것으로 알려져 있다. 마찬가지로, 3차원 공간에서 간단한 프랙탈 곡면 일수록 차원 D는 2에 가깝고 복잡할수록 3에 가까워진다. 단백질 표면은 2.4 차원, 인간의 동맥 표면은 그 형태가 보다 복잡하고 임의적인 모습을 하고 있으며 프랙탈 기하학적으로 계산하면 2.7 차원 정도의 값을 가진다. 그림 11-15는 프랙탈 기법을 적용하여 생성된 Menger의 스폰지를 보여주고 있다. Menger 스폰지의 프랙탈 차원(D)은 $2 \leq D \leq 3$이다.

[그림 11-15] Menger 의 스폰지
(https://commons.wikimedia.org/wiki/File:Mengersponge.gif)

11.2 입자시스템(Particle System)

자연물 중에는 한 가지 고정된 모양으로 표현하기 곤란한 경우가 있다. 이러한 경우, 때에 따라서는 자연물을 입자들의 집합으로 표현하면 매우 바람직한 결과를 얻을 수도 있다. 불의 입자 모임인 불꽃, 물방울들의 집합인 폭포나 구름, 나뭇잎들의 집합으로 표현되는 수목 등이 이러한 경우에 해당된다. 물체의 형태가 일정하지 않은 경우에는 물체의 표면을 명확히 표현할 수 없으므로, 이러한 경우 일정한 생성규칙을 따르는 다수의 입자들의 집합으로 표현할 수 있다. 입자시스템이란 많은 개별적인 입자들의 움직임의 집합을 의미한다. 컴퓨터 그래픽스에서 입자시스템이란 입자를 사용한 모든 기법을 지칭하는 용어이다. 각각의 입자는 개별적인 특성을 갖고 있으며 입자들은 서로 간에 독립적으로 행동한다. 그러나 주어진 입자시스템의 각 입자들은 공통적인 특성을 공유하고 있기 때문에, 개별 입자들은 독립적으로 움직이더라도 전체적으로 볼 때 하나의 공통된 효과를 나타내게 된다.

입자시스템을 이용하면 불꽃, 폭발, 연기, 액체, 눈, 비, 먼지 등과 같은 자연현상을 효과적으로 표현할 수 있다(그림 11-16 참조). 영화에서도 사실적인 자연현상의 표현을 위해 입자시스템이 많이 이용되고 있다.

(a) 불 입자들을 이용한 폭발　　(b) 물 입자들의 집합으로 표현한 폭포

[그림 11-16] 입자시스템의 적용 예
(https://docs.unrealengine.com/4.26/en-US/Resources/Showcases/Effects/FireExamples/, http://www.glexcess.com/shots.htm?9)

11.2.1 입자시스템의 특성

입자시스템은 시간이 흐름에 따라 모양이 변화하는 자연물, 즉 흐르는 물, 파도치는 현상, 튀거나 모양이 급격히 팽창하는 자연 현상을 표현하기에 매우 적합하다. 이러한 특성을 가진 물체나 자연물로 구름, 연기, 불꽃, 폭포, 회오리 바람 등을 들 수 있다.

하나의 입자는 크기, 무게, 모양, 색상, 수명, 소유자 등과 같은 개별적인 특성을 가진다. 입자시스템은 이러한 입자들을 총괄하는 객체이다. 입자시스템은 입자들의 속성과 공통적인 특성을 저장, 관리하고, 입자들의 생성과 소멸 및 움직임을 총괄한다. 입자의 모양은 단순한 점, 타원, 다각형, 구 또는 육면체 등의 기본 도형이거나, 때로는 모델링 된 3차원 객체와 같은 복잡한 형태를 가질 수 있다. 그러나, 입자시스템은 많은 메모리와 계산시간을 필요로 하므로, 일반적으로 상당히 단순화 된 입자를 많이 사용한다. 특히, 게임과 같이 실시간 렌더링이 필요한 분야에서는 단순한 입자를 주로 사용한다. 그러나, 철새들의 비행과 같은 장면을 연출하기 위해서는 복잡한 입자(예, 새를 모델링 한 객체)를 사용할 수도 있다.

각 입자는 자신의 여러 가지 속성과 수명에 관한 정보를 데이터 구조 형태로 가지고 있다. 또한, 각 입자는 주어진 공간 내에서 움직이며 때로는 물리적 법칙(예, 중력 또는 운동의 법칙)과 같은 특정한 규칙에 제한을 받을 수 있다. 입자를 생성하면 입자는 정해진 규칙에 따라 각자 나름대로 행동하게 된다. 이러한 규칙들을 따르는 다수의 입자들을 합하면 훌륭한 입자시스템이 완성된다. 입자는 하나의 객체로서 객체지향 프로그래밍 개념에 잘 부합하기 때문에 객체지향 프로그래밍 기법을 이용하여 입자시스템을 개발하면 매우 바람직하다.

입자시스템을 적용할 때는 시간이 흐름에 따라 입자시스템의 파라미터 값을 변화 시키거나 어느 정도의 임의적 요소를 포함 시키는 것이 일반적이다. 예를 들면, 입자의 생성과 소멸이 임의적으로 진행되고 입자의 크기, 모양, 색상, 투명도 등은 물론 입자의 움직임도 임의적 일 수 있다. 어떤 응용에서는 주어진 영역 내에서 입자들의 움직임이 중력과 같은 자연의 법칙에 따라 결정되기도 한다. 입자가 움직이면 이동 경로에 따라 고유의 색상을 디스플레이 한다. 한 예로, 그림 11-17에서 보듯이 불꽃놀이에서 불 입자들은 정해진 구 안에서 구의 중심에서 외부 방향을 향하여 임의적으로 움직인다. 이 때 불의 입자들은 폭발하는 입자의 온도에 따라 붉은색에서 노란색으로 색상이 변하면서 움직이게 된다. 그림 11-18은 입자들이 이동하는 모습을 시뮬레이션 한 것으로, 입자의 움직이는 방향과 높이가 일정한 자연 법칙 내에서 임의적으로 정해진다.

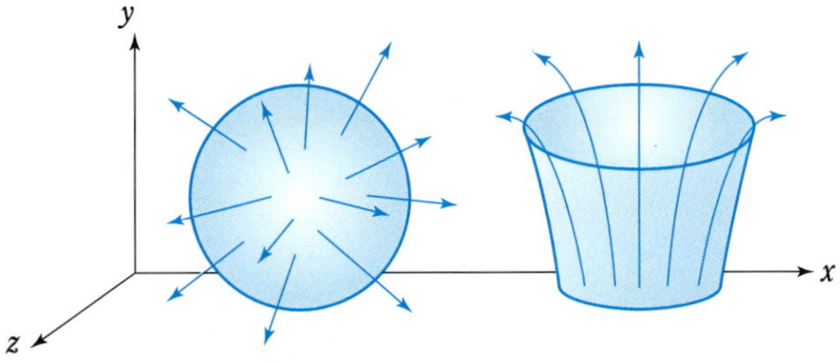

[그림 11-17] 불의 입자들이 구 또는 원통 안에서 바깥 방향으로 임의적으로 움직이는 모습

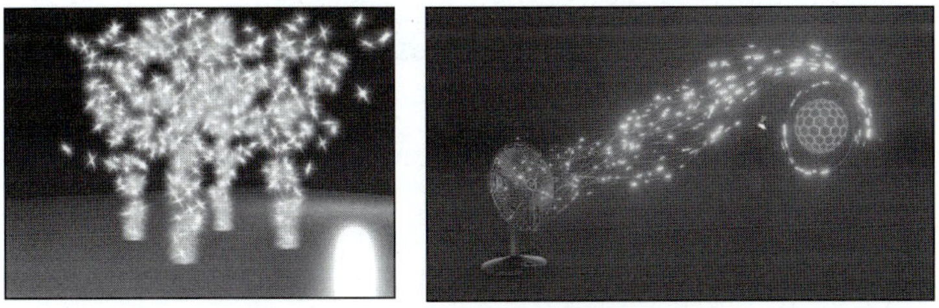

[그림 11-18] 입자들의 임의적 움직임
(https://download.blender.org/documentation/htmlI/ch20s02.html#BSG.EFF.F.S68.101, https://unity3d.com/kr/how-to/flexible-and-performant-Particle-Systems)

11.2.2 입자시스템의 예

입자시스템은 불꽃, 연기, 바람, 구름과 같은 자연물이나 폭포와 같은 물의 흐름, 회오리 바람, 화산의 폭발과 같은 자연 현상을 표현하기 위하여 사용되고 있다. 이러한 자연물이나 자

연 현상은 임의적인 요소가 많고 자연의 법칙에 따라 발생한다. 그림 11-19는 화산의 폭발 장면과 연기 입자를 이용하여 연기가 피어오르는 현상을 보여주고 있다. 연기는 방안 공기의 미세한 대류현상에 의해 움직이며 피어오르는 것을 알 수 있다. 그림 11-20은 굴뚝의 연기와 구름의 움직이는 모습을 입자시스템을 이용하여 나타낸 것으로 굴뚝 연기는 연기 입자들을 가지고 있고 구름은 미세한 물방울의 집합으로 구성되어 있다.

[그림 11-19] 입자시스템으로 표현한 화산의 폭발과 연기의 흐름
(https://popcornfx.artstation.com/projects/qAYE4y)

[그림 11-20] 입자시스템으로 표현한 굴뚝 연기(왼쪽 그림)와 구름 및 물결의 움직임(오른쪽 그림)
(https://www.reallusion.comiclone/vfx/popcornfx/samples/contentgallery.html/)

또한, 입자시스템은 영화에서 자연 현상을 나타내기 위하여 자주 이용되고 있다. 그림 11-21은 입자시스템을 이용하여 영화를 제작한 한 가지 예로, 영화 “Star Track II - The Wrath of Khan”에서의 혹성 폭발과 “Genesis bomb”으로 인한 불기둥의 팽창을 입자시스템 기법을 이용해 나타냈다.

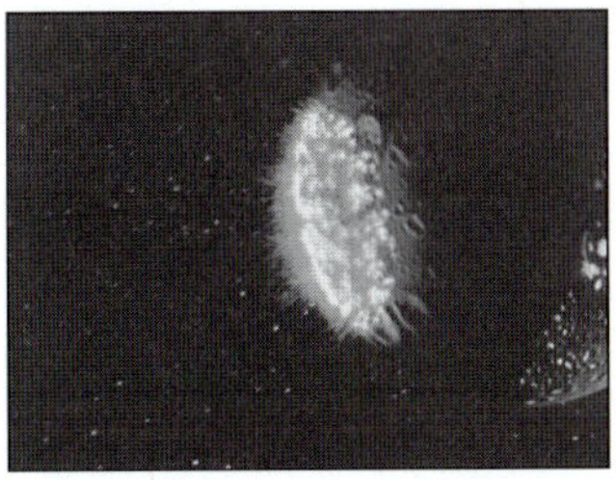

[그림 11-21] 영화에서 입자시스템의 이용
(https://cal.cs.umbc.edu/Courses/CS6967-F08/Papers/Reeves-1983-PSA.pdf)

11.3 물리기반 모델링(Physically Based Modeling)

자연물이나 자연현상을 더욱 사실감 있게 표현하기 위해서는 그림을 구성하고 있는 객체나 입자들의 자체적인 움직임뿐만 아니라 내부 또는 외부적으로 가해지는 물리적인 힘도 고려해야 한다. 물방울이나 머리카락과 같은 객체에서는 구성하고 있는 입자들의 중력이외에도 서로 간에 당기거나 미는 등의 물리적인 힘이 적용되고 있으며, 또한 물이 담겨있는 용기의 움직임이나 바람 등 외부의 힘에도 영향을 받는다(그림 11-22 참조). 특히 시간의 경과에 따라 객체가 움직이며 외부의 힘도 지속적으로 변화되므로 이러한 현상을 사실적인 애니메이션으로 표현하고 효율적으로 처리하기 위하여 물리기반 모델링 기법을 이용한다.

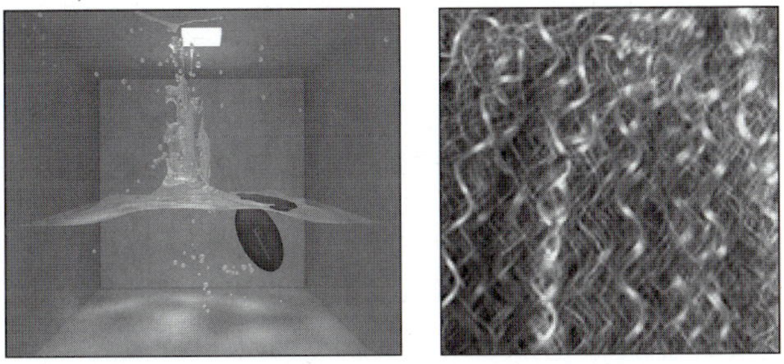

[그림 11-22] 물방울과 머리카락 모델링의 예
(https://kucg.korea.ac.kr, http://graphics.snu.ac.kr)

11.3.1 물리기반 모델링의 특성

물리기반 모델링에서는 외부 및 내부의 힘에 대하여 상호작용하는 객체의 움직임을 물리적 법칙에 근거하여 표현한다. 흐르는 물이나 펄럭이는 깃발과 같이 복잡한 물리현상을 내포하고 있는 객체에 대하여 구성요소들의 구체적인 움직임을 직접적으로 묘사하는 것이 아니라 물리 시뮬레이션을 통하여 자동으로 합성해 주는 방법을 사용한다. 포탄의 탄도나 위성의 궤도와 같은 독립적인 움직임의 경우 해석학적 공식으로 묘사하여 움직임을 정밀하게 계산할 수 있다. 그러나 여러 가지 복잡한 힘이 동시에 상호작용하는 경우에는 상당한 계산량이 요구되므로 해석학적인 해법보다는 수치적 접근방법이 보다 효율적이다.

우선 객체와 구성요소에 가해지는 힘들에 대해 모델링을 한 후 사용자는 이들의 초기상태만 지정한다. 애니메이션에 대한 계산은 물리 시뮬레이션 시스템에서 뉴턴의 법칙에 대한 미분방정식을 풀어서 객체의 움직임을 생성해준다. 이 때 일정한 시간 간격으로 시스템을 진행시키며 수치적인 접근방식으로 매 순간 객체의 상태를 자동적으로 계산해 준다.

이러한 물리기반 시뮬레이션은 다음과 같은 몇 가지 개념으로 이루어진다. 우선 물리기반 모델링 시스템을 구성하고 있는 모델링 요소들의 집합이 있다. 이들 요소들은 정적인 부분과 동적인 부분이 있으며 동적인 부분에 영향을 주는 힘은 뉴턴의 법칙 $f = ma$를 따르며 시간에 따라 계속 변한다. 이러한 힘은 중력, 바람, 마찰, 충돌과 같은 자연현상을 물리법칙에 근거하여 모델링한 것이며 구성요소에 가속도로 작용한다. 한편 환경적 요소로는 지면이나 용기 등 일련의 장애물이 있다. 이들은 모델링 요소들과 상호작용하는 객체로서 일반적으로 간단히 구, 삼각형, 육면체 등의 솔리드 객체로 모델링한다. 그리고 주어진 힘에 대한 미분방정식을 풀어주는 수치적분기가 있어서 모델링 시스템의 현재 상태에서 다음 상태로의 계산을 진행시킨다.

11.3.2 물리기반 모델링의 예

물리기반 시뮬레이션이 적용되는 대상은 주로 연기와 같은 입자(Particle), 관절로 구성되어 있는 단단한 물체(Rigid Body) 그리고 변형이 가능한 유연한 물체(Soft Body)로 구분할 수 있다. 이 절에서는 주로 물방울, 머리카락, 옷감과 같은 유연한 물체에 관한 예를 보여준다. 앞 절에서 설명한 입자시스템도 물리기반 모델링에서 하나의 기법이며, 관절로 구성된 단단한 물체는 운동역학(Kinematics)을 적용하며 주로 애니메이션에 활용되고 이에 대해서는

12장에서 설명한다.

흐르는 물이나 물방울과 같은 유체(Fluid)의 경우 물입자에 대한 표면장력이 가장 중요한 모델링 요소가 된다. 이 때 내부적인 힘으로는 질량, 점도, 거품의 발생빈도 등이 있고 외부적인 힘으로는 흐르는 속도, 용기의 모양 및 흔들림, 외부 물체의 삽입 등이 적용된다. 그림 11-23(a)는 물방울의 표면에 작용하는 외부의 힘을 모델링한 예이며 그림 11-23(b)는 상자모양의 용기 안에 공을 넣었을 때 발생되는 물방울의 모습을 시뮬레이션한 그림이다.

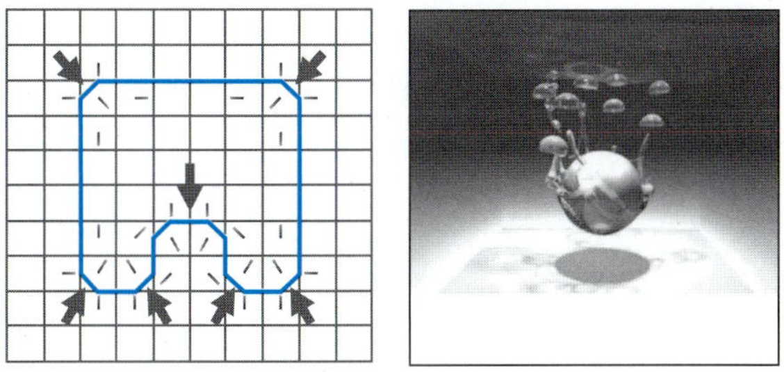

(a) 물방울의 표면장력 모델링　　(b) 물방울 시뮬레이션

[그림 11-23] 물방울의 모델링과 시뮬레이션의 예
(http://kucg.korea.ac.kr/research/PhysicallyBasedSimulation/image/subfront1.jpg)

머리카락이나 잔디와 같은 경우는 유연성 있는 짧은 마디들이 일렬로 연결된 스프링 모델 또는 필름 모델을 주로 이용한다. 이 때 질량이나 구부림 강도 등이 내부적인 힘으로 작용되며, 바람이나 촘촘히 서있는 옆의 객체 등 외부적인 힘이 상호작용으로 영향을 미친다. 그림 11-24는 머리카락을 모델링하여 시뮬레이션을 실행한 결과를 보여준다.

[그림 11-24] 머리카락 시뮬레이션의 예
(http://graphics.snu.ac.kr)

테이블의 식탁보, 창문의 커튼, 휘날리는 깃발, 사람이 입은 옷 등의 경우에는 천의 주름이 바람이나 외부의 힘에 의해 지속적으로 변하는 모습을 보여주어야 한다. 이러한 경우에는 유연성이 있게 격자 모양으로 연결된 점들의 네트워크로 표현하여 객체의 일부분이 변형(Deformation)되는 모습을 생성한다. 한 예로, 그림 11-25(a)에서와 같이 격자 형태로 연결된 스프링 모델로 표현할 수 있으며, 그림 11-25의 (b)와 (c)는 이러한 기법으로 모델링하여 디지털 패션쇼에 적용한 예를 보여준다.

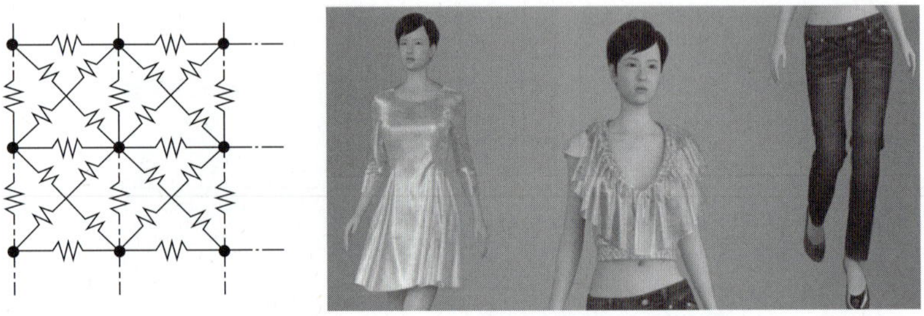

(a) 격자 형태의 스프링 모델 (b) 의상 모델링의 예

[그림 11-25] 옷감의 모델링과 시뮬레이션의 예
(http://graphics.snu.ac.kr)

연습문제 EXERCISE

11-1 프랙탈 기하학의 성질을 설명하고, 프랙탈 기하학에서 차원이 의미하는 바를 설명하라. 프래탈 기하학에서 어떤 객체의 차원이 클수록 이 객체가 어떻다는 것을 의미하는가?

11-2 프랙탈 기하학의 대표적인 생성원리인 IFS(Iterated Function System), 생성문법(Production Rule) 및 중점변위법(Midpoint Displacement Method)에 대하여 간단히 비교, 설명하라.

11-3 중점변위법에서 삼각형 각 선분의 중점의 위치를 변위시킬 때 난수(Random Number)로부터 생성된 값을 변위값으로 취하면 산의 지형과 같은 불규칙한 표면을 모델링하기에 매우 적합하게 된다. 그 이유를 설명하고, 산의 지형 외에 중점변위법의 적용이 가장 적절한 응용 분야를 설명하라.

11-4 입자시스템의 원리를 설명하고, 이러한 원리에 입각하여 입자시스템이 가장 잘 적용될 수 있는 분야를 제시하라. 만일, 입자시스템의 개념이 수많은 철새들이 날아가는 장면을 모델링 하기 위해 사용된다면 각 입자는 무엇으로 정의되는가? 이 때 입자가 가지는 속성은 어떠한 것들이 있는가?

11-5 하나의 불꽃 입자가 반경이 1m인 원주를 향해 30도의 각도로 확산되어 퍼져 나간다. 즉, 하나의 불꽃 입자가 30도씩 벌어져 12개의 입자로 퍼져 나가고, 12개의 각 입자는 약간의 시간 후에 다시 반경이 2/3m인 원주를 향해 30도의 각도로 퍼져 나간다(아래 그림 참조). 이러한 방식으로 불꽃 입자의 확산이 계속된다고 하자. 불꽃이 보다 현실에 가까운 모습으로 보이게 하기 위해서 어떠한 임의적 요소를 포함시킬 수 있는지 설명하라.

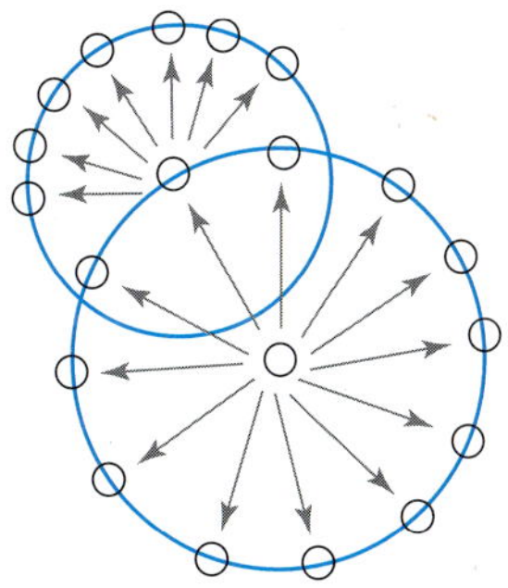

12 CHAPTER 컴퓨터 애니메이션

Computer Animation

애니메이션은 시간에 따라 객체의 위치, 형태, 색상, 구조 등의 변화를 컴퓨터 그래픽스 기법을 이용하여 시각적으로 표현한 것이다. 애니메이션은 과학적 데이터의 시각화나 비행 시뮬레이터, 제어 시스템, 교육 등의 분야에서 광범위하게 이용되어 왔고, 최근에는 무엇보다도 영화, 게임과 같은 엔터테인먼트와 광고 분야에서 가장 활발히 이용되고 있다. 또한 인터넷 환경에서 GIF 애니메이션은 거의 모든 홈페이지에서 이용되고 있는 실정이다.

여기서는 셀 애니메이션 및 키프레임 애니메이션과 같은 애니메이션의 종류를 설명하고, 자주 사용되는 애니메이션 기법들을 소개한다. 특히, 3차원 캐릭터 애니메이션에서 사용되는 운동학 및 역운동학의 원리를 소개한다. 인간 동작의 움직임 데이터를 획득하여 캐릭터 애니메이션에 적용하는 모션캡쳐에 대해서도 설명한다.

12.1 애니메이션의 원리

애니메이션은 일련의 정지화상(Still Image)이나 그래픽으로부터 만들어진다. 이러한 정지화상이나 그래픽들을 연속적으로 디스플레이하여, 보는 사람으로 하여금 그림들을 연속적인 동작으로 인식하도록 하는 잔상효과를 이용한다. 따라서 애니메이션의 기본 원리는 컴퓨터 그래픽스에 기반하고 있다. 애니메이션은 전통적인 애니메이션, 컴퓨터 애니메이션 및 특수 효과로 크게 나눌 수 있다. 전통적인 애니메이션은 플립북 애니메이션과 셀 애니메이션을 포함하는데, 디즈니 영화는 셀 애니메이션을 이용하여 제작되기도 하였다. 컴퓨터 애니메이션은 벡터 애니메이션과 트위닝 기법을 이용하여 애니메이션 작업을 자동화함으로써 애니메이터들로 하여금 창조적인 일에 시간을 투자할 수 있게 해 준다. 뿐만 아니라, 모핑이나 입자시스템을 적용하여 현실적으로 실현하기 어려운 특수 효과를 구현할 수도 있다.

12.1.1 애니메이션의 개념

애니메이션이라는 용어의 원래 의미는 생명이 없는 사물에 영혼이나 정신을 부여하는 행위를 뜻한다. 또한 영어의 애니메이트(Animate)라는 동사는 움직임을 뜻하는 단어로 애니멀(Animal)과 어원을 같이 한다. 애니메이션은 낱장의 그림 또는 사물의 이동을 한 프레임(Frame; 각각의 정지된 그림)씩 제작하거나 촬영하여 마치 움직이는 것과 같은 효과를 나타내며, 더 나아가 시간, 운동, 빛에 대한 변화를 기술하는 표현 언어와 기술을 총칭한다. 즉, 일련의 정지된 그림들을 만들어 빠른 속도로 재생해 보여줌으로써 마치 화면 안의 대상물이 실제 자연스럽게 움직이는 것처럼 느끼도록 해 준다. 사람 눈은 잔상효과로 인하여 하나의 프레임을 보여주고 즉시 그림을 치우더라도 약 1/16초 동안은 그 그림이 머리 속에 남아있게 된다. 따라서 1/16초 후에 다음 프레임을 보여주면 머리 속의 그림은 끊임없이 이어지는 것으로 인식하게 된다. 그러므로 프레임 사이의 간격이 이 잔상 지속시간인 1/16초를 초과하면 화면이 끊어져 보이는 플리커(Flickering) 현상이 나타난다. 잔상효과를 얻기 위하여 영화필름에서는 초당 24 프레임, 예전 아날로그 TV 방식에서는 25~30 프레임을 사용하였고, 현재 우리가 사용하는 HDTV 디지털 방송은 초당 60 프레임을 사용하고 있다. 그림 12-1은 펭귄의 애니메이션을 구현하기 위한 여러 개의 프레임들을 보여주고 있다. 인접한 프레임은 서로 비슷하여 다른 점을 발견하기 힘들지만 어느 정도 떨어져 있는 프레임들 간에는 차이를 분명히 인식할 수 있다.

[그림 12-1] 애니메이션을 구성하는 프레임들

12.1.2 애니메이션의 종류

애니메이션의 종류에는 전통적으로 사용되어 온 플립북 애니메이션 및 셀 애니메이션 기법과 컴퓨터를 이용한 애니메이션 기법이 존재한다. 컴퓨터 애니메이션으로는 키프레임 애니메이션이 가장 자주 이용되고 있다. 여기서는, 이러한 애니메이션들의 특성을 소개하고, 특히 키프레임 애니메이션의 원리를 알아 본다.

■ 플립북 애니메이션(Flip-book Animation)

플립북 애니메이션은 가장 오래된 전통적인 애니메이션으로 프레임 애니메이션(Frame-based Animation)이라고도 한다. 애니메이션 내에 존재하는 모든 프레임들을 낱장으로 그리는 방법으로, 어렸을 때 책의 가장 자리에 그림을 그려 빠르게 넘기면 나타나는 효과와 비슷하다(그림 12-2 참조). 플립북 애니메이션은 프레임의 모든 그림을 일일이 그려서 저장하여야 하기 때문에 많은 제작 시간이 소요되고 데이터 파일의 크기가 커지게 되는 단점이 있다. 무엇보다도 파일의 크기가 크기 때문에 인터넷과 같은 환경에서 데이터 전송에 비교적 많은 시간이 걸리는 문제점이 있다.

[그림 12-2] 플립북 애니메이션의 원리

■ 셀 애니메이션(Cel Animation)

셀 애니메이션은 1910년대 개발된 이후, 디즈니(Disney)사를 비롯한 많은 제작사들이 2차원 애니메이션을 제작할 때 셀 애니메이션 기법을 이용하고 있다. 셀 애니메이션의 "CEL"이란 단어는 투명한 종이를 뜻하는 "Celluloid"의 "CEL"을 의미한다. 이 방법에서는 애니메이션을 만들기 위해서 일반적으로 하나의 배경 셀과 여러 장의 전경 셀을 제작하고, 이러한 여러 개의 셀들을 합성하여 하나의 프레임을 만든다. 다음 프레임을 만들 때 변하지 않는 부분의 셀은 그대로 이용하고 변하는 부분의 셀만 다시 그린다. 예를 들어, 사자가 숲 속을 거니는 장면을 만드는 경우, 변하지 않는 숲의 배경(배경 셀)은 그대로 이용하고 사자가 걸어가는 장면(전경 셀)만 매 프레임마다 다시 그려서 합성하면 걸어가는 효과를 얻을 수 있다. 과거에는 셀 애니메이션을 수작업으로 제작하였으나 1990년 이후에는 컴퓨터를 이용하여 제작함으로써 애니메이션의 표현력을 풍부하게 하였을 뿐만 아니라 제작 시간을 크게 단축시켜 주었다.

아직도 대부분의 2차원 애니메이션 만화영화가 셀 애니메이션 기법을 이용하여 만들어진다. 그림 12-3은 디즈니사에서 제작한 애니메이션 만화영화 '라이온 킹' 의 한 장면으로 셀 애니메이션을 이용하여 제작되었다.

[그림 12-3] 디즈니 애니메이션 '라이온 킹' (http://www.lionking.org)

■ 키프레임 애니메이션(Key-Frame Animation)

키프레임 애니메이션은 셀 애니메이션의 초기에, 애니메이션 제작 과정을 보다 효율적으로 만들기 위해 월트 디즈니 스튜디오에서 개발했던 작업 방식에서 유래 하였다. 그 당시, 경험 많은 마스터 애니메이터가 중요한 프레임(키프레임)들을 그리고, 보조 애니메이터들이 나머지 사이 장면들을 채워서 전체 애니메이션을 제작하였다. 일반적으로 가장 중요한 장면이나 중요한 액션이 등장하는 장면 또는 액션이나 시점이 변하는 곳이 키프레임으로 설정된다. 키프레임 애니메이션에서는 일단 키프레임들을 그린 후 그 사이 장면인 인비트윈 프레임(Inbetween Frame)들을 그려나가기 때문에 이 과정을 트위닝(Tweening) 이라고 부른다.

컴퓨터를 이용한 애니메이션에서도 이 개념은 그대로 적용되는데, 애니메이터가 특정 프레임들을 키프레임으로 설정하여 그리면 컴퓨터가 나머지 중간 프레임들을 보간법(Interpolation)으로 계산해서 자동으로 생성해 준다. 그림 12-4에 선형보간법(Linear Interpolation)을 이용하여 간단한 중간 프레임을 자동 생성하는 방법이 소개되어 있다. 이 그림에서 보듯이 키프레임 k와 키프레임 k+1이 주어졌을 때, 그 중간 프레임을 생성하는 경우를 생각해 보자. 키프레임 k+1은 두 개의 선분으로 구성되어 있는데 비하여 키프레임 k는 하나의 선분으로 이루어져 있다. 따라서, 키프레임 k를 두 개의 연결된 선분으로 만들기 위해서 하나의 추가점을 이 선분 상에 더한다. 이제, 점 1, 2, 3으로 구성된 키프레임 k와 점 1', 2', 3'으로 구성된 키프레임 k+1 간에 선형보간법을 적용하면 그림 12-4에서와 같이 쉽게 중간 프레임을 생성할 수 있다. 일반적으로 선형보간법을 이용하면 필요한 개수 만큼의 중간 프레임들을 생성할 수 있다.

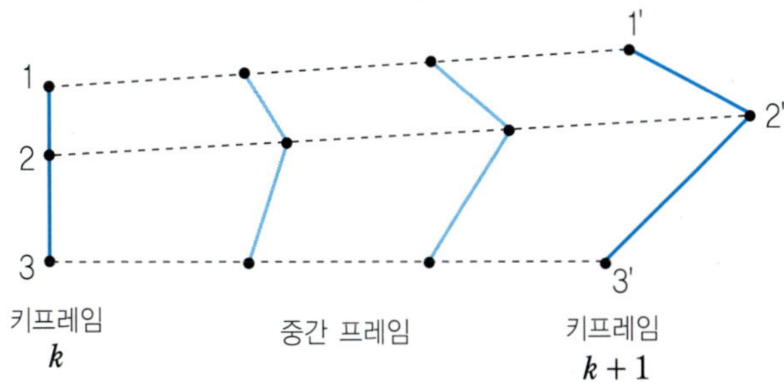

[그림 12-4] 선형보간법을 적용한 중간 프레임의 자동 생성

그림 12-5는 키프레임 k의 사각형 1, 2, 3, 4와 키프레임 k+1의 사각형 1', 2', 3', 4'이 주어졌을 때, 선형보간법을 이용하여 생성된 중간 프레임을 보여주고 있다.

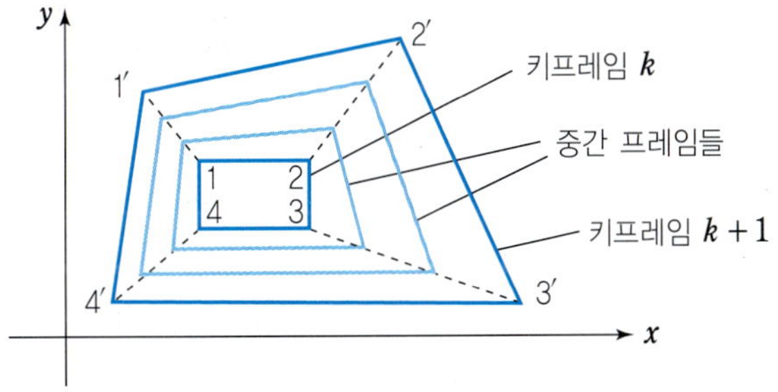

[그림 12-5] 키프레임 애니메이션을 적용한 사각형의 변형

그림 12-6은 오른쪽 끝에 있는 자동차가 왼쪽 끝에 위치한 자동차로 변형해 가는 모습을 보여주고 있다. 이 그림에서 알 수 있듯이 초기 프레임은 회전과 크기 변형을 통해서 최종 프레임으로 점진적으로 변화한다. 여기서 초기 프레임과 최종 프레임 간에 선형보간법을 적용하면 필요한 개수 만큼의 중간 프레임들을 생성할 수 있다.

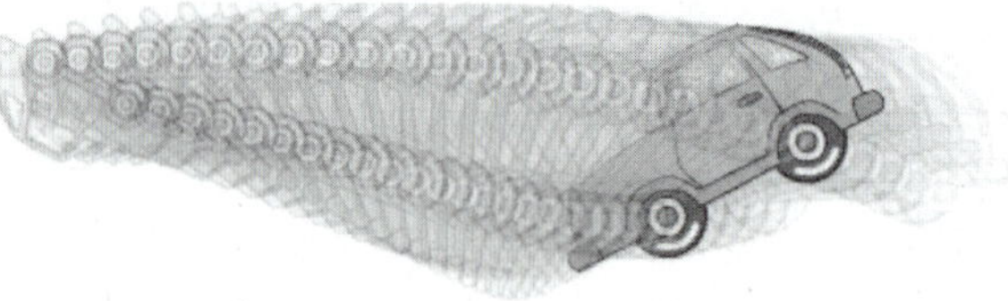

[그림 12-6] 회전과 크기 변형에 의한 중간 프레임의 생성

12.1.3 모핑(Morphing)

모핑이란 두 개의 서로 다른 그림이나 3차원 그래픽 객체 사이의 변화해 가는 모습을 서서히 보여주는 것을 의미한다. 모핑(Morphing)은 "변형"을 의미하는 'metamorphosis' 에서 유래된 단어로 두 개의 형상으로부터 중간 형상을 생성한다는 뜻을 담고 있다. 일반적으로, 모핑 기법은 초기 형상과 최종 형상이 완전히 다른 물체인 경우에 적용한다. 그림 12-7은 초기 형상인 계란에서 최종 형상인 닭으로 점진적으로 변화해 가는 모습을 보여주고 있다. 모핑 기법은 2차원 그림에서는 물론 3차원 그림에서도 적용이 가능하다. 3차원 모핑은 최근 영화에서 자주 이용되고 있어 일반인들에게 친근한 기법이다. 모핑의 원리는 앞에서 설명한 키프레임 애니메이션에서와 같이 이웃하는 두 프레임간의 대응점들을 지정해 주면 컴퓨터가 중간 프레임들을 자동으로 생성해준다. 두 개의 형상으로부터 중간 형상을 만드는 기능을 그래픽스 소프트웨어에서는 'Blend Shape'이라고 부른다.

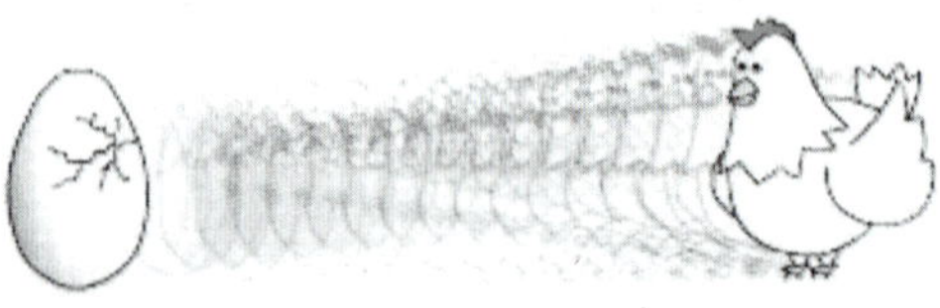

[그림 12-7] 모핑 기법을 이용하여 계란에서 닭으로 변하는 모습

이제, 초기 형상(Original Shape)으로부터 최종 형상(Target Shape)으로 변화하는 과정에서 생성되는 중간 형상을 어떻게 만들 수 있는지 생각해 보자. 초기 형상이 n개의 정점으로 구성되어 있다고 하고 초기 형상의 정점 i의 좌표를 V_{oi}, 최종 형상의 정점 i의 좌표를 V_{ti}라 하면, 중간 형상의 정점 i의 좌표 V_{mi}는 다음 식에서와 같이 간단한 선형보간법을 이용하여 표현된다. 이 식에서 s는 초기 형상과 최종 형상의 혼합계수로, 이 경우에 "s에서 트위닝 되었다"고 부른다.

$$V_{mi} = (1-s)V_{oi} + s\,V_{ti}, \quad i = 1, 2\cdots, n, \quad 0 \le s \le 1$$

따라서, 모핑에서는 초기 형상의 정점 수와 최종 형상의 정점 수가 동일해야 하며 두 형상들 간에 정점들을 대응시킨다. 만일, 초기 형상과 최종 형상 간에 정점 수가 같지 않은 경우에는 정점들을 적절히 추가함으로써 대응하는 정점 수를 동일하게 만들어 준다. 그림 12-8은 원 모양의 초기 도형이 별 모양의 최종 도형으로 변하는 모핑 과정을 대응점들을 통해서 보여주고 있다.

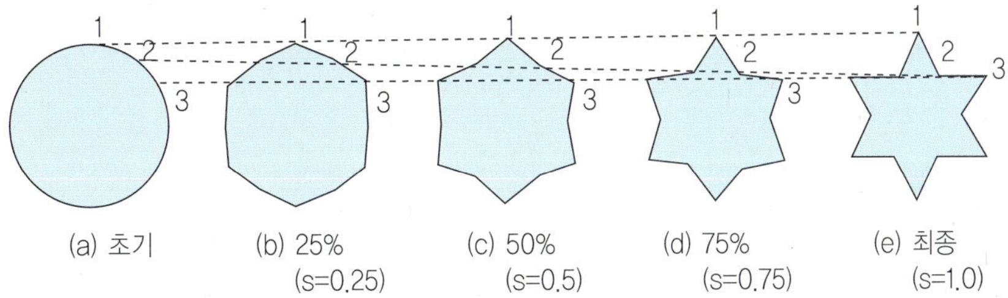

[그림 12-8] 2차원 모핑의 원리

모핑에서는 그림의 형태뿐 아니라 색상도 점진적으로 변화 시킬 수 있다. 또한, 그림이 선이나 곡선으로 그려진 그래픽 경우뿐만 아니라 이미지 그림의 경우에도 모핑 기법을 적용할 수 있다. 3차원 그래픽 객체 간에도 다소 복잡한 보간법을 이용하여 한 객체로부터 다른 객체로 모핑 시킬 수 있다. 이러한 모핑 과정에서 초기 형태와 최종 형태 간에 대응점을 적절히 지정하는 것은 매우 중요한 일이다. 그림 12-9에서 첫 번째, 4번째, 7번째 그림은 실제 제작한 그림이고, 나머지 프레임은 보간법에 의해 컴퓨터가 자동적으로 생성한 그림이다. 이 그림에서 보듯이 그림의 형태 뿐만 아니라 그림의 색상도 서서히 변화하는 것을 알 수 있다.

[그림 12-9] 2차원 모핑 과정 – 한 사람에서 다른 사람으로

12.2 애니메이션의 제작 기법

일반적으로 애니메이션을 제작하기 위해서는 사전에 애니메이션의 기획 및 설계 과정을 거친 후 12.1절에서 설명한 방법들을 적용하여 제작한다. 애니메이션의 설계시 우선 전반적인 애니메이션의 흐름을 스토리보드 형식을 통해 표현한다. 그리고, 애니메이션의 객체를 정의하고 키프레임을 제작하는 것이 일반적인 절차이다. 이 절에서는 이러한 애니메이션의 설계 과정을 설명하고, 애니메이션에서 추구하는 바를 효과적으로 달성하기 위한 몇 가지 기본적인 기법들을 소개한다.

12.2.1 애니메이션의 설계 과정

애니메이션은 다음의 과정을 통해 생성된다.

- 스토리보드(Storyboard)의 작성
- 애니메이션 객체의 정의
- 키프레임의 제작
- 트위닝 작업, 즉 중간 프레임들의 자동 생성

만화영화나 광고에서의 애니메이션은 위와 같은 일반적인 절차를 통해 제작되지만 이러한 절차를 따르지 않는 경우도 종종 존재한다. 비행 시뮬레이터와 같은 실시간 애니메이션에서는 시뮬레이터의 조종에 따라 화면에 나타나는 그래픽이 시시각각으로 즉시 변하게 된다. 또한, 과학적 데이터의 시각화와 같은 애니메이션에서는 수리적 모델의 수행 결과로 생성된 데이터가 화면에 그래픽 형태로 나타나게 된다. 그러나, 프레임 기반 애니메이션에서는 각 프레임이 하나씩 생성되고 모두 기억장치에 저장되었다가 필요할 때 디스플레이 하게 된다.

스토리보드는 애니메이션에서 일어나는 장면의 전반적인 개요를 표현하는 수단으로, 발생하는 사건들을 시간의 순서에 따라 나타낸다. 애니메이션의 종류에 따라 어느 정도 차이는 있지만, 일반적으로 스토리보드는 장면(Scene), 행동(Action), 장면의 전환(Scene Transition) 등을 스케치나 간단한 설명을 통해 표현한다. 애니메이션 객체의 정의과정에서는 장면에서 필요한 객체들을 정의하고 객체가 수행하는 행동을 기술한다. 일반적으로 객체들은 다각형이나 스플라인과 같은 기법을 이용하여 모델링 된다. 그리고, 이러한 객체들을 이용하여 키프레임을 구성한다. 키프레임의 제작시 화면에서 객체들의 위치와 움직이는 속도들을 지정해야 한다. 장면에 빠르고 세밀하게 움직이는 객체가 존재하는 경우에는 그렇지 않은 경우에 비해 단위시간당 더 많은 키프레임들을 제작한다. 키프레임들을 제작한 다음에는 그래픽스 소프트웨어를 사용하여 중간 프레임(In-betweens)들을 자동으로 생성하게 된다.

12.2.2 효과적인 애니메이션을 위한 기법

12.1 절에서 셀 애니메이션, 키프레임 애니메이션 및 모핑 등에 관하여 설명하였다. 이러한 애니메이션을 실제 제작하는 과정에서 스토리보드 작성, 키프레임 제작, 트위닝 등 많은 부분에서 컴퓨터를 이용하거나 자동화되어 있다. 그러나, 애니메이션 제작을 위해 과거 수 십년 동안 축적된 애니메이션 기법들을 적절히 사용하는 것은 효과적인 애니메이션 결과를 생성하기 위해 매우 중요한 일이다. 여기서는 이러한 애니메이션 기법들 중 가장 자주 쓰이는 몇 가지 기법들을 소개하기로 한다.

■ 찌그러짐과 늘어남(Squash and Stretch)

때에 따라서는 객체의 모양이 움직임 도중에 찌그러지거나 늘어나는 등, 변형이 일어나는 현상을 표현해야 현실감 있는 애니메이션 효과를 기대할 수 있다. 단단한 물체가 움직일 때는 물체의 모양에 변화가 없으나 탄성있는 물체가 움직일 때는 변형이 일어난다. 이러한 현상은 공이 바닥에 튈 때 공의 탄력성을 느낄 수 있게 해 준다. 특히, 이 기법은 얼굴 표정을 나타내는 애니메이션에서 얼굴 근육이나 피부를 수축함으로써 표정을 나타내기에 적절하다.

예를 들어, 공의 모양이 변함으로써 움직일 때 속도감을 느낄 수 있게 해주고 공이 바닥에 부딪칠 때 오그라듦으로써 현실감을 나타낸다. 그러나, 일반적으로 물체에 변형이 발생할 때 변형의 양에 상관없이 전체 부피는 변하지 않는다. 그림 12-10은 공이 떨어져 바닥에 튕기고 다시 올라갈 때 공의 궤적을 보여 준다. 그림에서 알 수 있듯이 공이 낙하할 때 공이 길게 늘어남으로써 속도감을 주고 바닥에 충돌할 때 납작하게 보임으로써 공의 탄력성을 느낄 수 있게 해 준다.

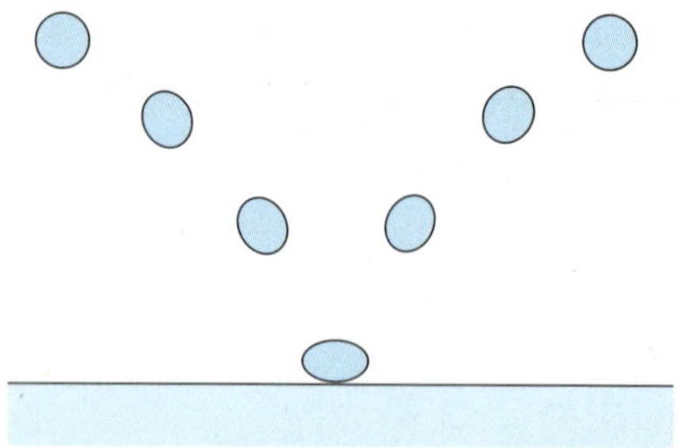

[그림 12-10] 현실감 있는 공의 튀어 오름

■ 기대(Anticipation) 동작과 후속(Follow Through) 동작

물체의 움직임은 일반적으로 준비 동작에 해당하는 기대 동작, 실제 움직임, 그리고 움직임의 종료로 나누어 생각할 수 있다. 기대 동작이란 그 첫 과정에 해당하는 부분으로 애니메이션에서는 동작의 사전 준비단계를 표현함으로써 현실감을 높이는 기법을 의미한다. 기대 동작의 또 다른 역할은 관객의 시선을 잡는 데 있다. 즉, 다음에 나올 동작을 미리 예상하여 보는 사람으로 하여금 중요한 동작을 놓치지 않게 하는 데 있다. 공을 던지는 경우를 생각해 보면 일단 팔을 뒤로 젖히고 나서 공을 앞으로 던진다. 이 때, 팔을 뒤로 젖히는 동작이 기대 동작에 해당하며, 만일 이 부분이 없다면 매우 부자연스러운 공 던지는 동작으로 보일 것이다.

후속 동작은 기대동작의 반대 개념으로 어떤 행동의 종료 부분에 나타나는 현상이다. 예를 들어, 공을 던질 때 공이 손을 떠나는 순간 손의 움직임이 끝나는 것이 아니고 손이 일정부분만큼 더 움직여야 자연스러워 보인다. 그리고, 하나의 동작이 끝난 다음에 곧 바로 다음 동작이 이어질 경우, 동작이 중첩되어 연결된 하나의 동작으로 보인다.

■ 가감속(Slow In and Out)

가감속이란 특정 키프레임들 사이에 객체의 위치, 모양 등 속성의 변화 정도가 부드럽게 가속 또는 감속이 되도록 하는 기법을 말한다. 만일, 두 개의 키프레임 간에 물체의 움직임이 일정한 속도로 진행된다면 애니메이션에서 생성되는 이웃하는 인비트윈(In-between) 프레임간의 시간차는 일정하다. 그림 12-11과 같이 시간 t_1과 t_2에 키프레임이 존재하고 시간 $(t_2 - t_1)$동안 n개의 인비트윈 프레임을 생성하기 원하는 경우, 두 개의 키프레임 사이를 n+1 개의 구간으로 나누게 된다. 따라서, 이웃하는 프레임 간의 시간차 d_t 는 아래와 같이 표현된다.

$$d_t = \frac{t_2 - t_1}{n+1}$$

그리고, j 번째 인비트윈 프레임을 생성하는 시간 tB_j는 다음과 같다.

$$tB_j = t_1 + jd_t, \qquad j = 1, 2, \cdots, n$$

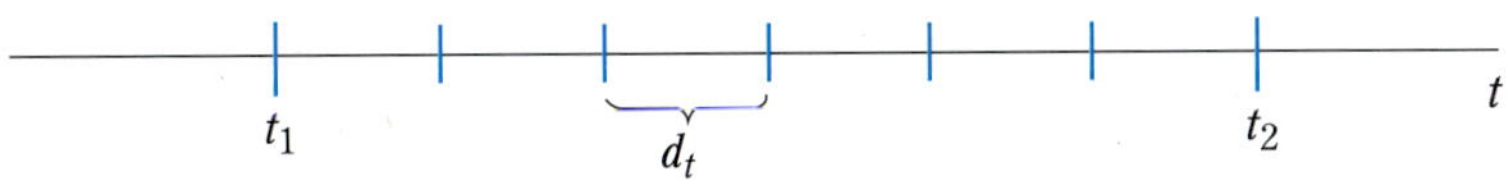

[그림 12-11] 일정한 속도로 진행하는 경우 인비트윈 프레임의 위치

그러나, 현실 세계에서 어떤 물체가 시작에서 종료될 때 까지 일정한 속도로 움직이는 경우는 별로 없다. 출발 시에는 정지 상태로부터 가속하고(즉, 가속도 > 0), 종료 시에는 감속(즉, 가속도 < 0)하는 것이 보다 자연스러운 현상이다. 이때, 속도의 변화 정도를 함수 곡선(Function Curve)으로 표현하며 일반적으로 스플라인 곡선이나 삼각함수를 사용하여 나타낸다. 애니메이션 소프트웨어에서는 함수 곡선으로 삼각함수를 주로 사용하고 있다. 예를 들어, 그림 12-12(a)는 시간이 흐름에 따라 객체의 움직이는 속도가 함수 곡선 $1 - \cos\theta$ 에 따라 점점 빨라지는 경우이고, 그림 12-12(b)는 시간이 흐름에 따라 움직이는 속도가 함수 곡선 $\sin\theta$ 에 따라 점점 느려지는 경우를 보여 주고 있다. 가감속 기법은 이처럼 원하는 부분에서는 천천히 들어가고 천천히 나오도록 속도를 조절하는 작업이다.

여기서, 가속의 경우에 인비트윈 프레임들의 생성시간의 간격을 조절하는 방법을 그림을 통해 이해하기로 하자. 가속 현상을 나타내려면 움직임의 초반부에는 속도가 느리고 후반부로 갈수록 속도가 점점 빨라져야 한다. 초반부에 인비트윈 프레임을 좁은 시간간격으로 생성한 후에 일정한 시간간격으로 재생하면(예, 초당 25 프레임) 느린 속도를 표현할 수 있다. 반대로 후반부에는 인비트윈 프레임을 넓은 시간간격으로 생성하고 일정한 시간간격으로 재생하면 빠른 속도를 표현하게 되어 가속 현상을 적절히 나타낼 수 있다(그림 12-12(a)의 아래 그림 참조). 이러한 이유에서 j 번째 인비트윈 프레임의 생성 시간은 다음 식과 같이 표현된다.

아래 식에서 $\Delta t = t_2 - t_1$, 즉 두 키프레임 간의 전체 시간차를 의미한다.

$$tB_j = t_1 + \Delta t\left[1 - \cos\theta_j\right]$$

$$\theta_j = \frac{j\pi}{2(n+1)}, \quad j = 1, 2, \cdots, n$$

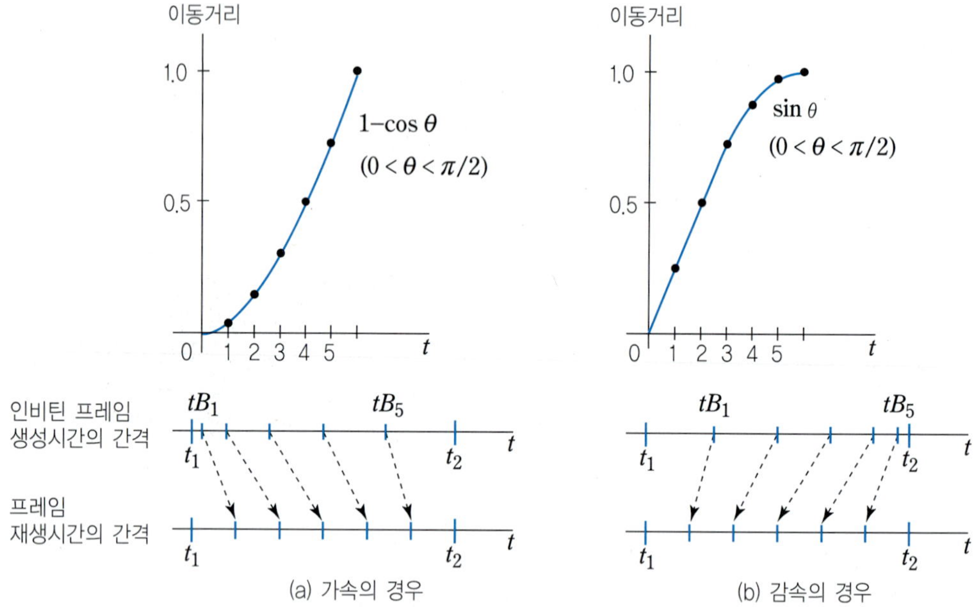

[그림 12-12] 가감속을 위한 함수곡선과 이웃 프레임간의 시간차

■ 과장(Exaggeration)

실제의 동작 그대로를 애니메이션으로 재현하면 그 동작이 상당히 지루할 수 있기 때문에 대부분 애니메이션에서는 캐릭터들의 동작을 과장하여 표현 하는 경우가 자주 있다. 애니메이션에서 동작을 표현할 때 특정 부분을 과장되게 보임으로써 그 동작을 강조하면서 더 자연스럽게 보여줄 수 있다. 화면을 구성하고 있는 여러 가지 요소들, 즉 객체의 모양, 동작, 색상, 그리고 소리 등에도 과장을 적용할 수 있다. 그림의 특정 부분이 과장되어 보이는 동안 나머지 부분 들은 원래 모양을 유지함으로써 과장을 좀더 효과적으로 보여주면서도 전체를 자연스러운 상태로 유지할 수 있다. 그림 12-13은 디즈니의 동물 캐릭터 도날드덕의 화난 모습을 과장하여 표현한 것이다.

[그림 12-13] 화난 도날드덕의 과장된 모습

12.3 3차원 애니메이션과 모션캡처

3차원 객체의 애니메이션은 2차원 애니메이션에 비하여 훨씬 복잡하고 처리 시간이 많이 소요된다. 최근 영화나 게임, 광고 등에서 3차원 애니메이션이 더욱 자주 사용됨으로써 그 중요성이 부각되고 있다. 과거에는 3차원 애니메이션을 생성하는 것이 컴퓨터에 큰 부담으로 작용하였으나, 이제는 빠른 그래픽스 가속기의 개발로 우수한 3차원 애니메이션이 현실적으로 아무런 문제가 되지 않는다. 인간이나 동물과 같이 관절이 있는 객체의 자연스러운 애니메이션을 구현하는 것은 매우 어려운 일이다. 이 절에서 이것을 가능케 해 주는 3차원 캐릭터 애니메이션에 대하여 공부한다. 그리고 인간이나 이동 물체의 정교한 움직임 데이터를 실시간에 얻을 수 있는 모션캡처에 대하여 알아본다.

12.3.1 3차원 애니메이션

12.1 절에서 소개한 키프레임 애니메이션은 2차원 애니메이션뿐만 아니라 3차원 애니메이션에서도 가장 널리 사용되는 기법이다. 또한 3차원 키프레임 애니메이션에서도 스토리보드의 작성, 객체의 표현, 키프레임의 생성, 그리고 인비트윈 프레임의 생성과정을 거쳐 애니메이션을 완성한다. 스토리보드는 제작할 애니메이션의 전반적인 스케치와 움직임의 모든 과정을 기획하는 것이고, 객체의 모델링 과정을 통하여 각 장면에 나타날 3차원 객체의 형태를 표현한다. 3차원 애니메이션의 제작자는 애니메이션 소프트웨어를 이용하여 단지 키프레임만을 생성하고 인비트윈 프레임들은 컴퓨터에 의하여 자동적으로 생성된다. 그림 12-14는 3차

원 키프레임 애니메이션 기법을 이용한 애니메이션의 제작과정을 보여 주고 있다. 이외에도, 특수한 3차원 애니메이션 효과를 원하는 경우에는 12.1절에서 소개한 모핑 기법을 이용하거나 11.2 절의 입자시스템을 이용하기도 한다.

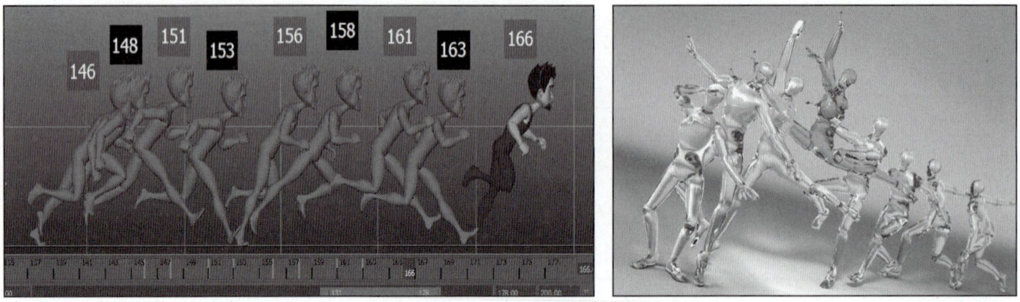

[그림 12-14] 키프레임을 이용한 3차원 애니메이션

12.3.2 캐릭터 애니메이션(Character Animation)

3차원 애니메이션에서 매우 중요하고 자주 쓰이는 것이 인간이나 동물의 움직임을 표현하는 캐릭터 애니메이션이다. 캐릭터 애니메이션에서는 관절의 움직임을 자연스럽게 표현해야 하고 얼굴의 표정을 나타내야 하기 때문에 특히 일반적인 3차원 애니메이션에 비해 매우 어렵다. 최근에 사람의 움직임뿐만 아니라 얼굴 표정, 입술의 움직임, 머리카락과 옷의 애니메이션에 관한 연구가 활발히 진행되고 있다.

사람이나 동물의 몸은 관절로 구성되어 있기 때문에 움직임을 나타내기 위해서는 무엇보다도 캐릭터를 모델링 할 때 그 캐릭터를 구성하는 모든 객체들을 계층구조로 표현해야 한다. 만일 각 객체들을 개별적으로 정의한다면 캐릭터를 애니메이션 할 때 각 객체들을 따로 움직여 주어야 한다. 이에 비하여, 캐릭터를 관절들의 계층구조로 표현하면 계층구조의 가장 위에 위치한 객체만 움직여도 여기에 종속된 모든 객체들은 자동적으로 이에 따라 움직이는 것이 가능하다. 그림 12-15는 인간의 몸을 간단한 계층구조로 표현한 것이다. 관절을 가지는 계층구조의 모델(예, 사람, 동물, 로봇 등)에서는 동작을 표현할 때 각 관절마다 위치나 각도를 계산해 주어야 애니메이션 표현이 가능하다. 이 그림의 경우에 사람은 17개의 세그먼트(Segment)로 구성되어 있다. 이들 17개 세그먼트의 이동 거리와 회전 각도를 일일이 지정하여 사람의 움직임을 표현한다는 것은 간단한 일이 아니다.

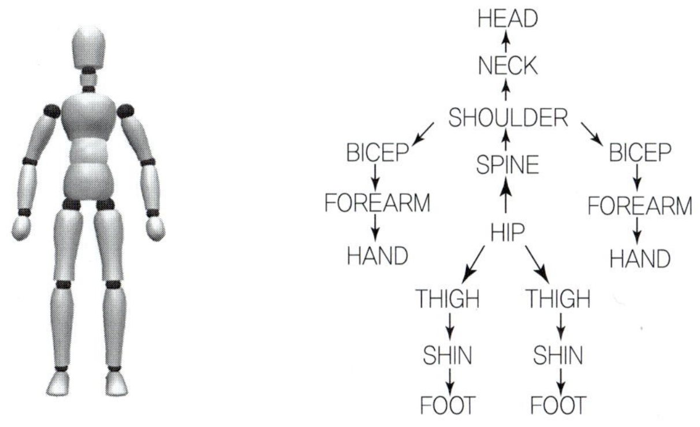

(a) 관절로 연결된 캐릭터 (b) 캐릭터의 계층구조

[그림 12-15] 인간 캐릭터의 간단한 계층구조

캐릭터 애니메이션을 실현하기 위하여 운동학(Forward Kinematics)과 역운동학(Inverse Kinematics)이 사용된다. 운동학이란 그림 12-16(a)에서 보듯이 관절의 계층적 모델에서 움직임의 시작점인 루트 관절로부터 각 관절의 각도와 위치를 누진적으로 계산해 나가는 방법이다. 그러나 사람이나 동물은 많은 관절을 가지고 있으므로 일일이 관절의 각도와 위치를 지정해 주어서 원하는 동작을 표현하는 과정은 번거로울 뿐만 아니라 자연스러운 움직임을 표현하는 것은 쉬운 일이 아니다. 따라서 역운동학에서는 운동학의 문제점을 해결하기 위하여 그림 12-16(b)와 같이 관절의 계층구조에서 제일 말단 부분의 객체(Effector) 위치를 지정함으로써, 나머지 중간관절들의 위치와 각도를 역으로 계산해 나가는 방법을 사용하고 있다. 물론, 이를 위하여 사람이나 동물의 경우 각각 관절과 관절 간의 움직임을 나타내는 규칙과 공식들이 주어져야 한다. 말단 부분의 움직임은 항상 이 공식들과 규칙들에 따라

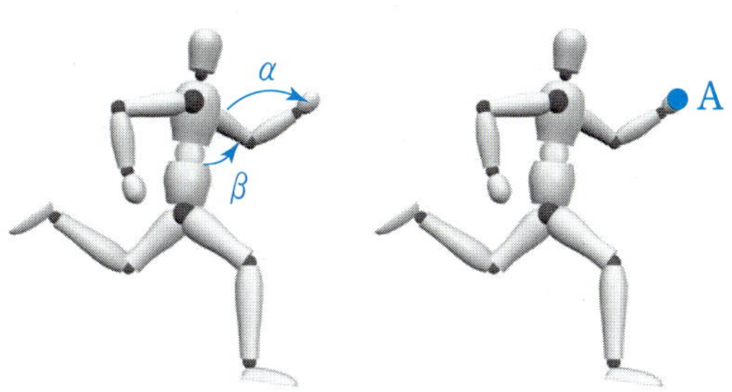

(a) 운동학 기법 (b) 역운동학 기법

[그림 12-16] 운동학과 역운동학 기법의 비교

움직이게 된다. 역운동학은 일반적으로 캐릭터 애니메이션에서 움직임을 효과적으로 표현하기 위하여 주로 이용되는 기법이다. 예를 들어, 발과 손의 위치를 지정해 줌으로써 걷는 동작을 용이하게 애니메이션 해 줄 수 있다.

12.3.3 모션캡처(Motion Capture)

모션캡처는 인간의 자연스러운 움직임을 만들어내기 위한 방법으로, 3차원 컴퓨터 애니메이션의 생성을 위해 가장 많이 사용되는 기술이다. 인간의 움직임을 운동학이나 역운동학을 사용하여 생성하는 것이 아니고 직접 움직임을 캡처(Capture)하여 이에 해당하는 3차원 데이터를 실시간에 생성한다. 이때, 움직임을 추적하기 위하여 마커(Marker) 또는 트랙커(Tracker)라 불리는 센서를 몸에 부착한다. 객체로부터 캡처된 데이터들은 컴퓨터가 사용할 수 있는 형태로 저장되고 자연스러운 애니메이션의 생성을 위해 적용할 수 있다. 애니메이션에서 실제 사람과 비슷한 행동을 구현하기 위해서 모션캡처가 주로 사용되지만, 이외에 현실세계에서 수행하기 위험하거나 움직임 데이터를 얻기에 비용이 많이 드는 장면을 위해도 사용되고 있다.

앞에서 언급했듯이 여러 개의 부분들이 계층구조에 의해 연결된 모델(Hierarchical Model)을 애니메이션할 때, 기계적인 물체의 경우와 같이 비교적 단순한 움직임이라면 다른 일반적인 애니메이션에서 객체의 위치를 조절하듯이 움직임의 시작점이 되는 루트노드(Root Node)로부터 한 단계씩 부모노드(Parent Node)에서 자식노드(Children Node)로 내려오면서 각각의 부분을 수동으로 조절할 수 있다. 그러나 사람의 관절 움직임이나 동물의 움직임을 애니메이션하고자 할 때 일일이 각 연결된 부분의 위치를 조정한다는 것은 대단히 번거로운 작업이 될 뿐만 아니라 직관적이지 않은 만큼 자연스러운 움직임으로 표현하기도 어렵다. 이 경우, 모션캡처된 데이터를 이용하여 화면상에 재현하면 매우 자연스러운 사람 동작의 움직임을 나타낼 수 있다. 다만, 모션캡처를 통해 얻어진 데이터로는 어디까지나 모션캡처 할 당시의 움직임을 그대로 재현하는 것에 지나지 않는다는 사실을 이해해야 한다. 모션캡처는 TV 프로그램 제작, 영화, 가상현실 및 인터넷 환경에서 사람이나 동물의 움직임을 그대로 재현하기 위한 응용 분야에서 널리 쓰인다. 그리고, 축구, 야구와 같은 스포츠 게임이나 재활 의학 분야에서 사람의 동작을 분석하기 위한 목적으로도 이용되고 있다. 이외에도, 로봇의 제어 및 공정 제어 그리고 군사적 분야에서도 측정 및 제어를 위하여 이용되고 있다.

모션캡처는 크게 광학(Optical) 방식과 자기(Magnetic) 방식으로 구분된다. 자기 방식에서는 관절에 센서를 착용하여 그 관절의 위치와 각도를 컴퓨터로 보내어 관절 움직임 데이터를 저장한다. 자기 방식은 조작이 쉽고 3차원 움직임 데이터를 실시간에 샘플링하여 얻을 수 있는 장점이 있으나, 센서를 사용할 때 주위환경의 자기력에 의한 왜곡이 일어나지 않도록 주의해야 한다. 자기 센서의 장점은 각 센서의 모든 3차원 위치와 각도를 실시간에 캡처할 수 있다는 점이다. 다만, 자기력의 범위와 정확도에 의해 모션캡처된 데이터의 품질이 결정된다. 그리고 일반적으로 자기 센서가 유선으로 컴퓨터에 연결되어 있어 장비를 착용한 사람(Actor)의 행동에 제약을 주는 단점이 있다. 그림 12-17(a)는 자기 센서를 착용한 액터의 사진이고, 그림 12-17(b)는 Vicon 사에서 제공하는 카메라와 마커의 모습이다.

(a) 자기센서를 착용한 액터

(b) 카메라와 마커

[그림 12-17] 자기식 모션캡처 장비(Ascension Technology 사)
(http://www.ascension-tech.com)

한편, 광학 방식은 적외선을 쪼이면 발광하는 특수한 물질이 칠해진 적외선 마커를 액터의 관절 부위에 부착하여 반사된 빛을 여러 대의 비디오 카메라로 촬영한 후 3차원 공간상에서의 위치를 파악하는 방식이다. 3차원 움직임 데이터를 생성하기 위해서는 비디오 카메라를 사용하며 관절의 위치와 각도를 광학 마커로부터 직접 생성할 수 없으므로 자기 센서의 경우보다 많은 마커들을 사용해야 한다. 일반적으로 광학 방식은 자기 방식에 비해 성능이 우수하지만 데이터를 처리하는 데 많은 시간과 노력이 들고 제작비도 비싸다. 그림 12-18은 광학식 모션캡처 장비를 착용한 사람이 움직임에 따라 화면상의 가상 캐릭터가 따라서 움직이는 모습을 보여주고 있다.

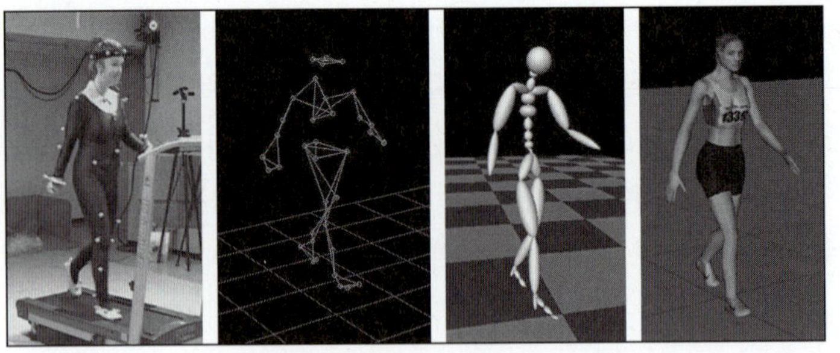

[그림 12-18] 광학식 모션캡처 장비를 이용한 캐릭터 애니메이션의 제작
(http://www.motionanalysis.com)

연습문제 EXERCISE

12-1 인터넷 환경에서 자주 이용되는 GIF 애니메이션은 어떠한 유형의 애니메이션을 구현하기에 가장 적합한 기술인가? 그 이유를 설명하라.

12-2 애니메이션의 설계 과정을 설명하고, 애니메이션의 제작을 위해 스토리보드에 포함시킬 내용을 설명하라.

12-3 캐릭터 애니메이션에서 사용되는 운동학 기법과 역운동학 기법의 차이점을 설명하라. 역운동학을 적용하여 캐릭터 애니메이션을 수행하는 경우 요구되는 사항이나 전제 조건들에 대하여 설명하라.

12-4 모션캡처를 통해 얻은 움직임 데이터를 사용하여 캐릭터 애니메이션 구현할 경우 매우 자연스러운 캐릭터의 움직임을 기대할 수 있다. 그러나, 이러한 방식으로 캐릭터 애니메이션을 구현하면 실시간에 캐릭터를 제어할 수는 없다. 그 이유를 설명하고, 인간 캐릭터의 동작을 실시간에 제어하기 위해서는 어떠한 방법을 사용해야 하는지 설명하라.

12-5 모션캡처에는 크게 자기 방식과 광학 방식이 있다. 각 방식의 장단점을 설명하고, 최근에 광학 방식이 더 많이 사용되는 이유를 설명하라.

WebGL and Graphics Application Software

부록 Three.js를 이용한 WebGL 프로그래밍

A.1 개요

A.1.1 Three.js 프로그래밍을 위한 준비

Three.js를 사용하여 프로그래밍을 하기 위해서는 준비해야 하는 사항은 기본적으로 웹 프로그래밍 이므로 WebGL을 지원하는 웹 브라우저 (Chrome, Firefox, Opera, Edge, IE, 삼성인터넷 등)가 있어야 하고, 자신이 편하게 사용할 수 있는 소스코드 편집기(vi, notepad++, 등)만 있으면 된다. 자신의 컴퓨터에 있는 파일(이미지, 동영상 등)을 사용하는 실습을 위해서는 로컬 웹서버가 필요한데, 가장 손쉬운 방법은 자신이 사용하는 PC의 웹브라우저에 확장 프로그램을 설치하는 것이다. 각 브라우저에서 사용할 수 있는 다양한 로컬 웹서버가 있으므로 웹에서 "Local Web Server"를 검색해 보기 바란다. 만일 크롬 브라우저를 사용하고 있다면, "Web Server for Chrome"을 사용하기를 권한다.

Three.js로 프로그래밍을 하는 것은 웹 프로그래밍을 하는 것이므로 HTML과 자바스크립트에 대한 이해가 필요하다. 이에 대한 학습은 본 교재의 범위를 벗어나므로, 여러분들이 직접 인터넷에 있는 다양한 기초적인 학습 자료를 통해 공부하기 바란다. 본 교재에서 사용한 예제는 HTML과 자바스크립트의 기초적인 부분만 사용하기 때문에 기초적인 학습으로 충분히 예제를 사용할 수 있을 것이다. 그리고 three.js의 각 객체는 매우 다양한 메소드나 함수를 포함하고 있다. 이에 대한 상세한 설명이 필요한 경우 three.js 웹페이지(https://threejs.org/docs/)를 참조하기 바란다.

> **노트** : 본 부록의 예제 코드는 https://github.com/learn-cg/three.js에 최신 상태로 공개되어 있다. 본문에서는 예제 코드의 전체를 보여주지 않으므로 실습을 위해서는 먼저 예제 프로그램 파일들을 다운로드 받아 실행시켜 보기 바란다.

A.1.2 Three.js의 렌더링 구조

Three.js로 WebGL 렌더링을 수행하여 원하는 그림을 얻기 위해서는 다음 그림과 같이 구성 요소들을 설정하여야 한다.

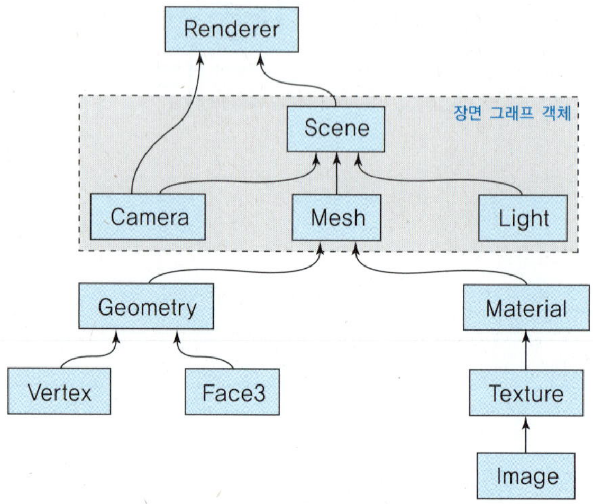

[그림 A-1] Three.js의 렌더링 구조

각 부분이 요구하는 요소를 살펴보면 다음과 같다.

- 형상(Geometry)은 정점(꼭지점, Vertex)들과 이들 정점이 모여서 만든 면(Face)으로 구성된다.
- 메쉬(Mesh)는 물체의 모양을 정의하는 형상(Geometry)과 색상 등에 대한 정보를 갖고 있는 재질(Material)을 통해서 만들어 진다. 이후에 객체에 대한 변환이나 애니메이션 혹은 셰이딩을 할 때 그 대상이 된다.
- 재질(Material)에는 형상이 갖는 색상, 렌더링 방식 등에 대한 정보를 지정 하며, 경우에 따라서는 텍스쳐(Texture)라 불리는 이미지를 통해 재질을 표현할 수 있다. 또한 블렌딩을 통해 이전에 렌더링 된 결과와 다양한 혼합을 할 수 있다.
- 장면(Scene)을 구성하는 요소에는 카메라와 물체의 형상과 재질 정보를 갖고 있는 메쉬(Mesh) 그리고 조명(Light)이 있다.
- 렌더러(Renderer)는 렌더링 작업을 통해 이미지를 만드는 부분으로서 그릴 대상이 되는 장면(Scene)과 카메라 설정(Camera)이 필요하다. Three.js에서는 기본적으로 렌더러는 WebGL 렌더러를 사용한다. 직접적으로 WebGL에 대한 설정을 하고자 하는 경우 이 렌더러에 대한 속성을 변경하면 된다.

A.1.3 회전하는 박스 만들기

3장에서 살펴본 예제 (00_hello_box) 코드를 수정하여 박스를 계속 회전하면서 초당 60회 렌더링하는 프로그램(01_rotate_box)을 만들어 본다. 결과는 [그림 A-2]와 같다.

[그림 A-2] 박스를 연속적으로 회전하는 예제 01의 렌더링 결과

▶ HTML 코드 : 01_rotate_box.html

```
01 <html>
02   <head>
03   <meta charset="utf-8">
04   <title>Hello Box</title>
05     <style>body { margin: 0; } </style>
06   </head>
07   <body>
08     <script src="js/three.js"></script>
09     <canvas id="HelloCanvas"></canvas>
10     <script src="01_rotate_box.js"></script>
11   </body>
12 </html>
```

05 : 그려지는 영역에 여백이 생기지 않도록 style 지정
09 : 실제로 렌더링의 대상이 되는 canvas를 생성하고 id를 HelloCanvas로 지정
10 : 자바스크립트 Code 01_rotate_box.js를 로딩하고 바로 실행한다. 자바스크립트 코드가 함수로 구성된 경우, 예를 들면 main() 함수로 구성되어 있다면, <body>를 <body onload="main()"> 로 수정한다.(예제 01b_rotate_box_main.js 참조) 아래 자바스크립트 코드와 같이 변수와 실행을 함수 밖에서 전역으로 수행하면, 웹 브라우저에서 디버깅하는데 더 용이하기 때문에 본 부록에서는 모든 예제가 전역 코드로 되어 있다.

▶ 자바스크립트 코드 : 01_rotate_box.js

```
01  const h_scr = window.innerWidth;
02  const v_scr = window.innerHeight;
03  const scene = new THREE.Scene();
04  const camera = new THREE.PerspectiveCamera( 45, h_scr/v_scr, 0.1, 1000 );
05  camera.position.z = 5;
06
07  const renderer = new THREE.WebGLRenderer({canvas: HelloCanvas});
08  renderer.setSize( h_scr, v_scr );
09
10  const geometry = new THREE.BoxGeometry();
11  const material = new THREE.MeshBasicMaterial( { color: 0xff0000 } );
12  const cube = new THREE.Mesh( geometry, material );
13  scene.add( cube );
14
15  const animate = function () {
16          requestAnimationFrame( animate );
17          cube.rotation.x += 0.01;
18          cube.rotation.y += 0.01;
19          renderer.render( scene, camera );
20  };
21  animate();
```

01~02: 웹 브라우저의 현재 윈도우 내부의 크기를 h_scr, v_scr에 가져온다.
03: 장면 객체(scene)를 생성
04: 카메라 객체(camera)를 생성 ? PerspectiveCamera 함수를 사용
05: 카메라의 위치를 z 방향으로 5만큼 이동 (카메라는 원점을 바라보고 있음)
07: html에 정의된 canvas: HelloCanvas를 사용하는 WebGL 렌더러 객체(renderer) 생성
08: 렌더러 객체의 화면 크기를 윈도우 내부 크기로 지정한다.
10: BoxGeometry 메소드를 사용하여 박스 모양의 형상 객체(geometry)를 생성한다.
11: MeshBasicMaterial 메소드를 사용하여 재질 객체(material)를 생성한다.
12: 재질과 형상을 결합하여 메시 객체(cube)를 생성한다.
13: 장면 객체(scene)에 메시 객체(cube)를 추가
15~21: animate() 라는 함수를 정의하고, 그 내부에 그림을 그리는 부분과 화면을 갱신하는 부분을 정의한다. 16행의 requestAnimationFrame은 웹 브라우저로 하여금 화면을 갱신하고, 인수로 들어 있는 함수(animate())를 적절한 시간마다 호출하게 된다. 이때, 적절한 시간이라는 것은 보통 초당 60회의 디스플레이의 화면 갱신 시간이 된다. 결국, 한번 animate()가 호출되면(21 행), 무한 반복되며 renderer.render( ) 함수로 렌더링을 하고, 그리고 requestAnimationFrame() 을 통해 웹 브라우저의 화면이 갱신된다.

17~18: cube 메쉬의 속성, 즉 회전 속성을 0.01씩 변경한다. 따라서 반복해서 무한히 계속 회전을 하게 된다. 회전 등 변환에 대한 이론적인 내용은 7장에서 배우며, 이후 예제에서 추가로 다룬다.

이후의 대부분의 예제는 이 절에서 배운 코드를 조금씩 수정한 코드이므로, 코드 각 부분의 역할과 앞서 살펴본 [그림 A-1]의 Three.js의 프로그래밍 구조와 비교하면서 학습하기 바란다. GitHub 사이트에 있는 예제 01a_wire_box는 재질을 MeshLine으로 변경한 예제로, 물체를 선형으로 보고 싶은 경우 이 재질을 사용한다.

▶ 실습문제

[A1-1] 예제의 11행의 0xff0000 는 빨간색을 의미한다. (10장의 컬러모델 참조) 이를 녹색, 파랑색 등 다른색으로 변경해 본다. 그리고 17, 18행에서 증가시키는 값 0.01을 음수를 포함한 다양한 다른 값으로 바꾸어 보고 그 결과를 관찰해 본다.

[A1-2] 크롬 브라우저에서 예제01을 열고, F12 키를 눌러 개발 도구를 연다 (그림 A-3 참조). Console 탭을 선택하고, 여러가지 변수(h_scr 등)를 입력하고 그 값을 확인해 본다. 그리고 예제01에 오류를 발생하면 Console에 어떻게 나타나는지 확인해 본다.

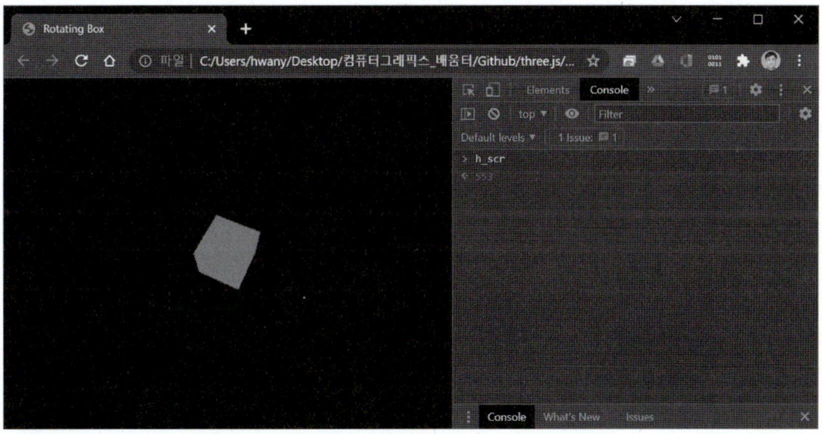

[그림 A-3] 브라우저의 개발 도구 화면

A.2 기본적인 형상의 모델링

A.2.1 기본 기하를 이용한 모델링 하기

Three.js에는 자주 사용되는 단순한 모양의 물체를 쉽게 생성할 수 있다. 기본적으로 제공하는 형상에는 구(Sphere), 면(Plane), 상자(Box), 원(Circle), 원뿔 (Cone), 원통(Cylinder), 텍스트(Text) 등이 있고, 복잡한 물체는 정점(Vertex)과 이를 잇는 에지(Edge)로 면(Face)이나 와이어 프레임(Wireframe)을 구성하여 만들 수 있다. 2차, 3차 베지어 곡선을 포함한 다양한 곡면과 곡선의 형상을 만들 수 있다. (예제 02_other_geometry) 형상 모델링에 대해서는 제8장 3차원 객체의 모델링에서 상세하게 배운다.

▶ 자바스크립트 코드 : 02_other_geometry.js

앞서 살펴본 예제 01_rotate_box.js에서 변경된 부분만 살펴보면 다음과 같다.

```
…   …
…   …
10  // const geometry = new THREE.BoxGeometry();
11  // const geometry = new THREE.SphereGeometry();
12  // const geometry = new THREE.ConeGeometry();
13  // const geometry = new THREE.CircleGeometry();
14  const geometry = new THREE.CylinderGeometry(2, 2, 4, 6);
15  // const geometry = new THREE.PlaneGeometry();…
…   …
```

10~15 : 예제01에서는 모양을 BoxGeometry를 사용하여, 박스 모양을 만들었다. 이번에는 BoxGeometry 대신, CylinderGeometry를 사용하였고, SphereGeomery, ConeGeometry, CircleGemetry, PlaneGeometry 등을 주석으로 추가해 두었다. 이 주석을 변경해 보면, 다른 모양의 물체가 나타남을 알 수 있다.

14 : 원통형의 모양을 만들 수 있는 CylinderGeometry 생성자의 경우 다음과 같은 매개변수를 갖는다.

CylinderGeometry(radiusTop : Float, radiusBottom : Float, height : Float, radialSegments : Integer, heightSegments : Integer, openEnded : Boolean, thetaStart : Float, thetaLength : Float)

이들 매개 변수를 통해 원통의 모양을 다양하게 변경할 수 있다. 같은 방식으로 평면(Plane), 원뿔(Cone), 구(Sphere) 등의 모양도 다양하게 변경할 수 있다.

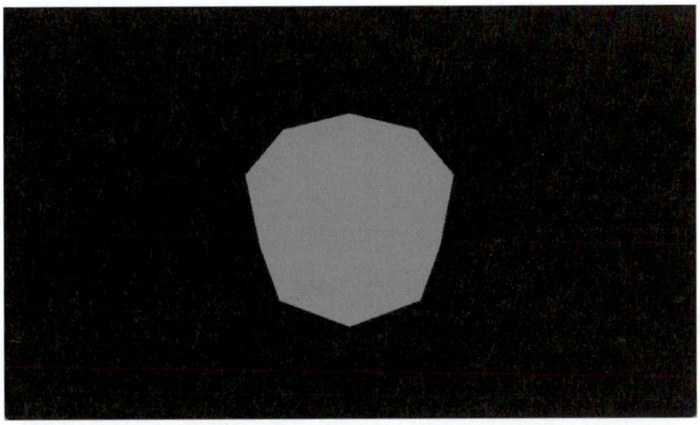

[그림 A-4] 다른 형상을 만드는 예제 - 원통(Cylinder)

▶ 실습문제

[A2-1] 예제 02_other_geometry의 CylinderGeometry의 매개 변수를 다양하게 변경해 보고, 모양이 어떻게 변하는지 관찰해 본다.

[A2-2] three.js 웹페이지(https://threejs.org/docs/)를 방문하여 검색창에 Geometry를 검색하여 다른 형상들에 대해서 살펴보고, 어떤 매개변수를 갖고 있는지 살펴본다.

A.2.2 점을 이어서 만드는 라인 모델 만들기

예제 03_wire_points에서는 미리 정해진 물체의 모양을 크기만 변경해서 사용하는 것이 아니라, 각각의 정점들의 위치를 정해서 모양을 만들 수 있다. 예제 03에서는 5개의 점 (0,0,1) ? (0,0,0) - (1,0,0) - (0,0,0), (0,1,0)을 연속적으로 이어진 선을 만들어 x, y, z 축 방향으로 크기 1인 선분 3개의 형상을 만들었다. 10행에서는 배열로 5개의 벡터를 만들고, 11행에서는 이 배열로부터 기하 형태를 BufferGeometry 라는 메소드를 통해 기하 객체를 만들었다. 렌더링한 결과는 [그림 A-5]와 같다.

▶ **예제 : 03_wire_points.js**

```
...  ...
...  ...
10   const points = [ new THREE.Vector3(0,0,1), new THREE.Vector3(0,0,0),
                      new THREE.Vector3(1,0,0), new THREE.Vector3(0,0,0),
                      new THREE.Vector3(0,1,0) ];
11       const geometry = new THREE.BufferGeometry().setFromPoints(points);
```

```
12          const material = new THREE.LineBasicMaterial( { color: 0xff0000 } );
13          const wire = new THREE.Line( geometry, material );
14          scene.add( wire );
...   ...
...   ...
```

[그림 A-5] 정점과 선을 이용한 예제 결과

▶ 실습문제

[A2-3] 예제 03의 결과를 보면, x,y,z 방향으로 크기가 모두 같아 어떤 축인지 구분하기가 어렵다. 10행의 배열의 값을 바꾸어 x,y,z 를 구분할 수 있도록 크기, 모양 등을 수정해 본다.

A.2.3 하나의 기하로 다수의 인스턴스 만들기

이번 예제에서는 3개의 박스를 다른 위치에 만들어 본다. 예제 01에서 박스를 만드는 부분을 2번 더 반복하는 방식으로 코드를 만든다.

▶ **예제** : 04_three_boxes.js

```
...
...
const geometry = new THREE.BoxGeometry();
const material1 = new THREE.MeshBasicMaterial( { color:0xff0000} );
const material2 = new THREE.MeshBasicMaterial( { color:0x00ff00} );
const material3 = new THREE.MeshBasicMaterial( { color:0x0000ff} );
```

```
14 const box1 = new THREE.Mesh( geometry, material1 );
15 const box2 = new THREE.Mesh( geometry, material2 );
16 const box3 = new THREE.Mesh( geometry, material3 );
17 box2.position.x = -2;
18 box3.position.x = 2;
19 scene.add(box1);
20 scene.add(box2);
21 scene.add(box3);
22
23 const animate = function () {
24 requestAnimationFrame( animate );
25 box1.rotation.x += 0.01; box1.rotation.y += 0.01;
26 box2.rotation.x += 0.02; box2.rotation.y += 0.02;
27 box3.rotation.x += 0.03; box3.rotation.y += 0.03;
28 renderer.render( scene, camera );
29 };
30 animate();
```

10 : 하나의 BoxGeometry를 생성하여 3번 반복적으로 사용
11~13 : 3개의 다른 재질 meterial1,2,3을 다른 색상으로 만들고
14~16 : 메쉬를 만드는 과정에서 meterial1,2,3을 각각 적용하여 box1,2,3을 만들고
17~18 : box2,3의 위치를 변경하여 오른쪽과 왼쪽에 배치되도록 한다.
19~21 : box1,2,3을 장면 scene에 추가한다
25:27 : 세개의 인스턴스가 다른 움직임을 갖도록 회전 속도를 다르게 변경하였다.
28 : 실제로 렌더링을 수행하는 명령
30 : animate()가 무한이 반복 수행될 수 있도록 첫번째 실행

이를 렌더링 하면 다음 [그림 A-6]과 같은 결과를 얻을 수 있다.

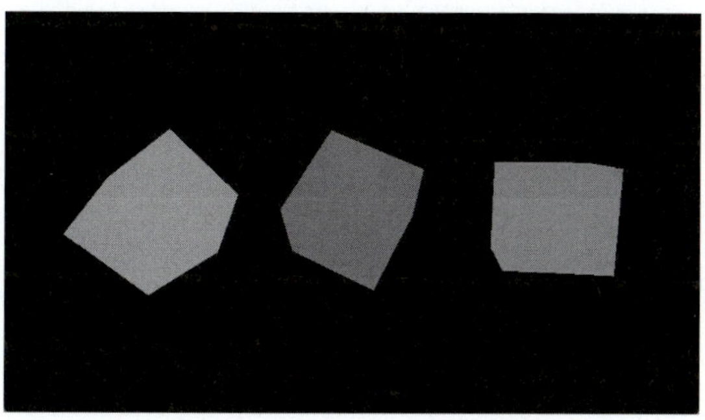

[그림 A-6] 세 개의 인스턴스로 박스를 생성한 예제의 결과

▶ 실습문제

[A2-4] 예제 코드 04a_three_box_array 는 04_three_boxes 코드의 box1,2,3을 box[3]의 행렬로 간략하게 만든 코드이다. 자바스크립트에 익숙하다면 이 코드를 공부해 보기 바란다.

▶ **예제** : 04a_three_box_array.js

```
...
const geometry = new THREE.BoxGeometry();
        function makeInstance(geometry, col, pos_x) {
                const material = new THREE.MeshBasicMaterial( { color: col });
                const box = new THREE.Mesh( geometry, material );
                box.position.x = pos_x;
                scene.add( box );
                return box;
        }
        const boxes = [
                makeInstance(geometry, 0xff0000,  0),
                makeInstance(geometry, 0x00ff00, -2),
                makeInstance(geometry, 0x0000ff,  2),
        ];
        scene.add( boxes );
```

A.3 기하변환

A.3.1 Three.js의 변환

7장에서 변환에 대한 내용을 학습을 했을 것이다. 3차원 변환은 결국, 4x4 행렬로 표현이 되며, 이 행렬에 대한 조작을 통해 변환을 수행하게 된다. Three.js에서의 기하 변환을 하기 위해서는 먼저 Object3D와 Matrix4 객체가 필요하다. Object3D는 Camera, Mesh, Light 등의 객체의 기반 객체로서 변환에 관련된 각종 위치, 회전, 크기, 행렬 등의 정보, 계층 구조를 만들기 위한 child, parent 정보, 카메라나 광원을 설정하기 위한 벡터 속성과 관련된 메소드들이 포함되어 있다. 특히 각 객체마다 position, scale, rotation 속성을 갖고 있고, 이로부터 로컬 변환 행렬이 자동으로 만들어져 매우 편리하게 사용할 수 있다.

```
...  ...
12   const cube = new THREE.Mesh( geometry, material );
13   scene.add( cube );
14   const animate = function () {
15           requestAnimationFrame( animate );
16           cube.rotation.x += 0.01;
17           cube.rotation.y += 0.01;
18           renderer.render( scene, camera );
19   };
20   animate();
21
```

이 코드는 예제 01에 있는 변환 관련 부분으로서, cube 객체의 rotation.x 속성을 변경하여 박스를 회전시키는 애니메이션을 만들었다. cube는 메쉬(Mesh) 객체이므로 기반 객체인 Object3D를 사용하게 된다. 따라서 rotation, position, scale 값을 이용해 자동으로 로컬 변환 행렬을 만들어 변환을 하게 된다. 이때 rotation, position, scale 의 적용 순서는 미리 정해진 순서로만 가능하고, 사용자가 그 순서를 변경할 수는 없다.

예제 코드의 17~18에서 매번 렌더링 할 때마다 회전 값을 0.01라디안씩 변경하여, 이를 행렬로 바꾸어 메쉬(Mesh)의 각 정점에 적용하게 된다. requestAnimationFrame 은 일반적인 PC 웹 브라우저 환경에서는 초당 60번 갱신되므로 대략 초당 0.6라디안 약 34도 정도 회전하는 애니메이션이 만들어진다.

만일 객체의 부모가 있는 경우 부모로부터 가져온 변환 행렬을 계속 자손에게 누적하여 전달해 주게 된다. 이러한 계층적 변환은 다음 절에서 예제를 통해 설명한다.

A.3.2 물체에 대해 자동으로 기하 변환하기

이번 예제 05에서는 Phong 모델로 셰이딩된 3개의 박스를 모두 동일하게 Y축으로 회전을 하는 애니메이션을 만들어 본다.

▶ **예제** : 05_transform_auto.js

```
const h_scr = window.innerWidth;
const v_scr = window.innerHeight;
const scene = new THREE.Scene();
const camera = new THREE.PerspectiveCamera(45, h_scr/v_scr, 0.1, 1000);
camera.position.z = 5;

const renderer = new THREE.WebGLRenderer({canvas: HelloCanvas});
renderer.setSize( h_scr, v_scr );

const geometry = new THREE.BoxGeometry();
const material1 = new THREE.MeshPhongMaterial( {
                    color: 0xff0000, shininess : 90.0 });
const material2 = new THREE.MeshPhongMaterial( {
                    color: 0x00ff00, shininess : 90.0 });
const material3 = new THREE.MeshPhongMaterial( {
                    color: 0x0000ff, shininess : 90.0 });

const light1 = new THREE.DirectionalLight(0xffffff, 1.0);
light1.position.set (2,2,2);
scene.add( light1 );
const light2 = new THREE.AmbientLight(0x303030);
scene.add( light2 );

const box1 = new THREE.Mesh( geometry, material1 );
const box2 = new THREE.Mesh( geometry, material2 );
const box3 = new THREE.Mesh( geometry, material3 );
```

```
27
28  scene.add(box1);
29  scene.add(box2);
30  scene.add(box3);
31
32  box2.position.x = -2;
33  box3.position.x = 2;
34  var rot = 0.0;
35
36  const animate = function () {
37          requestAnimationFrame( animate );
38
39          rot += 0.01;
40          box1.rotation.y = rot;
41          box2.rotation.y = rot;
42          box3.rotation.y = rot;
43
44          renderer.render( scene, camera );
45  };
46  animate();
```

10~16 : BoxGeomtry와 Phong 셰이딩 모델을 이용하여 재질 데이터를 생성하였다.
18~22 : 주변광과 평행광으로 light1과 light를 추가한다.
24~30 : Object3D에 기반한 Mesh 객체를 생성하고, 이를 scene에 추가한다.
32~33 : box2의 위치는 왼쪽으로 2만큼 이동하고, box3는 오른쪽으로 2만큼 이동(translate)
34 : 회전 초기값을 0으로 설정
39~42 : 회전 값을 증가시키면서 box1,2,3의 회전값을 변경해 준다. 이렇게 하면 자동으로 변환행렬이 들어 있는 객체의 행렬이 생성된다. (예를 들면, box1.matrix 가 자동으로 만들어진다)

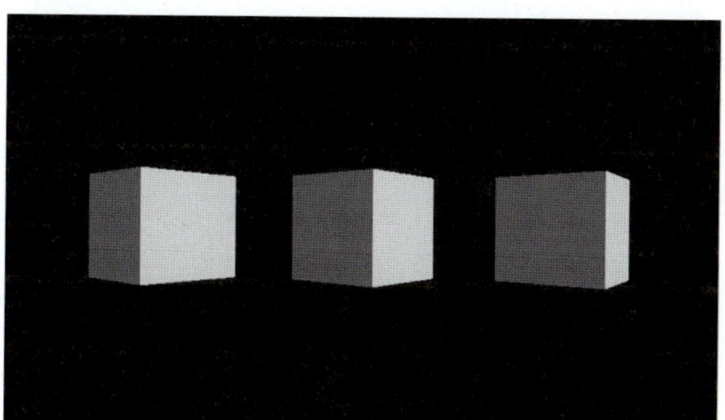

[그림 A-7] 예제 08의 3개의 박스 회전 실행 결과

A.3.3 행렬을 직접 조작하여 변환 하기

행렬을 직접 조작하기 위해서는 먼저 box1.matrixAutoUpdate = false; 로 선언하여 자동으로 갱신 되지 않도록 해 주어야 한다. 지정된 값으로부터 행렬을 구하는 것이 아니라 변환이 누적이 되므로 반복문의 초기에 행렬에 단위행렬을 초기화 하고, 변환 행렬을 계속 곱해 주어야 한다. 행렬이 곱해진 순서의 역순으로 변환이 작동하게 된다. 예를 들면, 이동행렬 x 회전행렬을 실행하여 이 행렬로 변환을 하면, 제자리에서 회전하는 변환을 얻게 된다. (예제 05a_tranform_mat)

▶ **예제 : 05a_tranform_mat.js (실행 결과는 08 예제와 동일)**

```
… // Same code
var rM = new THREE.Matrix4;
var tM1 = new THREE.Matrix4;
var tM2 = new THREE.Matrix4;

tM1.makeTranslation(2,0,0);
tM2.makeTranslation(-2,0,0);
var rot = 0.0;

box1.matrixAutoUpdate = false;
box2.matrixAutoUpdate = false;
box3.matrixAutoUpdate = false;

const animate = function () {
        requestAnimationFrame( animate );

        box1.matrix.identity();
        box2.matrix.identity();
        box3.matrix.identity();
        rot += 0.01;
        rM.makeRotationY(rot);
        box1.matrix.multiply(rM);
        box2.matrix.multiply(tM1);
        box2.matrix.multiply(rM);
        box3.matrix.multiply(tM2);
        box3.matrix.multiply(rM);
        renderer.render( scene, camera );
};
animate();
```

32~34 : 회전과 이동을 위한 Matrix4 선언
36~38 : 이동 행렬로부터 이동 행렬을 생성
40~32 : 자동 local matrix가 생성되지 않도록 비활성화
47~49 : animate의 매 반복에서 행렬 초기화
50~58 : 변환 행렬을 box1,2,3의 matrix에 순서대로 곱해서 회전-이동 순서로 변환

▶ 실습문제

[A3-1] 05b_transform_mat_RT 예제코드를 05a 코드와 비교하면, 55와 56, 57과 58행의 순서가 변경되어 있다. 이렇게 순서를 변경하면 애니메이션 어떻게 바뀌는지 관찰해 본다.

A.3.4 물체의 계층적 애니메이션 하기

모델에 다양한 움직임과 변화를 주어 살아 움직이는 효과를 만드는 것을 애니메이션이라 한다. Three.js에는 애니메이션 제작에 관련된 다양한 도구들이 포함되어 있다. 키프레임 애니메이션, 다관절 계층 애니메이션 등의 기능을 비교적 쉽게 사용할 수 있다. 애니메이션에 대한 상세한 내용은 12장에서 배운다.

계층을 만드는 방법은 박스를 scene 에 추가하는 것이 아니라, 계층화를 했을 때 아버지 객체에 추가하는 방법을 사용하면 각각의 객체에서 자동으로 로컬 변환 행렬이 구성되면, 계층관계를 적용하여 월드 좌표계에서의 변환을 만들 수 있다. 아래 코드는 예제05와 06_hierachy_box 예제를 비교한 것이다.

▶ 예제 : 06_hierachy_box.js

05_transform_auto	06_hierachy_box
… same code	… same code
scene.add(box1);	scene.add(box1);
scene.add(box2);	box1.add(box2); // Make Hierachy
scene.add(box3);	box2.add(box3); // Make Hierachy
box2.position.x = -2;	box2.position.x = -2;
box3.position.x = 2;	box3.position.x = 2;
var rot = 0.0;	box2.scale.set(0.5,0.5,0.5);
	box3.scale.set(0.5,0.5,0.5);
	var rot = 0.0;
	box1.rotation.x = 60 * 3.14 / 180;
… animate() is same	… animate() is same

[그림 A-8] 예제 09의 3개의 계층화된 박스 회전 실행 결과

29~30 : 계층을 만들기 위해 box2는 box1에 add 하여 child로 만든다. box3는 box2의 child가 되도록 한다.
32~33 : box2,3를 왼쪽 오른쪽으로 2만큼 이동
38 : 확인이 쉽도록 전체를 60도 앞쪽으로 기울임

▶ 실습문제

[A3-2] 06_hierachy_box 코드를 수정하여 box3의 child로 box4를 만들고, 같은 비율로 0.5 스케일링과 2만큼 이동한다.[A3-3] 06_hierachy_box 예제 코드를 수정하여 box2,3,4,5가 box1의 주변을 같은 간격으로 도는 애니메이션으로 수정해 보시오.

[A3-4] 웹 브라우저의 개발도구를 열고, (예: 크롬 브라우저에서 F12를 누름) 콘솔을 선택한 후, 콘솔에서 box1.matrix 라고 넣고 엔터키를 누르면, 16개의 요소를 갖는 배열이 나타난다. 이 배열을 다양한 상황에서 살펴보고, 어떤 형식이나 순서로 4x4 행렬을 표현하는지 설명해 보라.

A.4 카메라 변환

A.4.1 카메라의 위치와 방향 바꾸기

카메라 변환에 대해서는 7장에서 상세히 배운다. 카메라 객체도 Object3D 객체이므로 position과 회전, 스케일 속성이 있으며, 이로부터 자동으로 행렬이 만들어 진다. 이때, lookAt 메소드와 .up, .position 속성을 사용하면 간편하게 view 행렬을 구할 수 있다. lookAt 메소드는 카메라의 위치를 .position.x,y,z 로 정하고, .up 벡터를 정하고 (일반적으로 +y 방향, 0,1,0) 화면의 중앙에 배치하고자 하는 좌표를 lookAt 메소드를 통해서 결정하면 된다. 예제 07_camera_lookat은 예제 05_transform_auto에서 단 한 줄만 변경해 볼 것이다.

▶ **예제** : 07_camera_lookat.js

	05_transform_auto	07_camera_lookat
…	… same code	… same code
05	camera.position.z = 5;	camera.position.z = 5;
06		camera.lookAt(2,0,0);
…	… same	… animate() is same

05 : 카메라의 위치 z 좌표를 5로 변경하였다. 카메라의 위치는 (0,0,5)가 된다.
06 : 카메라가 (2,0,0) 즉 오른쪽 박스의 중심을 바라본다.

이 코드의 결과는 아래 그림과 같이 동일한 그림이 왼쪽으로 치우쳐 있는 결과를 얻을 수 있다.

[그림 A-9] lookAt(2,2,2)를 적용한 결과

예제 07a_cam_hierachy는 예제 06_heirachy_box를 아래 코드와 같이 변경해서, 계층적인 변환을 한 결과 좌표를 사용해서 그곳을 lookAt 하는 프로그램이다.

▶ **예제** : 07a_cam_hierachy.js

```
   07a_cam_hierachy
…  … same code with 06_hierachy_box
40 const animate = function () {
41         requestAnimationFrame( animate );
42
43         rot += 0.01;
44         box1.rotation.y = rot;
45         box2.rotation.y = rot*2;
46         box3.rotation.y = rot*4;
47         const center = new THREE.Vector3(0,0,0);
48         const up = new THREE.Vector3(0,1,0);
49         camera.lookAt(box2.getWorldPosition(center));
50         camera.up = up;
51         renderer.render( scene, camera );
52 };
53 animate();
```

변경된 부분은 47~50으로 box2의 로컬 좌표계에서의 (0,0,0)이 월드좌표계에서 위치를 알아내는 .getWorldPosition 메소드를 사용하여 얻어진 좌표를 카메라의 lookAt 좌표로 사용한다. 결과는 [그림 A-10]과 같이 밝은 녹색 박스가 화면의 중심으로 온다.

[그림 A-10] 원하는 물체를 향해서 lookAt 을 지정한 결과

▶ 실습문제

[A4-1] 예제 07a을 수정하여 .lookAt()과 .position 그리고 up 벡터를 변경해 보고, 영상의 결과가 어떻게 달라지는지 관찰해 본다.

A.4.2 투영 방법 변경하기

카메라에 대한 투영 방식은 아래 그림과 같이 평행투영법과 원근투영법을 사용할 수 있다. 투영에 대해서는 제7장에서 상세하게 배운다.

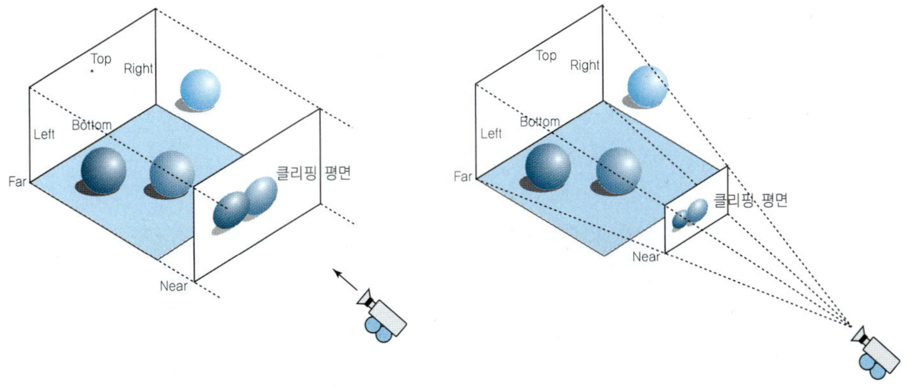

[그림 A-11] 평행투영(Orthographic)과 원근투영(Perspective) 방법의 비교

Three.js에서는 PerspectiveCamera와 OrthographicCamera라는 생성자를 통해서 카메라를 생성하면서 카메라 투영 방식을 정한다. PerspectiveCamera의 매개 변수는 다음과 같다. fov는 시야각을 의미한다. 단위는 도를 사용한다. aspect 는 가로/세로 비율이며, near는 near clip plane 과의 거리, far는 Far clip plane과의 거리이다.

```
PerspectiveCamera( fov : Number, aspect : Number, near : Number, far : Number )
```

카메라가 없으면, 당연히 아무런 렌더링 결과를 얻을 수 없기 때문에 우리는 첫번째 예제부터 이 카메라를 사용해 왔다.

```
const camera = new THREE.PerspectiveCamera(45, h_scr/v_scr, 0.1, 1000);
```

이는 시야각이 45도 이고, 화면의 크기로부터 가로/세로 비율을 계산하고, near와 far를 각각 0.1과 1000으로 설정하였다. near와 far 값은 변경하여도, 렌더링 결과가 달라지지 않는 것처럼 보이지만, 실제로는 미세하게 차이가 생길 수 있다. 가능하면, 그리고자 하는 물체가 모두 포함되는 가장작은 값을 쓰는 것이 바람직하다. 이 예제에서는 1000을 10으로 변경하여도 결과는 같다.

평행투시법을 사용하는 생성자는 OrthographicCamera로 각 매개 변수의 의미는 위 그림과 같다. (예제 08_ortho_cam)

```
OrthographicCamera( left : Number, right : Number, top : Number, bottom :
    Number, near : Number, far : Number )
```

예제 08은 이전 예제07에서 Perspective 카메라를 다음과 같이 변경하였다.

```
OrthographicCamera(-2, 2, 2*h_scr/v_scr, -2*h_scr/v_scr, 0.1, 1000);
```

[그림 A-12]의 결과 이미지에서 보는 것과 같이, 평행투영법에서는 평행한 두 선이 투영을 하고 난 후에도 평행한 상태를 유지하는 것을 알 수 있다.

[그림 A-12] 평행투영(Orthographic) 방법으로 렌더링 한 결과

▶ 실습문제

[A4-2] 예제 08에서 left와 right의 부호를 반대로 바꾸면 어떤 효과를 만들 수 있는가? 혹은 top과 bottom의 부호를 반대로 바꾸면 어떤 효과를 만들 수 있는지 프로그램을 변경하고 렌더링 결과를 관찰해 본다.

A.5 곡선과 곡면

곡선과 곡면에 대해서는 8장에서 다룬다. Three.js에서는 베지어 커브와 같은 곡선은 비교적 간단하게 사용할 수 있지만, NURBS와 같은 곡면은 바로 사용할 수 없다. 만일 곡면을 배우고 싶다면, three.js의 오픈소스 사이트의 곡선과 곡면 관련 모듈과 예제를 이용하는 방법을 권한다. (https://github.com/mrdoob/three.js/tree/master/examples/jsm/curves)

A.5.1 2차, 3차 베지어 곡선 그리기

베지어 곡선은 8장에서 배운것과 같이 2차 베지어 곡선은 3개, 3차 베지어 곡선은 4개의 제어점을 갖는다. 그리고 베지어 곡선은 2차원공간, 3차원 공간에서 모두 사용할 수 있다. Three.js 기본 함수에서는 CubicBezierCurve, CubicBezierCurve3, QuadraticBezierCurve, QuadraticBezierCurve3 4종류의 생성자가 있다. Cubic은 3차 Quadaratic은 2차 베지어 곡선을 의미한다. 예제 09_cubic_bezier3 에서는 03_other_geometry 예제를 수정하여 3차원 공간에서 3차 베지어 곡선을 생성해 본다.

▶ **예제 : 09_cubic_bezier3.js**

```
…   … // same as previous example
…   …
15      const curve = new THREE.CubicBezierCurve3(
                    new THREE.Vector3( 0,0,0 ), new THREE.Vector3( -2,3,3 ),
                    new THREE.Vector3( 3,4,-2 ),new THREE.Vector3(1,1,1 ) );
16      const points2 = curve.getPoints( 50 );
17      const geometry2 = new THREE.BufferGeometry().setFromPoints(points2);
18      const material2 = new THREE.LineBasicMaterial( { color: 0x00ff00 } );
19      const wire2 = new THREE.Line( geometry2, material2 );
20      wire.add( wire2 );
…   …
…   … // same  as previous example
```

15 : 4개의 제어점으로 3차 베지어 곡선을 생성하였다.
16 : 곡선을 50개의 점들로 분할
16~19 : 03 예제와 동일하게 점들을 이어 라인 기하를 생성
20 : 이전 wire에 add 함으로써 함께 회전하도록 함.

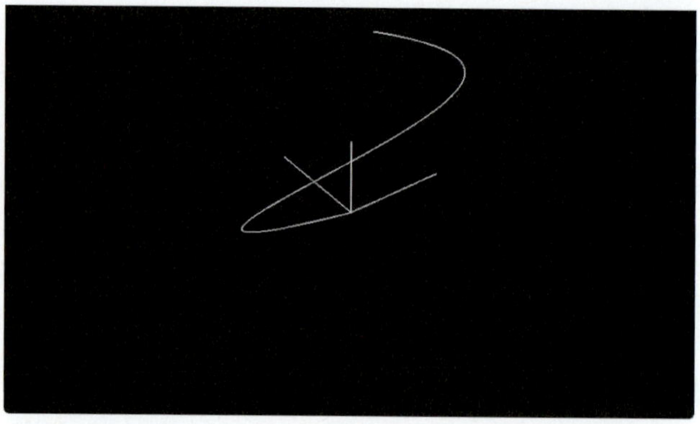

[그림 A-13] 3차원 공간에 그린 3차 베지어 커브

▶ 실습문제

[A5-1]예제 09_cubic_bezier3의 3차 베지어 곡선을 2차 베지어 곡선으로 변경해 본다.

A.5.2 타원과 원호 그리기

타원과 원호를 그리는 함수는 ArcCurve와 EllipseCurve가 있다. 두 함수는 동일한 명령으로 어느 것을 사용하든 결과는 같다. 매개 변수는 다음과 같다. 여기서 각도의 단위는 모두 라디안이고, 원호를 그리고 싶다면, 시작과 끝 각도를 조절하면 된다.(예제09a_ellips)

```
const curve = new THREE.EllipseCurve( xCenterx, yCenter, , xRadius,
   yRadius, aStartAngle, aEndAngle, aClockwise, aRotation );
```

위 예제 9의 15행을 다음과 같이 변경한 결과는 [그림 A-14]와 같다.

```
const curve = new THREE.EllipseCurve(0, 0, 2, 1.5, 0,  2 * Math.PI, false, 0);
```

[그림 A-14] 3차원 공간에 그린 타원

A.5.3 Catmull-Rom 곡선 그리기

정해진 점들을 지나는 부드러운 곡선을 그리고 싶을 때 유용한 3차 스플라인 곡선 중에서 Catmull-Rom 곡선이 많이 사용된다. 이 함수는 점들의 개수가 다양하게 바뀔 수 있으므로, 3차원 벡터의 배열을 입력으로 한다.

앞의 예제09의 12행을 다음과 같이 변경하면 아래 그림과 같은 결과를 얻을 수 있다. (예제 09b_catmull-rom)

```
const curve = new THREE.CatmullRomCurve3( [
                new THREE.Vector3( 0, 0, 0 ), new THREE.Vector3( 1, 0, 0 ),
                new THREE.Vector3( 0, 1, 0 ), new THREE.Vector3( 0, 0, 1 ),
                new THREE.Vector3( -3, 0, 3 ), new THREE.Vector3( -2, 2, 2 ),
                new THREE.Vector3( 2, -2, 2 ), new THREE.Vector3( 3, 0, 3 ) ] );
```

[그림 A-15] 3차원 공간에 그린 Catmull-Rom 곡선

▶ 실습문제

[A5-2] 예제 16행의 const points2 = curve.getPoints(50); 에서 50을 다른 수 (예: 5, 100, 200) 로 변경해 보고 결과가 어떻게 바뀌는지 관찰해 보자.

[A5-3] 곡선을 분할하는 것을 너무 크게 늘이면 어떤 문제가 발생할 수 있는지 생각해 보자.

A.6 은면 제거

은면 제거의 상세한 내용에 대해서는 9장에서 배운다. WebGL에는 은면 제거를 위한 방법으로 깊이 버퍼 테스트 (depth buffer test) 방법과 면 컬링 (face culling) 방법을 제공한다. WebGL에서는 전역 설정으로서 깊이 버퍼 테스트나 컬링을 활성화 하거나 비활성화 할 수 있다. 하지만 Three.js에서는 각각의 물체에 대해서 깊이 테스트와 컬링을 적용할지 여부를 물체의 재질(material)을 통해서 메쉬에 지정할 수 있다.

A.6.1 깊이테스트 조정하기

▶ **예제** : 10_three_boxes_depth.js

```
…  … same as prev.
10 const geometry = new THREE.BoxGeometry();
11 const material1 = new THREE.MeshBasicMaterial(
12                     { color:0xff0000, depthTest:true} );
13 const material2 = new THREE.MeshBasicMaterial(
14                     { color:0x00ff00, depthTest:true} );
15 const material3 = new THREE.MeshBasicMaterial(
16                     { color:0x0000ff, depthTest:true} );
17 const box1 = new THREE.Mesh( geometry, material1 );
18 const box2 = new THREE.Mesh( geometry, material2 );
19 const box3 = new THREE.Mesh( geometry, material3 );
20 box2.position.x = -.6;
21 box3.position.x = .6;
22 scene.add(box1);
23 scene.add(box2);
24 scene.add(box3);
…  … same as
```

11~16 : material1,2,3에 depthTest:true로 설정하고 렌더링을 한다.
20~21 : 효과를 보기 위해 박스들이 중첩되도록 서로간의 거리를 2에서 0.6으로 줄였다.

다음 [그림 A-16]에 이 프로그램의 결과 (a)와 depthTest:false로 모두 설정한 결과(b)를 비교하였다.

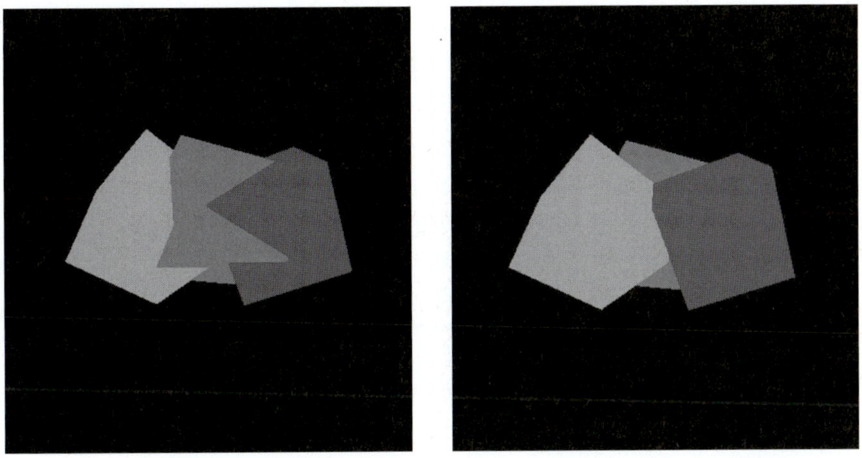

(a) depthTest: true의 결과　　(b) depthTest: false의 결과

[그림 A-16] depthTest를 활성화/비활성화 한 결과

A.6.2 깊이 오프셋을 이용하여 깊이경쟁을 조정하기

위 예제에서 박스들을 회전시키는 부분을 rotation.x += 0.01, rotation.y += 0.01로 동일하게 회전하는 것으로 변경하고, 깊이 테스트를 켜면, 아래와 같이 인접한 면에서 깜박거림이 발생하는 이른바 깊이 경쟁(Z-Fighting)이 일어나게 된다.

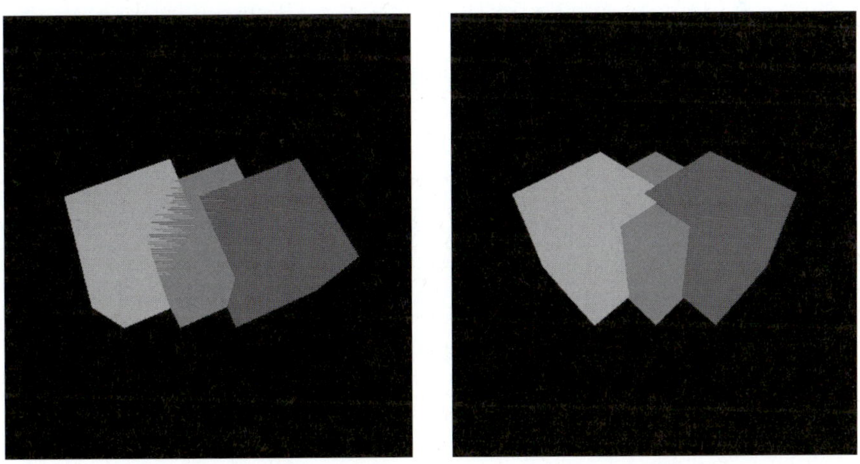

(a) 깊이 경쟁 발생　　(b) 깊이 경쟁을 줄인 결과

[그림 A-17] polygonOffset 기능을 이용하여 깊이 경쟁을 줄인 결과

이때 material에 아래 코드와 같이 polygonOffset:true, polygonOffsetFactor:2, polygonOffsetUnits:3 와 같이 지정하면, Z-buffer를 갱신할 때 이 값을 추가해서 저장함으로써 z-fighting을 줄일 수 있다. 이때 3개의 박스마다 다른 offset 값을 지정해야 한다. 하지만 이 방법이 완벽하게 문제를 해결해 주는 것은 아니다.

```
const geometry = new THREE.BoxGeometry();
        const material1 = new THREE.MeshBasicMaterial(
        { color:0xff0000, depthTest:true,
         polygonOffset:true, polygonOffsetFactor: 2,
         polygonOffsetUnits: 3 } );
```

A.6.3 컬링 설정하기

컬링을 통해서 은면제거를 하는 방법은 물체의 재질에 side 옵션을 추가하면 된다. 선택할 수 있는 옵션은 THREE.FrontSide(default), THREE.BackSide, THREE.BackSide 이다. 이 컬링을 사용하는 것은 물체가 반투명한 경우 그 효과를 정확하게 볼 수 있으므로, 예제는 A.10절의 반투명한 물체의 표현을 참조하기 바란다.

A.7 셰이딩 모델

A.7.1 Basic, Lambert, Phong 모델로 셰이딩 하기

지금까지는 material을 사용하는데 LineBasicMaterial(),MeshBasicMaterial 만을 사용하였다. 이번에는 기본적인 재질 모델을 사용하도록 MeshPhongMaterial()과 MeshLambertMaterial()을 사용하는 방법을 예제를 통해서 배운다. 이에 대한 이론적인 내용은 10.2절 조명 모델을 학습하기 바란다. 즉 BasicMaterial은 단색으로 칠하는 방식이고, Lambert는 산란반사, Phong은 거울 반사를 사용하여 렌더링을 해 준다. 이 세가지 방식을 비교하기 위해 예제 04의 코드 일부를 변경하였다.

▶ 예제 : 11_box_material.js

```
… // same code
const geometry = new THREE.BoxGeometry();
const material1 = new THREE.MeshBasicMaterial( { color:0xff0000} );
const material2 = new THREE.MeshPhongMaterial( {
                        color: 0x00ff00, flatShading: false,
                        specular: 0xffffff, shininess : 90.0,
                        wireframe: false, emissive: 0x000000 });
const material3 = new THREE.MeshLambertMaterial( { color:0x0000ff} ); const box1
= new THREE.Mesh( geometry, material1 );
const box2 = new THREE.Mesh( geometry, material2 );
const box3 = new THREE.Mesh( geometry, material3 );
box2.position.x = -2;
box3.position.x = 2;
scene.add(box1);
scene.add(box2);
scene.add(box3);

const light = new THREE.DirectionalLight(0xffffff, 1.0);
light.position.set (2,2,2);
scene.add( light );

const animate = function () {
… // same code
…
```

11~13 : box1 은 BasicMaterial로 그대로 사용하고, box2는 Phong모델, box3는 Lambert 모델로 변경하였다. 아래 그림의 왼쪽 박스와 같이 전반사 효과가 나타난다.
23~25 : 조명 모델을 적용하기 위해서는 반드시 광원이 있어야 한다. 여기서는 (2,2,2) 방향에서 오는 광원으로 설정하였다. 광원에 대해서는 다음절에서 배운다.

[그림 A-18] Phong, Basic, Lambert 모델로 그린 Box

A.7.2 균일 셰이딩, 스무드 셰이딩, 와이어프레임으로 그리기

거울 반사 조명인 Phong 셰이딩 모델의 효과를 더 정확하게 보려면, 박스모양보다는 구 혹은 원통과 같은 곡면을 가진 물체가 확인이 더 쉽다. 예제 12_ball_material은 예제11의 Geometry를 SphereGeometry로 변경하고, 3개의 공 모두에 Phong 셰이딩 모델을 적용하고, 매개 변수에 flatShading:true, wireframe:true로 변경한 결과이다.

▶ **예제 : 12_ball_material.js**

```
…   … // same code
10  const geometry = new THREE.SphereGeometry();
11  const material1 = new THREE.MeshPhongMaterial( {
                              color: 0xff0000, flatShading: false,
                              specular: 0xffffff, shininess : 90.0,
                              wireframe: false, emissive: 0x000000 });
12  const material2 = new THREE.MeshPhongMaterial( {
                              color: 0x00ff00, flatShading: false,
                              specular: 0xffffff, shininess : 90.0,
                              wireframe: true, emissive: 0x000000 });
13  const material3 = new THREE.MeshPhongMaterial( {
```

```
                  color: 0x0000ff, flatShading: true,
                  specular: 0xffffff, shininess : 90.0,
                  wireframe: false, emissive: 0x000000 });
… // same code
```

[그림 A-19] Wireframe, Smooth, Flat shading 으로 그린 구

▶ 실습문제

[A7-1] 10장의 Phong 조명 모델을 참조하여, 위 코드의 MeshPhongMaterial의 매개 변수를 다양하게 변경해 보면서 렌더링 결과가 어떻게 변하는지 관찰해 본다.

A.8 광원

조명 모델을 사용하기 위해서는 광원이 필요하다. 컴퓨터 그래픽스에서는 일반적으로 평행광(Directional), 점광원 (Point), 스포트라이트 (Spot), 주변광 (Ambient)의 4가지 모델을 주로 사용하며, 각각의 특징은 다음과 같다.

- 주변광 – 기본적으로 모든 물체가 최소한의 밝기를 갖도록 하는데 사용
- 평행광 – 태양광처럼 방향은 있지만, 거리가 거의 무한대인 광원
- 점광원 – 촛불 처럼 한 지점에서 모든 방향으로 빛이 퍼지는 광원
- 스포트라이트 – 무대 조명과 같이 중앙 부분에 밝은 영역이 있고, 바깥쪽으로 어두워지는 조명

Three.js 에서는 추가로 반구형태, 면형태의 광원을 사용할 수 있다. 그림자를 자동으로 만들기를 원하는 경우, 점광원, 스포트라이트, 평행광, 이 3가지의 광원에 대해서는 그림자를 자동으로 만들어 줄 수 있으나 다른 광원을 사용하면, 그림자를 자동으로 만들어 주지 못한다.

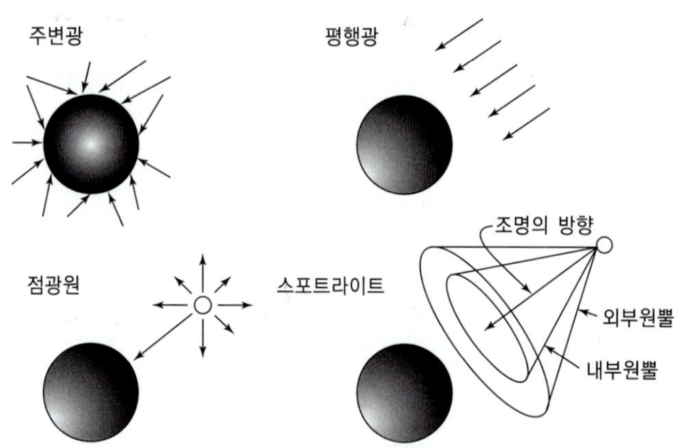

[그림 A-20] 일반적으로 컴퓨터 그래픽스에서 많이 사용되는 광원의 종류

예제 13_lights_on 에서는 예제12의 3개 구의 셰이딩 모델을 모두 Phong 모델로 설정하도록 수정하고, 주변광을 추가하였을 때와 평행광을 점광원으로 변경하였을 때 어떤 렌더링 결과가 나오는지 살펴 본다. 이제 광원의 위치를 정하기 위해서는 좌표계를 이해해야 한다. 오른손 좌표계로서, 화면(canvas)의 중앙이 (0,0,0)이고, 오른쪽 방향이 +x, 위쪽이 +y, 화면에서 내 눈을 향한 방향이 +z 라고 이해하면 쉽다.

▶ 예제 : 13_lights_on.js

```
…  … // same code
10 const geometry = new THREE.SphereGeometry();
11 const material1 = new THREE.MeshPhongMaterial( {
            color: 0xff0000, shininess : 90.0 });
12 const material2 = new THREE.MeshPhongMaterial( {
            color: 0x00ff00, shininess : 90.0 });
13 const material3 = new THREE.MeshPhongMaterial( {
            color: 0x0000ff, shininess : 90.0 });
14 const ball1 = new THREE.Mesh( geometry, material1 );
15 const ball2 = new THREE.Mesh( geometry, material2 );
16 const ball3 = new THREE.Mesh( geometry, material3 );
17 ball2.position.x = -2;
18 ball3.position.x = 2;
19 scene.add(ball1);
20 scene.add(ball2);
21 scene.add(ball3);
22
23 const light1 = new THREE.DirectionalLight(0xffffff, 1.0);
24 light1.position.set (2,2,2);
25 scene.add( light1 );
26 const light2 = new THREE.AmbientLight(0x444444);
27 scene.add( light2 );
28 const light3 = new THREE.PointLight (0xffffff, 1.0);
29 light3.position.set (0,1.3,1.3);
30 scene.add( light3 );
…  … // same code
…  …
```

11~13 : 3개의 구 모두 Phong 모델로 설정. 나머지 매개변수는 기본값으로 설정
23~25 : 평행광으로서 위치는 우측 위쪽 그리고 내 등뒤에 비추는 햇빛과 유사
26~27 : 모든 물체에 동일하게 비추는 주변광
28~30 : 3개의 구 바로 위쪽에서 조금 앞(사용자 방향)에 위치한 점 광원
25,27,30 : scene.add()를 선택적으로 사용하여 조명을 설정

광원을 선택적으로 사용하여 얻어진 렌더링 결과는 [그림 A-21]과 같다.

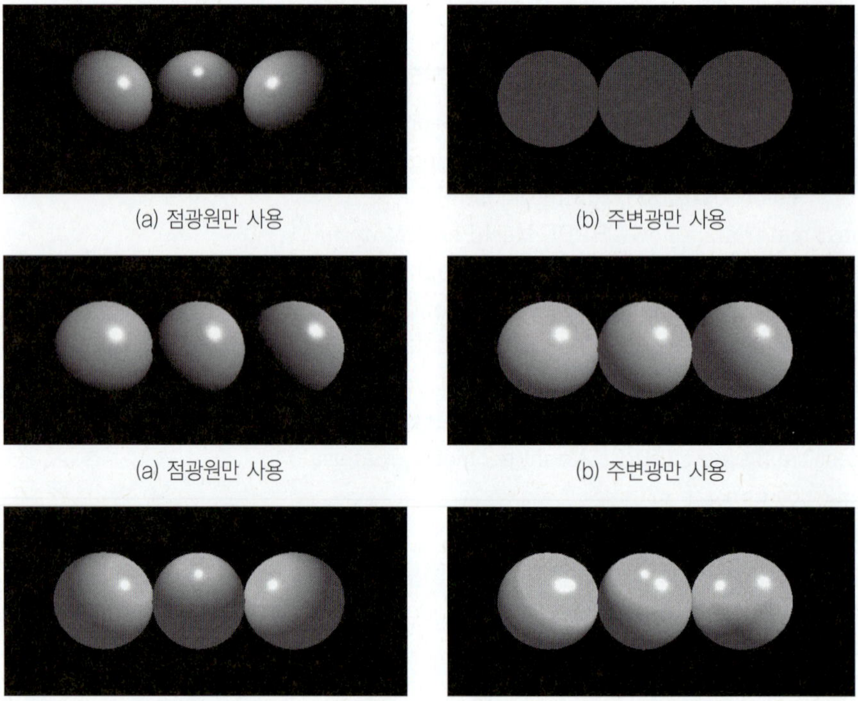

(a) 점광원만 사용　　(b) 주변광만 사용

(a) 점광원만 사용　　(b) 주변광만 사용

(a) 점광원만 사용　　(b) 주변광만 사용

[그림 A-21] 점광원, 평행광, 주변광을 조합한 렌더링 결과

▶ 실습문제

[A8-1] Three.js의 문서에서 광원 중 스포트라이트를 사용하는 방법을 찾아서, 위 예제에 추가하여 적용해 본다.

[A8-2] 물체의 재질의 색상과 광원의 색상을 변경해 보면서 상호간에 어떤 작용을 하는지 확인해 본다.

[A8-3] 광원의 위치를 연속적으로 변경해 보면서, 어떤 효과가 나타나는지 확인해 본다.

A.9 텍스처 매핑 (Texture Mapping)

텍스처 매핑에 대한 기초적인 내용은 10장에서 배운다. Three.js에서는 이미지를 로딩하여 이를 텍스처(texture)로 만들고 다시 텍스처를 재질(material)에 연결한다. 텍스처 관련 실습을 할 때 주의해야 할 것은 이미지 파일이 로컬 컴퓨터에 저장되어 있는 경우에는 실행되지 않는다. 이 경우에는 앞서 설명한 "Web Server for Chrome" 이나 Mongoose와 같은 로컬 웹서버 프로그램을 하거나, 혹은 웹서버에 저장되어 있는 이미지를 사용하면 된다. 예제에 사용된 이미지는 https://raw.githubusercontent.com/learn-cg/three.js/main/image/mucha1.jpg에 저장되어 있는 파일을 사용하였다.

A.9.1 색상 매핑 하기

이 예제는 셰이딩 모델에 대한 예제인 11_box_material을 수정한 예제로, 기본적으로 3개의 셰이딩 모델 즉, Basic, Phong, Lambert로 3개의 박스를 그리게 된다. 이때 color 대신에 texture를 사용한 것이다.

▶ **예제 : 14_texture.js**

```
… // same code with 05_box_material
const geometry = new THREE.BoxGeometry();
const loader = new THREE.TextureLoader();
const tex = loader.load('https://raw.githubusercontent.com/learn-
cg/three.js/main/image/mucha1.jpg');
const material1 = new THREE.MeshBasicMaterial(
{    // color: 0xff0000,
        map: tex });
const material2 = new THREE.MeshPhongMaterial(
{       // color: 0x00ff00,
        map: tex,
        flatShading: false, specular: 0xffffff, shininess : 90.0,
        wireframe: false, emissive: 0x000000 });
const material3 = new THREE.MeshLambertMaterial(
{       // color:0x0000ff
        map: tex          } );
const box1 = new THREE.Mesh( geometry, material1 );
```

```
17 const box2 = new THREE.Mesh( geometry, material2 );
18 const box3 = new THREE.Mesh( geometry, material3 );
19 box2.position.x = -1.5;
20 box3.position.x = 1.5;
21 scene.add(box1); scene.add(box2);          scene.add(box3);
22
23 const light = new THREE.DirectionalLight(0xffffff, 1.0);
24 const ambient = new THREE.AmbientLight(0x333333, 1.0);
25 light.position.set (2,2,2);
26 scene.add( light );
27 scene.add( ambient );
… … // same code with 05_box_material
```

11~12 : Texture 로딩을 위한 로더 tex를 정의하고, 로딩하였다. 이 예제에서는 [그림 A-22]의 이미지를 세개의 박스에 동일하게 사용하였다.
13~15 : Basic, Lambert, Phong 모델의 셰이딩 material의 color를 없애고, tex를 map으로 설정하였다.
23~27 : 너무 어두운 영역을 없에기 위해 주변광(ambient light) 조명을 추가하였다.

[그림 A-22] texture로 사용된 이미지

예제14를 렌더링 한 결과는 [그림 A-23]과 같다.

[그림 A-23] 텍스처 매핑 - Phong, Basic, Lambert 모델로 렌더링

▶ 실습문제

[A9-1] 위 예제에서 주석으로 되어 있는 부분 color 를 주석을 삭제하고 다양한 색상을 지정해 보고 그 결과가 어떻게 계산되는지 설명해 보라.

A.9.2 범프 매핑 하기

범프 매핑을 사용하기 위해서는 기본적으로 재질이 Phong 셰이딩 모델이어야 한다. 왜냐하면, 광원에 따라 표면의 법선 벡터를 바꾸기 때문에, 이 법선 벡터를 사용하는 셰이딩 모델을 사용해야 하기 때문이다. 예제 14를 변경하여, Phong 모델을 사용하는 material2에 bumpMap을 추가하였다.

▶ **예제** : 14a_texture_bump.js

```
…    … // same code with 14_texture
14   const material1 = new THREE.MeshBasicMaterial(
     {     // color: 0xff0000,
              map: tex });
15   const material2 = new THREE.MeshPhongMaterial(
     {        color: 0x00ff00,
              // map: tex,
              bumpMap: tex, bumpScale: 0.02,
              flatShading: false, specular: 0xffffff, shininess : 90.0,
              wireframe: false, emissive: 0x000000 });
16   const material3 = new THREE.MeshLambertMaterial(
     {        // color:0x0000ff
              map: tex           } );
…    … // same code with 14_texture
```

▶ 실습문제

[A9-2] 위 예제에서 주석으로 되어 있는 부분 map: tex의 주석을 제거하고, color 부분을 주석으로 만든 후 렌더링 결과가 어떻게 달라지는지 관찰해 본다.

[그림 A-24] bump 매핑 (왼쪽, Phong Shading)

A.9.3 환경 매핑 하기

환경 매핑은 주변 환경이 물체에 반사가 되는 것 같은 효과를 만드는 것으로, 주변 환경을 표현하기 위해 6개의 이미지가 박스의 각각의 면(+x, −x, +y, −y, +z, −z)에 할당하고 이를 하나의 텍스처로 사용한다.

▶ **예제** : 15_texture_cube.js

```
… // same code with 14_texture
…
const geometry = new THREE.BoxGeometry();
const path =
   'https://threejs.org/examples/textures/cube/SwedishRoyalCastle/';
const urls = [
         path+'px.jpg', path+'nx.jpg',
         path+'py.jpg', path+'ny.jpg',
         path+'pz.jpg', path+'nz.jpg' ];
const reflectionCube = new THREE.CubeTextureLoader().load( urls );
scene.background = reflectionCube;
const material1 = new THREE.MeshPhongMaterial(
   { color: 0x00ffff, envMap: reflectionCube,
     combine: THREE.MixOperation, reflectivity: 0.5 } );
const material2 = new THREE.MeshLambertMaterial(
   { color: 0xffffff, envMap: reflectionCube,
     combine: THREE.MixOperation, reflectivity: 0.5 } );
const material3 = new THREE.MeshLambertMaterial(
```

```
      { color: 0xffff00, envMap: reflectionCube,
        combine: THREE.MixOperation, reflectivity: 0.5 } );
18  const box1 = new THREE.Mesh( geometry, material1 );
19  const box2 = new THREE.Mesh( geometry, material2 );
20  const box3 = new THREE.Mesh( geometry, material3 );
21  box2.position.x = -1.5;
22  box3.position.x = 1.5;
23  scene.add(box1); scene.add(box2); scene.add(box3);
24  const ambient = new THREE.AmbientLight( 0xffffff );
25  scene.add( ambient );
26  pointLight = new THREE.PointLight( 0xffffff, 2 );
…   scene.add( pointLight );
…   … // same code with 14_texture
```

11~13 : 6개의 이미지를 로딩하여, CubeTexture를 만든다. 이를 위해 6개의 이미지가 있는 위치를 정하고, 각 파일명을 지정하고 로딩한다.
14 : 장면(scene)의 배경으로 이 이미지들을 사용한다.
15~17 : 배경이 반사되는 셰이딩은 Phong, Lambert 모두 가능하나, Lambert가 효율적이다. 여기에 envMap으로 CubeMap을 사용한다. Reflectivity 값은 얼마나 반사가 많이 되는가 하는 것인데, 1.0이 완전한 거울이라고 생각하면 된다. 반사 효과를 크게 하기 위해서 색상을 일부 변경하였다.
24~26 : 반사광에 대한 렌더링을 하는 경우에는 ambient 광원을 0xffffff로 강하게 설정하는 것이 원하는 효과를 얻을 수 있다.

[그림 A-25] Cube Mapping을 이용한 환경 매핑

위 그림에서 보는 바와 같이 배경으로 지정된 건물의 이미지는 박스에 반사되어 우리에게 보여지지만, 바로 옆에 있는 박스가 반사되지는 않는다. 결국 환경 매핑은 반사되는 것과 비슷한 시각적 효과를 만들어 주는 것이지 실제로 반사를 추적하여 계산하는 것은 아니다.

▶ 실습문제

[A9-3] 위 예제에서 reflectivity: 0.5 값을 다른 값으로 바꾸어 보고 관찰해 본다. 또한 ambient와 pointLight의 밝기와 색상을 조절해 보고 어떤 현상이 일어나는지 관찰해 본다.

A.10 블렌딩과 앤티앨리어싱

두 가지 색상을 섞는 블렌딩(Blending) 기능을 이용하면 투명한 물체나 물체의 전후 관계를 표현 할 수 있다. 관련 내용은 4장의 앤티앨리어싱과 색상의 표현을 참조하기 바란다.

A.10.1 투명한 물체 표현하기

예제 16_box_opacity는 각각의 material에 투명도를 추가하였다. 그리고 세개의 박스가 투명한 것을 보여 주기 위해서 이동하는 방향을 조정하여 세개의 박스가 중첩되도록 하였다.

▶ **예제 : 16_box_opacity.js**

```
… // same code with 14_texture
…
const geometry = new THREE.BoxGeometry();
const material1 = new THREE.MeshBasicMaterial( {
        opacity: 0.5, transparent: true,
        color:0xff0000} );
const material2 = new THREE.MeshPhongMaterial( {
        opacity: 0.5, transparent: true,
        color: 0x00ff00, flatShading: false,
        specular: 0xffffff, shininess : 90.0 });
const material3 = new THREE.MeshLambertMaterial( {
        opacity: 0.5, transparent: true,
        color:0x0000ff} );
const box1 = new THREE.Mesh( geometry, material1 );
const box2 = new THREE.Mesh( geometry, material2 );
const box3 = new THREE.Mesh( geometry, material3 );
box2.position.x = -2;
box3.position.x = 2;
scene.add(box1);
box1.add(box2); box1.add(box3);
const light = new THREE.DirectionalLight(0xffffff, 1.0);
light.position.set (5,5,5);
scene.add( light );
const ambient = new THREE.AmbientLight(0x333333, 1.0);
```

```
23 scene.add( ambient );
24 const animate = function () {
25         requestAnimationFrame( animate );
26         box1.rotation.x += 0.00; // 중복되기 위해 0
27         box2.rotation.x += 0.03; box3.rotation.x += 0.03;
28         box1.rotation.y += 0.01;
29         box2.rotation.y += 0.03; box3.rotation.y += 0.03;
30         renderer.render( scene, camera );
31 };
32 animate();
```

11~13 : opacity: 0.5, transparent: true를 추가, 불투명도(opacity)를 0.5로 설정
17~18 : 서로 중첩되는 운동을 하도록 공전을 box2, box3의 부모를 box1으로 설정
26~29 : 서로 중첩되는 것을 보여 주기 위하여 움직임을 y축 회전을 주로 만들고, x축 회전은 box2, box3만 하도록 설정

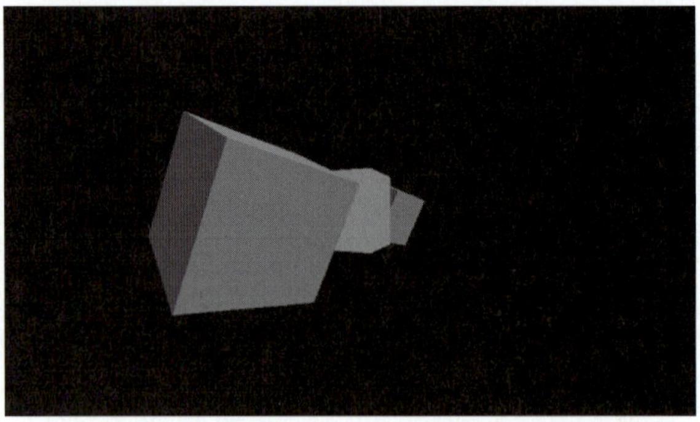

[그림 A-26] 투명도가 표현된 렌더링 결과

위 그림을 자세히 살펴보면, 박스의 안쪽 모서리가 보이지 않는 문제가 있음을 알 수 있다. 그 이유는 Three.js가 기본적으로 물체의 바깥 면을 그리고 안쪽 면을 그리지 않기 때문이다. 이 문제를 해결하려면, material에 side: THREE.DoubleSide로 변경해 준다. 기본설정은 THREE.FrontSide로 되어 있다. 이렇게 하면 양면을 렌더링 한다.

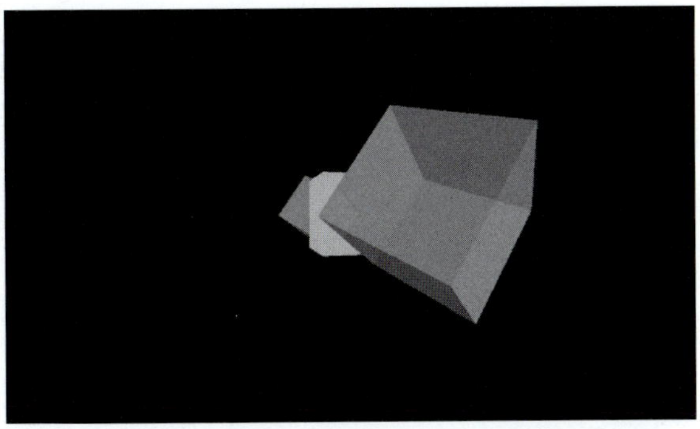

[그림 A-27] 양면 렌더링으로 변경한 결과

A.10.2 투명도를 커버리지로 변경하기

[그림 A-27]를 보면 아직도 정확한 렌더링이 되지 않을 것을 볼 수 있다. 특히 3개의 박스가 중복되는 상황에서는 맨 뒤에 위치한 박스가 완전히 없어지는 것을 볼 수 있다. 이는 Z-buffer 알고리즘의 한계로 인해서 생기는 현상인데, 이 문제는 자동으로 해결되기는 어렵다. 이를 해결하기 위해서는 제9장의 깊이 정렬 기법등을 사용하여야 한다. 이 문제를 GPU 장치로 해결하는 방법 중 하나는 alpha 값을 앤티앨리어싱을 위해 계산되는 값인 커버리지 값으로 변경하는 것이다. 이 방법을 사용하면, 렌더링 결과는 정밀하지는 않지만, 간편하게 렌더링을 할 수 있다. 하지만 이를 사용하기 위해서는 커버리지 값이 사용될 수 있도록 아래 코드와 같이 앤티앨리어싱이 켜져 있어야 한다. 만일 antialas:false (디폴트) 상태로 렌더링을 하면 아무것도 나타나지 않는다.

```
...
const renderer = new THREE.WebGLRenderer({canvas: HelloCanvas, antialias:true});
...
const material1 = new THREE.MeshLambertMaterial( {
        opacity: 0.5, transparent: true,
        side: THREE.DoubleSide, alphaToCoverage:true,
        color:0xff0000} );
```

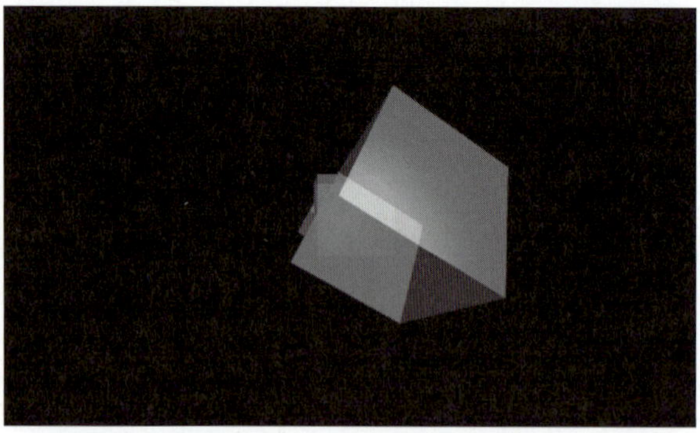

[그림 A-28] alphaToCoverage로 렌더링 한 결과

A.10.3 앤티앨리어싱 설정하기

앤티앨리어싱 기능을 사용하기 위해서는 WebGL 렌더러가 antialias:true로 생성되어야 한다. 앤티앨리어싱을 사용하면, 렌더링 품질을 높아지지만, 당연히 성능은 저하될 수 있고, 전력소비가 높아질 수 있다. WebGL 렌더러는 멀티샘플링이라는 앤티앨리어싱 기법을 사용한다. 멀티샘플링의 품질은 샘플링의 배수(2,4,8,16 등)에 따라서 결정되는데, GPU에 따라서 그리고 웹 브라우저의 설정에 따라서 지원되는 샘플링의 배수가 다르다. 아래 그림은 WebGL Renderer의 antialias 옵션을 true로 한 경우와 false 한 경우 렌더링 결과를 확대한 것이다. 오른쪽에서는 계단현상이 나타난 것을 볼 수 있다.

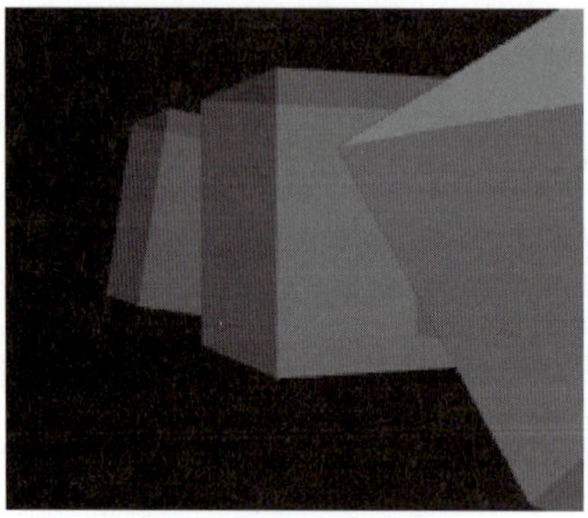

(a) 앤티앨리어싱을 켠 경우

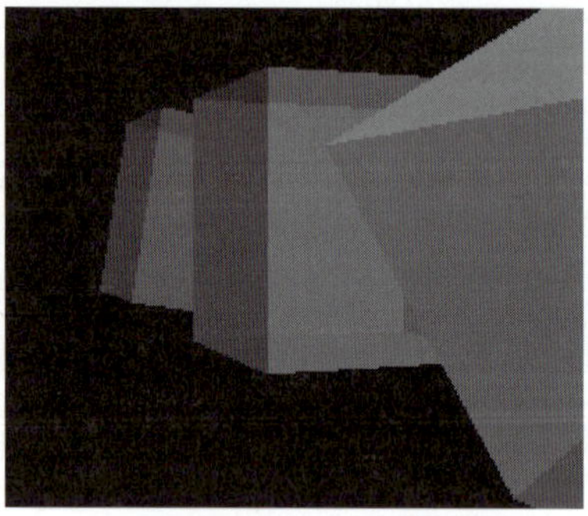

(b) 앤티앨리어싱을 끈 경우

[그림 A-29] 앤티앨리어싱 결과의 비교

▶ 실습문제

[A10-1] 예제16에서 antialias를 true, false로 변경해 보고, material1,2,3의 side를 THREE.DoubleSide, THREE.FrontSide, THREE.BackSide로 변경하여 렌더링 결과가 어떻게 달라지는지 관찰해 본다.

A.11 더 많은 기능들을 배우고 싶다면

Three.js 에는 마우스, 키보드, 웹 이벤트 등을 이용해서 GUI Control 기능, 애니메이션을 지정하거나, 모션 캡처 데이터를 이용하는 애니메이션 기능, 불, 먼지, 구름과 같은 자연 현상을 표현하는데 유용한 입자 시스템 등 다양한 기능들을 사용할 수 있다. 여러분들이 이러한 기능들을 배우는데 관심이 있다면 https://threejsfundamentals.org/에서 체계적으로 three.js를 학습하기를 권한다. 이 사이트는 우리말로 번역이 잘 되어 있다. 다음 단계로 https://threejs.org/examples/ 사이트에 가면 다양한 예제들이 공개되어 있다.

찾아보기

저자 소개

최윤철
서울대학교 전자공학과 졸업
University of Pittsburgh(석사)
University of California, Berkeley(석사 및 공학박사)
연세대학교 컴퓨터과학과 교수, 명예교수

- 주요 경력
  - Lockheed사 및 Rockwell International사 연구원
  - University of Massachusetts 교환교수
  - 일본 게이오대학 교환교수
  - 한국멀티미디어학회 회장, 명예회장
  - 전자책(eBook) 표준 제정위원장
- 관심분야: 컴퓨터그래픽스, 멀티미디어 HCI, 스케치기반 인터페이스 및 모델링(SBIM), 모바일 사용자 인터페이스

임순범
서울대학교 계산통계학과 졸업
한국과학기술원(KAIST) 전산학과(공학박사)
숙명여자대학교 IT공학과 교수

- 주요 경력
  - 휴먼컴퓨터 창업/연구소장
  - 삼보컴퓨터 프린터개발부 부장
  - 건국대학교 컴퓨터과학과 교수
  - University of Colorado 교환교수
  - 한국멀티미디어학회 회장, 명예회장
  - 한국전자출판학회 회장, 명예회장
  - 한국정보과학회 부회장
  - 한국컴퓨터그래픽스학회 부회장
  - ISO/IEC 국제표준제정위원회 SC34 WG2 분과위원장
  - 2021년 정보문화유공 녹조근정훈장 수상
- 관심분야 : 컴퓨터그래픽스, 전자출판, 모바일 멀티미디어, 웹3D, HCI

이환용
KAIST 전산학과 졸업
POSTECH 전산학과 석사, 박사수료
경북대학교 박사
아주대학교 소프트웨어학과 산학협력교수

- 주요 경력
  - ㈜휴원 기술이사/연구소장
  - 한국컴퓨터그래픽스학회 부회장
  - 한국 HCI 학회 부회장
  - ISO/IEC JTC 1/SC 24, ISO/IEC JTC 1/WG 12, ISO TC 261 한국전문위원
  - Khronos Group OpenVG 표준 편집자
- 관심분야 : 컴퓨터그래픽스, 멀티미디어, 항공전자